Economics & Management

教育部经济管理类核心课程教材

区域经济学

Regional Economics

石敏俊／编著

中国人民大学出版社
·北京·

图书在版编目（CIP）数据

区域经济学/石敏俊编著．--北京：中国人民大学出版社，2020.1
教育部经济管理类核心课程教材
ISBN 978-7-300-27974-9

Ⅰ．①区… Ⅱ．①石… Ⅲ．①区域经济学—高等学校—教材 Ⅳ．①F061.5

中国版本图书馆 CIP 数据核字（2020）第 043759 号

教育部经济管理类核心课程教材
区域经济学
石敏俊　编著
Quyu Jingjixue

出版发行	中国人民大学出版社		
社　　址	北京中关村大街 31 号	**邮政编码**	100080
电　　话	010－62511242（总编室）		010－62511770（质管部）
	010－82501766（邮购部）		010－62514148（门市部）
	010－62515195（发行公司）		010－62515275（盗版举报）
网　　址	http：//www.crup.com.cn		
经　　销	新华书店		
印　　刷	北京密兴印刷有限公司		
规　　格	185 mm×260 mm　16 开本	**版　　次**	2020 年 1 月第 1 版
印　　张	19 插页 1	**印　　次**	2020 年 1 月第 1 次印刷
字　　数	409 000	**定　　价**	43.00 元

前 言

2018年5月30日，在（印度）果阿酒店的房间里，我正式开启了这本教材的编写。2019年9月15日，在浙江大学紫金港校区，我终于完成了这本教材的全部书稿。尽管在中国人民大学经济学院工作期间，我曾连续两年给本科生讲授区域经济学，但真正动手撰写书稿还是花费了一年零三个月。编写教材对于作者来说，是一次自我挑战，也是一次自我升华的机会。在教材编写过程中，我有机会对区域经济学的学科体系进行了重新审视，对区域经济学的研究进展进行了系统梳理，这也是我的最大收获。

这本教材的主要特点可以归纳为三个“新”：新体系、新知识、新动向。第一个特点是，这本教材采用了全新的、有别于传统区域经济学教材的结构体系。首先是按照研究对象的空间尺度，沿着企业-产业-区域-城市-城乡-国际的顺序，由小到大逐渐递进，依次展开讨论；其次是区域经济学的人地关系调控，讨论自然资源和环境可持续性与区域发展的关系；最后讨论区域发展管理，思考区域经济发展中政府和市场的作用。第二个特点是，这本教材在兼顾传统理论知识的基础上，补充区域经济学的新知识点。近年来，区域经济学研究取得了长足发展，涌现出许多新的知识点。譬如，新经济地理学理论，新贸易理论与产业内贸易，全球生产网络与全球价值链，地方政府竞争，地方性公共产品与地方品质驱动发展，区域间投入产出分析，边界效应，城市收缩与城市蔓延，资源环境承载力，可持续性与绿色发展，环境规制的波特假说，资源诅咒与资源安全，未来城市，等等。这些都是学习区域经济学的学生们应该了解的新知识点。第三个特点是这本教材反映了区域经济政策的新动向。无论是在全球范围还是中国国内的区域经济发展中，都出现了许多新的政策动向。譬如，中国国内的区域经济发展政策主要有：产业转移，创新驱动与区域增长动力转换，区域协同发展，城市群和都市圈，新型城镇化，统筹城乡发展与乡村振兴，资源型城市转型，国土空间规划，生态环境空间管控，等等。涉及全球范围的区域经济发展政策主要有：应对气候变化与全球环境治理，共建“一带一路”，等等。学习区域经济学的学生们应当及时跟踪、了解区域经济政策的新动向。

由此可见，本书的知识体系主要是依据两个原则来进行组织的。一是区域经济学研究对象的空间尺度，从企业-产业-区域-城市-城乡，逐渐递进到国际尺度（全球化）；二是区域经济学研究内容的三个维度，即空间、动态以及人与自然的关系，或者说，空间区位和空间组织、经济增长和结构变化、人地关系和可持续发展。作者正是基于上述思考，希望为学习区域经济学的学生们展现一本新的区域经济学教材。

作者在教材编写过程中，不可避免地会夹带自身的认识，使得本书某些地方带有作者的烙印。这些认识有的是正确的，有的可能是有局限的，有的是仍处于探索中的。作者尽量避免将偏误带给学生，对于存在分歧的学说和观点，作者尽量秉持客观的态度全面如实介绍。即便如此，作者仍然希望教师在讲授教材和学生在学习教材的过程中能够对此加以注意。

本书引用了大量同行的研究成果，也有部分出自作者的研究团队。作者向这些同行和同事致以崇高的敬意和衷心的感谢！如果文献引用过程中存在偏误，文责由作者自负。

石敏俊

目　录

第一章
经济学与空间

第一节　为什么要学习区域经济学

一、地球不是平的

经济活动的空间分布是不均匀的，人口和企业往往会集中分布在少数地方。如果把经济密度（单位面积上的经济活动量）按照等高线画成地图的话，我们会发现，地球上的经济景观和自然景观一样，有高山，也有沟谷，经济密度高低不一。这种人口和企业分布不均、经济密度高低不一的现象，可以称为经济活动的地理集中。

经济活动的地理集中，在不同的空间尺度均可发生，大到全球尺度，小到区域尺度。从全球尺度看，经济活动集中分布在北美和欧洲，近年来有向亚太地区转移的趋势。从区域尺度看，人口和企业集中分布在城市，而不是乡村。从国家内部看，经济活动往往集中分布在部分区域。譬如，在欧洲，人口和工业密集分布在从英国开始，经过荷兰、比利时、德国和瑞士，到意大利的欧洲中西部区域，被称为“蓝香蕉地带”。在我国，经济活动集中分布在沿海地区，尤其是长三角、珠三角和京津冀区域。2016 年，长三角、珠三角、京津冀等三大城市群的国土面积只占全国的 4%，却集中了全国 35%的规模以上工业企业产出，GDP 占全国的 36%；长三角城市群和珠三角城市群的经济密度分别是全国平均水平的 14 倍和 16 倍，京津冀城市群的经济密度是全国平均水平的 5 倍。2015 年，在 GDP 总量排名前 16 名的城市中，除重庆、武汉、成都、长沙以外，其余 12 个城市均分布在沿海地区，其中，长三角 6 个，珠三角 3 个，京津冀 2 个。如果剔除 4 个直辖市，在 GDP 总量排名前 12 名的城市中，有 9 个分布在沿海地区，其中，长三角 5 个，珠三角 3 个。

经济增长在空间上也是不均匀的。从全球尺度看，20 世纪最后 20 年里经济增长的空间转移引起了广泛的关注。1980 年，在全球总产出中，欧盟占 29%，北美占 27%，东亚占 14%，三大经济区合计占全球的 70%。2000 年，欧盟的份额下降到 25%，北美的份额上升到 35%，东亚的份额上升到 23%，三大经济区合计占全球的 83%。在中国，也出现了经济增长的空间转移。改革开放 40 多年来，GDP 增长率经历了从“东高西低”到“西高东低”的变化。2000 年，东部沿海地区平均 GDP 增长率为 10.04%，中部和西部地区分别为 8.62%和 8.82%，东北地区为 8.77%，东部地区的 GDP 增长率最高；2013 年，东部沿海地区平均 GDP 增长率降为 9.37%，中部和西部地区分别上升到 9.77%和 11.04%，东北地区为 8.33%，西部和中部地区的 GDP 增长率均超过了东部地区。

经济活动的空间分布不均，导致就业岗位的分布与人口及劳动力分布不一致。在中国，一方面，大量中西部地区的劳动力到沿海地区就业以谋求生计，但由于户籍、社会保障制度不健全等因素的限制，庞大规模的流动就业人口不得不返乡定居。这种不完全的劳动力流动被称为“候鸟式流动”。劳动力候鸟式流动对中国的铁路和公路运输形成了巨大压力。另一方面，中国的加工制造业集中分布在沿海地区，而能源和矿产资源却大多集中分布在中西部地区，形成了资源分布与产业发展的空间错位。资源分布与产业发展的空间错位，加上就业岗位分布与人口分布的空间错位，给交通基础设施建设和物流产业带来了巨大的需求，也使得中国的交通基础设施建设始终是区域经济发展不可或缺的重要课题。

二、经济学里的空间

尽管在现实世界中，经济活动存在空间差异，具有空间规律，但在经典的经济学教科书里，有关供给、需求、价格、市场均衡等概念，均与空间无关。没有空间的经济学，可以追溯到 19 世纪经济学萌芽时期。德国经济学家冯·杜能（von Thünen）在 1826 年出版的《孤立国》（*Isolated State*）一书中描绘了土地利用的圈层结构，指出到集市的距离和运输成本及其引起的级差地租是形成土地利用空间分化的原因。可以说，这是空间经济分析的最早尝试。遗憾的是，杜能的空间经济分析在当时没有引起足够的重视。与杜能同时代的英国经济学家李嘉图（Ricardo）在 1817 年出版的《政治经济学及赋税原理》（*Principles of Political Economy and Taxation*）中提出了级差地租的概念，但李嘉图认为级差地租是由土地肥沃度差异引起的，而不是空间区位的差异引起的，从而把经济学带入了一个没有空间的世界。在基于亚当·斯密（Adam Smith）和李嘉图的理论建立起来的经济学理论体系里，并没有空间的存在。

空间不可能定理也使得空间在相当长的时期内被主流经济学所忽视。空间不可能定理

(Starrett，1978) 指出，在一个均质空间里，不存在包含运输成本和区域间贸易的竞争均衡。也就是说，完全竞争市场下的价格机制无法解释均质空间中集聚的发生。根据空间不可能定理，只有在以下几种情形下，才能使得空间“不可能”成为“可能”。一是空间本身是非均质的，譬如资源禀赋和比较优势学说假设资源禀赋本身就是存在空间差异的；二是不完全竞争市场，而非完全竞争市场；三是存在空间外部性。因此，直到以保罗·克鲁格曼 (Paul Krugman)、藤田昌久 (Masahisa Fujita) 等人为代表的新经济地理学家发表了一系列基于规模报酬递增的关于空间的经济学研究成果，突破了空间不可能定理的束缚后，才使空间“不可能”成为“可能”，也使得经济学理论回归到含有空间色彩的世界。2008 年，克鲁格曼获得诺贝尔经济学奖，标志着空间经济学获得了主流经济学的认可。

三、区域经济学的时代诉求

对于丰富多彩的现实世界来说，空间是必不可少的构成要素，经济活动的空间差异和空间联系使得现实世界变得更加复杂多样。当前，从全球到国家，从国家到区域，经济活动的空间格局不断变化，城市化给人类社会带来了深远的影响，经济活动的空间集聚正在深刻影响着人与自然的关系。从全球尺度来看，全球经济和贸易重心正在向亚太区域转移，亚太区域正在崛起。在中国，产业转移态势渐明，长三角、珠三角、京津冀等城市群发展方兴未艾，湾区经济异军突起，生态优先、绿色发展成为长江经济带发展的主旋律。在这样的时代背景下，可以说，区域经济学是人类认识世界、改造世界所必需的学科理论。

在新时代，我国社会的主要矛盾已转化为人民日益增长的美好生活需要和不平衡不充分的发展之间的矛盾。区域经济不平衡、区域发展不充分，就是发展不平衡不充分在空间上的体现。实施区域协调发展战略，拓展区域发展新空间，就是服务于缓解人民日益增长的美好生活需要和不平衡不充分的发展之间的矛盾这一目标，也是新时代建设现代化经济体系，实现“两个一百年”奋斗目标的重要支撑。为了推进新时代中国特色社会主义建设，无论是应用经济学专业的高校师生，从事区域经济和管理、城市发展和规划的政府部门官员、科研工作者，还是关注城市和区域经济的企业界和社会有识之士，学习区域经济学，推动区域经济学的学科发展，是新时代建设现代化经济体系的题中应有之义。

第二节　区域经济学的基本概念

一、空间和区位

1. 空间

空间 (space) 的概念有多种含义。在地理学里，空间是指人类活动所在的地球表层系统的某一部分。在经济学里，空间特指经济活动的载体，位于地球表层。空间具有方位和方向。空间的方位是指拥有地理坐标的现实空间，具有边界。空间的方向是指边界的东南西北等不同方向。空间与空间之间存在着相互作用。本书中所指的空间均为现实的地理空间。

空间是由各种要素组成的，包括水、土、气、生等自然地理要素和人口、资本、技术、制度等人文经济社会要素。按照要素分布的差异性和均质性，可以把空间分为均质空间与非均质空间。一般来说，均质空间的地理特征是平坦的，要素禀赋是均等分布的。与均质空间相对，非均质空间的特征则是资源禀赋不是均等分布的，内部存在显著的差异，自然地理环境往往是有起伏不平的。均质空间与非均质空间的区别也体现在经济发展基础是否均等，市场结构是完全竞争还是不完全竞争等方面。在均质空间内部，经济发展基础和条件是均质的，其市场结构往往是完全竞争的市场结构。

2. 区位

区位（location）是指经济活动所占据的位置，或经济活动的场所。在日语里，区位被译成“立地”。区位的概念包括区位和相对区位。前者是狭义的区位概念，也就是经济活动的场所。无论是农业、工业等物质生产活动，还是商业、服务业等经营活动，凡是经济活动都必须有一个确定的空间位置。相对区位是指不同区位之间的空间联系。经济活动离不开与其他区位的经济活动之间的空间联系，譬如邻近大城市和交通枢纽的区位往往会得到更加有利的发展机会。

3. 区位因素

区位因素也称区位因子，是指影响和决定区位的地理特征及功能的因素。区位因素可以按照属性分为自然因素、社会经济因素和技术因素。自然因素包括地理位置、区位形状、地形地貌、气象气候、水文、生物、土壤、资源、环境等；社会经济因素包括人口、民族、宗教、文化、制度政策、资本、土地价格、市场等；技术因素包括科技、研发、知识创新等。

依据区位因素的空间属性，可以把区位因素分为可移动的区位因素和不可移动的区位因素。可移动的区位因素主要有资源和投入品（能源、矿产资源、农产品、制造业产品），劳动力，资本，技术；不可移动的区位因素主要有土地和自然环境。不可移动的区位因素只能在当地获取，可移动的区位因素可以通过运输和贸易获得补充。区位因素在空间上是否可以移动，以及两类区位因素的空间分布状况，对于经济活动空间格局的形成和演化以及不同区域的经济发展，都将起到至关重要的作用。

二、区域与区域系统

1. 区域

区域是指地球表层的一种地域空间或地域单元。按照区域的属性，区域的类型可以包括：(1) 地理区域，即地球表层的地域单元；(2) 行政区域，即行政管理的地域单元；(3) 经济区域，即经济活动的地域单元。本书中所述的区域，主要是指经济区域。

关于经济区域的定义，不同的学者曾经有过不同的界定。代表性的定义主要有：居民高度认同、地域完整、功能明确、内聚力强大的经济地域单元（孙久文，2010）；由不同种类、不同等级、具有较强自组织功能、相对独立却高度开放的经济功能区之间交互作用形成的具有网络特征的经济空间（郝寿义，2007）；空间经济组织（安虎森，2005）。

概括起来，区域的概念具有以下若干特征：

(1) 区域是具有位置、结构和一定经济功能的开放性地域单元。任何区域都有特定的地理位置和相对位置。区域经济活动会形成不同类型的经济结构和空间组织，使区域具备特定的经济功能，从而成为某种经济功能区域。区域的边界是模糊的，因此区域是一个开放系统，可以与其他区域发生不同程度、不同类型的产品和服务的交换。任何一个区域都不能独善其身，也不能以邻为壑。

(2) 区域内部的一致性与区域之间的差异性。一般来说，区域内部应具有相对一致的经济特征，包括产业结构、经济功能、空间组织等方面的内在一致性（同质性），不同区域之间在产业结构、经济功能、空间组织等方面则表现出明显的差异性（异质性）。

(3) 连续空间与离散空间。区域可以是空间上连续的地域单元，也可以是空间上不连续的地域单位。前者称为连续空间，后者称为离散空间。大部分区域是连续空间，由地理上相邻的、连绵分布的地域单元构成。也有一些区域，如功能区、类型区，在地理上是跳跃的，并非连绵分布的。

在大多数情况下，区域是指一国范围内的特定区域。因此，区域一般处于某一主权国家的疆域之内，接受中央政府的经济政策指导，地方政府则是区域经济活动的组织者和实施者。广义的区域也包括全国国土范围的区域和跨国的区域。全国国土范围的区域经济研究主要关注国家尺度上国土开发的空间规律和空间管治，跨国的区域经济研究主要关注跨越不同主权国家的尺度上经济发展的空间规律和空间管治。

2. 区域系统

沃尔特·艾萨德（Walter Isard）提出了区域系统的概念，认为区域系统是由一组不同等级、不同功能的地域单元（区域）组成的。在区域系统内部，不同区域之间存在着空间相互作用、区域竞争，会形成一定的系统结构。区域之间的空间相互作用包括产业空间关联、空间相互依赖、空间溢出效应等。区域竞争包括不同区域之间的目标冲突、利益冲突、产业竞争、政策竞争等，因而需要进行利益协调、政策协调。在我国，城市群可以理解为典型类型的区域系统。

区域系统的结构特征主要有层次性、比例性、空间性、开放性。区域系统可以分解为若干个子系统，不同的子系统在系统内部处于不同的层级，使得区域系统具备层次性的结构特征。区域系统的结构特征往往通过各种要素的比例组合来体现，譬如土地利用结构、人口结构、产业结构、能源消费结构、交通运输结构等。区域系统内部的不同区域会形成一定的空间分布格局，不同的空间分布格局使得区域系统表现出不同的结构特征和经济功能，也会使得构成区域系统的不同区域具有不同的发展条件和经济功能。譬如，浙江省除了杭州和宁波之外，其他地市的发展相对较为均衡，呈现出扁平化的空间特征。湖北省武汉市一城独大，城市首位度过高，空间极化效应占据主导地位，对其他地市的发展形成了一定的抑制效应。

从区域系统内部看，区域系统的构成要素可以分为节点、轴线、域面。所谓节点，是指门户城市、交通枢纽、港口等。所谓轴线，一般是指交通线，包括铁路、航道、高速公路等。所谓域面，主要是指经济中心的腹地，经济中心和腹地相辅相成、相互依赖、相互促进。

3. 区域差异

区域差异是指一国内部不同区域之间存在的经济发展差异。大多数情况下，区域差异主要是指经济发展水平的差异。实际上，区域差异也包括基本公共服务的差异、基础设施水平的差异、产业结构的差异等。测度区域差异的常用方法和指标有基尼系数（Gini Coefficient）、赫芬达尔-赫希曼指数（Herfindahl-Hirschman Index，简称 HHI）、泰尔指数（Theil Index）、变异系数（Coefficient of Variation）等。造成区域差异的原因是多方面的，除了自然地理和自然条件等先天性因素之外，经济区位、产业发展基础、交通运输条件等被认为是导致区域差异的重要原因。区域政策也会对区域差异的动态演化带来影响。

区域差异调控是区域政策的重要目标。一般认为，区域差异过大，不仅不利于社会公平，而且欠发达区域长期发展滞后也会制约发达区域的发展，因此，对区域差异的动态演化进行调控是必要的。区域差异调控的政策手段包括区域间转移支付、地区导向的发展政策、区域合作和对口帮扶等。当前，国内外学术界普遍认为，区域差异是区域经济发展的一种常态。尤其是以人均 GDP 为衡量指标的经济发展水平的差异在短期内将难以消除，区域协调发展的着力点应该落在促进基本公共服务的均等化上。

三、地租和级差地租

1. 地租

地租的经济学含义是指土地利用产生的利润剩余。从字面上理解，地租是土地使用者为了使用土地向土地所有者支付的租金。从经济学含义看，地租等同于租金（rent），即从事作为生产活动的土地利用所获取的利润剩余。

由于所有的经济活动都需要使用土地，而土地在空间上是不可移动的，因此，地租在区域经济学中是一个十分重要的概念，它对于经济活动空间分布的形成和演化将产生重要的影响。

2. 级差地租

级差地租（differential land rent）的概念是李嘉图首先提出来的。李嘉图把级差地租界定为由于土地肥沃度差异带来的地租差异。与李嘉图同时代的德国农业经济学家杜能发现，不同的空间区位的地租是有差异的，也就是说存在区位差异产生的级差地租。

按照杜能的解释，农产品需要从产地运到市场进行销售，农产品生产区位到市场的距离差异导致运输成本不同，因而不同的农产品产地的地租存在差异。也就是说，地租取决于区位到中心地的距离，区位的差异会导致级差地租的产生。

在现实的经济空间，生产区位和市场往往是分离的，外部规模报酬递增带来的空间外部性使得生产集聚在少数区位，本地市场效应导致的空间集聚的循环累积效应会强化产业集聚地的区位优势，经济活动的空间集聚使得不同区位的地租存在差异。因此，区位差异导致的级差地租是区域经济学中的重要概念。

在阿隆索（Alonso）的土地利用空间均衡模型里，不同的空间区位上地租存在差异，与此同时，不同的空间区位面临不同的通勤成本，级差地租和通勤成本的相互作用使得城市形成不同的空间结构。

四、比较优势与竞争优势

1. 比较优势

比较优势（comparative advantage）的概念是李嘉图提出来的。李嘉图认为，一国相对劳动生产率较高的产业（或产品）拥有比较优势。在李嘉图时代，劳动是唯一的生产要素，因此用两个国家、两个部门的单位平均必要劳动量指标来衡量比较优势。

李嘉图认为，比较优势的源泉是生产技术差异导致不同国家不同部门生产单位产品所需的平均必要劳动量不同，生产单位产品所需的平均必要劳动量较少的国家和部门具有比较优势。俄林（Ohlin）认为，比较优势的源泉是资源禀赋差异。各国的资源禀赋（resource endowment）不同，拥有较好资源禀赋的国家和部门具有比较优势，从而形成专业化分工。拥有较好资源禀赋的国家和部门可以通过分工和贸易获益，拥有不利资源禀赋的国家和部门在贸易中则会受损。

由上可见，比较优势主要体现为生产成本的优势，但这种成本优势是一种潜在的可能，在现实中难以具体测度。有的学者提出了显示比较优势（revealed comparative advantage，简称 RCA）的概念，以贸易份额来反映显示比较优势，但贸易份额是事后的结果，并非潜在的可能，因此显示比较优势体现的不仅是比较优势。

2. 竞争优势

竞争优势（competitive advantage）是迈克尔·波特（Michael Porter）在《竞争优势》（*Competitive Advantage*）一书中提出的概念。竞争优势是指一个企业或国家在某些方面比其他的企业或国家能带来更多利润或效益的优势。竞争优势源于技术、管理、品牌、劳动力成本等因素。

竞争优势有两种形式，一是成本领先，二是标歧立异。前者是同质商品的生产通过低成本所带来的低价格竞争优势，后者是通过商品差异化竞争所带来的竞争优势。由此可见，竞争优势不外乎是以较低的生产成本或与众不同的产品特性来取得最佳价格优势。

3. 比较优势与竞争优势的比较

比较优势是生产技术差异或资源禀赋差异导致的，其实质是成本竞争的优势，是一种潜在的可能，表现为以产业间贸易为特征的地域分工。

竞争优势是基于规模经济、规模外部经济，通过产品差异化竞争和垄断竞争等形式形成的综合优势，既包含成本竞争，也包含差异化竞争。竞争优势是以比较优势为基础的现实优势，具体表现为以产业内贸易为特征的地域分工。

五、规模经济和外部经济

1. 规模经济

规模经济（economies of scale）是经济学的一个基本概念，是指通过扩大生产规模而引起经济效益增加的现象。规模经济也被称为规模报酬递增。这是因为，企业生产成本分为可变成本和固定成本，可变成本随着企业规模变化而相应变化，固定成本不受企业规模增减变动的影响，保持不变。随着企业规模扩大，平均固定成本趋于下降，带动企业平均总成本下降，在市场价格不变的情况下，企业就可以获得更多的收益。规模经济对于区域经济学理论发展具有至关重要的影响。企业拥有规模经济意味着，扩大生产规模可以使其获得更多的成本竞争力，或者说生产规模更大的企业拥有更强的市场竞争力，这样就会造成企业规模的差异，这种差异投影到空间上，就会形成部分区域拥有更大的生产规模并向其他区域出口产品的空间经济格局。

2. 外部经济

1890年，阿尔弗雷德·马歇尔（Alfred Marshall）在《经济学原理》（*Principles of Economics*）一书中首次提出“外部经济”的概念。所谓外部经济（external economy），是指由于企业外部的各种因素所导致的生产费用的减少和收益的增加，这些企业外部因素包括市场区位、市场容量、地区分布、相关企业的发展水平、运输通信条件等。

马歇尔对外部经济的认识来源于对工业企业集聚的观察。马歇尔认为，同一产业大量企业的地理集聚可以产生地方化的规模外部经济——地方化经济（localization economies）。首先，企业集聚能够产生地理接近的优势，降低运输和交易的成本，容易获得专业化的投入，如劳动力。其次，企业集聚能够产生专业化经济，企业专业化于某一产品或某一特定的任务与工序，可以促进专业化的供应商队伍的形成。最后，专业化有利于信息传播和知识外溢，可以促进企业家精神的形成。

后人把马歇尔的外部经济归纳为三种类型：（1）市场规模扩大从而提高中间投入品的

规模效益，促进专业化供应商队伍的形成；（2）厂商地理集中分布，有利于劳动力市场共享；（3）厂商地理集中分布，有助于信息交换和知识外溢。前两者称为金钱的外部性（pecuniary externalities），后者称为技术外部性（non-pecuniary externalities，也称为"纯"外部经济），与收益递增的市场结构无关。

3. 空间外部性

空间外部性（spatial externalities）是外部经济在空间上的体现。空间外部性主要强调企业或消费者等微观经济主体以及城市或区域的空间邻近带来的溢出效应（spillover）。譬如，企业或消费者等经济主体的空间邻近可以带来交流互动（interaction）的外部经济，具体表现为增加盈利机会，提高劳动生产率，增加就业机会，从而使企业有能力向工人支付更高的工资。空间外部性主要来自共享、匹配、学习三种机制。

第三节　经济学如何认识空间

一、经济学的空间发现

如前所述，传统的主流经济学忽视空间因素，李嘉图把经济学带入了一个没有空间的世界，唯一例外的是马歇尔的外部经济理论，但外部经济理论没有引起主流经济学家的足够关注，使得主流经济学理论仍然缺乏空间元素。发源于杜能的经济区位论虽然以空间差异为前提探讨了经济活动的空间行为，但由于缺乏微观经济机制的支撑，难以进入主流经济学理论。直到新经济地理学理论的出现，以克鲁格曼为代表的新经济地理学家尝试把空间元素纳入主流经济学理论，经济学才开始重新发现和认识空间，空间终于回归主流经济学大家庭。

经济学的空间发现，具有两个方面的历史背景。一方面是出于现实世界的时代诉求，欧盟的区域整合进程、申根空间的出现导致欧洲国家之间国界消失，传统的经济学理论难以解释时代变化提出的现实经济问题，譬如，新的经济中心将出现在什么地方？经济学家需要回应这些新的课题，时代诉求呼唤理论建构的创新。另一方面是由于经济学理论的研究进展为空间元素纳入主流经济学理论提供了可能，其中最重要的理论进展是迪克西特-斯蒂格利茨（Dixit-Stiglitz）垄断竞争模型。计算机技术的发展也为复杂系统模拟提供了可能，使得难以得到解析解的经济学理论模型可以通过计算机模拟得出丰富的经济学含义。

随着空间回归主流经济学大家庭，越来越多的主流经济学家开始关注和研究空间，包括理论模型和实证分析。近年来，部分主流经济学家开始借助大数据、空间数据等新技术、新方法，对空间经济过程进行实证分析。空间已成为经济学研究的热点之一。

二、经济学认识空间的三个维度

经济学家主要从三个维度去认识空间，一是基于空间异质性的先天性因素视角，二是基于集聚经济的后天性因素视角，三是基于要素异质性的技术创新和制度因素视角。

1. 先天性优势

这种观点强调先天性因素对经济活动空间格局的作用，这些先天性因素包括自然资源、地理环境、交通等，借用克罗农（Cronon）的概念，可以称为第一自然（first nature）。拥有丰富的自然资源可以发展基于资源开发的产业，地形平坦有利于工业和农业生产，交通便利会吸引更多的企业。

这种观点的前提是空间异质性，也就是先天性条件在空间上不是均匀分布的。代表性的理论就是资源禀赋和比较优势学说。由于空间本身不是均质的，受先天性条件非均质的影响，因而经济活动的空间分布也不是均匀的。

2. 集聚经济效应

这种观点强调经济系统自身产生的作用力，认为经济系统自身会产生集聚力和分散力，并且这些作用力会形成循环累积效应，使得经济活动的空间分布呈现出集聚或分散的格局。这些作用力不是先天性因素带来的，而是由于后天性因素形成的。按照克罗农的概念，这些后天性因素统称为第二自然（second nature）。

空间经济学理论是这种观点的典型代表。空间经济学理论假设在一个均质空间内部，由于经济系统内部产生的集聚力或分散力，经济活动的空间格局会发生变化。多数情况下，集聚经济效应会使得经济活动向少数区域集聚，从而导致经济增长的空间差异。

需要指出的是，土地等不可移动因素对于空间经济演化会产生影响。由于土地是不可移动的，一定区域内的土地供给是既定的，经济活动的空间集聚会导致土地供求关系变化和土地价格上升，进而推动劳动力成本上升，而要素成本上升会产生分散力。

3. 要素异质性

所谓要素异质性（heterogeneity）是指劳动力、技术、制度和管理等生产要素的质量存在差异，劳动力素质的差异、技术水平的高低等对空间经济演化会产生影响，即人力资本和技术创新能力的差异会导致企业的异质性。拥有较多高素质劳动力的企业具有更高的劳动生产率，可以支付更高的工资，由于集聚区的工资水平往往较高，因而这些企业具有在集聚区开展专业化生产的优势。为了具备在集聚区从事专业化生产的优势，企业往往具有重视人力资本累积、促进技术进步与知识创新的内在动力。

这种观点与强调人力资本累积的规模报酬递增的内生增长理论不谋而合。内生增长理论（theory of endogenous growth）强调技术和创新的重要性，人力资本决定企业的技术创新能力，创新活动的空间溢出具有距离衰减效应，因而具有较强创新能力的企业往往分布在集聚区。

不仅是人力资本和技术创新能力的差异，制度和管理的异质性也会对空间经济演化产生影响。不同区域的制度和管理本身存在差异，具有制度环境优势的区域、享有优惠政策待遇的区域，往往具有经济发展的优势，从而影响到经济增长的区域差异。近年来，有研究发现，城市的行政等级导致的资源配置权限的差异对于城市发展和经济增长具有至关重要的影响。

第四节　区域经济学的学科特点和研究内容

一、区域经济学的学科特点

区域经济学以区域经济为研究对象，是一门既古老又新兴的学科。尽管在经济学科发展的初期阶段就有过关于空间经济的探讨，但区域经济学尚未形成完善的理论体系（孙久文、叶裕民，2010）。在中国，区域经济学的研究起步较晚。改革开放以前，主要是受苏联的生产力布局理论（productivity distribution theory）的影响。改革开放以来，随着区域经济研究的不断积累，区域经济学的学科体系逐渐形成和发展起来，开始走向成熟（安虎森等，2018）。

学习区域经济学首先要从认识区域经济的特征开始。区域经济的特征主要有两点：

第一，区域性。任何一个特定的区域都具有地理位置和相对位置，区域经济活动是发生在特定区域的，因而也具有地理位置和相对位置的属性，并受到地理位置和相对位置的影响。

第二，开放性。由于区域边界是模糊的，区域是一个开放系统，而区域之间的经济联系频繁又密切，因此，区域之间的空间相互作用会对区域经济产生深刻的影响。任何一个区域的经济活动都不能独善其身，都必须考虑与周边区域的相互关系。

区域经济的特征，决定了区域经济学有别于宏观经济学的特点。区域经济学不是宏观经济学的区域版。区域经济学研究首先要考虑对象区域的地理位置和地理特征，地理位置和地理特征不同，会使得不同区域的经济活动具有不同的区域特征；其次要考虑对象区域的相对位置，考虑对象区域与周边区域之间的相互作用和经济联系，不同的区际经济联系会对区域经济活动带来不同的影响。

学习区域经济学，必须深刻认识和理解区域经济学的三大基石。

一是要素的不完全流动性。有的要素在空间上是可以流动的，譬如劳动力、资本、自然资源产品等。有的要素在空间上是不可以流动的，譬如土地、生态环境等。有的要素具有一定的空间流动性，即可以流动，但流动的规模和方向是有局限的。譬如水资源，可以通过跨流域调水工程改变水资源的空间分布，但由于资源约束、生态约束、调水工程成本等限制因素的制约，跨流域调水是有局限的，无论是调水规模，还是调水的空间范围和调水方向，都会受到制约。即便是可以流动的要素，如劳动力、资本等，也会受到制度因素和运输成本的约束。譬如，人口的跨国流动就受到国境的限制，国内的要素流动也会受到地方保护、市场分割等市场壁垒的限制。要素的不完全流动性使得依赖这些要素的生产活动会集中在这些要素密集分布的区域。

二是经济活动的不完全可分性。有些经济活动是不可分割的。譬如，企业的生产设备是一体的，不能分割在不同区域。企业的生产工序虽然可以细分，但如果分割过细，则会导致成本增加和效率低下。相反，规模经济和报酬递增使得企业生产达到一定规模时可以节约生产成本。进一步说，外部规模经济使得不同的企业在空间上的接近能够产生集聚经济效应。经济活动的不完全可分性是企业集聚经济形成的基础。

三是商品和服务的不完全流动性。由于距离的作用和运输成本的存在，商品和服务的流动面临空间的阻隔。特定区域生产的商品和服务如果要提供给其他区域，必须经过运输和空间位移，这样一来，首先是受到运输成本的影响，其次是会受到运输能力的制约。因此，商品和服务的流动是不完全的。商品和服务的不完全流动性导致经济活动的空间分布变得不均匀，在某些区域集聚，从而形成块状经济的特征。

二、区域经济学与经济地理学等相关学科的关系

区域经济学是经济学与地理学的交叉学科，经济地理学同样也是经济学与地理学的交叉学科，两者之间有着深厚的渊源，研究对象相似，研究内容交叉重叠，但两者又具有不同的学科体系和学科特征。

经济地理学是以空间异质性为前提，以经济活动的地域系统为研究对象，研究人地关系地域系统的形成、演化以及效应的学科。所谓人地关系，其实质是人与自然的关系。人地关系地域系统就是人与地在特定的地域中相互联系、相互作用而形成的一种动态结构。空间经济学是以均质空间为前提，研究均质空间里经济活动的空间规律，强调均质空间里经济系统内生形成的作用力及其空间效应。近年来兴起的新经济地理学理论已成为空间经济学的标志性理论。区域经济学是现实空间的经济学，既要考虑先天性因素的空间异质性，又要考虑均质空间里经济系统内生形成的作用力及其空间效应；既要认识经济活动的一般性空间规律，又要关注现实世界的经济发展，把经济分析特定到具体区域。

区域经济学作为经济学的分支学科，尤其是应用经济学的分支之一，需要更多地运用经济学原理，并结合空间异质性的作用和经济活动的空间特征，来认识和解释经济活动的空间规律，为区域经济发展和国土空间管治提供指导。因此，区域经济学既承认空间异质性的作用，又超越空间异质性，探寻均质空间里经济活动的空间规律，还要认识空间异质性对均质空间里经济活动空间演化规律的作用。与经济地理学相比，区域经济学具有更强的经济学特性，更多地采用演绎推理的方式，聚焦问题并提出论点，然后用论据去论证假设，检验论据和论点是否相符。与理论经济学相比，区域经济学具有鲜明的空间性和现实

性，研究问题来自区域经济的实践，研究边界存在于现实空间，具有空间尺度，因此，区域经济学的分析必须超越抽象空间的分析。

三、区域经济学的研究内容

区域经济学以区域经济活动为研究对象，以认识和解释经济活动的空间规律为研究目标。区域经济学研究可以沿着经济活动的空间格局—空间过程—空间机理—空间管治这一主线，从认识经济活动的空间格局入手，分析经济活动的空间过程，阐释经济活动的空间机理，最后达到服务于经济活动的空间管治这一终极目标。认识和刻画空间经济格局的特征，不是区域经济学研究的主要目的，而是理解和揭示空间经济格局演进的驱动因素及作用机理的基础。因此，区域经济学研究应当把重点放在阐释和探讨经济活动的空间过程、空间机理和空间管治上，而不能停留在描述空间格局的层面。换句话说，区域经济学研究不应该停留在回答是什么（what）的层面，而是应该努力去解释为什么（why）和如何应对（how）。

基于上述理解，区域经济学的研究内容，具体来说可以包括以下几个方面：

1. 经济活动的空间行为

对经济活动的空间行为的研究主要是分析经济主体的空间行为决策，包括企业和产业两个尺度。在企业尺度上，主要是企业的区位决策分析，也就是经济区位论的研究内容。在产业尺度上，主要是产业发展的空间组织，既包括同一产业内部的空间组织，也包括相关的不同产业的空间组织。

区位论是区域经济学最古老、最经典的研究内容之一，从杜能的农业区位论、韦伯（Weber）的工业区位论、克里斯泰勒（W. Christaller）的中心地理论等传统区位论，到霍特林（Hotelling）的空间竞争模型、艾萨德的一般区位理论，再到以克鲁格曼、藤田昌久为代表的新经济地理学理论，对于企业的空间行为决策进行了大量探讨。

产业发展的空间组织将经济主体的空间行为决策分析从企业尺度拓展到产业尺度。这是因为区位选择不仅要考虑企业内部规模经济的作用，也要考虑外部规模经济的作用，不仅要考虑同一产业内部不同企业之间的相互作用，也要考虑产业链上下游不同产业之间投入产出关联的作用。正是由于这些分析的延伸和拓展，经济主体的空间行为决策分析的内容更加丰富多彩。

2. 区际经济关系

区域边界的模糊性决定了区域是一个开放系统，区域之间存在着频繁的商品交换和要素流动，不同区域之间既有竞争，也有合作。区际经济关系正是区域经济学有别于宏观经济学的关键特征。可以说，对于区域经济学而言，无论怎样强调区际经济关系的重要性都不过分。对于任一特定的区域来说，区域经济活动必须充分认识与周边区域的相互作用关系，协调处理好与周边区域的相互作用关系。区域经济学研究需要高度重视区域之间的空间相互作用及其对区域经济活动的影响，深入探讨区域经济协调的方向、原则、策略和模式。

区域差异是区域经济学研究永恒的主题。现实中不同区域之间往往存在经济发展的差异，区域增长差异究竟是走向收敛还是发散，是区域经济学始终关注的经典课题，而如何调控区域差异则往往是区域政策的核心内容之一。

区域之间商品贸易和要素的自由流动，有利于企业扩大生产规模，提高资源配置效率。以商品贸易和要素的自由流动为目标的区域一体化，往往被认为是区域经济协调的方向。区域一体化是区际经济关系研究的重要内容之一。

如果把城市和乡村看成是不同类型的区域，城乡关系也是区域经济学研究的重要内容之一。城市化进程使得城乡关系不断发生改变，城市本身在不断发展变化，城市体系也在经历演变，从侧重单一城市发展到注重城市群发展。

3. 区域经济增长

任何一个区域都关注经济增长问题。区域经济增长动力来自何方？依据什么区域经济增长理论？如何选择区域经济增长模式？这些都是区域经济学研究不能回避的重要内容。区域经济增长理论包括凯恩斯主义的区域经济增长理论和卡尔多学派的出口需求模型，也包括着眼于供给侧的新古典增长理论和内生增长理论。区域经济增长还呈现出不同的空间格局，由于不同的发展阶段有不同的空间格局演化特征，因而需要采用不同的空间发展模式，其中，增长极、点轴开发、多极网络结构都是区域发展空间模式的代表性类型。

随着区域经济增长，区域产业结构将会相应发生变化。区域产业结构演进的方向、路径和驱动因素，地区主导产业的选择和发展，专业化和地域分工，都是区域经济增长研究的重要内容。各个区域需要选择和确定主导产业，主导产业选择应当适合当地条件，符合产业结构演进规律。主导产业选择的合理与否，往往会对区域经济带来至关重要的影响。

4. 经济活动的空间管治

为了缩小区域差异，协调区际经济关系以及人与自然的关系，政府往往会通过制度和政策对经济活动的空间秩序进行调控，这就是经济活动的空间管治的目标和任务。一般情况下，政府将通过制定和实施区域发展战略与区域规划，对各地区经济发展的目标定位、主导产业选择、重点项目等进行调控，并采用具体的区域管理与区域政策，落实区域发展战略和区域规划的措施。

中央政府制定的区域发展战略与区域规划，是对国土空间范围内的经济活动进行空间管治的主要手段。除中央政府外，地方政府也要对辖区范围内的经济活动进行空间管治，尤其是我国的省级行政单元辖区范围大，人口数量多，省级政府往往需要对辖区范围内经济活动的空间管治做出规划和部署。

经济活动的空间管治，一方面要协调不同区域之间的经济关系，包括功能定位、发展目标、主导产业选择、重点项目的统筹协调；另一方面要统筹考虑各地区人与自然的和谐发展，使不同区域的人类活动强度、环境负荷、可持续性维持在适度的水平。

四、本书的知识体系和结构安排

本书的知识体系主要依据两个原则进行组织。一是区域经济学研究对象的空间尺度，从企业、产业、区域、城市，逐渐递进到国际尺度（全球化）；二是区域经济学研究内容的三个维度，即空间、动态以及人与自然的关系，具体来说就是，空间区位和空间组织、经济增长和结构变化、人地关系和可持续发展。

本书主要按照经济活动的空间尺度来安排章节结构，同时兼顾研究内容的三个维度。各章内容安排如下：

第一章为经济学与空间。介绍为什么要学习区域经济学、区域经济学的基本概念、经济学如何认识空间、区域经济学的学科特点和研究内容等。

第二章为企业区位选择。主要内容包括农业区位论、工业区位论、市场区位论等经典区位论，空间竞争模型和市场潜力模型等现代区位理论，区域科学理论的基本思路和研究内容，新经济地理学理论及其拓展等。

第三章为产业空间组织。主要介绍产业地域分工，产业集聚的基本概念及经济学机制，产业布局与产业空间组织，产业转移等。

第四章为产业结构演进。主要介绍配第-克拉克定理、霍夫曼定理、产业结构高度化等产业结构演进规律，中国产业结构演进，地区专业化与主导产业选择，产业结构趋同等。

第五章为区域经济增长。主要介绍乘数分析、新古典区域增长理论、内生增长理论、卡尔多学派出口需求模型等区域经济增长理论，中国区域经济增长模式，增长与发展等。

第六章为区域经济协调。主要内容包括：运输成本和空间相互作用对区际经济联系的影响；空间极化与空间扩散等区域经济的空间格局演化，增长极、发展轴、多极网络结构等区域发展的空间模式；区域差异收敛或发散的驱动因素和经济学机制；区域竞争与区域合作；交通运输发展与区域经济协调。

第七章为城市发展与城市化。从城市与城市化的概念入手，介绍中国和世界的城市化，工业化与城市化的关系，人口流动与城市化的关系，土地开发与城市化的关系，城市蔓延与城市收缩的关系，新型城镇化，城市化的生态效应等。

第八章为城市空间结构与城市体系。主要内容包括城市空间结构，城市规模和城市体系，城市群和都市圈，未来城市等。

第九章为城乡协调发展。主要介绍李嘉图陷阱、二元经济理论等城乡关系理论，市场不完全性与农业发展，农业和农村政策从粮食问题到农业保护的演变规律，农业产业化与农村组织化，统筹城乡协调发展与乡村振兴等。

第十章为全球化与区域发展。主要介绍传统的国际贸易理论与新贸易理论，地理与国际贸易，跨国公司与全球生产网络，全球价值链分析，共建“一带一路”与区域发展等。

第十一章为自然资源与区域发展。主要介绍第一自然与第二自然在区域发展中的作用，资源诅咒的产生原因与传导机制，资源开发与区域经济发展，资源型城市转型发展等。

第十二章为环境可持续性与区域发展。主要介绍环境可持续性与环境治理，区域发展的环境效应，环境治理与区域可持续发展，资源环境承载力及其对区域发展的制约，区域发展的绿色转型等。

第十三章为区域发展管理。从政府与市场的关系入手，探讨地方政府职能转变；区域发展战略、区域规划以及区域政策；基于公共服务的地方品质驱动发展，空间管治与优化国土开发空间等。

关键词

空间不可能定理　区位　区域　区域系统　集聚经济　级差地租　外部经济

复习与习题

1. 如何理解经济学认识空间的三个维度？
2. 区域经济学的三大基石是什么？
3. 为什么传统经济学理论忽视空间，近年来空间回归主流经济学？

第二章

企业区位选择

第一节 经济区位论

区位论（location theory）是关于企业区位选择的理论，是学习区域经济学理论的入门篇。区位论发源于德国学者冯·杜能（von Thünen，1783—1850）。杜能在1826年出版的《孤立国》一书中描绘了土地利用的圈层结构，提出了农业区位论。德国学者韦伯（Weber）在1909年提出了区位因子的概念和运输成本最小的工业区位选择法则，形成了工业区位论。德国学者克里斯泰勒（Christaller）在1933年提出了中心地理论，认为最有效地组织生产和流通的空间结构是一个正六边形的中心地网络体系。德国学者勒施（Lösch）将利润原则应用于区位研究，在1939年提出了市场区位论。在农业区位论、工业区位论、市场区位论等经典区位论之后，艾萨德（Isard）发展了区位指向理论，格林哈特（Greenhut）发展了空间相互作用的区位论，胡佛（Hoover）发展了现代区位论，霍特林（Hotelling）、卡尔多（Kaldor）等发展了空间竞争模型，逐步形成了现代区位理论体系（张文忠，2000）。艾萨德在1954年提出了区域科学（regional science），这是当时区域经济学研究集大成的成果，也是最早形成体系的区域经济学理论。

一、经典区位论

1. 杜能的农业区位论

杜能在1826年出版的《孤立国》一书中描绘了一个孤立国。孤立国与世隔绝，只有一个城市，城市位于孤立国的中心，周边环绕着农业土地，周边的农村只与城市中心发生联系，城市中心是孤立国里的农产品的唯一市场地，也是农村所消费的工业品的唯一供给者。城市中心与农村之间联系的交通工具是马车，马的饲料消耗可以作为运输成本的表征，农产品生产地到城市中心的距离越远，运输的农产品重量越大，马消耗的饲料越多，运输成本越高，运输成本与距离及农产品重量成正比。

（1）杜能圈。

农村是均质的平原，自然条件相同，均适宜农作物的生长，然而，在运输成本和地租的相互作用下，其会形成以城市为中心的、呈六个同心圆状分布的农业土地利用圈层结构，也就是所谓的杜能圈。从城市中心向外，随着距离的增加，依次分别为自由式农业—林业—轮作式农业—谷草式农业—三圃式农业—畜牧业。

（2）杜能圈的经济分析。

在杜能圈里，地租主要受到运输成本的影响。这是因为单位面积产量、农产品市场价格、生产成本等在均质空间里均相同，如下式所示，地租随距离城市中心的远近 k 而变化，同时也受到运输费率 f 的影响。

$$R=E(p-a)-Efk$$

式中，R 代表地租；E 代表单位面积产量；p 代表农产品市场价格；a 代表农产品生产成本；f 代表运输费率（农产品单位重量·距离的运输费）；k 代表距离。

在杜能圈里，区位的差异将决定地租的高低。换句话说，区位差异会导致级差地租的形成。而且，区位决定的级差地租成为决定农业土地利用方式和农作物布局的关键因素。在城市中心附近是自由式农业，主要是易腐烂、保鲜要求高、重量大、不便运输的农产品，如蔬菜、鲜奶等，这些农产品以城市中心为唯一市场。随着距离增加，按照农产品价格中运输成本所占比重逐步降低的顺序，依次形成农作物种植带。首先是林业，供给城市所需的薪材、建筑木材、木炭等，这类产品的体积和重量较大，运输成本占比较高；其次是轮作式农业，主要是谷物（小麦）和饲料类作物（马铃薯等）；再往外是谷草式农业和三圃式农业，均有休闲地，土地利用效率比轮作式农业要低；最后是畜牧业，生产畜产品供给城市中心，一般有大片草地，生产用于畜牧业的饲草。

（3）农业区位论的意义和局限。

杜能的农业区位论具有十分重要的意义，归纳起来主要有以下几点：

第一，杜能最早在经济活动中引入了空间因素的分析。杜能提出了区位引起级差地租的思想，这与李嘉图的级差地租概念是不同的。李嘉图认为是土地肥沃度的差异导致级差地租的出现，杜能则认为区位差异将导致级差地租的出现。

第二，杜能最早进行了均质空间分析的尝试。杜能运用抽象和演绎的思维方法，提出了均质空间里距离和运输成本引起土地利用空间分化的分析逻辑。

第三，杜能最早提出了冰山运输成本的处理方式。杜能将马车所消耗的饲料数量作为衡量运输成本的替代变量，可以说是冰山运输成本处理方式的萌芽。

但是，农业区位论也存在着时代的局限。市场是外生给定的，城市中心是唯一的市场，而且是点状的。因此，杜能的区位分析是静态的，不能刻画市场需求和区位变化的相互作用和动态演化过程。

2. 工业区位论

德国学者韦伯（Weber）在1909年出版的《工业区位论》（*Industrial Location Theory*）一书中创立了工业区位论，其核心思想是通过区位因子分析，找出工业生产的最小成本区位。韦伯提出了区位因子的概念，认为区位因子是决定区位选择的关键因素。其中最重要的区位因子是原料和产品的总运输成本。从本质上讲，韦伯的工业区位论具有成本最小化的鲜明特征。

（1）原料指数和运输成本指向。

韦伯把工业原料分为遍布性原料和偏在性原料，前者是指遍地都有的原料，对工业区位选择的影响不大，后者只分布在少数地点，对工业区位选择会产生重要影响。韦伯提出了原料指数（M）的概念，也就是偏在性原料重量与产品重量之比。原料指数大，表明生产过程中原料失重较多，原料的运输成本占比高，工业生产应当选择离原料近的区位。按照这一思想，韦伯提出了工业区位的运输成本指向：

当 $M<1$ 时，为消费地指向性区位；

当 $M=1$ 时，为自由指向性区位；

当 $M>1$ 时，为原料指向性区位。

（2）韦伯的区位三角形。

由于工业生产往往需要不止一种原料，不同的原料往往分布在不同的地方，因此韦伯提出了区位三角形，通过解析几何求解工业生产的最佳区位。假如某个工业企业生产某种产品，需要原料M1和M2，产品市场在C点，则工业生产的最佳区位为位于三角形内的总运输成本最小的那个点。

（3）工业区位论的三条区位法则。

韦伯工业区位论是由运输区位法则、劳动区位法则、集聚或分散法则等三条区位法则组成的。运输区位法则是基于运输成本指向，劳动区位法则是基于劳动力成本指向，集聚或分散法则是考虑企业规模或复数企业的影响。其中，运输成本指向决定着工业区位的基本方向，理想的工业区位是运距和运量最低的地点。由于劳动力成本因素与集聚因素的存在，根据运输成本指向选择的区位可能会发生变化。工业区位选择在运输成本最小点还是劳动力成本最小点，主要是看两种成本的节约程度。

工业区位选择往往可以分为3个阶段，不同阶段的主要影响因素和主导法则是不同的。首先是运输成本指向主导的阶段，其次是劳动力成本指向逐渐变得重要的阶段，最后是集聚或分散指向发挥主导作用的阶段。

3. 市场区位论

（1）克里斯泰勒的中心地理论。

德国学者克里斯泰勒在1933年出版的《德国南部的中心地》（*The Central Places in*

Southern Germany）一书中提出了中心地理论。所谓中心地（central place），是指向居住在周围区域（尤其是农村区域）的居民提供各种商品和服务的城镇。克里斯泰勒基于理性经济人假设，认为生产者为追求利润最大化，会尽量扩大市场区域，且消费者为了移动成本最小化，会尽量靠近市场。因此，组织物质财富生产和流通的最有效的空间结构是一个以中心城市为中心的、由相应的多级市场区域组成的网络体系，这个网络体系是一个正六边形的中心地网络体系。

（2）勒施的市场区位论。

德国经济学家勒施在1939年出版的《经济空间秩序》（英译本名为《区位经济学》，*The Economics of Location*）一书中提出了市场区位论。勒施将利润原则应用于区位分析，引入了市场域的概念，探讨了利润最大化原则下的区位选择。勒施认为，每个企业都有一个以产地为圆心、最大销售距离为半径的圆形销售范围，也即市场域。各个企业的市场域之间存在着圆与圆之间的空当，随着市场竞争，不断有新的企业进入市场参与竞争，圆与圆之间的空当会被新的竞争者所占领，圆形市场域会受到挤压，最后形成以六边形市场区位为单位的蜂巢网络体系。

克里斯泰勒的中心地理论和勒施的市场区位论有很多相似之处，都是探讨市场区位，都是以六边形的市场网络体系为区位选择结果，都是市场区位分析的先驱。与农业区位论和工业区位论以成本最小化为区位选择原则不同，市场区位论以利润最大化为区位选择导向，引入了市场域和企业间市场竞争等概念。但是，无论是中心地理论，还是市场区位论，其市场仍然是外生给定的，而非内生变化的，并且没有考虑空间集聚的外部性，与当代社会的现实情形相去甚远。

二、区位论的发展

在农业区位论、工业区位论、市场区位论被提出之后，区位论不断得到发展，逐步形成了现代区位理论。现代区位理论的代表性成果，主要有艾萨德的区位指向理论、格林哈特的区位相互依存理论、胡佛的现代区位论、霍特林和卡尔多的空间竞争模型、哈里斯和克鲁格曼的市场潜力模型等。这里重点介绍空间竞争模型和市场潜力模型。

1. 空间竞争与区位选择

空间竞争模型主要是由霍特林（Hotelling，1929）和卡尔多（Kaldor，1935）提出来的。霍特林构建了一个线性市场双寡头厂商区位模型。在没有价格竞争（两个厂商都以边际成本定价）的情况下，厂商为了追求利润最大化，倾向于聚集在市场中心。因为消费者均匀地分布在一条长度给定的直线上，在这个市场上两个厂商向消费者出售相同的产品，消费者到厂商的交通成本是厂商与消费者之间距离的线性函数，在产品出厂价格相同的条件下，消费者会到距离自己最近的厂商去购买产品。每个厂商的产品需求是由它所吸引消费者的数量决定的，也就是厂商占据给定线段的长度所决定的。厂商可以通过移动自己的位置或通过降价来获取更多的市场份额，厂商之间的竞争就是如何在既定线段上选择一个点（区位），使自己所占据的线段（市场份额）达到最大化。因此，厂商在线段上的区位选择成为市场竞争的关键。在均衡条件下，两个厂商背靠背聚集在市场中央，各自分得一半的市场。此时，$p_1=p_2=cl$，c 为交通成本（距离），l 为市场需求（消费者）的数量（见图 2-1）。

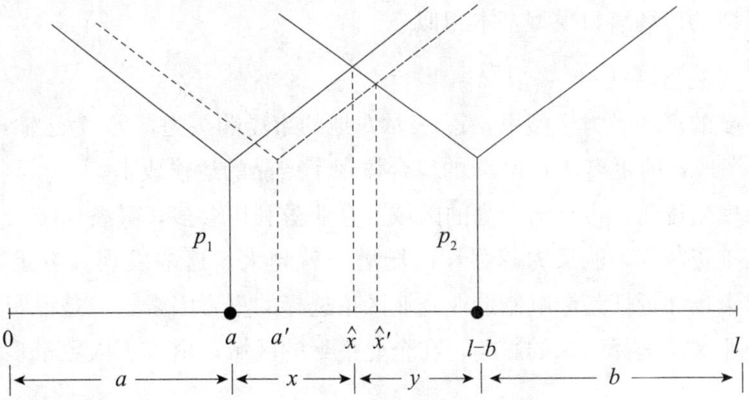

图 2-1　霍特林的空间竞争模型示意图

空间竞争模型具有重要的经济学含义。空间竞争是一种不完全竞争。也就是说，空间竞争是局部的，直接的竞争对手主要是相邻企业，空间因素（距离）起到市场阻隔的作用，使得空间竞争形成了垄断竞争的市场结构。由于企业层面的规模报酬递增防止了空间的完全竞争，消费者的区位差异及由此引发的运输成本差异会形成一定空间范围的市场支配力。在空间竞争模型里，企业不再是价格接受者（price taker），而是价格制定者（price maker）。

在空间竞争模型里，企业的数量取决于规模报酬递增和交通成本之间的权衡。规模报酬递增降低了企业的平均生产成本，但也会增加企业的交通成本。在下面的公式里，M 为企业数量，t 为消费者到企业的交通成本，f 为固定生产成本，N 为工人（也是消费者）数量。

$$M=\sqrt{\frac{Nt}{f}}$$

由于空间竞争是一种不完全竞争，这意味着，空间竞争可以在理论上突破空间不可能定理的完全竞争市场前提。

2. 通达性与区位选择

（1）哈里斯和克鲁格曼的市场潜力模型。

美国学者哈里斯（Harris，1954）提出了市场潜力模型，用来解释美国制造业的地理分布。所谓市场潜力是指市场规模和距离倒数的乘积之和。市场潜力的计算公式如下面的公式所示，其中，Y_k 是 k 地的市场规模，D_{jk} 为产地 j 到市场地 k 的距离，g 表示距离倒数的函数，M_j 为产地 j 的市场潜力指数。市场潜力反映了厂商接近市场的便利程度，也称为市场邻近性，或市场通达性。市场邻近性受到市场规模的影响，也受到交通条件和运输成本的影响。

$$M_j = \sum_k Y_k g(D_{jk})$$

哈里斯的研究发现，美国制造业的地理分布与市场潜力指数高度相关，认为市场潜力是影响制造业企业分布的重要因素。克鲁格曼（Krugman）经过理论推导得出，工人的工资方程与哈里斯的市场潜力模型基本相似。

$$W_j = \left[\sum_k Y_k (T_k e^{-\tau D_{ik}})^{\sigma-1} \right]^{\frac{1}{\sigma}}$$

在克鲁格曼的市场潜力模型里，Y_k 表示 k 地的市场购买力，T_k 为运输成本单价，D_{ik} 为产地 i 到市场地 k 的距离，T 和 D 的组合体现了产品的运输成本。

市场潜力模型说明，市场潜力高的区域，企业盈利机会多，具备向工人支付更高工资的能力。工人工资越高，购买力越强，市场潜力就越大。这一发现具有重要的经济学含义，一是说明市场邻近性是影响制造业企业区位选择的重要因素，二是说明市场本身是内生的，受到企业区位选择结果的影响，在企业集聚的区域，由于工人数量多且工资高，市场购买力就强。

（2）滨口-藤田的企业区位选择模型。

日本学者滨口（Hamaguchi）和藤田昌久（Masahisa Fujita）经过理论推导得出了企业区位选择模型。在滨口-藤田模型里，产地 j 所生产产品的总需求如下面的公式所示。

$$\begin{aligned} D_X(j) &= \sum_{j=1}^{l} c_X(h_j) = P_X(j)^{-(\mu+1)} \sum_{h=1}^{l} \frac{\alpha E_h T_X^{-(\mu+1)}}{\sum_{k=1}^{l} n_k \{P_X(k) T_X(k,h)\}^{-\mu}} \\ &= \{\Lambda^{-1} W_j^{1-\beta} \Gamma(j)^{\beta}\}^{-(\mu+1)} \Omega(j) \end{aligned}$$

式中，$\Omega(j)$ 为产地 j 的市场潜力，W_j 为产地 j 的工人工资水平，$\Gamma(j)$ 为产地 j 的中间产品价格指数。

$$\Omega(j) = \sum_{h=1}^{l} \left[\frac{\alpha E_h T_X(j,h)^{-(\mu+1)}}{\sum_{k=1}^{l} n_k \{W_k^{1-\beta} \Gamma(k)^{\beta} T_X(k,h)\}^{-\mu}} \right]$$

在市场潜力公式里，E_h 为市场地 h 的市场规模，$T(j,h)$ 为产地 j 到市场地 h 的运输成本，指数为负表示为倒数，W_k 为产地 k 的工人工资水平，$\Gamma(k)$ 为产地 k 的中间产品价格指数，$T(k,h)$ 为产地 k 到市场地 h 的运输成本。进一步分析可以发现，$\Omega(j)$ 的分子部分和哈里斯的市场潜力模型原型基本一致，而分母部分则体现了产地之间的空间竞争。产地 j 和产地 k 的企业都要参与 h 地的市场竞争，也就是说，h 地不完全是 j 产地企业的市场，而是要通过成本竞争（劳动力成本＋中间产品价格）来决定 h 地的市场份额分配。

滨口-藤田模型表明，企业区位选择取决于以下几方面因素：一是生产成本，取决于要素成本；二是市场邻近性，也就是市场潜力；三是供给邻近性，也就是中间产品成本。市场邻近和供给邻近受到市场规模、产业配套能力（中间产品供给）、交通条件和运输成本的影响。市场邻近和供给邻近的总和，归结为贸易成本。企业区位选择往往是追求生产成本和贸易成本的总和最小化。这一发现比哈里斯和克鲁格曼认为市场邻近决定企业区位选择更进一步，生产成本和贸易成本两者的关系才是决定企业区位选择的关键因素。这与艾萨德认为厂商在运输成本与生产成本之间的权衡有异曲同工之处。在现实中，生产成本和贸易成本经常存在冲突（trade-off），生产成本高的区域贸易成本低，生产成本低的区域贸易成本高。企业往往需要在生产成本和贸易成本中进行权衡和选择。

第二节　区域科学

一、区域科学的基本思路

区域科学（regional science）是沃尔特·艾萨德（Walter Isard，1919—2010）创立的以区域为对象的学科。艾萨德于1956年出版了《区位与空间经济》（*Location and Space-Economy*），1960年又出版了《区域分析方法》（*Methods of Regional Analysis*），奠定了区域科学的理论和方法基础。1975年，艾萨德出版了《区域科学导论》（*Introduction to Regional Science*），该书于1990年代被翻译成中文版，区域科学由此被系统引进到国内。

艾萨德抨击经济学研究是“在一个没有空间维度的空中楼阁中”进行的。他在1956年出版的《区位与空间经济》一书中，将杜能、韦伯、克里斯泰勒、勒施等人的模型整合成一个统一的框架，把区位问题重新表述为一个标准的替代问题，即厂商是在运输成本与生产成本之间进行权衡，正如它们做出其成本最小化或利润最大化的决策一样。因此，区域科学所讨论的区域是指具有结构和功能的经济体，包括产业结构、就业结构、消费结构、基础设施结构等。复数的区域连接起来构成了区域系统。艾萨德认为，区域是指存在需要区域科学家帮助解决的问题的区域。这里所说的问题，可以是区域经济增长问题、区域差异调控问题、经济结构优化问题、资源环境管理问题，等等。区域科学的核心内容是解决区域经济发展面临的资源配置优化、产业结构调整、空间布局、人地关系调控等问题，主要的理论框架是新古典经济学的理性选择。可以说，区域科学的主体是区域经济学，有不少学者把区域科学等同于区域经济学，但艾萨德认为，区域科学不等同于区域经济学。区域科学所研究的问题除了经济学，还涉及地理学、社会学、政治学、人类学等，需要综合运用多学科的知识。此外，与传统经济学相比，区域科学强调空间，突出应用。区域科学的研究对象不是传统经济学的抽象空间，而是有具体内容、具体问题的区域。因此，艾萨德称之为区域科学，而不是区域经济学。

区域科学强调区域是一个整体，采用投入产出模型刻画区域内部的经济结构和产业关联。从这个意义讲，区域科学把区域看作是一个均质空间，也就是说，区域是均质的，不考虑区域内部的差异。如果涉及复数的区域，即区域系统时，可以采用区域间投入产出模型分析区域系统内部不同区域之间的经济结构和投入产出关联，也可以通过区域间投入产出模型分析区域之间的发展目标冲突和政策协调。

二、区域科学的研究内容

经过60余年的发展，区域科学逐渐形成了三大研究领域：以区域经济体为重点研究对象的区域经济理论、以微观经济主体为重点研究对象的空间经济理论和区域管理与公共政策。此外，城市经济学作为区域科学的一个独特领域，有时也与其他三个领域并行提出。

1. 区域经济理论

区域经济理论主要包括：区位论和区域分析、区域经济增长动力、区域发展理论、多区域经济学，等等。研究方法主要有：区域分析、数理规划模型、投入产出分析和区域间投入产出分析、系统动力学模型等。

2. 空间经济理论

空间经济理论主要包括空间经济学、空间分析与空间计量分析等。近年来，新经济地理学理论异军突起，成为空间经济学理论的主旋律。研究方法主要有：空间数据分析、空间计量分析、计量经济模型、数理模型与计算机模拟等。

3. 城市经济理论

城市经济理论主要包括城市经济学、城市空间结构分析等，研究内容主要涉及城市的形成和发展、城市体系演化、城市规模和空间结构等方面。

4. 区域管理与公共政策

区域管理与公共政策主要涉及两个方面的内容，一是区域经济活动的调控，包括区域经济增长、区域差异、产业结构、空间布局等方面；二是人地关系调控，即人类的生产生活活动与地理环境的关系，涉及资源管理和环境保护等方面。

三、区域科学的局限

区域科学的理论基础是新古典经济学的理性选择假说，但区域科学缺乏对市场结构以及经济主体行为的微观经济机制的刻画，没有提出一个包含一般区位均衡的理论模型，因而艾萨德未能将空间带入主流经济学理论。正如克鲁格曼指出的那样，“区域科学不是一个统一的学科。准确地说，它是一个工具收藏箱，其中一些工具非常原始，而另一些则相当先进，它可以帮助人们解决实际中出现的涉及空间的问题，而无需等到我们有了一个出色的理论才来解决。我认为经济学家们应该给予这种松散、但已尽力而为的理论化的工作更多的关注和尊敬。但与此同时，被标榜为区域科学的那种折衷做法绝对不能取代一个真正完整的理论。艾萨德所做的伟大工作尚未形成一个完整的理论。”

第三节　新经济地理学

一、经济学的地理转向

1. 经济学地理转向的现实背景

经济学的空间发现或者地理转向，首先是现实世界的时代诉求。经济活动的空间集聚在不同尺度上普遍存在。从全球尺度上看，存在着以北美自由贸易协定与欧盟为中心的中心—外围结构。从一国内部看，区域之间的巨大差异普遍存在，不同城市也有规模和等级的差异。从区域尺度上看，经济活动的集聚一般发生在城市，形成城市—乡村的中心—外围结构。从城市内部看，中央商务区（CBD）一般是城市的中心。

在全球化浪潮里，资本国际流动日趋频繁，外商直接投资已成为许多发展中国家缓解资本不足的重要途径。比较优势学说和新贸易理论分别从不同的角度解释了国际分工和贸易发生的经济学机制，但是国际贸易理论不能回答在哪里生产的问题。区位论恰好是回答在哪里生产的问题，但是在区位论里，市场是外生的，即便是考虑了区位和市场的相互影响，市场需求及其分布仍然是给定不变的。这显然与现实世界是不一致的。区域科学发展了区位论，但区域科学仍然是基于新古典经济学的理性选择和完全竞争市场的假设，缺乏规模报酬递增和一般均衡的市场结构及经济主体行为的微观经济学解释。

近年来，随着欧盟一体化进程的加快，许多欧洲国家加入了申根协定，相互开放边界，国界的概念变得越来越淡薄，劳动力的跨国流动也日渐频繁。与此同时，大国内部区位的重要性变得越来越重要。譬如，欧盟成立后，欧洲的新经济中心将出现在什么地方？解释经济活动的空间组织，需要突破国际贸易理论中关于要素不可流动的前提条件。

国际贸易理论和区位论等传统经济学理论难以解释时代变化提出的现实经济问题，而经济学家需要回应这些新的课题，时代诉求呼唤经济学理论建构的创新，因此，需要把空间元素纳入主流经济学理论以解释经济活动空间集聚的形成机制，尤其是采用模型方法来论证经济活动的空间集聚。

2. 经济学地理转向的理论准备

一方面，国际贸易理论和区位论等传统理论难以解释时代变化提出的现实经济问题，但国际贸易理论、区位论和区域科学都涉及经济学和地理学的关系，这就为经济学的空间发现或地理转向提供了土壤。区位论尝试研究均质空间里经济活动的空间组织，但区位论的空间并非完全的均质空间，其市场是外生的，中心地是给定的，空间是有差异的。在这个空间里，要素可以自由流动，商品流动需要运输成本。区域科学作为区位论的集大成者，基于新古典经济学的理性选择，对经济活动的区位选择进行了系统分析，但区域科学缺乏基于市场结构和经济主体行为的微观经济学解释。国际贸易理论探讨了异质空间的经济活动空间组织，李嘉图（Ricardo）的比较优势理论和俄林（Ohlin）的资源禀赋理论都是在假定技术和要素分布不均的条件下，分析产业地域分工如何形成，国际贸易如何发生。在国际贸易理论里，要素不能自由流动，但商品可以自由流动。

另一方面，经济学理论的研究进展为空间元素纳入主流经济学理论提供了可能，其中最重要的理论进展是迪克西特（Dixit）和斯蒂格利茨（Stiglitz）的垄断竞争模型。空间和距离对于经济学并非不重要，而是因为缺乏必要的工具将其模型化。其实，经济学始终关注空间和距离对经济活动的影响，当年李嘉图用土地肥沃度差异代替空间区位差异是不得已而为之。迪克西特和斯蒂格利茨的垄断竞争（Dixit-Stiglitz monopolistic competition）模型的出现，掀起了经济学对收益递增和不完全竞争的研究的革命，也为规模经济和不完全竞争的模型化提供了可能。与此同时，计算机技术的发展也为复杂系统模拟提供了可能，使得难以得到解析解的经济学理论模型可以通过计算机模拟得出丰富的经济学含义。

区位理论和国际贸易理论的探索以及经济学理论的发展为经济学的地理转向提供了理论准备。主流经济学开始关注空间，试图解释均质空间里经济活动区位的一般均衡模型。这一均质空间具有不完全竞争的市场结构，其市场是内生的，具有规模报酬递增（内部规模经济、外部规模经济）的特性，纳入空间元素的经济学理论必须具有基于市场结构和经济主体行为的微观经济学机制。

3. 突破空间不可能定理

依据空间不可能定理（Starrett，1978），在一个均质空间里，不存在包含运输成本和区域间贸易的竞争均衡。也就是说，在完全竞争市场下，价格机制无法解释均质空间中集聚的发生。空间不可能定理使得空间在相当长的时期内难以在主流经济学理论体系占据一席之地。

根据空间不可能定理，只有在以下几种情形下，空间“不可能”才能成为“可能”。一是空间本身是非均质的，譬如资源禀赋和比较优势学说假设资源禀赋本身就是有空间差异的；二是不完全竞争市场，而非完全竞争市场；三是存在空间外部性。空间外部性可能来源于规模经济，也可能来源于外部规模经济。因此，突破空间不可能定理的关键，在于如何将规模经济和不完全竞争模型化。

如前所述，迪克西特和斯蒂格利茨的垄断竞争模型，使得将规模经济和不完全竞争模型化，突破空间不可能定理的束缚成为可能。克鲁格曼在迪克西特和斯蒂格利茨的垄断竞争模型的基础上，构建了基于规模报酬递增的中心—外围模型，用经济学语言描绘了规模经济和空间外部性带来的集聚力。与此同时，藤田昌久等对城市经济理论和集聚经济效应的研究，揭示了分享、匹配、学习等空间外部性的经济学机制，以及空间外部性带来的集聚力。克鲁格曼、藤田昌久等人做出的基于规模报酬递增的一系列空间经济学研究成果，突破了空间不可能定理的束缚，使空间“不可能”成为“可能”，初步形成了新经济地理学（new economic geography）或空间经济学（spatial economics）的理论体系，使得经济学理论回归到含有空间色彩的世界。2008年，克鲁格曼获得诺贝尔经济学奖，标志着空间经济学获得了主流经济学的认可。由此可见，规模经济和垄断竞争模型使得规模报酬递增和不完全竞争的模型化成为可能，为新经济地理学理论的问世奠定了基石。

二、新经济地理学的简化二区域模型

1. 简化二区域模型的基本说明

这里假设有南方和北方两个区域，每个区域有工业和农业两个产业部门，工业部门向工人和农民提供所需的工业产品，工业产品可以跨区域运输，但跨区域运输存在运输成本（区域内部的运输成本为零）。为了简化处理，假设所有的单位为1，农民和工人对工业产品的单位需求均为1，工业产品的单位运输成本也为1。农业生产需要使用土地，受到土地资源分布的制约，从事农业的农民不能发生空间移动。假定北方的土地多，南方的土地少，北方有4个单位的农民，南方有2个单位的农民，因而北方农民对工业产品的市场需求为4个单位，南方为2个单位。

工厂在空间上是可以移动的，可以选择北方或南方，因此，工业产品的市场需求分布随着工厂分布的不同而不同。假如工厂雇用的工人总共有4个单位的市场需求，工厂的分布有三种情形（见表2-1）。情形一：如果所有的工厂设在北方，北方有4个单位的工人产生的销售额，加上4个单位的农民产生的销售额，共拥有8个单位销售额的市场份额，而南方只有2个单位的农民产生的销售额。情形二：如果所有工厂都设在南方，北方只有4个单位的农民产生的销售额，而南方除了2个单位的农民产生的销售额，还有4个单位的工人产生的销售额，共拥有6个单位的市场份额。情形三：如果四分之一的工厂在北方、四分之三的工厂在南方，则北方有1个单位的工人销售额加4个单位的农民销售额，南方有2个单位的农民销售额加3个单位的工人销售额，北方和南方的市场规模相同。

那么，新厂商会如何选址呢？我们来看一下新厂商面临的区位选择和运输成本（见表2-2）。假如按照情形一，已有工厂全部设在北方，此时如果新厂商选择把工厂设在北方，新厂商生产的工业产品在北方区域内销售不需要运输成本，但运到南方销售时需要支付运输成本，由于南方的市场份额为2个单位（仅有2个单位的农民销售额），因此需要支付2个单位的运输成本；如果新厂商选择把工厂设在南方，它需要把生产的工业产品运到北方销售，由于北方的市场份额为8个单位，新厂商需要支付8个单位的运输成本。从节约运输成本的视角看，显然新厂商应当选址在北方。

假如按照情形二，已有工厂全部设在南方，此时如果新厂商选择把工厂设在北方，新厂商生产的工业产品需要运到南方销售，由于南方的市场份额为6个单位，因此需要支付

6个单位的运输成本；如果新厂商选择把工厂设在南方，需要把工业产品运到北方销售，由于北方的市场份额为4个单位（仅有4个单位的农民销售额），新厂商需要支付的运输成本为4个单位。此时，新厂商应当选址在南方。

假如按照情形三，工厂分别分布在北方和南方，北方和南方的市场份额相同，此时新厂商无论选址在北方还是南方，需要支付的运输成本是一样的。也就是说，新厂商既可以选择在北方投资建厂，也可以选择在南方设厂。但是，需要注意的是，一旦新厂商选择在北方或南方投资建厂之后，原来的平衡就会被打破，后面的新厂商选址会受到影响。如果新厂商的选址是在北方，北方区域就会取得有利形势，后面的新厂商也会选择在北方投资建厂，从而形成滚雪球效应。

表 2-1　　不同的工厂分布下工业产品的市场份额分布

已有工厂的分布	北方的销售额	南方的销售额	产品销售总额
所有工厂设在北方	4+4=8	0+2=2	10
所有工厂设在南方	0+4=4	4+2=6	10
25%在北方，75%在南方	1+4=5	3+2=5	10

表 2-2　　新厂商选址的运输成本

新厂商的区位选择	如果设在北方	如果设在南方
所有工厂设在北方	0+2=2 （销给南方农民）	4+4=8 （销给北方工人和农民）
所有工厂设在南方	4+2=6 （销给南方工人和农民）	0+4=4 （销给北方农民）
25%在北方，75%在南方	3+2=5 （销给南方工人和农民）	1+4=5 （销给北方工人和农民）

2. 简化二区域模型的经济学含义

简化二区域模型尽管简明，却提供了丰富的经济学含义，反映了新经济地理学思想的精髓。

（1）累积效应。

如果由于某种原因，一个地区比另一个地区吸引了更多厂商投资，那么新厂商将会跟随已有厂商，选择在大多数已有厂商的所在地区投资建厂。如表2-2所示，如果已有厂商全部在北方设厂，那么新的厂商为了降低运输成本也会选择在北方投资建厂。也就是说，区位具有循环累积的自我强化效应。

（2）本地市场效应。

由于运输成本的存在，厂商愿意集聚在更大规模的市场附近，并对更小市场出口，这样可以形成规模报酬递增。一般来说，厂商倾向于选择市场需求大的地区，本地市场规模大的地区会吸引越来越多的厂商，形成地区优势。拥有优势的地区，工业生产规模会越来越大，从而成为工业品纯出口地区。本地市场规模对厂商区位选择的作用，称为本地市场效应（home market effect，简称 HME）。

（3）集聚与贸易流。

如果所有工业集聚在某一个地区生产，那么不同地区之间会发生产业间分工和贸易。如果两个地区都有厂商，则会形成产业内贸易。集聚和贸易流是孪生关系，集聚产生贸易流，贸易流会强化集聚。

（4）多重均衡。

如表 2-1 所示，所有厂商集中在南方或北方都可以是均衡的，因此经济系统存在多重均衡。无论是情形一，还是情形二，厂商在哪儿集聚，是由先决条件决定的。但这种均衡可能是稳定的，也可能是不稳定的。如表 2-2 的情形三所示，如果一个新厂商决定重新选址，则会对后面的厂商选址带来影响，形成滚雪球效应。但稳定的均衡不一定是最优的，所有厂商集中在南方或北方并不一定是最佳选择。

三、新经济地理学的建模思路和理论模型分类

新经济地理学是探讨均质空间里经济系统内生产生的集聚力和分散力如何相互作用并影响企业区位选择的经济学理论，现已逐渐成为区域经济学的理论内核。

1. 新经济地理学的建模思路

新经济地理学理论模型的基本思路是将规模经济和运输成本纳入经济系统，从微观经济主体的行为机制出发，采用一般均衡的思路，探讨经济系统内生产生的向心力和离心力及其相互作用对经济活动空间结构的影响。

在这里，微观经济主体的行为机制主要是企业追求利润最大化和消费者追求效用最大化的目标函数。纳入经济系统的规模经济与运输成本是相互作用的，主要表现在市场邻近与供给邻近上。市场是内生的，市场需求的空间分布随着经济活动空间结构演变而变化，因而存在市场需求与区位选择之间的相互作用。市场需求既有最终需求，也有中间需求。市场需求与区位选择的相互作用，主要表现为本地市场效应和产业关联效应。生产要素是可以流动的，主要是资本和劳动力的空间流动，但跨国的要素流动性将受到限制。经济活动空间结构的演变将通过要素流动来体现。

新经济地理学理论模型的核心思想是要回答经济活动的空间结构在向心力和离心力的相互作用下是怎样形成和演变的。所谓向心力，也称为集聚力，是指经济活动向中心集聚的作用力；离心力，也称为扩散力，是指经济活动从中心向外围扩散的作用力。当向心力占上风时，经济活动趋向集聚；当离心力占上风时，经济活动则趋向分散。

导致向心力的主要因素有：规模经济、产业关联效应、市场规模、知识溢出和其他外部经济。在规模经济显著的行业，由于固定成本较高、初始投资较大，企业往往倾向于在原有生产能力的基础上扩建，而不是新建一个工厂。在产业关联效应较强的行业，企业往

往会倾向于选择地理接近的区位，以节约原材料和产品的运输成本。市场规模较大的区域，企业的盈利机会也较大，往往会吸引企业集聚。空间外部性也会鼓励企业在空间上相互靠拢，抱团取暖。导致离心力的主要因素有：要素不可流动性、运输成本、拥塞和其他外部不经济。土地是不可移动的，依托土地的农业从业人口也不能移动，这会导致市场需求的空间分散。运输成本过高会阻碍企业将产品从产地运到销地销售，从而鼓励企业在销地新建工厂以节约运输成本。

2. 新经济地理学理论模型的主要类型

自克鲁格曼1991年发表中心—外围模型以来，出现了大量新经济地理学的理论模型。这些理论模型归纳起来，主要有以下几种类型：

（1）中心—外围模型。

中心—外围模型（core-periphery model，简称CP模型），是克鲁格曼在1991年发表的第一个新经济地理学的理论模型。作为新经济地理学的开山之作，中心—外围模型也是最重要的新经济地理学理论模型。中心—外围模型的理论内涵丰富，但不能得到解析解，只能以隐函数形式通过数值模拟求解。

（2）第一类模型：区位松弛型模型和垂直联系模型。

第一类模型通过放松某一类要素流动的限制，使模型更加简洁，从而达到可以得到解析解的目的。这类模型又有两个亚类：第一个亚类是区位松弛型模型（footloose model），也被译为松脚型模型或自由要素流动模型，意为放松要素流动的限制。事实上，放松要素流动的限制，目的是达到区位松弛的效果。所谓区位松弛，是指区位选择具有一定的自由度。因此，本书把这类模型称为区位松弛型模型。区位松弛型模型又分为松弛型资本模型（footloose capital model）和松弛型企业家模型（footloose enterpriser model），前者简称FC模型，代表性论文为Martin和Rogers（1995），后者简称FE模型，代表性论文为Forslid和Ottaviano（2003）。在FC模型里，资本是可以自由流动的，劳动力是不能流动的。在FE模型里，只有企业家是可以自由流动的，劳动力也是不能流动的。

第二个亚类是垂直联系模型（vertical linkage model），是指要素不能跨国自由流动，只能通过产业间垂直联系形成国际产业分工。代表性论文主要有Venables（1996）、Krugman和Venables（1995）等。

（3）第二类模型：（拟）线性模型。

第二类模式是通过改变效用函数，把CES效用函数改为（拟）线性效用函数，从而达到可以得出解析解的效果。（拟）线性模型的代表性论文为Ottaviano、Tabuchi和Thisse（2002），因而也被称为OTT模型。

（4）经济增长模型。

前述的新经济地理学理论模型是在静态条件下探讨经济系统自身产生的作用力如何影响经济系统的空间结构演变，没有放在动态的经济增长的背景下探讨经济系统如何产生集聚力和分散力以及这些作用力如何影响经济系统的空间结构，因此，有的学者开始把新经济地理学与经济增长理论结合起来，在动态的经济增长的背景下探讨经济系统产生的作用力及其对经济系统空间结构演变的影响。其中，新经济地理学与内生增长理论相结合，产生了具有广泛影响力的全域溢出模型（Baldwin et al.，2001）和局部溢出模型（Martin and Ottaviano，1999）。全域溢出模型假设知识溢出没有空间衰减效应，局部溢出模型则认为知识溢出存在空间衰减效应，随着距离增加，知识溢出效应会减弱。

四、新经济地理学的中心—外围模型

1. 中心—外围模型的基本介绍

中心—外围模型认为，在规模报酬递增、运输成本和要素流动的相互作用下，会形成中心—外围的空间结构。

（1）中心—外围模型的假设条件。

模型的假设条件主要如下：只有2个区域，区域1（北方）和区域2（南方）；2个部门，农业和工业；只有1种生产要素，劳动力。农业部门是完全竞争的，规模报酬不变，生产同质产品，农业劳动力依附于土地，在空间上不可流动。制造业部门是垄断竞争的市场结构，规模报酬递增，工人在空间上可以自由流动。农产品可以贸易，但没有运输成本；工业产品有运输成本，遵循“冰山”运输方式。“冰山”运输方式的概念是杜能和萨缪尔森（Samuelson）提出来的，基本思路是把运输成本看作是产品在运输途中一部分产品因“融化”或“蒸发”而造成的损失。“冰山”运输成本的处理方式，使得距离和运输成本的模型化大为简化。

其他假设包括：2个区域的消费者偏好、生产技术和贸易开放度相同，两个区域是对称的；2个区域的初始要素禀赋相同，即两个区域是对称的均质空间。

（2）中心—外围模型的基本思路。

中心—外围模型基于上述简化假设，考虑了经济主体的最优化决策行为，构建了一系列数学方程，通过严谨的数学推导，得出长期均衡条件下要素分布的空间结构会演化为中心—外围结构。

中心—外围结构形成的条件主要有：第一，制造业份额足够大，这意味着产业的前向关联和后向关联较强。第二，运输成本足够低，这时，企业集中在中心区域生产，并且将产品运送到外围区域的成本会降低，有利于中心—外围格局的形成。第三，制造业的差异化产品的种类足够多，如果替代弹性较低，消费者对产品多样化的偏好程度较高，那么当地生产的产品种类越多，消费者价格指数越低，此时会吸引更多的工人到中心地区。第四，规模经济的作用，当规模经济足够大时，新建工厂的固定资本过大，如果运输成本足够低，那么企业会选择扩大已有工厂的规模，将生产集中于中心区域；如果规模经济小，运输成本较高，那么企业将在中心区域生产的产品运送到外围区域的成本较高，此时就会考虑在接近市场的地方新建工厂，如果外围区域的市场足够大时，就会促进产业分散。

(3) 中心—外围模型的结构。

中心—外围模型由一系列数学方程构成，包括消费者的效用函数、农业和工业部门的生产函数、区域之间的劳动力流动等，经济主体和经济活动之间的关系如图 2-2 的模型结构所示。

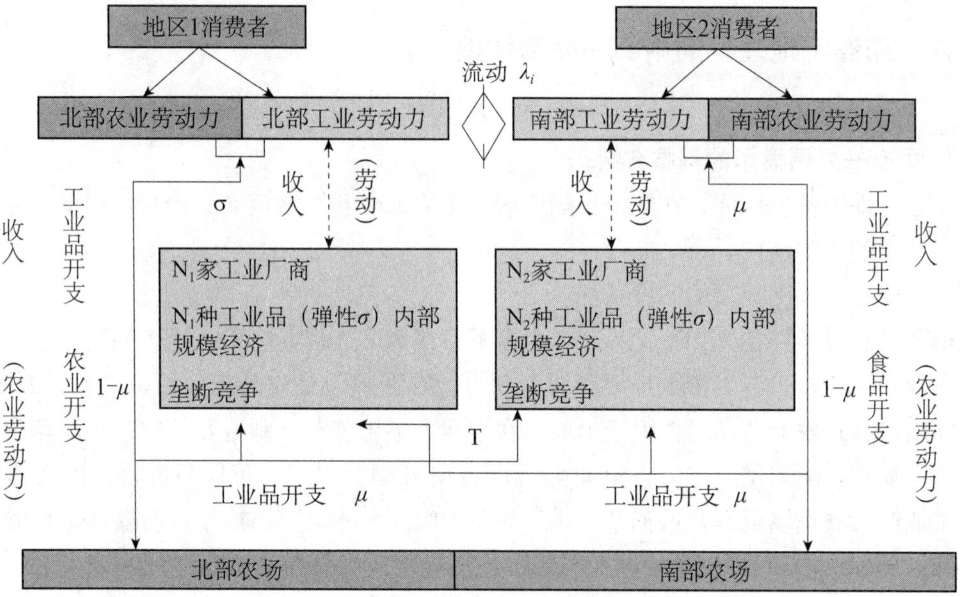

图 2-2 中心—外围模型的结构

2. 中心—外围模型的主要特性

(1) 短期均衡和长期均衡。

在短期均衡条件下，工业劳动力在空间上是不可流动的。中心—外围模型有可能形成三种短期均衡：一是均匀分布，工业部门劳动力均匀分布在区域 1 和区域 2（$\lambda_1=\lambda_2=1/2$），两个区域的实际工资也相同；二是工业在区域 1 集聚（$\lambda_1=1$）；三是工业在区域 2 集聚（$\lambda_1=0$）。假如随着时间推移，工业劳动力在空间上可以流动，那么实际工资的区域差异会驱使劳动力流动，短期均衡将会发生变化。因此，短期均衡的调整就是可流动的劳动力向实际工资更高的区域流动。如果区域 1 的实际工资高于区域 2，劳动力就会从区域 2 流向区域 1。

在长期均衡条件下，实际工资的区域差异会驱使劳动力流动，形成新的空间结构，此时要素分布是内生的。长期均衡是以劳动力流动停止为条件，因此达到长期均衡有三种可能性。第一种可能性是区域 1 和区域 2 之间工业部门劳动力的实际工资相等；第二种可能性是所有工业部门的劳动力都在区域 1 集聚；第三种可能性是所有工业部门的劳动力都在区域 2 集聚。只有当两个区域可流动劳动力的实际工资相等后，短期均衡才能达到长期均衡。长期均衡可能是集聚均衡，也可能是要素分布对称的。

(2) 长期均衡条件下贸易自由度与空间结构变化。

工业劳动力是可以流动的要素，工业劳动力的空间分布可以表征经济活动的空间结构。贸易自由度是指两个区域之间要素流动和商品贸易的自由化程度，可以表征区域间贸易成本的高低。贸易自由度高，意味着贸易成本低。

图 2-3 描绘了北方区域工人所占的份额与贸易自由度的关系。随着贸易自由度的变化，工人分布的空间结构会发生变化。在图 2-3 中，实线为稳定均衡，虚线为不稳定均衡。当贸易自由度 ϕ 足够低时，工人分布为对称结构，是稳定均衡；当 ϕ 足够高时，所有工人都集中在北方区域或南方区域，形成了中心—外围结构，也是稳定均衡。当 ϕ 处于中等水平时，既有可能是对称结构，也有可能是中心—外围结构；可能是稳定均衡，也可能是不稳定均衡，处于对称结构和中心—外围结构之间的变换过程。由于稳定均衡的实线构成的图案像一柄战斧，图 2-3 也被称为战斧图。

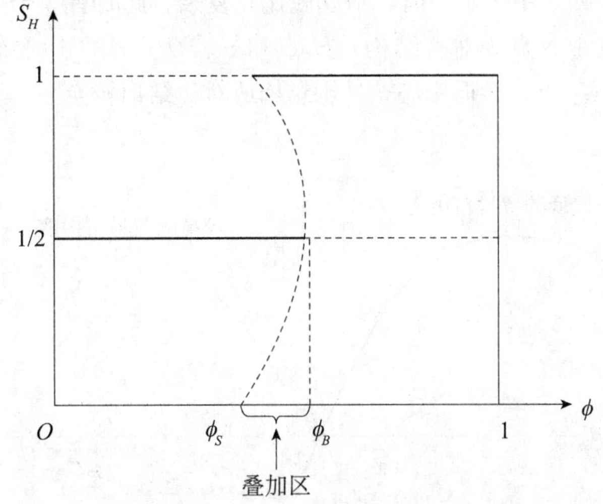

图 2-3　北方区域工人所占的份额与贸易自由度的关系

图 2-3 显示，从工人分布的对称结构到中心—外围结构的变换是突发性的，而不是渐进的。这种情形称为突发性集聚。

图 2-3 也表明，在贸易自由度 ϕ 提高到 ϕ_B 之前，要素分布不会从对称结构变换到中心—外围结构，仍然会保持在对称结构；同理，在 ϕ 降低到 ϕ_S 之前，要素分布也不会从中心—外围结构变换到对称结构，会保持在集聚状态。这种情形称为区位黏性，反映出企业区位变化的路径依赖。

(3) 长期均衡条件下集聚和分散的稳定性。

随着贸易自由度的变化，集聚力和分散力也会发生相应的变化，但两者变化的速度是不同的。在不同的贸易自由度条件下，工业劳动力实际工资的区域差异与要素分布的空间结构之间的关系会发生不同的变化。如果工业劳动力实际工资的区域差异为正，代表北方区域工人的实际工资更高，会驱使工业劳动力流向北方区域，此时集聚力大于分散力；如果工资区域差异为负，代表南方区域工人的实际工资更高，工业劳动力会流向南方区域，此时仍然是集聚力大于分散力；如果工资区域差异为零，代表两地的实际工资相同，工业劳动力会形成对称分布，此时分散力大于集聚力。

在图 2-4 中，纵轴为工业劳动力实际工资的区域差异，横轴为北方区域工人所占的份额。当贸易自由度 ϕ 足够低时，分散力大于集聚力，对称结构是稳定的。假设起点在 S 点（$S_H=1/2$，$\omega-\omega^*=0$），如果 S_H 提高，工人向北方区域流动，而此时实际工资的区域差异（$\omega-\omega^*$）为负值，则会驱使工人向南方流动。当贸易自由度 ϕ 足够高时，中心—外围结构是稳定的，集聚力大于分散力。假设起点在 S 点（$S_H=1/2$，$\omega-\omega^*=0$），如果 S_H 提高，工人向北方区域流动，而此时实际工资的区域差异（$\omega-\omega^*$）为正值，则会驱使工人向北方流动，直至全部工人转移到北方，形成中心—外围结构。这两种情形反映出，经济系统存在着负反馈机制，会在一定范围内自动维持要素分布的对称结构或集聚状态。

当贸易自由度 ϕ 处于中等水平时，情况就比较复杂。此时有 3 个稳定均衡，分别是 S 点、H 点、G 点，其中 S 点为对称结构，H 点和 G 点为中心—外围结构；2 个不稳定均衡，分别是 U_1 点和 U_2 点，会向中心—外围结构或对称结构转换。

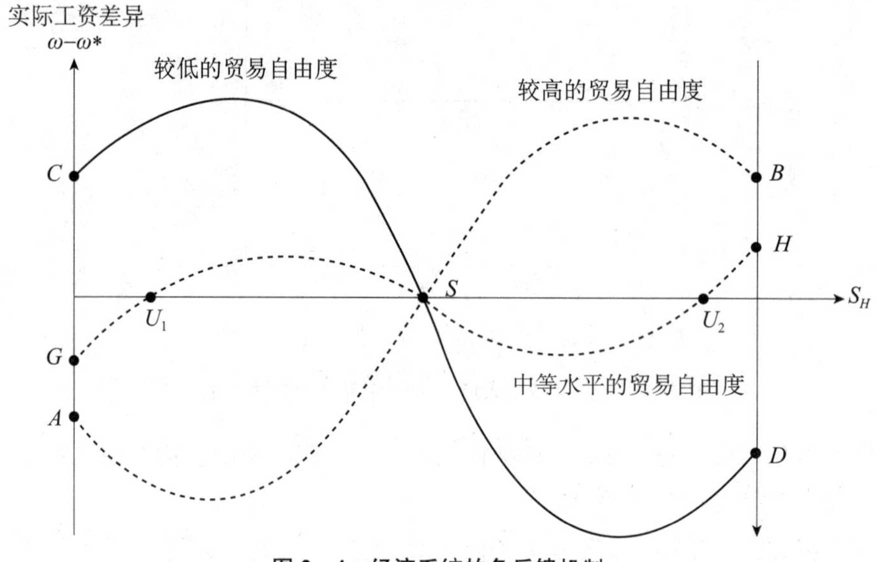

图 2-4　经济系统的负反馈机制

3. 中心—外围模型的经济学含义

中心—外围模型可以得出以下具有重要经济学含义的结论：

（1）内生的非对称性。

初始对称的两个区域，随着贸易成本（或者运输成本）逐渐降低，会出现区域间的非对称。也就是说，经济系统自身会产生集聚力，驱动经济系统走向空间集聚（非对称）。

（2）突发性集聚和区位黏性。

如图 2-3 所示，集聚是突发性的。达到突破点后，即使是微小的冲击，也可引发突发性集聚。而经济系统又具有自我稳定机制。如图 2-4 所示，在一定范围内，经济系统的负反馈机制会自动维持对称或中心—外围的结构。

（3）路径依赖。

一旦足够大的外生冲击改变了经济系统的状态，当冲击消除之后，经济系统不会自动回到冲击前的状态，也就是说，外生冲击的影响不能被消除，经济系统的演化会形成路径依赖。

（4）集聚租金。

集聚租金是指经济活动的空间集聚所带来的红利。由于集聚红利在现实中很难测算，人们往往用工人从中心向外围流动时所遭受的福利损失（实际工资差异）进行表征。在中心—外围结构下，中心具有足够的集聚租金以驱使企业区位选择在中心，因此，经济政策的微小变化并不会引起中心—外围结构的崩溃。

（5）循环累积效应。

如前所述，如果某一区域拥有较大的本地市场规模，或者某种外生冲击改变了原来的市场需求空间分布，使得某一区域的市场需求得以扩大时，许多企业将会改变原来的区位，向该区域集中。企业向该区域集聚，会带来工人数量的增加，工人的工资收入增加并在当地消费，进而带来当地购买力的扩大，进一步改变市场需求的空间分布，将促进企业向区域的进一步集聚。这样就形成了循环累积效应。这种需求关联的循环累积效应并不限于本地市场效应，如果某一区域邻近市场规模大的区域，同样也可能会吸引企业集聚，并形成循环累积效应。这种情况也称为市场邻近效应。譬如，苏州邻近上海，深圳邻近香港，苏州和深圳的发展就充分利用了市场邻近效应。

需要指出的是，还有一种所谓成本关联的循环累积效应。这是由价格指数效应带来的。所谓价格指数效应，是指企业集聚使得所在地区的商品价格较低，消费者的生活成本较低，即使工人的名义工资不变，实际收入水平也趋于上升，工人的实际收入水平上升可以导致购买力增强和消费支出增加，进而诱发企业向该区域的进一步集聚。价格指数效应与生活成本有关，因此也被称为生活成本效应。但现实中，价格指数效应往往很难被观察到。这是因为企业集聚会带来土地价格上涨，进而推动生活成本上升，抵消了价格指数效应的生活成本降低效果。

第四节　新经济地理学的拓展

一、城市化与企业区位的集聚

1. 城市—区域体系的形成

新经济地理学的城市体系模型探讨了城市—区域系统是如何形成的。城市体系模型的基础是杜能的《孤立国》、阿隆索（Alonso）的土地利用空间均衡模型和亨德森（Henderson）的城市体系模型。假定城市为制造业的集聚地，农业分布在环绕城市四周的农村腹地。制造业集聚和工业劳动力的流动会强化城市的形成过程。随着人口增加，农村腹地的边缘至城市中心的距离逐渐增加，当距离达到一定程度时，制造业产品从城市中心运送到农村腹地边缘的运输成本增加，导致部分制造业企业向城市外迁移，形成新的城市。城市规模和城市间距离是由离心力和向心力的相对强度决定的。

城市体系模型认为，城市体系的演化取决于市场潜力。经济演化过程可以看作是市场潜力与经济区位的相互作用，市场潜力决定经济活动的区位，区位变化又重绘市场潜力。

2. 市场潜力函数和集聚阴影

如前所述，市场潜力是美国学者哈里斯（Harris，1954）提出来的，其原来的定义为购买力与距离倒数的乘积之和。在克鲁格曼的新经济地理学模型里，市场潜力函数可表达为真实工资的空间方程，即市场潜力大的地方，企业有能力向工人支付更高的真实工资。

随着与城市距离的增加，市场潜力开始是下降的，后来又变为上升。这是因为离城市较近的区域有较大吸引力，但是离城市较远的地方由于距离使得厂商之间的竞争减弱，导致市场潜力有所回升。人口规模增加会导致市场潜力曲线上移。当人口增加使得中心城市以外区域的市场潜力达到与中心城市同样值时，此时的人口规模称为人口的临界值；市场潜力达到与中心城市同样值的区域与中心城市之间的距离，称为制造业的临界距离。中心城市到制造业临界距离之间的范围，称为集聚阴影。

由于制造业集聚在市场潜力高的区域，所以城市只能在市场潜力高的地方出现。中心城市以外的区域的市场潜力达到与中心城市同样值时，制造业企业有可能会迁出中心城市，在中心城市之外市场潜力较高的区位形成新的城市，从而打破单中心的城市结构。

集聚阴影的作用是锁定城市区域的范围，集聚阴影范围内不能形成新城市。因此，集聚阴影的大小决定了城市锁定效应的范围，新城市只能在集聚阴影之外的区域形成。集聚阴影的空间大小与产业相关，随产业特性而变化。如果产业提供的产品更加多样化，而且/或者产品的运输成本很低，那么集聚阴影范围就比较大。

集聚阴影在一定程度上可以用来解释“灯下黑”现象。所谓灯下黑，是指离城市较近的地方，经济发展严重滞后的现象。也就是说，在集聚阴影范围内，随着距离增加，中心城市的空间作用减弱，市场潜力下降，在集聚阴影范围内难以吸引制造业集聚并形成新的城市。

3. 港口、交通枢纽与城市区位

克鲁格曼借用克罗农（Cronon，1991）的第一自然和第二自然的概念，用来解释先天性的自然条件和后天性的集聚经济效应对经济活动空间集聚和城市形成的作用。所谓第一自然，是指自然资源分布、交通条件等先天的自然地理条件；第二自然则是指后天形成的经济地理因素，指导致经济活动空间集聚的动态演化和产业前后向联系的循环累积效应。

新经济地理学假设空间是均质的，强调第二自然对经济活动空间集聚的作用，同时也考虑港口、交通枢纽等第一自然对城市区位的影响。交通枢纽会影响市场潜力曲线的分布，市场潜力曲线在交通枢纽的所在地形成分叉点，当人口规模达到临界点时，分叉点就很可能形成新的城市。上海、纽约、东京等大城市几乎都是或曾经都是港口城市。因此，交通枢纽对城市的形成具有催化作用（catalytic role）。拥有良好的港口或交通枢纽会使得这些地方比周围区域更具有形成中心城市的优势。中心城市一旦建立起来，就会通过自我强化的过程达到一定的规模。此时，与自我持续的集聚优势相比，最初的自然优势就变得微不足道了。自然地理优势在形成经济地理中起到了催化作用，但空间经济的自组织特性在经济演化过程起到了更为重要的作用。

二、国际贸易与生产区位的集聚

1. 国界的作用

欧盟开放边界后，欧盟内部变为无国界。国界的消失大大促进了要素流动和商品贸易。但是对于世界上的大多数国家来说，国界依然存在。国界的存在，阻碍了劳动力的自由流动，也对资本流动和商品贸易产生了阻尼作用。克鲁格曼曾经说过，国界的作用相当于一条 1 500 英里宽的壕沟。

在中心—外围模型和城市体系模型里，要素流动是形成集聚的关键因子。在国际贸易研究中，劳动力是不可自由流动的。正是因为国界的存在，在中心—外围模型里起关键作用的产业关联效应不能使世界人口向有限几个国家集聚，却能产生一种专业化过程，使特定产业向有限几个国家集聚。因此，针对国际产业集聚的中心—外围模型的关注点从要素集聚转向特定产业的地理集中和国际贸易。

2. 集聚与贸易：产业前后向关联与产业集聚

在现实中，生产区位的集聚远大于要素的集聚，生产集聚可能不是要素流动带来的，而且，并不是所有的产业都发生集聚。有很多城市只有个别产业出现专业化分工，如底特律的汽车工业和好莱坞的电影产业。

Venables（1996）指出，产业前向和后向关联将使得上游部门和下游部门的生产者集中在单一的区域中。中间产品的生产者倾向于在拥有较大市场的地区组织生产，拥有较大市场的地区也就是下游部门所在的地区；最终产品的生产者倾向于在邻近它的产品提供者的地方生产，也就是上游部门所选择的区位。这种产业前向和后向关联会产生“本国市场效应”，使得特定产业在拥有较大市场的国家形成专业化分工和地理集中。因此，在劳动力不可流动时，产业的地理集中和专业化分工也可以发生。这一类模型也称为纵向产业关联模型（Krugman，Venables，1995；Venables，1996）。纵向产业关联模型与中心—外围模型的不同之处在于，集聚力和分散力是由于不完全竞争市场上产业的前后向关联产生的。在国际贸易的世界里，产业前向和后向关联是跨国的，跨国的产业关联效应会导致国家间的产业集聚和专业化分工。

3. 外贸与国内经济地理格局

在一个国家内部，对外贸易有可能影响国内经济地理格局的变化。Krugman 和 Hanson（1993）发现，墨西哥在1980年代后期加入北美自由贸易协定之后，墨西哥离美国较近的地区经济发展加快，使得经济中心从原来的中心墨西哥城开始向靠近美国的北部地区移动，这是因为美国市场相对于国内市场显得更加重要。Tomiura（2003）的研究也证明了增加进口会弱化日本的产业集中。

Krugman 和 Livas（1996）提供了一个三区域模型来研究对外贸易对国内地理结构的影响，证明了市场开放和对外贸易会弱化发展中国家的中心—外围模式。他们认为，当经济变得更加外向时，来自消费需求的后向关联效应会减弱，离心力使得人口分布更加分散，也使得制造业分布更加分散，但对外贸易会加强产业关联的作用，促进专业化分工，驱使某些产业产生集聚。克鲁格曼—利瓦斯（Krugman-livas）模型较好地解释了墨西哥等国的市场开放对国内经济地理格局的影响，但是不适宜解释我国市场开放对国内经济地理格局的作用过程。

本章小结

本章讨论的是作为微观经济主体的企业的区位选择。关于企业空间行为的理论认知，是区域经济学的基础。企业区位选择主要是回答企业在哪里生产的问题。围绕这一问题的理论探索，经历了从区位论到区域科学，再到新经济地理学的发展。区位论引入了运输成本，农业区位论和工业区位论提出了运输成本最小的区位选择原则。杜能的农业区位论还提出了区位差异带来的级差地租，这也是最早的区位级差地租的概念。但区位论停留在空间区位的静态分析方面，即便引入空间竞争，也仍然缺少对微观经济主体行为机制的分析，它认为市场是外生的，市场的空间分布是稳定不变的。区域科学基于新古典经济学的理性选择理论，引入了生产成本和运输成本的权衡分析，但仍然缺乏对市场结构以及经济主体行为的微观经济机制的刻画，没有提出包含一般区位均衡的理论模型，因而未能将空间带入主流经济学理论。直到新经济地理学理论的诞生，提出了均质空间里经济活动区位的一般均衡模型，主流经济学才有了空间的色彩。新经济地理学理论带给我们的重要启示是，经济系统自身会产生集聚的作用力（内生的非对称性），驱动均质空间走向集聚。规模经济、规模外部经济、运输成本是导致集聚经济（集聚力）产生的主要因素。因此，经济活动空间分布差异的形成，不只是自然资源、自然地理等先天性因素（空间异质性）所致，经济系统自身产生的集聚经济效应也可以带来经济活动的空间分布差异。

关键词

区位论　区域科学　新经济地理学　本地市场效应　内生的非对称性　循环累积效应

复习与习题

1. 区位论如何解释企业选择在哪里生产?
2. 新经济地理学如何解释集聚经济效应?
3. 如何理解内生的非对称性的经济学机制?
4. 如何理解本地市场效应和市场邻近效应的经济学含义?

第三章

产业空间组织

第一节　产业地域分工

一、比较优势和竞争优势

1. 比较优势的概念

比较优势的概念是由李嘉图（Ricardo）最早提出来的。比较优势（comparative advantage）是指当一国的某一产业（或产品）具有较高的相对劳动生产率时，则该产业（或产品）具有比较优势。在李嘉图时代，劳动是工业的主要生产要素，相对劳动生产率反映了生产技术的差异。因此，李嘉图认为生产技术的差异是比较优势的决定因素。俄林认为，生产技术相似的两个国家或地区之间也可能由于资源禀赋（生产要素保有量）的差异导致比较优势的存在和贸易的发生。由于资源禀赋不同，要素的相对价格存在差异，各国均有利用本国丰富的生产要素，集中生产要素密集型的产品，并向他国出口的倾向。在现实中，究竟是生产技术差异还是资源禀赋差异对比较优势的影响更大，目前尚无定论。

2. 竞争优势的概念

迈克尔·波特（Michael Porter）在1985年出版的《竞争优势》（*Competitive Advantage*）一书中提出了竞争优势的概念。竞争优势（competitive advantage）是一个企业或国家在某些方面比其他企业或国家更能带来利润或效益的优势，源于技术、管理、品牌、劳动力成本等。波特认为，竞争优势有两种形式：成本领先和标歧立异。第一种是在同质商品的生产上由低成本所带来的低价格竞争优势，第二种是由商品异质性所带来的竞争优势。因此，竞争优势不外乎是以较低的生产成本或与众不同的产品特性来取得最佳价格，可以体现一个国家、地区或企业的竞争力。

波特指出，三种竞争战略可以使企业的经营在产业竞争中高人一筹。一是低成本战略，全力以赴降低成本，使成本低于竞争对手；二是差异化战略，设计品牌形象、技术、性能特点、客户服务、商业网络及其他方面的独特性；三是专一化战略，主攻某个特殊的客户群、某产品线的一个细分区段或某一地区市场，公司业务的专一化能以更高的效率、更好的效果为某一狭窄的战略对象服务，从而超过竞争对手。

波特认为，一个国家的竞争优势受到以下因素的影响：一是要素条件。生产要素分初级要素和高级要素。初级要素包括天然资源、气候、地理位置、非技术工人和半技术工人等，一般是先天的；高级要素是后天创造出来的，包括信息、现代化通信设施、高等教育、人力技能、技术、研发机构等。二是需求条件。国内市场需求会刺激企业的改进和创新，是产业发展的动力，内需市场的大小对企业能否形成规模经济也有着重要的影响。三是相关及支持产业。一个产业要形成竞争优势，就不能缺少世界一流的供应商，并且彼此之间要维持紧密的合作。如果在一个国家的一定区域内能形成强大的产业集群，则不仅有利于降低交易成本，改进激励方式，创造出信息、专业化制度和名声，还能改善创新的条件，从而更容易形成产业的竞争优势。四是企业战略、组织以及同业竞争。来自本国竞争者的压力容易使企业时刻具有忧患意识，这是推动企业创新的动力。这四个因素对不同产业的影响程度不同，四者相互影响，形成了钻石模型的分析框架。

3. 从比较优势到竞争优势

(1) 关于比较优势的研究。

在李嘉图时代，劳动是最主要的生产要素，因此，相对劳动生产率成为反映生产技术差异的指标。随着时代的发展，生产要素的构成发生了极大的变化。反映生产技术水平差异的指标已经从过去的相对劳动生产率发展为全要素生产率。

迄今为止，比较优势主要是以生产成本来反映的。这种成本差异究竟主要来自技术还是资源禀赋的差异，目前尚无定论。但可以肯定的是，资源的相对价格会影响生产成本，技术水平也会影响生产成本。不同的国家不同的行业，技术和资源禀赋对成本的影响程度有所不同。

近年来，显示比较优势（revealed comparative advantage，简称 RCA）的概念得到了越来越多的关注。所谓显示比较优势，是以贸易份额来反映比较优势。比较优势反映的是潜在的可能性，而显示比较优势则是事后的结果。但两者之间存在着密切的关联。显示比较优势体现的是包括基于比较优势进行的生产活动的结果。在某种意义上，显示比较优势更多地反映了竞争优势。

(2) 比较优势与竞争优势的关系。

波特的竞争优势理论使得竞争优势成为一个新的研究热点。实际上，比较优势和竞争优势是相互联系的两个概念。首先，比较优势主要体现为生产成本的差异，这种成本差异起因于生产技术的差异或资源禀赋的差异，是静态的、先天性的优势，也是一种潜在的优势。竞争优势反映了产业竞争的结果，是一种现实的优势，也是后天的、动态演化的优势。竞争优势是以比较优势为基础的，比较优势可以在相当程度上对竞争优势产生影响，但潜在的比较优势能否转换为现实的竞争优势，还要依据在规模报酬递增、规模外部经济和垄断竞争的基础上进行的产业竞争的结果。

比较优势一般是基于产业之间的生产率或成本的比较，主要反映的是成本竞争，对于产业间贸易具有指导意义。竞争优势则不限于产业之间的比较，也可以是产业内部生产率的比较，既有成本竞争，也有差异化竞争（包括纵向差异化和水平差异化），对于产业内贸易具有指导意义。

二、产业地域分工的类别

1. 基于比较优势的产业地域分工

基于比较优势的成本竞争形成的地域分工，通常与产业间贸易相对应。按照比较优势进行专业化分工，各地会发展具有由生产技术或资源禀赋决定的比较优势的产业，形成产业之间的交换格局。由于资源禀赋是稳定不变的先天性因素，因而基于比较优势形成的产业地域分工是静态的。

基于比较优势的成本竞争主要是同质产品的市场竞争，难以解释产业内贸易的发生。产业内贸易是在垄断竞争的市场结构下，由于需求的多样化和产品的差异化而产生的。在现实的经济生活中，产业内贸易大量存在，但无法用基于比较优势的成本竞争去解释产业内贸易的发生机理以及产业内贸易形成的产业地域分工格局。

2. 基于竞争优势的产业地域分工

基于竞争优势形成的地域分工与产业内贸易相对应。竞争优势可能是基于比较优势的成本竞争形成的，也可能是基于集聚经济的成本竞争和差异化竞争形成的。集聚经济主要是由最终需求和产业关联决定的市场邻近和供给邻近及其衍生形成的循环累积效应形成的，与经济密度和贸易成本密切相关。集聚经济带来的竞争优势主要体现为贸易成本或生产成本的优势，有利于厂商在数量规模上的扩张，从而诱发产业的空间集聚和地域分工。差异化竞争主要是针对异质产品的市场竞争，前提是消费者需求的多样化，通过产品在品种或品质上的差异化来满足多样化的市场需求，形成垄断竞争的市场结构。在差异化竞争中，知识创新和技术优势对于提高企业参与品种或品质的差异化竞争的能力具有决定性作用，因而竞争优势取决于知识创新和技术进步的水平。垄断竞争市场结构下的差异化竞争会导致产业内贸易的发生。

在基于竞争优势的产业地域分工格局下，具有较好的市场邻近和供给邻近的区域可以获得贸易成本优势带来的集聚经济优势，诱发产业集聚。与此同时，具有知识创新和技术优势的区域可以在差异化竞争特别是纵向分工中占据产业链的高端位置，优先发展技术密集型产业和战略性新兴产业，与生产居于产业链低端的产品的区域之间展开产业内贸易。不同区域可能在不同部门具有集聚经济优势和差异化竞争优势，发展不同的优势产业和主导产业，从而形成区域化、网络状的产业空间组织。集聚经济优势和差异化竞争优势都是不断发展变化的，因而基于竞争优势的产业地域分工也是动态可变的。

在经济发展的初期阶段，资源禀赋等先天性因素形成的比较优势往往决定了竞争优势的格局，对于产业地域分工的形成具有决定性的作用。尽管先天性因素的重要性随着经济发展会逐渐降低，但先天性因素形成的比较优势奠定了产业空间格局的基础，对于今后产业空间格局的演进也具有深刻的影响。有学者认为，现有制造业空间分布格局有20%左右可以用资源禀赋等先天性因素来解释。一般来说，进入工业化的中期阶段，集聚经济优势和知识经济优势决定的竞争优势对于产业地域分工具有更加重要的影响。一方面，由于经济规模扩大，规模经济增强，同时市场需求趋向多样化，产品差异化竞争不断发展，集聚经济效应日趋强化，逐渐成为产业地域分工的主导因素。在有的国家或地区，制造业空间分布格局可能有50%以上可以用集聚经济优势来解释。技术进步经常是先天性因素的潜在优势能否转换为现实优势的关键，技术水平的差异对于产业竞争力的区域差异具有决定性的作用，从而对产业地域分工，特别是技术密集型产业的空间格局有着重要的影响。

3. 产业地域分工原则：从比较优势到竞争优势

长期以来，我国存在着资源禀赋与产业发展的空间错位。加工制造业集中分布于沿海地区，西北、西南等资源富集地区主要发展基于资源优势的资源开采和资源产品初加工产业，为沿海地区的加工制造业提供能源和原材料产品。一方面，沿海地区的加工制造业经常面临能源和原材料产品供应不足的局面；另一方面西部资源富集地区发展资源产品深加工又面临诸多不利因素。

这种空间错位格局的形成，一方面是由于东部沿海地区具有更好的产业基础、更大的市场容量，同时又具有众多港口和口岸，使得沿海地区具有更好的市场邻近和供给邻近，吸引制造业不断向沿海地区集聚，即使沿海地区的生产成本高于中西部地区，较好的市场邻近和供给邻近决定的较低贸易成本仍然使得沿海地区具有吸引产业集聚的区位优势；另一方面也是因为一直以来我国区域发展强调基于区域比较优势的产业布局和地域分工原则，强调资源禀赋的作用，导致中西部地区的经济发展长期难以摆脱对优势资源开发的依赖。

在某种程度上，基于比较优势的地域分工带有计划经济的残余色彩，适用于经济发展初期阶段，但已经不适应市场化进程中产业空间组织的要求。按照基于比较优势的全国一盘棋的地域分工，中西部地区将难以摆脱提供资源初级产品的地位，难以避免位居产业链低端、贸易条件不利的产业分工格局。随着我国的市场化进程和产业分工细化，市场竞争代替计划指令，需求更加多样化，产品更加差异化，区域竞争日趋激烈，区域合作也不断深化。区域竞争形成了基于比较优势和产业间贸易的产业地域分工，也形成了基于竞争优势和产业内贸易的产业地域分工。沿海地区基于竞争优势的产业内贸易活跃，区域一体化程度趋于提高；广大内陆地区尚未形成密切的经济联系，区域合作较多地停留在概念层面。基于竞争优势的产业地域分工强调贸易成本和技术优势，有利于在市场竞争中形成合理的产业地域分工。更为重要的是，集聚经济优势和差异化竞争优势是动态变化的，适应现代市场经济条件下产业空间组织的规律，可以更好地解释和指导现代市场经济条件下形成的产业空间组织格局。

随着沿海地区土地、劳动力等要素成本的不断上升以及中西部地区收入水平提高和市场规模扩大，沿海地区和中西部地区之间生产成本和贸易成本的均衡关系开始出现转折性变化，并驱动制造业分布格局的演进。近年来，沿海地区的“腾笼换鸟”，中西部地区的承接产业转移，已经印证了我国产业分布正在发生地理变迁。生产成本和贸易成本均衡关系的演变必将导致各地区竞争优势变化，为各地区推进产业结构调整、重塑产业空间组织格局带来新的契机。在基于竞争优势的产业空间组织原则指导下，广大中西部地区应该积极扩大内需，利用消费结构的梯度转移和内地市场扩大，改善产业配套条件，培育后天性的优势，承接产业转移，发展具有区域性竞争优势的产业；与此同时，利用“密度效应”，培育增长极，引导产业和人口相对集中。

第二节　产业集聚

产业集聚是经济活动最突出的地理特征。改革开放以来，我国制造业持续向沿海地区集中，使得沿海与内陆地区之间经济发展差距不断扩大。产业集聚已经成为区域经济学研究的热点问题之一。李嘉图和赫克歇尔-俄林（Heckscher-ohlin）的地域分工学说早就开始关注产业分布不均现象，认为相对生产率和资源禀赋的差异是导致专业化分工和贸易的主要因素。Marshall（1890）把规模经济分为规模内部经济和规模外部经济，认为中间投入品和劳动力的共享以及知识溢出等外部经济会诱使企业在空间上接近，外部经济是产业集聚的驱动因素。Krugman（1991，1993）认为，规模经济、运输成本和市场需求的相互作用会导致产业地理集中，强调本地市场效应是产业集聚的源泉。Henderson（1997）把外部性分为两个层面：一是行业内的外部性，即企业层面的外部性导致产业内集聚；二是行业间的外部性，即不同行业之间的企业位于同一区位所产生的外部性，形成产业间集聚。Venables（1996）认为，具有投入产出关联的上下游产业更有可能在空间上集聚，产业间的前后向联系会使得上下游产业的企业为节约运输成本而在空间上接近。

一、产业集聚与地理集中

1. 产业集聚的概念

产业集聚一般是指产业在一定的地理空间内形成集聚的现象，从学术视角看，需要考虑产业的地理集中和空间集聚的概念差异。产业的地理集中（geographic concentration），是指生产在地理上的集中程度，经常用生产额或生产量的空间分布来表征。我们在现实世界中观察到的以及从统计数据上分析得到的产业集聚现象，大部分是产业的地理集中。生产额或生产量的空间分布，会受到企业规模差异的影响。譬如，拥有大型企业的地区，生产的份额会比按企业数统计的份额更大，这就是规模经济的作用。规模经济会促使企业扩大规模，形成或强化产业的地理集中。

产业的空间集聚（spatial agglomeration），是指不同企业在空间上的相互接近，也就是复数企业在空间上的扎堆现象。不同企业的空间扎堆，没有受到企业规模差异的影响，或者说，没有受到规模经济的直接影响。空间集聚主要是规模外部经济的作用，由于空间外部性的存在，不同企业的空间扎堆会给企业带来好处。这些好处可以表现为企业生产率的提升、成本的节约、基础设施和劳动力市场的共享等。

狭义的产业集聚一般是指产业的空间集聚，也就是不同企业的空间扎堆。广义的产业集聚也包括产业的地理集中。由于不同企业的空间扎堆不容易通过统计指标来刻画，通常提到产业集聚时不严格区分产业地理集中和空间集聚，但实际上两者的概念不同，反映的现象不同，背后的经济学机制也是不同的。

2. 产业内集聚与产业间集聚

产业集聚又可以分为产业内集聚和产业间集聚。产业内集聚是指同一产业内部不同企业的空间集聚，产业间集聚是指不同产业部门的企业在空间上相互接近的现象。

产业内集聚是同类企业的空间扎堆，这主要是因为同类企业的空间扎堆会给企业带来好处，这些好处可以表现在专业化生产带来的交易成本节约和中间投入品生产的规模经济、基础设施和劳动力市场的共享、信息交流和技术扩散形成的知识溢出等方面。

产业间集聚发生于不同的产业部门之间，一般来说有两种情形。一是不同的产业部门具有投入产出关联，譬如汽车整车生产企业和汽车零配件生产企业，这些关联企业的空间扎堆有利于节约产品和原材料的运输成本、强化企业间投入产出联系、提升企业生产率；二是不同的产业部门拥有共同的中间投入品供应商或共同的产品消费者，由于共享共同的中间投入品供应商或共同的产品消费者，不同的企业走到一起，形成空间扎堆的现象。譬如，纸品文具生产企业、纺织制品生产企业、食品制造企业和服装制造企业，它们的产品面向共同的消费者，企业往往会扎堆分布在市场需求比较大的城市。产业间集聚也可以实现基础设施和劳动力市场的共享、行业间的知识溢出，但现实中的产业间集聚往往更多的是由于投入产出关联和共享中间投入品供应商或产品消费者形成的。

二、产业集聚与区域经济增长

一般来说，产业集聚与区域经济增长是相辅相成、相互促进的。首先，产业集聚可以促进区域经济增长。产业集聚是在空间外部性的作用下形成的企业空间扎堆。一方面，企业的空间扎堆可以形成集聚经济效应，吸引更多企业的集聚，直接推动区域经济增长；另一方面，产业集聚可以通过空间外部性，促进企业生产效率的提升，增强区域经济竞争力。

其次，城市和区域经济增长也会加剧产业的空间集聚。纵观全球，经济活动越来越向城市以及城市密集分布的区域集中，大城市和拥有大城市的区域往往对企业具有更强的吸引力，经济密度大的区域对企业的吸引力往往也更强。越是经济发展水平高的城市和区域，往往产业集聚程度越高，因此，城市和区域经济增长会加剧产业的空间集聚。

但是，过度的产业集聚也会带来负面效应，譬如要素成本上升、交通拥堵、环境污染、大城市病等问题，因此，产业集聚规模与区域经济效率之间并非简单的线性关系，产业集聚的边际收益与边际成本随着空间集聚规模扩大而变化，从而对区域经济效率产生不同的影响。

在中国，长三角、珠三角、京津冀三大城市群是我国产业集聚程度最高的区域，也是区域经济发展水平最高的区域。2005 年前，制造业不断向沿海地区集聚，沿海省份的制造业份额不断上升，高度的产业集聚是推动沿海地区经济发展的重要推手。但是，长三角和珠三角地区产业集聚过度，带来了要素成本上涨、环境污染加剧等问题。2005 年以来，部分劳动密集型制造业企业或生产环节已经开始向中西部地区转移，长三角和珠三角地区采取"腾笼换鸟"战略，推动产业转型升级，加速了产业转移的步伐。近年来，在沿海三大城市群之外，以武汉为中心的长江中游城市群、以成都和重庆为双核的成渝城市群迅猛崛起，产业集聚程度不断提升，区域经济发展加速，呈现出产业集聚与区域经济增长相互促进的局面。

三、产业集聚的测度

1. 产业地理集中

由于缺乏统计数据，产业集聚的测度并非一件易事。过去常用来表征产业集聚的指标，如区位商、基尼系数、赫芬达尔指数、胡佛系数、熵指数以及锡尔指数等，实际上反映的是产业的地理集中度。关于产业地理集中测度方法的代表性文献有 Hoover（1936），Ellison 和 Glaeser（1997），Maurel 和 Sedillot（1999），Devereux 和 Griffith（2004），Aiginger 和 Pfaffermayr（2004），Duranton 和 Overman（2005）等。国内学者也做过许多分析工作，如贺灿飞（2007）。这里只介绍区位商指数、区位基尼系数和赫芬达尔指数。

（1）区位商指数。

产业区位商，又称地方专门化率或专业化指数。

$$I_i = q_{ij} / \sum_{j=1}^{n} q_{ij} \tag{3-1}$$

$$P_i = \sum_{j=1}^{m} q_{ij} / \sum_{i=1}^{n} \sum_{j=1}^{m} q_{ij} \tag{3-2}$$

$$\beta_j = \frac{I_i}{P_i} \tag{3-3}$$

式中，q_{ij} 为 j 地区产业 i 的产值，I_i 为 j 地区产业 i 占该地区工业的份额，P_i 为全国产业 i 占全国工业的份额。β_j 为 j 地区 i 产业的区位商。

（2）区位基尼系数。

基于洛伦茨曲线计算基尼系数。在图 3－1 中，横坐标为制造业工业产值的累计百分比，纵坐标为工业行业工业产值累计百分比。

$$G = \frac{S_A}{S_A + S_B} = 2S_A \tag{3-4}$$

洛伦茨曲线下凸的程度越大，产业分布越不均匀，基尼系数越接近 1。区位基尼系数越大，表示该产业在全国各省间的分布越集中。

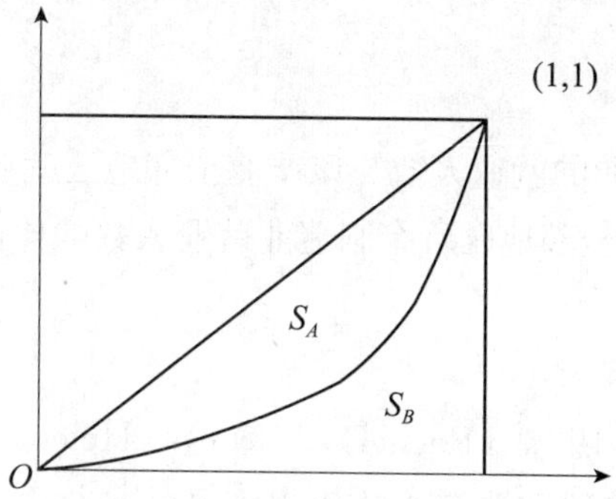

图 3－1　洛伦茨曲线和基尼系数

（3）赫芬达尔指数（HHI 指数）。

$$\mathrm{HHI} = \sum_{i=1}^{N} \left(\frac{x_i}{x}\right)^2 = \sum_{i=1}^{N} s_i^2 \tag{3-5}$$

赫芬达尔指数原本用于计算某个产业的市场集中度，市场集中度是指某产业所有企业的市场份额平方和。

式（3－5）中，x_i 为第 i 个企业的销售额，x 为市场的总规模，s_i 表示第 i 个企业的市场份额，N 为产业内的全部企业数。

HHI 指数的值越大，产业的市场集中程度越高。

把企业销售额变为地区销售额，该指标就可以衡量产业的地理集中程度。

产业的地理集中度在很大程度上受到市场集中度的影响，也就是前述的企业规模差异的影响。所谓市场集中度，是指市场份额的集中程度。常采用行业集中度、赫芬达尔指数等指标来反映企业规模差异的程度。假如某一产业在一个地区只有一个或几个规模较大的企业，这些规模较大的企业占有较大的市场份额，那么该产业的市场集中度较高；这些规模较大的企业集中分布在这个地区，使得这个地区的市场份额在全部市场中占很大比例，导致产业的地理集中度升高。

2. 产业内集聚

（1）EG 指数。

为了准确测度产业的空间集聚程度，必须将地理集中度剔除市场集中度的影响。地理集中度剔除市场集中度后，可近似为空间集聚度。因此，产业集聚测度的基本思路是，空间集聚度（degree of spatial agglomeration）＝地理集中度（degree of geographic concentration）－市场集中度（degree of market concentration）。

Ellison 和 Glaeser（1997）提出了计算产业空间集聚的 EG 指数，以剔除了市场集中度的地理集中度作为产业集聚程度的近似指标。EG 指数的数学表达式如下：

$$r_{EG}=\frac{G_{EG}-(1-\sum_{i=1}^{M}x_i^2)H}{(1-\sum_{i=1}^{M}x_i^2)(1-H)} \tag{3-6}$$

$$G_{EG}=\sum_{i=1}^{M}(s_i-x_i)^2 \tag{3-7}$$

式中，x_i 为第 i 个地区某产业的就业人数与该产业全部地区就业人数的比值；s_i 为第 i 个地区所有制造业的就业人数与全部地区所有制造业就业人数的比值；H 为计算市场集中度的赫芬达尔指数。

（2）α 指标。

迈克尔（Michael）、雷切尔（Rachel）和海伦（Helen）等人在 Ellison 和 Glaeser（1997）的基础上，对产业集聚的测算方法作出了进一步改进。他们认为，工业生产活动的空间集聚有两种形式：一种是许多小企业在这里集聚，另一种是一个或几个大企业在这个地区集聚，而前者更具有意义。为了刻画前者的空间集聚程度，他们进而提出了 α 指标。

$$M=\sum_{n=1}^{N}\left(z_n-\frac{1}{N}\right)^2=\frac{CV\ (z_n)^2}{N}=H-\frac{1}{N} \tag{3-8}$$

$$G=\sum_{n=1}^{K}\left(s_k-\frac{1}{K}\right)^2=\frac{CV\ (s_k)^2}{K}=J-\frac{1}{K} \tag{3-9}$$

$$H=\sum_{n=1}^{N}z_n^2 \tag{3-10}$$

H 为产业的市场集中度（赫芬达尔指数），z_n 为第 n 个企业的就业人数占该产业总就业人数的比值。

$$J=\sum_{K=1}^{K}s_k^2 \tag{3-11}$$

J 为产业的地理集中度（赫芬达尔指数），S_k 为第 k 个地区某产业的就业人数与该产业全部地区就业人数的比值。

当 $N<K$ 时可以直接用 $J-H$ 得出 α，但当 $N>K$ 时，假设 N 个规模大小相等的企业平均分布在 K 个地区，这时由于 $N>K$，则 $J>H$，该产业有集聚效应，这与这些规模相当的企业平均分布产生了矛盾。为解决这个问题，进一步设计 M 和 G 指标［式（3－8）和式（3－9）］。

3. 产业间集聚

Ellison 和 Glaeser（1997）提出了产业间集聚度的指标，通过 r 个产业总的地理集中度减去加权后各产业各自的地理集中度，除以相应权重，可以得到 r 个产业之间的空间集聚程度。Devereux 和 Griffith（2004）对公式做了进一步简化。公式如下：

$$C(r)=\frac{G_r-\sum_{j=1}^{r}(G_j\times w_j{}^2)}{(1-\sum_{j=1}^{r}w_j{}^2)} \tag{3-12}$$

式中，$w_j=\frac{T_j}{\sum_{i=1}^{r}T_j}$ 为权重指标，用 j 产业占 r 个产生的销售份额表示。T_j 为 j 产业的销售收入。G_r 指两个产业或多个产业共同形成的地理集中度，G_j 指单个产业形成的地理集中度。G_r 和 G_j 都可用赫芬达尔指数计算，公式为：

$$G=\sum_{k=1}^{31}s_k^2-\frac{1}{k} \tag{3-13}$$

式中，s_k 为某产业第 k 个地区的销售收入占该产业全国销售收入的份额，K 为地区个数。在计算 G_r 时，s_k 为两产业在第 k 个地区的销售收入占两产业全国 31 个省市区销售收入的份额；在计算 G_j 时，s_k 为单产业在第 k 个地区的销售收入占单产业在全国 31 个省市区销售收入的份额。$C(r)$ 值越大，产业间集聚度越高。

四、产业集聚的经济学机制

1. 集聚与集聚经济

产业集聚可以带来集聚经济效应，这是产业集聚形成的重要驱动力。所谓集聚经济，是指同一产业或不同产业的复数企业在空间上的相互接近，比单个企业分散在各地可以带来更大的经济效益。

一般认为，集聚经济的源泉主要是规模外部经济。具体来说，包括以下几个方面：

- 集聚可以扩大市场规模，企业和人口的集中可以形成更大的产品市场。
- 集聚可以降低运输成本，节约企业生产成本。
- 集聚有利于基础设施的共享，降低交通运输、邮政通信、水电供应等基础设施的建设成本和使用成本。
- 集聚有利于劳动力市场的共享，获得企业所需的熟练劳动力。
- 集聚有利于信息交流和技术扩散，产生知识溢出效应。

集聚经济效应往往与经济密度高度相关，也经常被称为密度效应。产业集聚可以提高经济密度，与此同时，一定的经济密度也是形成集聚经济效应的基础。究其原因，主要包括以下两个方面。

第一，降低贸易成本。经济密度越高，企业和人口数量越多，越容易找到配套的生产企业和产品的市场需求，就可以降低企业调配原材料和中间产品的成本，以及产品销售的成本。因此，经济密度高的地区，市场邻近和供给邻近往往较好，贸易成本较低。

第二，空间外部性。经济密度越高，意味着劳动力就业机会越多，劳动力市场的匹配越容易，由匹配、共享、学习带来的空间外部性就越强。

可以说，集聚经济效应往往存在着一定的经济密度门槛，经济密度过低的地区难以形成集聚经济效应。因此，密度效应常常成为集聚经济效应的代名词，经济密度也经常可以用来反映集聚经济的水平。

2. 生产的集聚经济：地方化经济与城市化经济

生产的集聚经济，按照集聚经济的机理及表现形式的不同，可以分为地方化经济和城市化经济两种机制。

（1）地方化经济。

所谓地方化经济，是指某一行业的企业在空间上与同行业其他企业相互接近，生产成本会随着同行业的企业群出现而降低。地方化经济往往表现为专业化生产和企业群的出现。由于企业群一般坐落在城市，地方化经济会促进甚至牵引城市经济增长。

地方化经济形成的原因，主要有以下几个方面：

第一，中间投入品生产的规模经济。以服装行业和纽扣生产行业为例，纽扣是服装行业的中间投入品，几乎所有的服装企业都需要使用纽扣，由于纽扣生产的规模经济效应比服装厂更加显著，所以服装企业的空间集聚和专业化生产，有利于形成纽扣供应商的共享，从而发挥纽扣生产的规模经济。高科技企业和电子零部件企业也有类似的情形。电子零部件企业作为高科技企业的中间投入品供应商，规模经济效应比高科技企业更加显著，因而高科技企业的空间集聚，有利于共享电子零部件供应商，发挥电子零部件生产的规模经济。

第二，劳动力市场共享。同行业企业的空间集聚和专业化生产，可以降低劳动力特别是熟练劳动力的搜寻成本和流动成本，形成劳动力市场的共享。

第三，知识溢出。同行业企业的空间集聚，有利于企业之间的信息交流，促进企业间的技术扩散和知识传播。

（2）城市化经济。

与地方化经济不同，城市化经济是一种范围经济，其实质不是企业的规模经济。城市化经济源自整个城市经济的规模，而不是某一行业的生产规模。城市化经济是为整个城市的企业带来效益，而不是只面向某一行业的企业。与地方化经济的专业化生产相对应，城市化经济往往表现为综合发展。城市经济的多样性、综合性特征，注定了城市不能只搞专业化生产，同时也要鼓励综合发展。在解释产业间集聚形成方面，城市化经济是重要的经济学机制。

城市化经济形成的原因，与地方化经济形成的原因在形式上相似，但内容上却有所不同。

第一，不同行业的企业共享共同的投入品供应商或产品市场。不同行业的企业都需要商业、物流运输、银行保险、会计统计等生产性服务业，不同行业的企业在地理上的相互接近，使得它们可以共享生产性服务业提供的服务，同时也有利于促进生产性服务业的发展。以食品制造行业和服装行业为例，两者分属不同的行业，投入产出关联并不强，但产品均面向消费者，拥有共同的产品市场，因而容易在市场规模较大的城市和区域形成产业间集聚。

第二，劳动力市场共享。在这里，劳动力市场的范围是整个城市。城市规模越大，对劳动力的吸引力越强，劳动力池就越大，劳动力在不同的行业之间切换就业就会越容易，熟练劳动力也越容易找到与之匹配的就业岗位，因此，不同行业的企业可以共享整个城市范围的劳动力市场，同时提高劳动力技能匹配效应。

第三，知识溢出。地理上的相互接近使得人们相互交流信息、创新知识变得更加容易，知识溢出效应往往与地理邻近和空间集聚相关。然而，知识溢出不限于同行业内部，也包括行业之间的知识溢出。不同行业的信息交流和知识融合，往往会成为创造新产品、新技术的契机。

3. 城市经济增长：地方化经济还是城市化经济

对于城市经济增长而言，究竟地方化经济还是城市化经济更重要，是长期以来城市与区域经济学研究的一个话题。部分学者认为，地方化经济对于城市经济增长更重要。Henderson（1986）发现，地方化经济对提高劳动生产率的贡献显著，城市规模对劳动生产率的贡献不显著，仅城市规模扩大不足以提高劳动生产率。Huallachain 和 Satterthwaite（1992）明确指出，地方化经济比城市化经济更重要。另一部分学者则认为，城市化经济依然重要。Carlino（1987）发现，在 68 个城市的 19 个行业里，有 13 个行业存在城市化经济效应。Glaeser（1992）认为，城市化经济存在于城市成长过程中。Mun 和 Hutchinson（1995）验证了多伦多的机关部门数量增加对于提高劳动生产率有显著影响。

事实上，地方化经济和城市化经济究竟哪个更重要，难以一概而论。首先，对于城市经济增长而言，地方化经济和城市化经济都很重要，两者不可或缺。其次，不同类型的城市，或者在城市的不同发展阶段，地方化经济和城市化经济所起的作用有所不同。对于中小城市而言，基于地方化经济发展专业化生产可能更加重要。对于大城市而言，城市化经济更加重要，单靠地方化经济发展专业化生产难以支撑大城市的经济和就业。最后，地方化经济和城市化经济可以相互补充、相互促进。当前，城市发展已经进入都市圈和城市群的阶段，大城市、超大城市作为都市圈或城市群的核心，辐射带动周边区域，包括小城镇的发展。支撑大城市、超大城市发展的往往是城市化经济，而大城市周边的小城镇则可以接受大城市的经济辐射和空间溢出，发展基于地方化经济的专业化生产。

第三节　产业布局与产业空间组织

一、产业布局的区位指向

产业布局是指一国或一个地区的产业在一定范围内的空间分布和组合结构。产业布局的概念与政府自上而下的资源配置相关，带有一定的计划经济色彩，但是，在市场经济条件下，产业布局的规律依然是值得关注和研究的。

如前所述，区位论主要关注企业尺度的区位选择，产业布局理论则是从行业视角考察产业的空间布局和地域组合。从企业选址到产业布局，从企业集合成行业后，需要考虑同一行业内部不同企业之间的相互作用，也需要考虑相关行业的企业之间的相互作用，也就是前面讨论的产业集聚、产业集群、产业结构等因素。

产业布局的区位指向，是研究产业布局规律的重要内容。所谓区位指向，是指产业的区位选择应尽量趋近于特定区位的趋向。产业布局的区位指向主要有以下几种：

(1) 自然资源指向和原料地指向。产业发展主要受到自然资源和原材料供应的影响，区位选择趋向于自然资源集中分布、原材料便于获取的区域。譬如，采矿业、资源产业往往取决于矿产资源的分布，表现出突出的自然资源指向。钢铁工业、建材工业、木材加工、制糖业、棉纺业等，生产过程需要投入大量的原材料，譬如铁矿石、非金属矿物原料、木材、糖料作物、棉花等，因而表现出显著的原料地指向。

(2) 能源动力指向。有色金属、石油化工等高耗能产业需要消耗大量的燃料作为能源动力，能源动力指向十分鲜明。近年来，电解铝行业产能大量向新疆转移，就是因为电解铝生产需要消耗大量的电力。生产一吨电解铝需要消耗 14 000～15 000 度电，电力消耗的能源成本约占电解铝生产成本的 80%。河南、山东为传统的电解铝产能集中分布地，由于电价偏高，电解铝生产企业亏损面大，而新疆煤炭资源丰富，由于受到距离和运输成本的制约，煤炭价格低廉，使得火电价格远低于国内其他地区，吸引了大量电解铝企业把产能转移到新疆。

(3) 市场指向。产品面向终端消费者的行业，容易受到市场变动的影响，或者产品不宜长途运输，生产区位趋向于靠近消费者和市场地，均表现出市场指向。譬如，肉蛋奶等食品加工制造行业，产品易腐，需要保鲜，一般会选择邻近市场的区位。饮料行业由于运输成本高，不宜长途运输，往往也会选择邻近市场的区位进行生产。纺织服装、饰品等行业，容易受市场流行的影响，为了便于掌握市场行情，往往也会选择邻近市场的区位。

(4) 劳动力指向。劳动密集型产业需要使用大量劳动力，劳动力成本在生产成本中所占比例较高，生产区位选择趋向于劳动力资源丰裕的区域。譬如，纺织服装鞋帽、食品加工制造等食品轻纺工业在生产过程中往往需要大量劳动力，产业区位选择表现出明显的劳动力指向特征。

(5) 运输指向。部分产业对于交通运输的依赖较深，其中有的产业是因为运输成本在生产成本中所占的比例较高，有的产业是因为必须通过交通运输手段获取原材料或向市场销售产品，因而生产区位选择趋向于交通运输枢纽。运输指向突出体现在临港经济和临空经济上。譬如，对于中国、日本的钢铁企业、植物油加工企业，由于铁矿石和大豆、油菜籽等原材料依赖海外进口，海上运输对于企业生产至关重要，这些行业的区位选择往往表现出临港经济的特征。信息科技产品制造业由于产品需要迅速送达市场，对于航空运输的依赖较大，生产区位选择经常表现出临空经济的特征。

从产业布局的区位指向可以看到，产业布局的影响因素主要有自然条件和自然资源、人口和劳动力、市场规模、交通运输条件、产业关联和产业结构、技术进步等方面。除了资源禀赋条件以外，产业结构、产业关联会影响产品的市场邻近条件和原料的供给邻近条件，技术进步则可能会改变产业的区位指向特征，譬如远洋运输技术的发展会影响海上运输的成本。分析产业布局的区位指向、评价产业布局的合理性，需要综合考虑多方面因素。

二、从产业布局到产业空间组织

如前所述，产业布局带有浓厚的计划经济色彩，更多的是自上而下进行资源配置的政府职能的体现。随着市场化进程的推进，市场机制在资源配置中的作用越来越重要，直至发挥决定性作用，产业布局需要适应新的时代诉求。在市场经济体制下，产业的空间组织是在市场机制的作用下形成和演化的，因此需要研究市场机制条件下产业空间组织形成、演化的经济规律。产业布局的区位指向，在市场经济条件下仍然是有效的，仍然是产业空间组织形成和演化的基础。但是，市场机制会给产业空间组织的形成和演化带来新的因素、新的变化，甚至超过政府自上而下的资源配置所能达到的范围。譬如，浙江义乌小商品市场就不是政府规划布局的结果，而是在市场机制作用下逐渐形成的。但政府可以在尊重市场机制、适应经济规律的前提下，对资源配置加以适当的规划引导。

在开放经济条件下，外资企业的区位选择往往具有更强的市场化和全球化的特征，而不是政府通过自上而下的资源配置能够左右的。海外直接投资占比高的产业，市场机制的作用对于产业空间组织显得尤为重要。从东道国的选择，到东道国国内生产区位的选择，外资企业需要考虑的因素更多。除了资源条件和劳动力成本，当地市场规模、地方政府提供公共服务的透明度、接近海外市场的便利性、本国企业的集聚程度以及交易成本等因素都会影响外资企业的区位选择。

市场机制的作用对于高新技术产业来说尤为重要。由于高新技术产业对人力资本的依赖较大，高端人才对于城市的生活品质（宜居性）的要求会更高，同时高新技术产业发展往往与风险投资相关，对现代金融服务的依赖也较大，因此，高新技术产业的空间组织往往呈现出高度的空间集聚特征，主要集聚在生活品质高、现代金融服务发达的大城市。

随着中国经济从制造业经济逐步走向服务经济，产业布局也从制造业布局（空间组织）转向服务业布局（空间组织）。与传统工业的空间组织不同，服务业的空间组织具有自身的特点，主要表现为遍在性、市场指向、渐进性等特征。服务业包括生产性服务业和生活性服务业，以及公共服务业。生产性服务业主要针对第一产业和第二产业提供生产性服务，只要有生产活动发生的地方，就应当有生产性服务业；生活性服务业主要是面向广大居民提供生活消费服务，只要有人口居住的地方，就会有生活性服务业。遍在性是服务业空间组织的重要特征。服务业本身是靠提供服务获得市场机会，因此，服务业的区位指向必然是市场指向，即面向用户，无论用户是生产企业，还是广大消费者。服务业的内部结构是渐进演变的。一般来说，在起步阶段，生活性服务业的占比较大，发展到一定阶段后，生产性服务业的占比逐渐上升并占据主导地位。随着信息技术发展，在当代社会里，服务业与“互联网＋”深度融合，催生了不少服务业的新业态、新模式，电子商务就是典型代表。服务业内部结构的渐进演变会对服务业空间组织带来影响，使得服务业空间组织的演化也具有渐进性的特征。

三、产业集群与产业区

1. 产业集群

（1）产业集群的概念内涵。

产业集群（industrial cluster）是指，在特定领域内，具有密切联系的企业和相关支撑机构在一定地域内的集中所构成的企业集群，是一种新的空间经济组织形式。相关支撑机构包括：专业化供应商、金融机构、服务供应商（譬如律师事务所、会计师事务所、专利事务所等）、相关机构（譬如大学、科研机构、培训机构、行业协会等）。产业集群包含两个关键词，一是产业关联，产业集群内的企业之间以及产业集群内的企业与相关支撑机构之间应该具有密切的产业关联；二是空间集聚，具有密切联系的企业和相关支撑机构在一定的地域范围内形成空间集聚。如果企业之间没有密切的产业关联，则难以构成产业集群。如果具有产业关联的企业没有集中分布在一定的地域范围内，那么也不能构成产业集群。产业关联和空间集聚，可以说是产业集群的两个本质特征。

（2）产业集群理论。

一般认为，波特在1990年出版的《国家竞争优势》（*The Competitive Advantage of Nations*）一书中首先提出了产业集群的概念，并对集群现象进行了相似论述。事实上，产业区和新产业区在现实中早已存在，但产业集群理论的形成，可以说始于波特的研究。波特基于竞争优势理论，从竞争力的角度对产业集群现象进行了分析和研究。通过对10个工业化国家的考察，波特发现，产业集群是工业化过程的普遍现象，在所有发达的经济体中都可以观察到各种产业集群。随着经济全球化的发展，在跨国公司全球化的供应链和市场战略下，投入要素可以从不同的国家或地区获取，即使运输成本降低了，许多跨国公司仍然选择把公司设立在原料来源地或大的市场所在地，形成产业集群。产业集群发展成特定地理范围内多个产业相互融合、众多类型机构紧密联系的共生体，可以构成区域特色的竞争优势。波特认为，虽然产业集群内企业间的竞争可能会暂时降低利润，但相对于其他地区则可以建立起竞争优势。究其原因，一是产业集群可以形成专业化的生产要素优化集聚洼地，使企业共享区域公共设施、市场环境和外部经济，降低信息交流和物流成本，达到降低交易成本、提高效率的目标；二是产业集群通过有效的市场竞争，可以改进激励方式，并创造信息、专业化、品牌等集体财富；三是产业集群既可以改善创新条件，加速生产率增长，也有利于新企业的形成。

迄今为止，关于产业集群的研究偏重于实证分析，研究成果大多以研究论文的形式出现，系统性的研究专著较少，产业集群的理论体系尚未形成。已有的产业集群理论认为，产业集群的经济效应主要有以下几个方面：

第一，外部经济效应。产业集群内部大部分企业属于中小企业，单个企业的规模不大，但企业数量众多，企业之间形成专业化分工协作，生产效率高，容易形成产业链，使得产业集群整体上获得外部规模经济。譬如，浙江绍兴纺织业的化纤、织造、印染服装等行业形成了一条龙的产品关联，还围绕产业链发展了纺机、染料助剂、纺织技术服务等辅助性行业，这些具有紧密联系并且频繁互动的行业及其所属企业构成了庞大的纺织产业集群。

第二，节约交易成本。交易成本包括运输成本、信息成本、寻找成本、合同谈判成本与合同执行成本等。产业集群内部企业之间通过供需关系的联结，实现采购本地化，可以形成整个产业集群的成本优势。产业集群内部企业在地理上邻近，容易建立相互信赖关系和信用约束机制，从而降低机会主义行为的风险。产业集群内部形成了企业之间的战略同盟关系，相对于纵向一体化组织和远距离企业同盟组织，具有更高的效率。譬如，浙江温州柳市镇形成了低压电器产业集群，低压电器生产涉及金属部件、合金材料、注塑部件、冲制、酸洗及模具加工等几十万种配套件，其中有70%可以在柳市镇采购，即使是需要向外部采购的原材料和部件，由于产业集群的吸引力，供应商也在当地设立了办事处。产业链的当地化不仅降低了企业的采购和供应成本，更重要的是促进了上下游企业之间的沟通互动，可以节约交易成本，降低机会主义行为的风险。

第三，学习机制与创新效应。产业集群有助于培育企业的学习能力与创新能力。由于企业彼此接近，激烈的竞争压力和不甘人后的自尊需要，迫使企业不断推进技术创新和组织管理创新。在产业集群内部，企业间的知识溢出形成创新的外部效应，成为产业集群获得竞争优势的一个重要原因。福建省晋江市的制鞋产业集群年产16亿双运动休闲鞋，占据国内40%的市场份额，拥有安踏、361°、匹克、特步等鞋业品牌。它在起步阶段只是上千家大大小小的制鞋作坊，一无品牌，二无品质，后来给耐克、阿迪达斯等国际品牌做贴牌代工；通过海外代工，晋江的制鞋企业拥有了先进的生产技术，培养了熟练的制鞋工人，提高了企业管理水平，健全了产品质量控制体系，逐渐形成了完整的制鞋产业链；在海外代工之后，晋江鞋企开始创立自主品牌，安踏率先成为晋江鞋企的行业领头羊，安踏的示范效应带动了特步、361°、德尔惠等晋江鞋企纷纷走上品牌之旅。晋江制鞋产业集群从低端的模仿起步，转型升级为对标国际水平的创新驱动，集群内部的学习机制和创新效应起到了重要的作用。

当前，产业集群发展水平已经成为考察一个经济体或者某个区域经济发展水平的重要指标。

(3) 中国产业集群发展与产业集群理论的应用。

随着中国经济的快速发展，产业集群在中国得到了迅猛的发展。浙江温州柳市镇的低压电器集群、浙江绍兴柯桥区的纺织产业集群、浙江温州桥头镇的钮扣产业集群、福建晋江的制鞋产业集群等就是中国制造业产业集群的典型代表。

中国的产业集群在发展过程中形成了与世界各国产业集群相同的空间组织特征，与此同时，部分产业集群还具有产业集群和区域性专业市场互动发展的新特征。譬如，浙江绍兴柯桥区的纺织产业集群有中国轻纺城，浙江温州桥头镇的纽扣产业集群有纽扣市场，浙江台州路桥镇的塑料制品产业集群有塑料制品市场，福建晋江的制鞋产业集群有中国鞋都的专业市场。产业集群的专业化生产推动所在地培育专业市场，使当地逐渐成为某一产品的集散中心；反过来，专业市场的发展又为产业集群提供了市场平台、物流服务平台和信息交流平台，为产业集群的进一步壮大发展提供了有利条件。产业集群和专业市场互动发展，是以中小企业为主体的中国制造业产业集群的一个显著特征。

在中国，产业集群已经为各地政府广泛接受，许多地方政府在推动产业转型升级的过程中自觉或不自觉地应用了产业集群理论。譬如，广东佛山市在推进"腾笼换鸟"、推动产业转型的过程中，提出要实施产业链招商计划，具体内容为针对现有产业链条的缺失环节补链、针对战略性新兴产业建链、针对传统优势产业链的薄弱环节强链，目的是构筑全产业链，形成产业集群竞争优势。浙江绍兴上虞区的杭州湾精细化工产业园区提出，产业转型升级要采取拉长产业链的做法，鉴于医药产业、新材料行业是新兴产业，原有的制药产业要向成品药、生物医药延伸，形成生物医药的产业集群；原有的基础材料产业要向新材料方向延伸，形成新材料产业的集群效应。

2. 产业区

产业区（industrial district）一词最早出现在马歇尔《经济学原理》一书中，与地方化产业（localized industry）相关。虽然产业区的概念来自马歇尔，但马歇尔并没有明确给出产业区概念的具体界定。一般认为，在某个地区，相似的小企业在地理上集中，并伴随着外部性产业，这样的产业称为地方化产业，这样的地方称为产业区。根据欧洲的经验，产业区的特征主要有以下四点：一是企业在空间上集中，生产专业化；二是具有同质的文化和社会背景；三是具有紧密的纵向、横向联系和与劳动力市场的联系；四是当地有支持企业集聚的公共和私人机构。

由此可见，产业区的核心内涵包含以下几点：（1）中小企业形成的空间集聚；（2）从事某种产品的专业化生产；（3）中小企业之间具有纵向、横向的紧密联系以及与劳动力市场的联系，这种联系形成了外部规模经济；（4）中小企业之间具有很强的本地联系，产品的专业化生产具有相应的文化和社会背景，产业发展具有文化和社会上的根植性；（5）具有一定的空间尺度和地域范围，在地域范围内有相应的公共和私人机构支持中小企业的空间集聚。一般认为，产业区的空间尺度为中等规模，比产业集群的空间尺度更大，与新产业区的规模相仿。

3. 新产业区

新产业区（new industrial district）是产业地理集中的一种新形式，强调专业化生产和中小企业的空间集聚，强调企业之间的合作与竞争。具体来说，新产业区是指面向国内、国际市场的中小型企业在一定地域内集聚而成，以本地网络和根植性为特征，既竞争又合作的中小企业综合体。

与产业区相比，新产业区的“新”，主要体现在三个方面。一是新企业快速衍生和成长的载体。新产业区在一定意义上意味着是在过去非工业化地区或正在工业化地区新发展起来的产业区。二是强调创新行为的协同作用，通过协同创新形成比较优势。新产业区中企业、大学或研究机构、中介服务组织、政府及公共部门、金融机构，需要发展彼此之间的关系链条，实现协同创新。三是合作网络。新产业区内部企业之间以及企业与其他机构之间需要形成合作网络，增强新产业区的竞争力。

新产业区的重要标志是从事专业化生产的中小企业在一定地域范围内形成集聚，企业之间形成稳定的合作网络（包括正式的文本合同和非正式的信息交流），企业扎根于本地文化（具有文化和社会的根植性）。美国硅谷、德国巴登-符腾堡、意大利爱米利亚-罗马格纳等高技术产业综合体，被认为是新产业区的典型代表。

新产业区理论是在20世纪80年代应运而生的。新产业区理论强调中小企业与其所处的社会环境之间的互动关系，认为决定一个国家或地区高新技术产业发展的最主要因素是与发挥人力资本潜力相关的经济组织结构和文化传统等社会环境因素。新产业区理论的欧洲学派则把产业空间集聚与创新活动、创新环境联系起来进行考察，认为中小企业的空间集聚可以共享单个企业无法实现的规模生产、技术创新和组织创新，强调创新行为的协同作用，强调社会根植性的重要性。

四、开发区与产业园区

1. 开发区

开发区是指一个国家或地区为吸引外部生产要素、促进自身经济发展，在辖区内划出一定范围，实施特殊政策和管理手段的特定区域。

开发区主要分国家级与省级两个等级。国家级开发区是经国务院批准设立的开发区，省级开发区是指由省级人民政府批准设立的开发区。国家级开发区主要包括经济技术开发区、高新技术产业开发区、出口加工区、保税区、台商投资区、边境合作经济区、国家旅游度假区等类型，它们都是享受特殊经济政策的特定地域，但功能定位有所不同。省级开发区主要有两种类型，一类是经济技术开发区，功能类似于国家级经济技术开发区；另一类是工业园区（产业园区），功能以发展各类工业项目为主，其中包括一部分省级高新技术产业园区。此外，也有部分地级市批准设立的开发区。

高新技术产业开发区与经济技术开发区的目标定位有所不同。高新技术产业开发区的设立是为了促进高新技术产业发展，加快高新技术成果的商品化、产业化。经济技术开发区的目标则不限于发展高新技术产业，其最初是与对外开放相结合的，目的是鼓励引进外资，许多经济技术开发区都制定了面向外资企业的税收减免、优先供地等优惠政策，后来面向外资企业的优惠政策也适用于内资企业，经济技术开发区成为地方政府吸引投资的空间载体。

1981年，国务院批准在沿海开放城市建立经济技术开发区。1984年5月，国家决定对外开放大连、秦皇岛、天津、烟台、青岛、连云港、南通、上海、宁波、温州、福州、广州、湛江、北海等14个沿海港口城市，并在这些城市先后建立了17个经济技术开发区。1993年初，中国已有13个开放城市建立了经济技术开发区，即沈阳、大连、秦皇岛、天津、烟台、青岛、连云港、南通、宁波、福州、广州、湛江、上海。截至2018年，全国共有国家级开发区（包括国家级高新区和国家级经济技术开发区）387家，其中，国家级高新技术产业开发区168家，国家级经济技术开发区219家。

开发区大多实行政府主导、市场化运作的管理体制。开发区设有管理委员会，作为地方政府的派出机构，受地方政府委托行使政府职能，代表地方政府审批、决定开发区的有关事项，对开发区的开发建设实施统一领导和管理。在大多数情况下，管委会拥有包括项目审批、城市规划、土地审批、工商管理、劳动人事、进出口业务等各项行政管理权。有的开发区管委会还拥有财政税务职能，具有建设性财政的特点。与此同时，开发区一般设立开发建设投资公司。开发区开发建设投资公司是拥有政府背景的投资建设主体，实行企业化运作，承担开发区的基础设施建设任务。开发建设投资公司可以由地方政府单独投资，也可以由地方政府和企业联合投资，甚至完全由企业投资。

当前，开发区的管理模式主要有两种类型：一是管委会模式，辅以开发建设投资公司，实行政府主导、市场化运作，管理运作上较为简单灵活，但随着开发区发展规模的逐渐扩大，许多地方的管委会模式逐渐暴露出体制与现实不相匹配的问题；二是开发区与行政区合一的新型管理模式，这种管理模式便于协调管理，但容易造成运行成本高、财力不足的问题。总体来看，随着开发区规模的逐渐扩大，开发区功能逐渐趋向多元化，呈现出从单一的工业园区功能向多功能新城区发展的趋势，开发区的管理体制也呈现出从派出机构代行政府职能的准政府向一级行政区的新型行政体制转型的趋势。譬如，青岛开发区与黄岛区的合并，宁波开发区与北仑区的合并，广州成立南沙区、撤销萝岗区。从长远看，开发区管理模式向新型行政区体制转型是开发区管理体制创新的方向之一。

近年来，开发区面临的形势和肩负的责任发生了深刻变化，不少开发区已经开启转型升级之路。开发区的转型升级主要是产业发展的转型升级，许多地方采用产业链招商的做法，围绕特定产业的主导产品及与之配套的原材料、辅料、零部件和包装件等产品来吸引投资，延长产业链条，培育优势支柱产业。

2. 产业园区

产业园区是指以促进某一产业发展为目标而创立的企业集聚区，往往担负着聚集创新资源、培育新兴产业、推动城市化发展等重要使命。与开发区具有显著的管理职能不同，产业园区更多地强调企业集聚和产业发展，是作为企业集聚的空间载体出现。依据产业园区的主导产业，可以把产业园区分为纺织产业园区、化工产业园区、物流产业园区、科技园区、文化创意产业园区、总部基地、生态农业园区等不同类型。

产业园区与产业集群密切相关。如前所述，产业关联和空间集聚是产业集群的两个本质特征。产业园区的一般特征是大量企业在一定地域范围内的密集分布，企业的空间集聚有利于推动产业集群的形成。但企业的地理集中并非必然产生集聚效应，企业之间通过产业关联或者业务关联形成协同效应，才能成为产业集群，这也是产业园区持续发展的基本条件。可以说，产业园区是产业集群的空间载体，产业集群则是产业园区的内核。在许多地方，产业园区和产业集群的良性互动已经成为区域经济增长的重要途径。

产业园区作为产业集聚区，有利于企业共享资源，克服外部不经济，带动关联产业发展，促进产业集群的形成。土地、道路、供水供电和热力供应等基础设施，是绝大多数企业都需要使用的，企业集中在产业园区进行生产，可以共享基础设施，降低企业生产成本。大多数企业在生产过程中会产生不同程度的废弃物和污染物排放，企业必须对污染物和废弃物进行处理，达到排放标准后才能排放污染物和废弃物。企业在产业园区集中生产，可以利用产业园区的环境基础设施，对污染物和废弃物进行集中处理，降低废弃物处理和污染治理的成本。

当前，许多地方的产业园区在建设和管理上仍然比较粗放。有些产业园区是“有企业，没产业”，也有些产业园区是“有产业，没集群”，存在产业定位不清、产业链短、关联度不高、产业配套服务能力薄弱的问题，需要基于产业集群导向，推动产业园区健康发展。

五、加工贸易的“前店后厂”模式

加工贸易是指企业进口原料、材料或零件，利用本国的生产能力和技术，加工成成品后再出口，是一种以加工为特征的再出口商业模式。按照所承接的业务特点不同，加工贸易方式可以分为进料加工、来料加工、装配业务和协作生产等。在我国珠三角地区，形成了“三来一补”的加工贸易方式。“三来一补”是“来料加工”、“来料装配”、“来样加工”

和“补偿贸易”的简称。来料加工是指外商提供原材料，委托我方工厂加工成为成品。产品归外商所有，我方按合同收取工缴费。确定工缴费时，需要考虑国内的收费标准、自身的成本、国际上的价格水平、委托银行收款的手续费，以及是否支付运费和保险费。来料加工应规定制成率，用料定额包干。如果外商同时提供了生产设备，则其价款从工缴费中扣除。来料装配是指外商提供零部件和元器件，并提供必需的机器设备、仪器、工具和有关技术，由我方工厂组装为成品。补偿贸易是指国外厂商提供或利用国外进出口信贷进口生产技术和设备，由我方企业进行生产，并以返销其产品的方式分期偿还对方技术、设备价款或信贷本息的贸易方式。

“前店后厂”是珠三角地区与港澳地区经济合作中形成的独特的产业空间组织模式。“前店”指港澳地区，“后厂”指珠三角地区，两者之间是优势互补、互惠互利的关系。港澳地区利用海外贸易窗口优势，承接海外订单，从事产品设计和新产品、新工艺开发，供应原材料、原器件，控制产品质量，进行市场推广和对外销售，扮演“店”的角色。珠三角地区利用廉价的要素成本，发挥土地、自然资源和劳动力优势，进行产品的加工、制造和装配，扮演“厂”的角色。港澳在前，珠三角在后，彼此紧密合作，被形象地称为“前店后厂”。

加工贸易的“前店后厂”模式，适应港澳地区和珠三角地区的特殊条件，有利于发挥各自的优势，形成优势互补、互利互惠的产业协作关系，这种产业协作关系投影到空间上，就形成了“前店后厂”的产业空间组织模式。

第四节　产业转移

一、产业转移的概念内涵

企业将产品生产线的部分或全部从原来的生产地转移到新的生产地，这种现象称为产业转移。在大多数情况下，产业转移是从生产成本高的区域向生产成本低的区域转移，从经济发展水平高的区域向经济发展水平低的区域转移，因此，产业转移往往可以促进后进地区的经济发展。产业转移可能是企业把原来的生产线全部关闭，并转移到新的生产地，也可能是企业在保留原来生产线的同时，在新的生产地新建生产线，也有可能是企业将原来生产线的产能部分削减，在新的生产地新建生产线。不管哪种情况，在产业转移过程中，必然会发生跨区域的产能转移，在统计上表现为产业空间分布的变化。

产业转移往往伴随着生产要素的流动和产业结构的变动。产能的空间转移，必然会带动资本、劳动等生产要素的跨区域流动，重新组合形成新的生产力和产业规模。生产要素是否可以跨区域自由流动，将影响产业转移的阻力。产业转移也将影响转出地和转入地的产业结构。一般来说，发生转移的产业在转出地产业结构中的比例将会下降，在转入地产业结构中的比例将会上升。在现实中，有的地方政府利用产业转移来推动产业转型升级。譬如，广东、上海、浙江等沿海省份采取“腾笼换鸟”的策略，鼓励传统产业向外转移，为产业转型升级腾出空间。随着部分低附加价值劳动密集型产业从珠三角向外转移，珠三角地区瞄准发展先进制造业、战略性新兴产业和现代服务业，加快结构调整和产业升级，“腾笼换鸟”政策的实施为实现产业结构升级提供了条件。

产业转移是市场机制作用下企业自发的经济行为，但地方政府的政策可以起到引导和加速产业转移的作用。譬如，2008 年，广东制定了推进产业转移和劳动力转移的“双转移”战略，安徽制定了皖江城市带承接产业转移示范区规划。

二、产业转移的空间尺度

广义地理解，产业转移也包括跨越国家的国际产业转移。迄今为止，历史上有过 5 次大规模的国际产业转移，最近一次是 20 世纪 90 年代以来全球制造业向中国的转移。中国抓紧国际产业转移的机遇，积极承接来自发达国家的制造业，成为世界工厂。

这里的产业转移主要是指国家内部产业在不同区域之间的转移。国内的产业转移既可以在大区域尺度上发生，譬如从沿海地区向中西部地区的产业转移，也可以在大区域内部的次区域尺度上发生，譬如从苏南向苏北的产业转移、从珠三角向粤东粤北的产业转移。事实上，2005 年以来发生的传统制造业的产业转移，既有从沿海地区向中西部地区的空间转移，也有沿海地区内部从发达核心区向欠发达边缘区的空间转移。后者主要是广东内部珠三角向粤东粤北的产业转移，浙江内部浙东区域向浙西区域的产业转移，江苏内部苏南向苏北的产业转移，山东内部胶东半岛向鲁西南鲁西北的产业转移。这两类产业转移代表的空间尺度不同，但是具有一定的共性，都是从生产成本高的区域向生产成本低的区域转移，从经济发展水平高的区域向经济发展水平低的区域转移，不同的是省份内部的产业转移往往得到了地方政府的支持。

三、贸易成本与生产成本的均衡关系对产业转移的影响

产业转移是市场机制作用下企业自发的经济行为，必然要遵循一定的经济规律。新经济地理学理论认为，贸易成本和生产成本的总和最小，是企业区位选择的基本准则。中国制造业的空间分布格局经历了从产业集聚到产业转移的变化过程。2005 年以前，制造业企业不断向沿海地区集聚；2005 年以后，部分制造业企业开始向中西部地区转移。贸易成本与生产成本的均衡关系变化，正是驱动制造业空间分布变化的决定性因素。

2005 年以前，尽管沿海地区的生产成本高于中西部地区，但由于沿海地区市场邻近和供给邻近的优势，贸易成本远低于中西部地区。制造业企业向沿海地区集聚，意味着企

业选择了更低的贸易成本，而付出生产成本的代价。计量经济模型分析结果表明，对于制造业产出份额的影响因素，劳动力密集度与工资的交互项为正。这表明即使是劳动密集型企业的生产区位也是选择劳动力成本更高的沿海地区。然而，随着沿海地区要素成本不断上涨，沿海地区与中西部地区之间生产成本的区域差异趋于扩大；与此同时，中西部地区经过多年的发展，市场邻近和供给邻近逐步改善，沿海地区与中西部地区之间贸易成本的区域差异趋于缩小。当生产成本的区域差异扩大到一定的阈值，贸易成本的区域差异缩小到一定范围之内，使得贸易成本和生产成本的均衡关系发生逆转时，制造业企业开始转向选择更低的生产成本，而牺牲贸易成本的代价，此时产业转移就发生了。

从区域经济学视角看，贸易成本与生产成本的均衡关系变化是导致产业转移的最重要的驱动因素和作用机制。在市场机制以外，政策因素对产业转移也会产生重要的影响。

四、政策因素对产业转移的影响

政策因素对产业转移的影响主要有土地政策、地方政府的产业发展政策和环境规制等方面。

1. 土地政策

所有的制造业企业都需要用地，而且随着区域经济增长，对土地的需求将会不断增加，但土地是不可移动的，土地供给往往会滞后于用地需求的增长，用地指标就成为许多地方政府招商引资的重要手段。由于工商业、交通等建设用地往往要占用耕地，为了保护耕地，中央政府确立了 18 亿亩红线的耕地保护政策，制定了耕地占补平衡等耕地保护措施，要求地方政府维持耕地占用和补充的平衡。沿海地区由于区位条件有利，对资本的吸引力强，用地需求增长强劲，导致很多地方用地指标紧缺，难以维持耕地占补平衡。中西部地区以及沿海地区内部的欠发达区域有许多开发区由于吸引不到相应的产业投资，存在用地指标的空置。在这种情况下，沿海地区的部分地市与其他地区搞起了耕地异地占补平衡，用其他地区的耕地补充来弥补沿海地区的耕地占用，其实质是沿海地区花钱购买其他地区的耕地指标。2004 年底，中央政府叫停了耕地异地占补平衡，强调不得用中西部地区的耕地补充来弥补沿海地区的耕地占用，这样就对沿海地区的耕地占用、用地指标形成了刚性约束。一边是用地指标的刚性约束，另一边是用地指标的空置，土地政策对于产业转移起到了推波助澜的作用。

2. 产业发展政策

地方政府采取的产业发展政策对于产业转移有重要的作用。2008 年 5 月，广东省发布了《关于推进产业转移和劳动力转移的决定》，提出鼓励珠三角地区的劳动密集型产业向东西两翼、粤北山区转移，一方面东西两翼、粤北山区的劳动力向当地的二、三产业转移，另一方面其中的较高素质劳动力向珠三角地区转移，目的是希望珠三角地区将劳动密集型等产业转移到粤东西北地区，为发展资金更密集、技术更先进的产业腾出空间，逐步实现产业转型升级。“腾笼换鸟”的产业发展政策直接推动了珠三角地区的产业向外转移，包括向省内的粤东西北地区和向省外的产业转移。

京津冀协同发展规划确定了北京非首都功能疏解的大政方针，制定了支持一般制造业向河北转移的政策措施，迄今已经有不少制造业企业从北京向河北转移，譬如，北京现代汽车第四工厂落户河北沧州，总投资120亿元，规划产能年产整车30万台、发动机20万台，直接带动就业6 000人以上，带动整车、零部件、物流、服务贸易、汽车金融及相关产业的产值将超过1 000亿元，使得汽车发展成为沧州市新的主导产业。京津冀协同发展战略及配套政策，是实现北京现代汽车落户河北沧州的直接动因。

3. 环境规制

随着区域经济增长，产业发展规模扩大，资源环境负荷相应地不断增大，环境压力日益增加。为了保护环境，许多地方政府会采取环境规制手段，控制环境负荷增长，减缓环境压力。环境规制手段既包括地方政府采取的排污收费政策，也包括限制污染物排放的政策，此外，还有来自居民和社会团体的环境诉求和运动。无论哪种手段，都会要求控制区域污染物排放总量，或者要求采取严厉的污染物排放标准，这些措施都会对产业发展的规模、结构带来影响，特别是对污染型企业的区位决策形成深刻的影响。有的企业会通过技术创新来适应环境规制，表现出波特假说的双重红利（生产率提高和环境质量改善）；有的企业则会选择一走了之，向环境门槛较低的区域转移产能，表现出污染避难所效应。后者就反映出环境规制对产业转移的影响。

在现实中，环境规制影响产业转移的案例并不少见。譬如，在广东佛山逐步形成了机械装备、家用电器、陶瓷建材、金属制品等支柱产业。由于陶瓷企业高耗能、高污染，带来高昂的环境代价，自2008年起，地方政府加强了环境规制，鼓励陶瓷企业在佛山保留供应链的高附加值部分，要求企业提高产品质量、采用更清洁的生产方式，要求将环保代价高昂的生产环节搬迁。因此，大批高污染、高耗能的陶瓷企业关停或外迁，搬迁的企业主要是转向广东省内的清远、肇庆，或省外的高安、梧州等地。在浙江新昌，由于当地的支柱产业为化工制药产业，化工制药企业排放的污染物给当地以及新昌江下游的嵊州造成了环境污染，自2004年起，地方政府加强了环境规制，要求将化工制药企业的生产环节向曹娥江下游的上虞搬迁，在上虞建立了杭州湾化工产业园区。

本章小结

本章是从行业尺度上考察产业空间分布和空间组织。行业尺度与企业尺度的不同点之一在于其是作为企业集合的产业的空间分布和空间组织，而产业集聚正是产业空间组织的最重要特征。在现实世界中观察到的产业集聚现象大部分是产业地理集中，也就是生产量或生产额的空间分布，这并非真正的产业集聚。产业集聚是指不同企业在空间上的相互接近，也就是不同企业的空间扎堆。产业集聚分为产业内集聚和产业间集聚，同一行业企业的空间扎堆属于产业内集聚，不同行业企业的空间扎堆属于产业间集聚。驱动产业集聚的经济学机制主要有地方化经济与城市化经济。产业集聚的测度方法有的没有区分产业集聚和产业地理集中。准确地测度产业集聚，需要剔除企业规模差异对产业地理集中的影响。

随着市场化进程的推进，基于比较优势的产业地域分工不能全面反映市场竞争格局，基于竞争优势的产业地域分工变得越来越重要。同样，随着市场化进程的推进，需要深入认识市场机制条件下产业空间组织形成、演化的经济规律。产业集聚在空间上往往表现为产业集群、产业区、产业园区、开发区等多种形式，这些也是市场化进程中产业空间组织的新模式。

随着产业发展所面临的经济社会环境的变化，产业空间分布也会发生变化，一些企业会将部分或全部产品生产线从原来的生产地转移到新的生产地。产业转移是市场机制作用下企业自发的经济行为，但政策因素可以起到引导和加速产业转移的作用。

关键词

产业集聚　产业地理集中　产业集群　产业区　地方化经济　城市化经济　产业转移

复习与习题

1. 如何理解产业集聚的两种经济学机制（地方化经济和城市化经济）?
2. 如何理解产业集聚和产业地理集中的异同点?
3. 如何理解从产业集聚到产业转移的驱动因素和经济学机制?
4. 如何理解比较优势和竞争优势对产业地域分工的作用?

第四章
产业结构演进

第一节　产业结构演进规律

一、产业部门分类

在讨论产业结构之前，首先要了解产业分类。有多种产业分类体系，最常见的是三次产业分类，即把产业部门分为第一产业、第二产业和第三产业。第一产业是指以利用自然力为主，生产不必经过深度加工就可消费的产品或工业原料的部门。在中国，第一产业主要是指农业，包括种植业、林业、畜牧业、渔业。国际上也有国家把农业和采矿业作为第一产业。第二产业是指对自然物进行加工的物质生产部门。主要是工业部门，包括采矿业、制造业、电力热力燃气和水的生产供应业等。在中国，建筑业也被列为第二产业。第三产业是非物质生产部门，主要是指服务业，包括生产性服务业、生活性服务业、公共服务和社会保障等。具体来说，涵盖交通运输业、物流业、金融保险业、技术研发和转化服务、中介服务、批零商业、住宿餐饮业、居民服务业、房地产服务业、科学研究和技术服务、教育文化卫生、公共管理等部门。

国民经济行业分类标准对全社会经济活动做出了分类，并规定了行业代码。国民经济行业分类标准采用线分类法和分层次编码方法，将国民经济行业划分为门类、大类、中类和小类四级。门类分为农林牧渔业、采矿业、制造业、建筑业、批零商业等。

大类采用二位码编码，对每个门类下属的部门进行分类。譬如，农林牧渔业门类分为农业、林业、畜牧业等大类；制造业门类分为农副食品加工业、食品制造业、纺织服装业、造纸业、石油加工业、化学原料和化学制品制造业、非金属矿物制品业、黑色金属冶炼和压延加工业、有色金属冶炼和压延加工业、金属制品业、通用设备制造业、专用设备制造业、交通运输设备制造业、电气机械制造业、通信设备制造业、仪器仪表制造业等大类。

中类采用三位码编码，对每个大类下属的部门进行分类。譬如，农副食品加工业分为粮食加工业、饲料加工业、植物油加工业、制糖业、屠宰及肉类加工业、水产品加工业、蔬菜水果坚果加工业等；化学原料和化学制品制造业分为基础化学原料制造业、肥料制造业、农药制造业、涂料油墨颜料制造业、合成材料制造业、专用化学产品制造业、炸药制造业、日用化学产品制造业等。

小类采用四位码编码，对每个中类下属的部门进行细分。譬如，植物油加工业进一步细分为食用植物油加工业、非食用植物油加工业等。

二、产业结构演进的一般规律

1. 配第-克拉克定理

配第-克拉克定理最早来自英国经济学家威廉·配第（William Petty）的《政治算术》（*Political Arithmetick*），但真正对其归纳并加以验证的是英国经济学家科林·克拉克（Colin Clark）。他在1940年出版的《经济进步的条件》（*The Conditions of Economic Progress*）一书里，以配第的研究为基础，对40多个国家和地区不同时期三次产业的劳动投入产出资料进行了整理和归纳，总结出如下结论：随着经济的发展，劳动力首先由第一产业向第二产业转移；当人均国民收入水平进一步提高时，劳动力便从第一产业、第二产业向第三产业流动；在人均国民收入越高的国家，第一产业劳动力所占的就业份额相对越小，第二、三产业劳动力占据的份额相对越大。

配第-克拉克定理是对经济发展过程中产业结构演变规律的最早探讨，具有三个特点：第一，以劳动力为对象，考察劳动力的产业分布伴随经济发展所发生的变化；第二，以三次产业分类为基本框架，考察劳动力在三次产业的分布及其变化；第三，以若干国家在时间的推移中发生的变化为依据，把这种时间系列的变化与不断提高的人均国民收入水平对应起来进行分析。配第-克拉克定理的核心观点可以总结为，随着经济发展和人均国民收入水平提高，劳动力将从第一产业向第二产业、第三产业逐步转移。

2. 霍夫曼定理

德国经济学家霍夫曼（W. G. Hoffmann）在1931年出版的《工业化阶段和类型》（*Stadien and Typen der Industrialisterung*，英译本标题为 *The Growth of Industrial Economics*）一书中，提出了霍夫曼定理。他把消费品工业净产值与投资品工业净产值的比值界定为霍夫曼系数，认为各国的工业化无论开始于何时，一般具有相同的趋势。即随着一国的工业化进程，消费品工业净产值与投资品工业净产值的比值呈现出不断下降的趋势。

由于消费品工业主要是轻工业，投资品工业主要是重化工业，霍夫曼定理的实质是对工业化进程中重化工业化规律的发现。后来也有人把霍夫曼系数直接改为轻工业和重化工业的比例，通过霍夫曼系数的变化，考察工业化进程中重化工业的发展水平。需要指出的是，重化工业以投资品工业为主，但也包含耐用消费品工业。重化工业中的投资品工业主要有钢铁、有色、化工、建材、石油、通用设备制造、专用设备制造、仪器仪表制造等；耐用消费品工业包括家用电器、汽车自行车摩托车、通信设备制造等。

霍夫曼定理主要是考察工业化进程中工业结构的变化规律。由于投资品工业或重化工业大多是资本密集型行业，部分是技术密集型行业，霍夫曼定理实际上揭示了随着工业化进程，工业结构从劳动密集型产业为主逐步向资本密集型和技术密集型产业为主转换的规律。

工业结构的变化规律与经济规模有一定的相关性。一般来说，当经济总量达到一定规模后，工业体系渐趋完整，工业结构会出现重化工业化的阶段。

3. 库兹涅茨的产业结构演进理论

西蒙·库兹涅茨（Simon Kuznets）在1941年出版的《国民收入及其构成》（*National Income and Its Composition*）一书中，把克拉克的“时间序列”转变为“经济增长”概念，阐述了国民收入与产业结构之间的关联。

库兹涅茨认为，随着人均国民收入增加，第一产业创造财富和吸纳就业的份额逐渐转移到第二产业和第三产业。

首先，第一产业的国民收入占比和劳动力占比均会不断下降。

其次，第二产业的占比随着工业化进程会有所变化，在工业化阶段，第二产业的国民收入占比和劳动力占比均会上升，第二产业的国民收入占比提高速度快于劳动力占比；到了工业化后期阶段和后工业化阶段，第二产业的国民收入占比和劳动力占比均趋于下降。

最后，第三产业的国民收入和劳动力占比则会持续上升，在工业化前期和中期阶段，第三产业的劳动力占比提高速度快于国民收入占比，此时第二产业是主要的财富创造者，而第三产业是吸纳就业的主要场所；到了工业化后期和后工业化阶段，第三产业会成为主要的财富创造者和吸纳就业的主要场所。

4. 钱纳里的工业化阶段理论

美国经济学家霍利斯·钱纳里（Hollis Chenery）将不发达经济到发达经济的工业化过程划分为六个阶段，认为任何一个阶段向更高阶段的发展都是通过产业结构转化来推动的。他考察了不同时期制造业内部各个部门的地位和作用的变化，发现制造业的发展受人均国民生产总值、需求规模和投资率的影响较大，受工业品和初级品输出率的影响较小，认为这些因素会推动制造业内部结构转换。

钱纳里把工业化过程分为以下六个阶段：

（1）传统社会阶段：产业结构以农业为主。

（2）工业化初期阶段：产业结构从以农业为主逐步向以工业为主转变，工业以初级产品生产为主，主要有食品加工、烟草、采掘、建材等部门，以劳动密集型产业居多。

（3）工业化中期阶段：工业结构从轻工业向重化工业转换，开始重化工业化，资本密集型产业取代劳动密集型产业成为工业的主体，第三产业开始迅速发展，劳动力就业以非农业占主体。

（4）工业化后期阶段：第三产业持续快速增长，取代第二产业成为经济发展的主要驱动力，新兴服务业如金融业、信息产业、广告业、公用事业、咨询服务等成为发展最快的产业。

（5）后工业化社会阶段：制造业从资本密集型向技术密集型转换，技术密集型产业包括高端耐用消费品工业、现代装备制造、新兴产业等；与此同时，生活方式现代化，高档耐用消费品得到推广普及。技术密集型产业的迅速发展是这一时期的主要特征。

（6）现代化社会阶段：知识经济时代，制造业走向智能化、数字化，智能密集型和知识密集型产业从服务业中分离出来并占据主导地位。

钱纳里的工业化阶段理论是基于发展中国家特别是9个准工业化国家（地区）1960—1980年的历史数据建立多国模型得出的经验总结，揭示了产业结构以及制造业内部结构的变化趋势。从现实世界的发展过程看，难以严格区分后工业化社会阶段和工业化后期阶段，有些后工业化社会阶段的特征在工业化后期阶段就出现了，譬如，技术密集型产业的快速发展，高档耐用消费品的推广普及等。即便如此，应该说，钱纳里的工业化阶段理论基本符合产业结构演进的一般规律和未来趋势。

5. 产业结构高度化

产业结构高度化是日本经济学界分析日本产业结构政策时提出来的术语，核心内涵是通过产业结构调整实现更高经济效益。

产业结构高度化的主要内容可以概括为四个方面：

第一，产业结构深加工化。这主要是指深加工制造业在工业结构中的比重不断提升。一般来说，可以把制造业分为三类：一是食品轻纺工业，包括食品加工和食品制造、纺织印染、皮革服装鞋帽等部门，大多是劳动密集型产业；二是原材料工业，包括钢铁、有色、石油加工、化学工业、建材、电力等部门，大多是资本密集型产业；三是深加工制造业，包括运输设备制造、装备制造、耐用消费品制造、通信设备制造等部门，大多是技术密集型产业。随着经济发展，制造业内部结构会发生变化，深加工制造业的比重会逐步提升。原材料工业和深加工制造业之间往往存在着产业链的投入产出关联，产业结构的深加工化往往与产业链的延伸联系在一起。

第二，产业结构高附加价值化。高附加价值是高经济效益的主要来源，也是主要表现。一般来说，深加工程度越高，附加价值越大。深加工化和产业链延伸往往会带来附加价值的增加。

第三，产业结构集约化。所谓集约化，是指单位产品生产过程中某一种生产要素投入的增加。产业结构高度化，首先表现为资本集约化，资本密集型产业的比重逐步增加；其次是从资本集约化走向技术集约化，技术密集型产业的比重逐步增加。随着时代的进步，产业竞争力对资本的依赖逐渐减轻，技术的重要性日渐高涨，尤其是在知识经济时代，对于高科技产业、新兴产业来说，竞争力对创新的依赖更加突出。产业结构高度化，往往也是劳动密集型产业占优势向资本密集型产业和技术密集型产业占优势逐步演进的过程。

第四，产业结构服务业化。近年来，产业结构高度化呈现出从深加工化到服务业化的发展趋势。最突出的是制造业的服务化，为制造业服务的行业快速发展，制造业的价值链从以生产为中心向以服务为中心转变。制造业的服务化，表现为：一是投入的服务化，即生产投入中服务要素比重上升；二是业务的服务化，即产出中服务产出的比重上升。

6. 产业结构空洞化

产业结构空洞化一般是指伴随对外直接投资和产业转移，越来越多的企业将主要生产基地从国内转移到国外，导致国内产业衰退、投资萎缩、就业减少、失业问题凸显的现象。这种现象也被称为产业结构空心化。

产业空洞化主要发生在发达国家，直接原因是制造业丧失国际竞争力，驱使企业向海外转移，新的产业发展不能弥补旧产业衰退，导致区域经济衰退。制造业丧失国际竞争力的原因，一般有几个方面：一是要素成本上升导致生产成本上涨，使得国内生产成本超过海外国家，国内制造业企业的成本竞争力受损；二是国际收支平衡和汇率变动的影响，短期内汇率大幅度变化，导致国内生产成本相对于海外生产面临不利地位。在《广场协议》之后，日元大幅度升值，使得日本国内生产成本大幅度增加，大量制造业企业开始向海外转移，对于 20 世纪 80 年代的国际产业转移浪潮起到了推波助澜的作用。日本制造业企业的海外扩张，使得日本国内出现了产业结构空洞化的问题。

部分文献把制造业的比例下降和服务业的比例上升、物质生产部门和非物质生产部门的地位失衡现象归因于产业结构空洞化，这种认识与国际上产业结构空洞化的概念是不一致的。如前所述，产业结构逐步过渡到以服务业为主，是符合经济发展内在逻辑的客观规律，是人均收入水平增加、需求结构变化导致的必然结果。形成以服务业为主的产业结构，并不意味着制造业地位的衰落，也不代表“去工业化”，更不能与产业结构空洞化等同起来。产业结构空洞化不是由于服务业的快速发展造成的，而是制造业丧失国际竞争力所致的制造业衰退。在经济发展到一定阶段之后，由于要素成本和汇率变动等多种因素的共同作用，产业国际竞争力往往会发生变化，驱使大量制造业企业将生产基地转向海外，选择生产成本更低的国家。为了避免产业结构空洞化现象，需要加快培育新产业，填补产业转移后留下的空白。加快服务业的发展，可以减缓国际产业转移对国内产业衰退的冲击，也是避免产业结构空洞化的政策选择之一。

三、产业结构演进动因

由上可见，产业结构演进是一个规律性的动态过程。产业结构演进的规律性，来源于影响产业结构变化的因素。产业结构变动的影响因素可以从需求侧和供给侧两个方面进行分析。

1. 需求变化对产业结构演进的诱导作用

影响产业结构变动的需求侧因素主要是需求的收入弹性差异和消费结构变化。

（1）需求的收入弹性差异。

所谓需求收入弹性，是指在价格不变的前提下，产品需求随人均收入变化而变化的程度。不同产品的需求收入弹性不同，而且随收入变化会发生变化。举例来说，恩格尔系数在不同的家庭收入水平下是不一样的。通常来说，随着人均收入水平提高，恩格尔系数会趋于降低，也就是说，在收入更高的家庭，食物消费支出占家庭消费总支出的比例更低。恩格尔系数的变化，正是由于需求的收入弹性差异造成的，与工业产品相比，食物消费的收入弹性较低。在食物消费内部，主食、植物油、蔬菜水果、肉蛋奶的收入弹性也是不同的。一般来说，主食的收入弹性较低，而且随着人均收入增加，主食的收入弹性趋于降低，甚至出现负值。因此，随着人均收入提高，食物消费内部也会发生变化，主食消费的比例会下降，蔬菜水果、肉蛋奶的消费比例会增加。

（2）消费结构变化。

随着人均收入提高，家庭消费结构会发生变化，从食物消费为主逐渐转向耐用消费品、住房、教育支出为主。即使是耐用消费品需求，随着收入增加和时代变化也在发生变化。三大件的变迁就是一个典型的例子。1980年代初期，“三大件”是指手表、自行车、缝纫机；到了1990年代，“三大件”变成了彩电、冰箱、洗衣机；进入21世纪，“三大件”已经变成数码产品、汽车、摩托车等。

由于不同收入阶层的消费需求存在梯度差异，将这种梯度差异投影到空间上，就形成了消费需求的区域梯度。譬如，在沿海发达地区，消费者追求的“三大件”已经变成数码产品、汽车、摩托车等，但是在欠发达的中西部地区尤其是农村地区，消费者追求的“三大件”有可能仍然是彩电、冰箱、洗衣机，甚至可能是手表、自行车、缝纫机。

需求变化对产业结构演进具有明显的诱导作用。为了满足消费者的消费需求，制造业企业会不断调整产品结构，这将导致制造业部门结构的变化。譬如，1990年代，彩电、冰箱、洗衣机等家电行业曾经是许多地区的支柱产业，进入21世纪以后，汽车工业成为引领国民经济的新支柱产业。当年有许多生产手表、自行车的企业，其中大部分企业现在已关停或转产。

近年来出现的新动向是，随着电子商务和“互联网+”产业兴起，越来越多的消费者从线下交易转向线上交易，消费方式发生了变化。这也是驱使产业结构变化的新因素。一是促进产业从制造业向服务业转化，二是驱使服务业的业态变化，电子商务成为越来越重要的服务业新业态。

2. 供给侧因素对产业结构演进的促进作用

影响产业结构变动的供给侧因素主要是技术进步和劳动力成本的变化。

(1) 技术进步。

技术进步会带来生产成本下降，推动生产规模扩大。通常来说，不同产业之间技术进步的速率不同，工业部门的技术进步更快，农业部门技术进步相对较慢。在当代社会，工业技术正在朝着机器化（装置化）、自动化、电子化（集成电路）、智能化、数字化、物联网化飞速发展；农业技术进步主要是朝着集约化（化肥灌溉）和机械化方向发展。近年来，生物工程技术开始在农业领域应用，但相比之下，工业技术进步速度更快，因而会推动工业在产业结构中的比例上升，与之相对，农业的比重则趋于下降。

技术进步的另一个作用是生产的流程化和生产流程的分化。生产流程分化，使得一些生产环节分离为不同的产业部门。譬如，随着技术进步，传统农业向现代农业转变，产前的种子和肥料供应、农机具生产等环节从农业中分离出来，成为独立的种子产业、化肥产业、农机产业；产后的农产品流通和加工也从农业中分离出来，成为独立的农产品流通产业和农产品加工业。工业部门也是如此，随着技术进步，从手工业为主向现代工业转变，许多生产环节分离出来，成为独立的产业，譬如物流产业、研发产业、售后服务、信息服务、中介服务、会展产业等，从而促进生产性服务业的快速发展。

(2) 劳动力成本变化。

随着经济发展，劳动力收入趋于提高。劳动力收入的增加，一方面会带来购买力增强，市场规模扩大，消费结构升级；另一方面也意味着劳动力成本的上升，企业的成本支出会增加。与此同时，劳动力收入增加，还会带来保留工资提高，闲暇偏好增强，从而影响劳动力的就业选择，譬如自愿性失业的人群会增加，间接地影响到劳动力市场和劳动力成本。

劳动力收入提高会诱导家庭消费结构发生变化。譬如，在餐食方面，在外饮食消费会增加；在家务方面，小时工等家政外包的岗位会增多；在购物方面，会出现电子商务等新消费模式。家庭消费结构的变化，会传递到生产环节，从而对产业结构变化产生影响。一般来说，经济发展水平越高，劳动力收入水平越高，生活消费支出越多，生活性服务业就越发达，服务业在产业结构中的比例就会越高。

从空间视角看，技术进步和劳动力收入提高会影响产业的市场邻近和供给邻近，从而对区域产业结构的演变产生影响。譬如，交通运输技术的进步，会带来运输成本下降，从而影响某个特定区域特定产业的市场邻近和供给邻近；劳动力收入的提高，会带来购买力增强、市场规模扩大，从而影响特定区域特定产业的市场邻近。特定区域特定产业的市场邻近和供给邻近发生变化，会对该产业在该区域的发展产生影响，从而影响到该区域的产业结构演变。

需要指出的是，国际收支平衡和汇率变动也会影响产业结构的变化。譬如，生产成本上升和汇率变化会驱使制造业企业向海外转移，出现产业空洞化现象，使得制造业在产业结构中的比例趋于下降。海外投资的利润回流到本国，会带来消费支出的增加，导致服务业在产业结构中的比例上升。

第二节　中国产业结构演进

一、中国产业结构演进的阶段性特征

1. 三次产业结构演进

中国的产业结构演进，既有符合一般规律的一面，也有独特国情决定的鲜明特征。总体来看，中国的产业结构演进具有工业化中期阶段的特征。

（1）第一产业比重不断下降。第一产业的增加值占比自 1980 年代中期以来一直低于第二产业和第三产业（见图 4－1），但直到 2011 年第一产业的劳动力占比才低于第三产业，2014 年才低于第二产业（见图 4－2）。第一产业的劳动力占比居高不下，是中国有别于产业结构演进一般规律的重要特征。这可能与中国的独特国情有关，城乡二元结构阻碍了农村劳动力流动，导致农业劳动力占比长期居高不下。

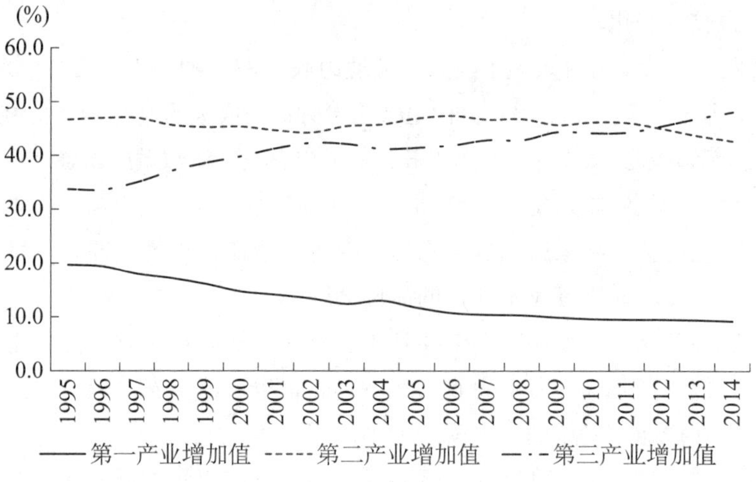

图 4－1　三次产业的增加值占比

（2）第二产业比重偏高。第二产业增加值占比长期居三次产业之首，但第二产业的劳动力占比一直低于第三产业。这与库兹涅茨的判断“第二产业的国民收入占比提高速度快于劳动力占比提高速度”相符，第二产业吸纳劳动力就业的能力低于第三产业。

（3）第三产业快速发展。2011 年，第三产业的劳动力占比超过第一产业；2012 年，第三产业的增加值占比超过第二产业，第三产业已成为吸纳就业和创造财富的主要贡献者。

由上可见，在 2012 年以前，第二产业是主要的财富创造者，第一产业和第二产业则

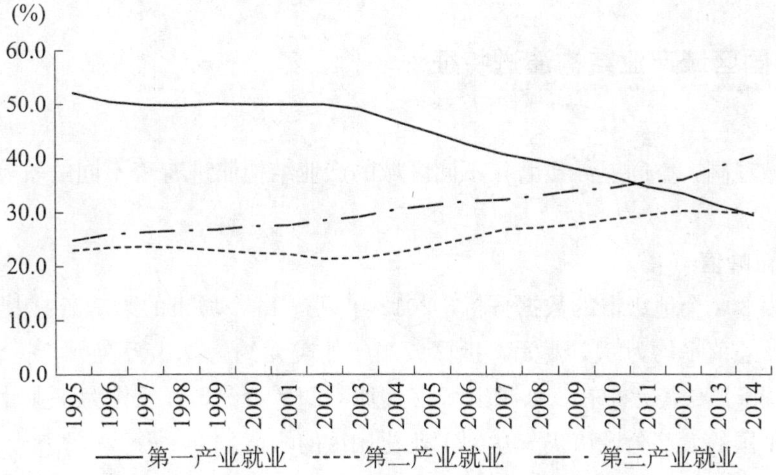

图 4－2　三次产业的劳动力就业占比

是吸纳就业的主要场所，符合工业化中期阶段的典型特征，但在 2012 年以后，第三产业的增加值占比和劳动力占比均居三次产业之首，开始显现出工业化后期阶段的特征。与同处工业化后期阶段的其他国家相比，中国第一产业的劳动力占比仍然偏高。

2. 工业化峰值

国际经验表明，当发达国家工业比重达到峰值时，人均 GDP 一般是在 8 000～10 000 美元（1990 年美元）。2013 年 1 美元相当于 1990 年 0.58 美元，按 2013 年美元计算，当工业化比重达到峰值时，人均 GDP 约为 1.5 万美元。2013 年美元兑人民币的平均汇率为 6.29，2013 年中国的人均 GDP 为 4.39 万元人民币，2016 年为 5.4 万元，折算成美元分别约为 7 000 美元和 8 500 美元。即使考虑到大国经济的特点，工业化比重有可能在人均 GDP 稍低的阶段达到峰值，对照国际经验，中国离工业化比重峰值仍有一定的距离。推动工业化向纵深发展，特别是制造业向高端化、智能化和绿色化转换，仍将可能成为中国经济增长的新动能。部分发达国家工业占比的历史情况见表 4－1。

表 4－1　　部分发达国家工业占比的历史情况

国家	工业化启动期	工业占比峰值期	工业占比峰值时人均 GDP（1990 年国际元）	工业占比峰值	2012 年工业占比
英国	1765—1785 年	1955—1965 年	7 986～9 752	56.8%	20.6%
美国	1834—1843 年	1950—1960 年	9 561～11 328	47.2%	20.2%
德国	1850—1859 年	1960—1967 年	7 750～9 397	59.8%	30.5%
日本	1874—1879 年	1963—1969 年	5 129～8 874	45.3%	26.2%
韩国	1950—1960 年	1991 年	9 417	42.6%	39.1%

资料来源：库兹涅茨．各国的经济增长．北京：商务印书馆，1999；安格斯·麦迪森．世界经济千年统计．北京：北京大学出版社，2009；万德数据库.

二、中国区域产业结构演进特征

中国地域辽阔，空间差异显著，不同区域的产业结构演进有着不同的轨迹，处于不同的发展阶段。

1. 工业化峰值

根据国内307个地级市的数据分析，2012年只有40个城市的第二产业占比达到峰值，人均地区生产总值平均为6.7万元，折算成当年的美元约为1.1万美元，折合成1990年美元，相当于6 500美元左右。如果以城市人均GDP7万～8万元作为工业化比重峰值的参考指标，中国的大部分城市仍未达到工业化比重的峰值。

2. 区域产业结构的阶段性特征

在工业化和三次产业结构演进的同时，工业内部结构演进也存在显著的区域差异。特别是随着产业转移和制造业空间分布变化，中西部地区的制造业比重趋于增大，制造业产业结构正在发生区域分异。

石敏俊（2017）采用全局主成分分析方法（GPCA），对2001—2008年全国337个地级行政单元29个制造业部门份额演变进行了数据分析。该文将全国337个地级行政单元划分为9个区域（见表4-2）：沿海地区划分为北部沿海和东南沿海，每个地区再分为核心区（优化开发区域）和非核心区（优化开发区域以外的重点开发区域及其他区域）；在北部沿海地区内部，考虑到北京、天津与山东、河北之间的差异较大，将京津地区单独列出；中部和西部地区均分为重点开发区和非重点开发区两类。考虑到四川和重庆的经济发展阶段特征与中部省份相似，将四川和重庆划入中部地区进行考察。

全局主成分分析的结果表明，不同区域的制造业产业结构处于不同的演进阶段。东南沿海核心区率先推进产业结构优化，产业结构演进已经向深加工化和技术密集化发展。东南沿海非核心区积极承接来自东南沿海核心区的传统制造业，同时谋求技术密集型产业发展。京津地区与东南沿海核心区的情况类似。北部沿海核心区的产业结构优化滞后于东南沿海核心区，处于重化工化的补课阶段，同时农业资源型产业发展较快。

中部地区重点开发区的产业结构演进处于从重化工化向深加工化过渡的阶段，巨大的市场需求拉动农业资源型产业、日用消费品工业和耐用消费品工业发展。北部沿海非核心区的产业结构演进与中部地区重点开发区情形较为相似。

西部地区产业发展主要集中于重点开发区域，产业结构演进尚处于工业化初期向工业化中期过渡的阶段，支柱产业主要是基于消费需求拉动的农业资源型产业和耐用消费品工业。中部地区非重点开发区与西部地区重点开发区的情形相似，产业结构演进也处于工业化初期向工业化中期过渡的阶段。西部地区非重点开发区则处于工业化起步阶段。

表 4-2　　2001—2008 年不同区域制造业部门变化趋势

主体功能区类型	农业资源型产业	日用消费品产业	重化工产业	耐用消费品产业	技术密集型产业
东南沿海核心区	↓	↓	↑	*	↑
东南沿海非核心区	↓	↑	↓	↓	↑
京津地区	↘	↓	↗	↑	↘
北部沿海核心区	↑	↗	↑	↓	↓
北部沿海非核心区	↑	↑	↗	↑	*
中部重点开发区	↑	↗	↓	↗	↘
中部非重点开发区	↑	↘	↘	↗	*
西部重点开发区	↗	↓	*	↑	↘
西部非重点开发区	*	*	*	*	↘

说明：↑和↓代表得分变化幅度大于 0.05，↗和↘代表得分变化幅度在 0.01 和 0.05 之间，*代表得分变化不明显。

资料来源：石敏俊，逄瑞，郑丹，杨晶．中国制造业产业结构演进的区域分异与环境效应．经济地理，2017，10：108-115.

第三节　地区专业化与主导产业选择

一、地区专业化

1. 专业化

地区专业化（specialization）主要是指特定区域专注于特定产业的发展，形成具有特色的专业化生产部门，在该产业取得优势地位，并向区外出口产品或服务。换句话说，专业化部门就是直接或间接为区外提供商品或服务的部门。

形成地区专业化的因素主要有两个方面：

（1）区域比较优势。依据比较优势理论，拥有丰富资源禀赋的部门由于较低的要素成本，具有成本竞争的优势，因而可以发展专业化分工，并通过扩大生产规模、对外出口产品获得更多利益。也就是说，可以基于比较优势进行产业地域分工，发展专业化生产。

（2）规模经济或规模外部经济。依据新贸易理论，由于存在规模经济，规模经济显著的部门具有为降低平均成本而扩大生产规模的激励，这些部门会扩大规模，形成专业化生产。规模外部经济会导致企业所在行业扩大规模，使得企业在地理上集聚在某一区域，发展专业化生产，形成区域性竞争优势。这与地方化经济是一脉相承的。

在现实中，地区专业化既有全国范围的专业化分工，又有区域尺度上的专业化生产。前者主要是拥有全国性比较优势的产业，在全国一盘棋的产业分工格局中，形成专业化生产的优势，譬如五大国家综合能源基地、晋陕蒙重化工业基地等；后者更多的是规模经济或规模外部经济导致的专业化产业集群，譬如福建晋江的鞋帽产业集群、浙江乐清柳市镇的低压电器产业集群等。

2. 地区专业化的测度

衡量地区专业化程度的指标主要有区位商、贸易专业化系数等。区位商可以用来识别某一产业是否为专业化部门，贸易专业化系数主要用来衡量专业化生产的水平。

(1) 区位商。

区位商（location quotient）是指某一区域某一部门产出在该区域全部工业产出中的比例与全国或上级区域该部门产出在全国或上级区域全部工业产出中的比例之比。其计算公式为：

$$LQ=(E_{ij}/E_i)/(E_{kj}/E_k)$$

式中，E_{ij}为i区域j产业的产出，E_i为i区域的全部工业产出，E_{kj}为k国家j产业的产出，E_k为k国家的全部工业产出。

区位商也称为专门化率，在区位分析中用来反映某一产业部门的专业化程度，以及某一区域在高层次区域的地位和作用。如果区位商大于1，则可以认为该产业是该区域的专业化部门，区位商越大，专业化水平越高；如果区位商小于或等于1，则认为该产业是该区域的自给性部门。

(2) 贸易专业化系数。

贸易专业化系数（trade specialization coefficient）是指某一区域某一产品的净出口与进出口总额的比例。其计算公式为：

$$TSC=(X_i-M_i)/(X_i+M_i)$$

式中，X_i为i产品的出口额，M_i为i产品的进口额。

如果贸易专业化系数大于0，则表明该区域是该产品的净出口地，数值越大，贸易条件的优势越显著。如果贸易专业化系数小于0，则表明该区域是该产品的净进口地，数值越大，贸易条件的劣势越明显。

二、专业化与综合发展相结合

1. 综合发展

综合发展是指一个区域需要发展专业化部门以外的产业部门，综合发展的部门主要有两类：第一类是与产业化部门具有前后向产业联系的关联产业，以及为专业化部门提供配套服务和运行支撑的产业部门，譬如，零配件等中间产品生产部门，物流产业、信息服务、售后服务等生产性服务业等；第二类是以服务当地市场为主的产业部门，譬如，消费品工业、生活性服务业，目的是扩大就业，满足民生需求。

2. 为什么要坚持专业化与综合发展相结合

坚持专业化与综合发展相结合，是区域产业结构合理化的基本要求。早期的产业布局理论，就要求坚持专业化与综合发展相结合的原则，这一传统产业布局原则在市场化条件下依然是有效的。坚持这一原则主要原因如下：

第一，避免过于强调专业化部门带来的产业结构单一或畸形问题，有利于规避产业结构单一导致的市场风险。

第二，有利于专业化部门的发展。前后向关联产业和专业化部门相结合，可以形成关联产业集群，强化竞争优势，而且专业化生产也需要配套产业和生产性服务业的支撑。

第三，更好地满足就业和民生需求。任何区域、任何专业化部门都需要雇佣劳动力，需要满足劳动力及其家庭人口的生活消费需求，需要满足配偶、子女等家庭人口的就业需求。满足这些需求，仅靠专业化部门是不够的，而且如果是专业化部门企业办社会，很可能会增加企业成本，降低资源配置效率。

三、地区主导产业选择

1. 什么是主导产业

主导产业选择是确定区域经济发展战略、重塑区域产业结构的重要环节。所谓主导产业，是指对区域经济发展起主导作用的产业。一般来说，主导产业要求是产业占比大、成长性高、带动作用强的产业部门。

在不同的区域和不同的经济发展阶段，主导产业会发生变化。大多数区域的主导产业经历了从食品轻纺工业到重化工业，再到耐用消费品工业和电子工业的变化过程。也就是说，在经济发展的早期阶段，许多地区会选择食品轻纺工业作为主导产业，然后进入重化工业为主导产业的阶段。经济发展到一定阶段后，汽车工业、家庭耐用消费品工业会成为主导产业。

2. 主导产业选择基准

主导产业选择需要基于一定的基准进行。一般来说，主导产业选择的基准主要有三个：一是地区专业化，反映该产业在全国的重要地位；二是产业关联度，衡量该产业的关联带动作用；三是产业成长性，体现该产业的未来发展前景。除了这三个基准之外，其他一些基准也会用于主导产业选择的判断，譬如，体现社会效应的吸纳就业能力基准，体现创造附加值的能力的附加价值基准，体现可持续发展理念的环境影响基准等，但主导产业选择主要是基于上述三个基准进行的。在实践中，同时满足三大基准的产业并不多见，因此，专业化基准和产业关联基准受到的关注较多，产业成长性基准经常会被忽视。实际上，产业成长性基准对于主导产业选择的意义十分重要，忽视产业成长性基准可能会导致选定的主导产业难以成长为支柱产业。

（1）地区专业化基准。

如前所述，地区专业化就是通过产业地域分工，使得某些产业在某一地区集中生产，除满足当地市场需求之外，还要满足其他地区的市场需求和出口需求。一般来说，专业化部门具有全国性比较优势，在全国占有重要地位，因而有条件、也应该成为主导产业。

根据专业化基准，需要对地区专业化程度进行测度，识别专业化部门。如前所述，地区专业化程度的测度方法，主要有贸易专业化系数和区位商，在这里不再赘述。

（2）产业关联基准。

美国经济学家赫希曼（Hirschman）在1958年出版的《经济发展战略》（*Economic Development Strategy*）一书中提出，政府应选择产业关联效应强的产业作为主导产业，并重点支持和优先发展该产业，以带动整个经济的发展。产业关联主要包括产业前向关联和产业后向关联。所谓产业前向关联，是指产业链的需求效应，下游产业通过需求效应带动上游产业发展；所谓产业后向关联，是指产业链的感应效应，上游产业发展为下游产业提供中间产品。产业关联度的测度方法有很多种，其中，投入产出分析是最为有效的方法。可以用影响力系数和感应度系数分别测度产业前向关联和后向关联的程度。所谓影响力系数，是指列昂惕夫逆矩阵系数的列和与行列总和之比；所谓感应度系数，是指列昂惕夫逆矩阵系数的行和与行列总和之比。影响力系数大的产业大多是居于产业链下游的部门，带动效应比较强，譬如汽车制造业；感应度系数大的产业大多是居于产业链上游的部门，保障支撑作用比较强，譬如农业、交通运输业；影响力系数和感应度系数都大的产业大多是中间需求型产业，既有较强的带动效应，又有较强的保障支撑作用，譬如最为典型的是化学工业。

此外，产业关联还包括旁侧关联效应。所谓旁侧关联效应，是指主导产业发展会带动周围发生一系列变化，譬如劳动力素质的提升，职业培训、法律中介服务和市场中介服务的发展，以及相关的基础设施建设和制度建设的加强。

（3）产业成长性基准。

主导产业必须具备良好的发展前景，成长性基准对于主导产业选择具有十分重要的意义。如何判断产业成长性，是应用成长性基准的一个难点。一般来说，产业成长性基准的判断，主要有以下几个方面：

- 需求的收入弹性基准。需求的收入弹性高，意味着该产业的产品具有较大的需求潜力和良好的市场前景。
- 生产率上升基准。生产率高，意味着该产业的经济效率高，在市场上具有竞争优势。
- 技术密集度基准。技术密集度高，意味着技术进步快，产品更新换代快，有利于市场竞争。
- 产业生命周期基准。产业生命周期是每个产业都要经历的由成长到衰退的演变过程。导致产业生命周期演变的因素主要有需求变化、技术进步、成本变化诱发的产业转移和产业结构更替等。日本学者赤松要（Kaname Akamatsu）的雁行发展理论进一步指出了某一产业在不同国家伴随着产业转移先后兴盛衰退的过程，以及在其中一国中不同产业先后兴盛衰退的过程。按照产业在生命周期中所处的阶段，可以将各个产业分为先导产业（新兴产业）、主导产业、支柱产业和夕阳产业。产业生命周期基准就是要识别产业在生命周期中所处的阶段，从而判断其是否具有成长性，是否可以作为主导产业来培育。

第四节　产业结构趋同

一、产业结构趋同是否存在

1. 产业结构趋同

产业结构趋同，是经济发展过程中地区间产业结构所呈现出的某种共同倾向性，是指地区之间在主导产业的选择、产业组织规模和技术水平的确定以及产品结构安排等方面的雷同现象。一般认为，区域产业结构趋同是恶性竞争、重复建设的结果，会妨碍基于比较优势的区域间产业分工，不利于发挥各地区的比较优势，给区域经济一体化带来消极的影响。

长期以来，我国区域间产业结构趋同问题一直广受关注并备受争议。对于是否存在区域间产业结构趋同现象，许多研究机构与学者从不同的角度入手，运用不同的方法进行了研究，得出的结论大相径庭。世界银行基于产业结构差异度系数的计算与分析发现，中国各省份的产业结构存在明显的同构现象。Young（2000）通过对中国各省产出结构的比较，指出中国各省份的产业结构普遍具有相似性。唐立国（2002）认为长三角地区三省市和 15 个地级市之间存在着较严重的产业结构趋同现象。Poncet（2003）分析了省界对于区域经济的影响，指出省份间存在产业结构趋同现象。贺灿飞（2008）基于不同产业分类层次的制造业产业结构趋同程度分析发现，多数省份与全国产业结构保持着较高的相似性，东部沿海省份和全国相似程度最高，西部落后省份和全国相似性最低。与此同时，也有学者认为，在相似的自然条件、要素禀赋、技术水平等因素的作用下形成的省份产业结构趋同现象具有一定的必然性，不应过分夸大其带来的负面效应。另有部分学者认为，我国区域间产业结构趋同现象并不严重。陈耀（1998）发现，1980—1994 年，各省工业结构并未出现严重的同构化，且随着市场化进程相似系数呈下降趋势。Xu（2003）利用计量经济模型对 1991—1998 年中国省份经济一体化格局的分析结果表明，中国省份之间存在显著的协作关系，区域经济一体化将长期持续发展。Naughton（2002）基于 1987 年和 2002 年中国各省份投入产出表，发现区域专业化分工水平呈上升趋势，产业结构同化现象并不严重。靖学青（2004）在细化产业部门后发现，长三角地区 15 个城市的产业结构相似系数并不高。蒋金荷（2005）发现，高技术产业的区域专业化较为明显，产业结构趋同性呈减弱趋势。

2. 产业分类与产业结构趋同

张卓颖和石敏俊（2011）采用 1981 年联合国经济学家提出的产业结构差异度系数，对 2002 年全国 30 个省份（缺西藏数据）20 个制造业部门是否存在产业结构趋同现象进行了测度。结果表明，产业划分越细，各省份与全国产业结构差异度系数越大。二位码、三位码、四位码产业分类下 30 个省份与全国产业结构差异度系数的平均值分别为 0.26、0.39、0.48。

在二位码产业分类下，我国制造业产业结构同构现象是存在的，并具有空间分布不均衡的特点。其中，与全国的制造业产业结构相似度较高的省份有福建、江苏、安徽、上海、陕西、湖北、湖南等，产业结构差异度系数均在 0.2 以下。产业结构差异度系数最低的福建省与全国的产业结构相似程度最高。与全国的制造业产业结构相似度较低的省份大多为产业体系不齐全或资源优势较明显的省份，如海南、云南、重庆、吉林、贵州、甘肃、陕西等，产业结构差异度系数均在 0.35 以上。与全国结构相似度较高的产业主要为劳动密集型和技术密集型产业，如福建、江苏、安徽、湖南的仪器仪表制造业，陕西、湖南的汽车制造业，安徽、湖北的铁路运输设备制造业等。与全国结构差异度较大的重点产业主要为资源密集型产业，如石油加工及炼焦、钢铁及有色金属冶炼加工、食品加工等。与全国制造业产业结构差异度较大的省份多为经济、技术相对落后的省份，由于一些高新技术主导的产业如通信设备、电子计算机制造业占本地制造业总量的比重较小，导致该行业与全国结构差异度较大。

在三位码与四位码分类下，东部沿海地区、长江中游部分省份与全国产业结构的相似程度最高，如江苏、广东、福建、河北、山东、湖北、江西等省份与全国的差异度系数相对较低；西北内陆地区与全国产业结构的差异程度最大，如青海、宁夏、新疆、内蒙古等西北省份与全国的产业结构差异度系数均在 0.5 以上。在三位码分类与四位码分类下，各省份与全国产业结构相似度较高的部门主要为劳动密集型和技术密集型产业。与全国结构差异度较大的重点产业主要为资源密集型产业。

二位码产业分类下产业结构趋同的测度忽略了各地区在中小类层次上的产业结构差异性，高估了产业结构趋同的严重程度，在三位码或四位码产业分类下判断省份间产业结构趋同状况可能会得到更符合现实的结论。

总体来看，我国省份间制造业产业结构趋同现象存在，且在空间上和产业上存在差异。从空间来看，产业结构趋同现象较突出的是东部沿海地区与长江中游部分省份。从产业来看，各省份与全国结构相似度较高的产业主要为劳动密集型和技术密集型产业，相似度较低的产业主要为资源密集型产业。

二、产业内贸易与区域间产业结构趋同

随着研究的深化，人们发现，区域间产业分工不仅表现为产业间贸易，同时也可以形成产业内贸易。新贸易理论认为，由于规模报酬递增和产品差异化竞争，资源和技术条件相似的国家或地区之间也可以形成分工和贸易。与基于比较优势形成的产业间贸易不同，产业内贸易可以发生在产业结构相似的两个国家或地区之间。如果区域之间存在着活跃的产业内贸易，产业结构趋同不一定会妨碍区域之间的产业分工和区域经济一体化。因此，

有必要结合产业内贸易理论来重新审视区域间产业结构趋同问题。

张卓颖和石敏俊（2011）利用2002年30个省份投入产出表数据对区域间产业内贸易进行了测算（见表4-3）。首先计算30个省份两两之间的产业内贸易，得到435组数据。其次，考虑到省份之间产业结构比较和产业关联主要在相邻省份之间进行，将全国30个省份划分为八个大区，即东北、华北、华东沿海、华南沿海、黄河中游、长江中游、西北、西南，分析各省与所在区域的相邻省份的产业内贸易。从区域间产业内贸易与产业结构趋同的关联看，不同区域的情况有较大不同。

表4-3　　中国八个区域的划分

区域	省（市、区）
东北	黑龙江、吉林、辽宁
华北	北京、天津、河北、山东
华东沿海	江苏、浙江、上海
华南沿海	广东、福建、海南
黄河中游	内蒙古、山西、河南、陕西
长江中游	江西、安徽、湖北、湖南
西北	宁夏、甘肃、新疆、青海
西南	云南、贵州、广西、四川、重庆

资料来源：张卓颖，石敏俊（2011）.

（1）华东沿海地区。

华东沿海地区属于产业结构趋同、产业内贸易活跃的情形。在二位码产业分类下，华东沿海各省份之间制造业产业结构差异度系数很低，而产业内贸易比例在30%以上。随着产业细分至三位码、四位码，华东沿海各省份之间制造业产业结构差异度明显增大。例如，上海与浙江在二位码分类下产业结构差异度系数为0.24，但在三位码和四位码分类下产业结构差异度系数却达到0.48和0.54。以纺织业为例，在二位码分类下，上海、江苏、浙江的纺织业结构差异度很小，但当纺织业在被细分为棉、化纤纺织及印染精加工、毛纺织和染整精加工等六个行业时，上海、江苏的纺织制成品业在制造业中所占比例较大，浙江的毛纺织和染整精加工业在制造业中所占比例较大，产业结构差异就显现出来了。因此，华东沿海地区在二位码分类下存在一定程度的制造业产业结构趋同现象，但从中小类产业层次上看，产业结构趋同现象并不显著。

结合活跃的产业内贸易来看，江浙沪三地的产业关联在大类产业层次上表现为活跃的产业内贸易，在中小类产业层次上表现为产业间贸易。因此，第一，不应过度夸大华东沿海地区的产业结构趋同程度；第二，产业结构趋同并未阻碍江浙沪之间的贸易联系，不能根据大类产业层次的产业结构趋同程度来判断华东沿海地区内部的区域经济一体化进程。

（2）长江中游地区。

长江中游地区属于产业结构趋同显著、产业内贸易不活跃的情形。

在二位码产业分类下，长江中游地区各省之间产业结构趋同现象显著，各省之间产业结构差异度系数均在0.2以下；但从三位码、四位码产业分类层次上看，部分省份之间产业结构差异度系数达到0.5，表明在中小类产业分类层面上产业结构趋同现象并不明显。

长江中游地区各省之间产业内贸易比例不高。这说明，尽管在中小类产业分类层面上各省之间产业结构趋同不显著，但并没有促进各省之间形成基于比较优势的地域分工和交换格局，反映出长江中游地区内部尚未形成紧密的经济联系。

从省份层面看，长江中游地区的区内贸易不如与周边省份如广东、江苏的经济联系密切。譬如，湖南与广东的经济联系密切，江西主要是和浙江的联系密切，安徽主要是与山东和江苏等省的经济联系密切，湖北与广东的经济联系强度大于与区内各省之和。这说明，长江中游地区各省份目前仍然为相邻的沿海发达省市的经济腹地，尚未进入区域经济一体化的轨道。

(3) 华南沿海地区。

华南沿海地区属于产业结构趋同不显著、产业内贸易活跃的情形。在二位码、三位码、四位码产业分类下，华南地区三省之间产业结构差异系数较大，产业内贸易比例也比较大。其中，广东与海南的制造业内部结构差异最为显著，广东的化学工业和通信设备、电子计算机制造业等部门规模较大，而在海南占制造业比重较大的产业为食品加工业与汽车制造业。不同省份在同一产业部门内部所处的产业链环节不同，以及省份间的消费需求偏好相似，可能是促进华南沿海地区产业内贸易发展的重要原因。按照林德（Linder）的重叠需求理论，华南沿海地区各省之间的距离较短、文化传统相近、消费习惯相似，易于产生共同的消费群体，市场需求的种类差异较小，但消费需求的档次差异可能更大，因而会促进产业内贸易的发展。不同省份在同一产业部门中所生产产品的档次不同，也会促进基于垂直差异化的生产分工与产品交换格局的形成。

华北地区和华南沿海地区相似，也属于产业结构趋同不显著、产业内贸易活跃的情形。从产业内贸易的视角看，不能以产业结构趋同来判断区域经济一体化进程，如果区域之间存在着活跃的产业内贸易，产业结构趋同不一定会妨碍区域之间的分工贸易以及区域经济一体化。譬如，华东沿海地区省份之间的产业结构趋同是在产品差异化与消费者需求多样化的共同作用下形成的符合区域经济发展内在要求的产物。活跃的产业内贸易使得江浙沪三省市之间形成了密切的经济联系和产业关联，产业结构趋同并未阻碍区域经济一体化进程。与之相对，在华北地区与华南沿海地区，尽管各省份之间的产业结构差异度较大，但各省份在产业链上相互依存的关系和各省份相似的需求偏好，导致省份间的产业内贸易相对活跃。

本章小结

行业尺度与企业尺度的另一个不同之处是作为企业集合的产业具有内部结构。产业结构演进有着内在的规律，从农业到工业化，工业内部从重化工化到深加工化，从资本密集型产业到技术密集型产业，再到制造业服务化，总的来说，是朝着产业结构高度化的方向演进。需求变化、技术进步、成本变化是推动产业结构演进的主要驱动因素。产业结构与产业地域分工密切相关。从某种程度上讲，区域产业结构是产业地域分工在某一区域的映射。不同地区之间的产业结构异同会影响到产业分工与贸易的格局，产业结构趋同不利于产业间贸易的发展，但随着产业内贸易的发展，产业结构趋同不一定会妨碍产业分工与贸易。

从产业结构的视角看，并非所有的产业都具有同样的功能和地位。由于比较优势、规模经济的作用，总是有部分产业成为地区专业化部门，拥有生产规模的优势，向区外出口产品或服务。专业化与综合发展相结合，也是区域产业结构合理化的基本要求。从区域发展管理的角度看，主导产业选择是确定区域经济发展战略、重塑区域产业结构的重要环节。主导产业一般是产业占比大、成长性高、带动作用强的产业部门，其往往成长为专业化部门，并对区域经济发展起到主导作用。

关键词

霍夫曼定理　产业结构高度化　地区专业化　主导产业　产业结构趋同

复习与习题

1. 产业结构高度化的驱动因素有哪些？
2. 对照工业化峰值，思考我国地区产业结构变动的特征和趋势。
3. 地区主导产业选择的三大基准是什么？
4. 为什么要专业化与综合发展相结合？
5. 结合产业内贸易理论，如何理解产业结构趋同的现象？

第五章 区域经济增长

第一节 区域经济增长理论

区域经济增长理论主要有两个流派，一个是从需求侧解释经济增长，如凯恩斯主义强调需求对区域经济增长的作用，后凯恩斯主义的出口需求模型则强调区域专业化和出口贸易对区域增长的作用；另一个是强调要素供给侧的作用，新古典主义认为区域经济增长源于资本、劳动力、技术进步这三种要素的区内供给和区际流动，且技术进步是经济增长的发动机，内生增长理论则试图解释技术进步的决定因素，认为技术进步既是经济增长的原因又是结果，是经济增长内生决定的。

一、凯恩斯主义的区域经济增长理论

凯恩斯主义的区域经济增长理论强调从需求侧解释区域经济增长，假设技术固定不变，排除了技术进步对经济增长的作用。代表性的区域经济增长模型主要有哈罗德-多马模型、区域乘数模型、投入产出模型等。

1. 哈罗德-多马模型

哈罗德-多马模型是最早分析经济增长的理论模型，是 20 世纪 40 年代由英国的哈罗德（R. Harrod）和美国的多马（E. Domar）分别提出来的经济增长模型。哈罗德-多马模型试图说明稳定状态的经济增长所需的条件，强调资本积累对经济增长的推动作用，解释

了储蓄率与经济增长的关系。

哈罗德-多马模型的主要结论是：（1）增长率随储蓄率增加而提高，随资本—产出比率扩大而降低。（2）经济的增长路径是不稳定的。哈罗德-多马模型的政策含义突出了发展援助对经济增长的作用。第一，可以通过增加投资（储蓄率）来促进经济增长；第二，可以通过资本转移（发展援助）来促进发展中国家的经济增长；第三，发展援助可以通过技术转移降低资本系数（k），即提高资本—产出比率（$1/k$），来促进经济增长。

哈罗德-多马模型的主要缺点有两个方面，一是忽视了技术进步的作用，假定资本—产出比率固定不变；二是否定了生产要素的可替代性，也就是说，资本和劳动之间是不可替代的。

2. 区域乘数模型

（1）什么是乘数效应。

乘数（multiplier）的概念是英国经济学家凯恩斯（Keynes）的学生卡恩（Kahn）在1931年首先提出来的，用来表示新投资带来的就业增加的总量与新投资直接产生的就业量的比例。后来凯恩斯进行了扩充，用乘数表示投资增加所引起的收入增加的倍数。现在，乘数效应已经演变成一个宏观的经济效应的概念，指经济活动中某一变量的增减所引起的经济总量变化的连锁反应程度。

乘数效应的一般表达式为：

$$K=\frac{\Delta y}{\Delta x}$$

式中，K 为乘数，Δx 为最初注入的变量的增量，Δy 为 Δx 所引起的国民收入的增量。

（2）凯恩斯乘数模型。

凯恩斯的收入—支出模型在区域尺度上可以表达为：

$$Y=k(C_0+I_0+G_0+X_0-M_0)$$

式中，Y 为区域支出，C 为区域消费，I 为区域投资，G 为政府支出，X 为区域出口，M 为区域进口。假设投资、政府支出和出口为外生给定，消费与进口为部分外生，外生变量用下标0来表示。

k 为区域乘数，其表达式为：

$$k=\frac{1}{1-(c-m)(1-t)}$$

式中，$c-m$ 为当地产品的边际消费倾向，t 为所得税税率。

区域乘数对于当地产品的边际消费倾向 $c-m$ 的变化非常敏感，会随着它的增加而迅速增大。影响边际消费倾向 $c-m$ 的因素主要有：（1）区域规模。区域规模小可能会导致较大的进口漏出，小规模区域的边际进口倾向较大，使得 $c-m$ 变小。（2）专业化程度和产业结构。高度专业化的区域对进口的依赖较大，也使得 $c-m$ 变小，不过由于产业内贸易的存在，即便是产业结构多样化的区域也可能会有较大的区际贸易。（3）区位因素。对于存在通勤的两个区域来说，通勤者倾向于在其居住区消费而不是在工作地消费，这将增加区域的边际进口倾向。

凯恩斯乘数模型说明，需求的注入将导致产出的增加和更高的劳动力需求。由于工资不是在区域内决定的（区域是价格接受者），劳动力需求的增加除了创造更多的就业岗位使得失业减少以外，对劳动力市场没有其他影响，更高的就业水平导致区域的收入增加，这将进一步导致区域产出需求的增加。

凯恩斯乘数模型的缺点是，它忽略了一个区域产出需求的增加可能会影响到要素投入品的价格，以及劳动力需求的增加可能会对区域的工资水平产生影响，除非在现行工资水平下存在大量正在寻找工作岗位的失业工人。此外，一个区域相对于其他区域的工资增长将会对劳动力迁移和区域就业参与率产生影响，从而对区域经济的供给方带来影响，因此有必要考虑对乘数模型加以改进，允许供给方灵活主动，以对需求方的冲击做出反应。

（3）乘数模型的应用。

乘数模型的应用十分广泛，最常见的乘数模型应用有投资乘数模型和出口贸易乘数模型。投资乘数是指将投资作为初始的自发性需求因素，在供给能力允许的前提下，由供给满足需求产生新的国民收入，新的国民收入经过分配，形成新的需求诱发供给调整和新的国民收入，这样循环下去所产生的国民收入总值与初始的自发性投资的比例关系。投资乘数效应的作用受到自发性投资需求、边际消费倾向变化的影响，并受到要素和供给条件的制约。投资乘数效应包括短期效应和长期效应，有积极的一面，也有消极的一面。扩大投资可以拉动需求扩张和生产增长，刺激国民收入增加，但也会带来资源消耗的增加和经济运行的周期性波动。

出口贸易乘数模型主要是分析国际和区际贸易对于区域经济增长的作用，也就是出口贸易的乘数效应。出口贸易会对国内或区内产品生产形成需求，带动国内或区内的国民收入增长。因此，很多国家或区域采用出口导向发展战略来拉动经济发展。需要注意的是，出口贸易增长会带来外汇收入增加，为了保持进出口平衡，进口也会做出相应调整，因此，出口贸易带来的收入增长还会导致进口的变化。与此同时，出口贸易带来的外汇收入增加还会改变国际收支，导致汇率发生相应的变化，汇率变动会对出口贸易竞争力带来影响。因此，出口贸易的乘数效应要扣除进口调整以及汇率变动带来的影响。如果是在区域层面，则不存在汇率的变化，但是在不同区域货币购买力会发生变化，需要考虑货币购买力变化的影响。

区域乘数分析还包括旅游乘数、地方财政支出乘数、高等教育乘数等。对于旅游胜地或旅游业占比较高的区域来说，游客消费支出的乘数分析就非常重要。许多后进地区地方政府掌握的经济资源比重较高，地方财政支出对于区域经济发展十分重要，此时分析地方财政支出的乘数效应就可以为地方政府制定决策和发展规划提供参考。在大学聚集的区域，由于大学有大量的雇员和学生，雇员和学生的消费支出可以通过乘数效应对当地经济产生重要的影响，大学还拥有大量的科研和教育经费支出，可对当地经济形成需求，形成后向关联效应。此外，大学还提供科研、技术等知识产出，有利于改善当地的投资环境和居住环境，吸引企业和人才，对地方经济产生前向关联效应。高等教育的乘数分析有助于科学判断发展高等教育对地方经济发展的贡献。

(4) 区域乘数分析的缺点。

区域乘数分析存在以下几个缺点。第一，乘数分析没有考虑资源和供给能力的约束。如果存在资源和供给能力的约束，需求增加诱发的生产扩张可能会受到资源瓶颈的制约。

第二，乘数分析没有考虑区域间的贸易联系和反馈效应。需求增加诱发的收入增长可能会导致进口的扩大，而进口的扩大会带来出口区域的收入增加，反过来，出口区域也会增加其进口。因此，有的学者尝试构建多区域模型来描绘区域间的反馈效应。

第三，乘数分析没有考虑时滞的影响。有的乘数效应要经过一段时间甚至是较长时间才能出现，乘数分析对于随时间变化的预测能力不足。

第四，乘数分析忽略了价格因素的作用。一个区域产出需求的增加可能会影响到要素投入品的价格，从而对区域经济的供给方产生影响，因此，有的研究对乘数模型进行了改进，将供给方引入模型，允许供给方灵活主动，对需求方的冲击做出反应。

3. 投入产出模型

投入产出分析可以清晰地反映经济系统内部各个产业部门之间错综复杂的联系，是一种非常有用的数量经济分析工具，目前已被广泛应用于国民经济管理、宏观经济分析、产业经济分析、区域经济分析和资源环境管理等社会经济热点问题的研究（陈锡康等，2011）。投入产出分析的基础是投入产出模型。投入产出模型按照计量单位的不同，可以分为价值型投入产出模型和实物型投入产出模型；按照分析时期的不同，可以分为静态投入产出模型和动态投入产出模型，静态模型是针对一个时期（一般是一个年度）的经济活动进行分析，动态模型则考虑若干时期（若干年度）经济系统的发展演化，包括各个时期的经济活动以及各个时期经济活动之间的联系；按照空间范围的不同，可以分为单区域投入产出模型和区域间投入产出模型，区域间投入产出模型是由不同区域的投入产出模型连接而成。

(1) 基于投入产出模型的最终需求乘数效应。

在投入产出模型里，第 i 部门行向平衡的数学表达式为：

$$x_i = \sum_{j=1}^{n} x_{ij} + f_i \tag{5-1}$$

式中，x_i 表示 i 部门的总产出，x_{ij} 表示 i 部门对 j 部门产品的中间投入，f_i 表示对 i 部门产品的最终需求。

直接投入系数（input coefficient）a_{ij}（$0 \leqslant a_{ij} < 1$），表示 j 部门的单位产出对 i 部门产品的中间消耗：

$$a_{ij} = x_{ij}/x_j \tag{5-2}$$

结合式（5-2），式（5-1）变为：

$$x_i = \sum_{j=1}^{n} a_{ij} x_j + f_i \tag{5-3}$$

表示为矩阵的形式为：

$$\mathbf{X}=\mathbf{AX}+\mathbf{F} \tag{5-4}$$

式中，**X**、**A** 和 **F** 分别代表总产出矩阵、中间投入系数矩阵和最终需求矩阵。

由 **A** 的性质可知，**I**－**A** 为满秩矩阵，可逆。因此，表达式（5－4）可改写为：

$$\mathbf{X}=(\mathbf{I}-\mathbf{A})^{-1}\mathbf{F} \tag{5-5}$$

式中，$(\mathbf{I}-\mathbf{A})^{-1}$为列昂惕夫逆矩阵，表示生产单位最终产品对投入部门产品的完全（包括直接和间接）需求，实质上反映了最终需求的乘数。因此，投入产出模型与乘数分析具有相通之处，应用投入产出模型可以更好地分析最终需求的乘数效应。

我国编制的投入产出模型大多为进口竞争型模型，隐含的假设为进口产品与国内同类产品性能相同，可以完全替代，具有竞争性关系。进口产品同国内产品一样进入到中间需求和最终需求中去。因此，需要对列昂惕夫逆矩阵和最终需求进行剔除进口影响的处理。

剔除进口影响后的列昂惕夫逆矩阵的表达式如下：

$$\overline{\mathbf{B}}=[\overline{b_{ij}}]=[\mathbf{I}-(\mathbf{I}-\hat{\mathbf{M}})\mathbf{A}]^{-1} \tag{5-6}$$

剔除进口影响后的最终需求的表达式为：

$$\overline{\mathbf{F}}=[\overline{f_j}]=(\mathbf{I}-\hat{\mathbf{M}})\mathbf{F} \tag{5-7}$$

表达式（5－5）剔除进口影响后，可表示为以下形式：

$$\mathbf{X}=[\mathbf{I}-(\mathbf{I}-\hat{\mathbf{M}})\mathbf{A}]^{-1}[(\mathbf{I}-\hat{\mathbf{M}})\mathbf{FD}+\mathbf{E}] \tag{5-8}$$

这时 **X** 就是国内最终需求通过国内生产技术所诱发的生产额，也就是国内最终需求的乘数效应。上述表达式中，M 为进口系数，E 为出口需求，FD 为国内最终需求（把最终需求分解为国内最终需求和出口需求）。

（2）基于区域间投入产出模型的区域间乘数效应。

区域间投入产出模型综合反映了产业之间、区域之间的投入产出关系（石敏俊和张卓颖，等，2012）。根据投入产出模型原理和区域间投入产出表结构，区域间投入产出模型的表达式如下：

$$\mathbf{X}^R=\mathbf{A}^{RS}\mathbf{X}^R+\mathbf{F}^{RS}+\mathbf{E}^R-\mathbf{M}^R \tag{5-9}$$

式中，$\mathbf{A}^{RS}$为区域间投入产出模型的投入系数矩阵；$\mathbf{F}^{RS}$为区域间投入产出模型的最终需求矩阵。$\mathbf{E}^R$ 为区域间投入产出模型的出口列阵；$\mathbf{M}^R$ 为区域间投入产出模型的进口列阵；$\mathbf{X}^R$ 为区域间投入产出模型的产出列阵。

由于进口竞争型区域间投入产出模型中的矩阵 $\mathbf{A}^{RS}$ 和 $\mathbf{F}^{RS}$ 均包含进口，因此，需要引入进口系数矩阵 $\hat{\mathbf{M}}$，将 $\mathbf{A}^{RS}$ 和 $\mathbf{F}^{RS}$ 中所包含的进口部分剔除掉，构建进口非竞争型区域间投入产出模型。进口矩阵表达式如下：

$$\mathbf{M}^{RS}=\hat{\mathbf{M}}(\mathbf{A}^{RS}\mathbf{X}^R+\mathbf{F}^{RS})=\hat{\mathbf{M}}\mathbf{A}^{RS}\mathbf{X}^R+\hat{\mathbf{M}}\mathbf{F}^{RS} \tag{5-10}$$

表达式（5－10）将进口的使用分成两部分。一部分是满足各区域的中间投入需要（$\hat{\mathbf{M}}\mathbf{A}^{RS}\mathbf{X}^R$），另一部分是满足各区域的最终消费需求（$\hat{\mathbf{M}}\mathbf{F}^{RS}$）。进口系数 $\hat{\mathbf{M}}$ 是按进口量占国内总需求（包括中间需求和最终需求）的比例确定的。剔除进口后，表达式（5－9）可改写为：

$$\mathbf{X}^R=[\mathbf{I}-(\mathbf{I}-\hat{\mathbf{M}})\mathbf{A}^{RS}]^{-1}\ [(\mathbf{I}-\hat{\mathbf{M}})\mathbf{F}^{RS}] \tag{5-11}$$

式中，$[\mathbf{I}-(\mathbf{I}-\hat{\mathbf{M}})\mathbf{A}^{RS}]^{-1}$是区域间投入产出模型剔除进口后的列昂惕夫逆矩阵，表示为满足单位最终需求所需提供的国内生产；$(\mathbf{I}-\hat{\mathbf{M}})\mathbf{F}^{RS}$表示由国内生产提供的最终消费。

根据表达式（5-11），可以计算区域S的国内最终需求通过国内生产技术对另一个区域R所诱发的生产额，也就是区域之间最终需求的乘数效应。

二、新古典区域经济增长模型

新古典区域经济增长理论源自索洛（Solow）和斯旺（Swan）等人的新古典增长模型。与凯恩斯主义不同，新古典经济学允许资本和劳动之间的替代，假设规模中性，且技术进步是外生的。新古典增长模型的结论是，由于资本供给和劳动供给，产出会无限增长；只有存在资本深化，即资本—劳动比率增大时，人均产出才会增长；当资本—劳动比率达到长期均衡水平时，人均产出将不再增长，也就是说经济增长将停止。新古典增长模型考虑了技术进步的影响，将技术视为生产函数中的一个独立要素，技术进步可以使得劳动—产出比率上升，但不改变资本—产出比率。新古典经济学认为，经济增长源于人口增长、技术进步和储蓄率等外生因素，强调要素供给的作用，且技术进步是经济增长的发动机，但遗憾的是新古典经济学没有解释技术进步的源泉。

将新古典增长模型转换到区域尺度上，可以得到新古典区域经济增长模型。一个地区的经济增长源于资本、劳动力、技术进步这三种要素的区内供给和区际流动，但是不同区域之间技术进步可能不同，资本存量的增长可能不同，劳动力增长也可能不同，资本、劳动力、技术进步这三种要素的区内供给和区际流动的差异将会导致区域增长出现差异。

新古典经济学假设要素可以在区域之间自由流动，不存在任何障碍，而且要素价格的信息是完全的。因此，资本和劳动力会向回报率高的区域转移，资本家会寻找最有利的区位建立工厂，工人会被吸引到工资最高的区域。区域增长差异的原因不仅包括区域本身在资本和劳动力增长以及技术进步上的差异，而且包括区域之间的要素转移。

在新古典区域经济增长模型里，区域间的要素转移是驱动区域经济增长的关键因素。由于资本—劳动比率高的区域会有较高的工资和较低的投资收益，资本和劳动力会出现反向流动，即劳动力从资本—劳动比率低的区域流向资本—劳动比率高的区域，资本则从资本—劳动比率高的区域流向资本—劳动比率低的区域。因此，最终区域之间会趋向均衡发展，区际增长差异趋向收敛。当然，资本流动和劳动力流动的相对速度会影响低工资区域的增长速度。如果资本比劳动力更具流动性，则低工资区域的产出增长会更快，区域发展趋向均衡的可能性更大。反之，如果劳动力比资本更具流动性，那么低工资区域的产出增长会变慢，区域增长差异的收敛性也会受到影响。

新古典区域经济增长理论着眼于长期的区域发展。假设资本和劳动力具有完全的流动性，其政策含义是人均收入的区际差异最终将趋向收敛。新古典区域经济增长模型的缺点之一是没有考虑集聚经济和规模经济的作用，假设规模中性，忽略了规模报酬递增对区域增长差异的影响。此外，新古典增长模型尽管强调了要素供给的作用，认为技术进步是经济增长的发动机，没有技术进步就不会有长期的经济增长，但是没有解释技术进步的原因。

三、内生增长理论框架下的区域经济增长模型

由于新古典增长理论没有清楚地解释经济增长的根本原因，内生增长理论试图克服这一不足，解释技术进步的决定因素。之所以被称为内生增长理论，是因为内生增长理论认为技术进步是由经济增长内生决定的，技术进步既是经济增长的原因又是结果。经济增长依靠资本积累来驱动，资本包括人力资本和知识资本，且资本具有规模收益递增的特征，随着资本积累，溢出效应增强，更易创造出新的知识或技术。

内生增长理论主要有两条研究思路。一是罗默的知识溢出模型（Romer，1986，1990）、卢卡斯的人力资本模型（Lucas，1988）、巴罗模型（Barro，1995，1996）等，用收益递增和技术外部性解释经济内生增长的思路；二是琼斯-真野模型等，用资本积累解释经济内生增长的思路。初期的内生增长模型基于完全竞争的假设，存在一定的缺陷，限制了模型的解释力和适用性，后来的内生增长模型为了克服完全竞争假设带来的问题，开始研究垄断竞争假设下的经济增长问题，提出了新的内生增长模型。

随着理论的发展，内生增长理论面临的最大问题是如何进行实证分析。目前，内生增长理论的实证研究主要是沿着两条路线展开的，一是进行国别间的研究，寻找内生增长证据；二是沿着一国的长时段数据，研究一国的经济增长因素，或者单独讨论某个具体因素，如对外开放、税收、平等、金融进步、长周期、教育支出、创新等对于经济增长的作用。前者大部分是以著名的巴罗模型进行的，即以一国的人均收入增长率为因变量，同时以一国的人均收入为自变量，对国民收入增长率是否趋同进行回归检验（Barro，1995，1996；Young，1998；Boskin，2000）。后者大多数与全要素生产率（TFP）分析方法相似，只是投入要素被更宽泛地解释。此外，内生增长理论的另一个方向是研究经济增长与结构变动之间的互动关系（Laitner，2000）。该方向的研究认为，在工业化过程中，储蓄率会内生地上升，因此，经济增长率也随之发生变化。

将内生增长理论投影到空间上，就产生了全域溢出模型和局部溢出模型。全域溢出模型是由 Martin and Ottaviano（1999）最先提出来的。他们认为，知识资本或人力资本的生产成本遵循学习曲线，随着知识的积累，当前的资本生产可以借鉴前期的资本生产的知识和技能，前期知识资本的积累提高了当前资本生产的速度和效率，降低了当前资本生产的边际成本。因此，资本存量产生的溢出效应会影响新资本的生产成本，从而促进资本积累。

在全局溢出模型里，知识资本的溢出不存在距离衰减，但资本是不可流动的，资本积累导致生产集中，资本收入花费在资本所有地，因此，经济增长将会强化区位优势。由于收入的空间分布取决于资本的空间分布，即发达地区的人均资本存量高，人均收入水平也高，而且资本增长率与经济增长率正相关，因此，区域差异将会长期存在。

局部溢出模型是由 Baldwin 等（2001）提出来的。与全局溢出模型不同，局部溢出模型认为，知识和技术的溢出效应随距离衰减，只有本地知识资本可以完全被本地资本生产所利用，外地知识资本对本地的溢出强度随距离而衰减。因此，溢出效应具有局部性特征，原先资本份额较大的区域经济增长较快，内生增长本身成为集聚力，而知识溢出则为促使经济分散的力量。

与全局溢出模型相同，在局部溢出模型里，资本积累导致生产集中，资本收入在资本所有地消费，经济增长将会强化区位优势，同时区域差异也将会长期存在。局部溢出模型的政策含义是，在核心—边缘结构下，生产和创新都集中在同一个区域，此时知识溢出的强度非常大，创新成本很小，因此，如果采取非均衡发展战略，促使要素向某一区域集聚，则可以提高整个经济系统的经济增长率。

四、出口需求模型

新古典经济学和内生增长理论均强调要素供给对经济增长的作用，忽略了需求因素对经济增长的潜在贡献。因此，以卡尔多（Kaldor）为代表的卡尔多学派试图从区际贸易的视角，用区域出口增长的差异去解释区域增长差异。与凯恩斯主义一样，卡尔多学派也强调需求因素的作用，被称为后凯恩斯主义，但特别强调出口需求的作用及其循环累积效应。

后凯恩斯主义经济学家对出口需求的刺激作用的关注源自北美资源型区域增长的经济史研究，并形成了出口基地模型。他们认为，区域发展的初期阶段，经济增长受到自然资源的开发和出口的刺激，因此，自然资源的地理分布有助于解释区域增长差异。但是出口基地模型没有解释经济持续增长的条件，而且完全忽略了内部因素的作用。因此，它需要解释：第一，为什么会出现区域专业化；第二，什么情况下区域经济会持续增长。比较优势学说试图解释地域分工和专业化的原因，但如今比较优势学说已被认为过于简单。此外，出口需求不仅可对收入产生乘数效应，对投资也具有诱发效果，这些有助于解释区域经济的持续增长。由于出口基地模型不能对出口需求的决定因素做出系统的解释，因而无法对区域经济增长差异进行预测。

Kaldor（1970）通过出口需求的循环累积效应，分析了区域增长过程的持续性和累积性。他认为，一个区域人均产出的增长，取决于该区域利用规模经济、发展区域专业化的程度及从中得到好处的程度。区域专业化的好处主要表现在生产率提高和竞争优势加强。生产率增长取决于两个因素：技术更新速度和资本—劳动比率。如果技术进步加快或资本—劳动比率增加，生产率也将提高；而技术进步速度或资本—劳动比率增加部分地依赖于产出增长，产出增长又取决于出口部门的增长。出口部门的增长取决于其竞争力，区域出口产品的相对价格将影响出口部门的增长。这样就形成循环累积过程，生产率提高决定竞争力，竞争力增强导致出口增加，出口增加使产出进一步增长，产出增长本身又促进生产率进一步提高。

在卡尔多的出口需求模型里，区域专业化成为一个关键词。由于不同部门从区域专业化中可以得到的好处存在差异，制造业部门比农业和矿业从区域专业化中得到的好处要多，因此，制造业集中分布区域可以得到的好处更多，经济增长会更快。区域专业化过程是累积性的，率先发展的区域可以获得竞争优势，扩张出口部门，从而强化区域分工，形成循环累积效应。

Dixon 和 Thirlwall（1975）在卡尔多的基础上，对出口需求模型进行了更加严密的表述。他们更加关注出口贸易的循环累积效应对区域增长的作用。核心概念是凡登系数，即产出增长和劳动生产率提高之间的关系。如果凡登系数大于零，产出增长将通过增强竞争力而导致产出进一步增长，接下来又会促进出口增加，提升区域产出，形成不断累积的自我循环。通过凡登系数，出口需求模型成为包含循环累积过程的出口主导型区域增长模型。按照 Thirlwall（1980）的观点，区域产出的增长率取决于世界收入的增长以及两个需求的收入弹性，即区域出口需求和区域进口需求的收入弹性。要想促进长期增长，区域必须提高其出口需求的收入弹性，或者降低进口需求的收入弹性。这一结论被称为瑟尔沃尔定律。

包括瑟尔沃尔定律在内的出口需求模型仍然存在一些局限。第一，过于强调需求因素的作用，假设出口是区域产出增长的唯一源泉，忽视了区内贸易扩大对区域产出增长的作用；第二，没有解释出口专业化是如何形成的；第三，由于凡登系数包含了极为复杂的过程，用凡登系数表示产出增长引发的生产率提高则过于简化，并且支持凡登系数的实证证据存在着较大争议。Krugman（1989）曾经对产出增长与进出口弹性比率之间的关系做出了与瑟尔沃尔定律相反的解释。他认为，产出的增长决定出口和进口弹性，投入要素供给的增加将促进产出增长。因为产出增长较快时，可以扩展产品种类，产品多样化将促进出口增长加快，出口需求弹性也将增加，因此，出口需求弹性是内生的。

循环累积效应的概念最初来自 Myrdal（1957）的扩散效应和回波效应。缪尔达尔（Myrdal）认为，市场的作用一般倾向于扩大而非缩小地区间的发展不平衡，一旦某些地区由于初始优势比其他地区获得超前发展，那么这种优势将保持下去。发展快的地区将发展得更快，发展慢的地区将发展得更慢。循环累积效应对区域经济发展会产生两种效应：一是回波效应，劳动力、资金、技术等生产要素受收益差异的影响，从后进地区向发达地区流动，导致区域经济差异进一步扩大。二是扩散效应，发达地区发展到一定程度后，由于人口稠密、交通拥挤、污染严重、资本过剩以及自然资源不足等原因，生产成本上升，发达地区进一步扩大生产规模会变得不经济，资本、劳动力、技术就会向后进地区转移和扩散。扩散效应有助于后进地区的发展。卡尔多、迪克森（Dixon）、瑟尔沃尔（Thirlwall）等学者将循环累积效应用于解释出口对累积增长的作用，形成了出口主导型的区域增长模型。循环累积效应后来也被用来分析规模外部经济与区域增长差异的关系，形成了集聚经济理论。

五、区域经济增长理论对中国区域经济增长模式的影响

上述区域经济增长理论对各国区域发展政策制定产生了深远的影响。中国区域发展的实践也打上了上述区域经济增长理论的烙印。改革开放以来，我国走过了投资加出口的经济增长模式，特别是沿海省份，投资加出口的增长模式尤为鲜明，其中不难看到强调需求因素的凯恩斯主义和卡尔多学派的影子。新古典学派所强调的资本和劳动力等要素的区际流动，对于沿海省份的快速发展也起到了至关重要的作用。如果没有包括外资在内的资本大量投入，没有来自内陆省份的劳动力流动，珠三角、长三角、京津等发达地区的经济发展就不可能取得现在的成就。西部地区依托资源优势，发展资源性产业的资源开发型经济增长模式也可以看到出口基地模型的影子，但资源型产业如何形成循环累积效应，增强西部地区的自我发展能力，正是西部大开发需要思考的重要课题。随着经济发展的需要，当前我国正在推进经济发展方式转变，强调内涵发展，重视区域创新体系建设，强调人力资本累积和知识溢出作用的内生增长理论可谓功不可没。

第二节　中国区域经济增长模式

一、投资加出口增长模式下的区域经济增长

长期以来，中国的经济增长采取了投资加出口的经济增长模式，经济增长对投资拉动和出口贸易的依赖较深。2000—2015 年，我国全社会投资规模增长 17 倍，年均增速 21%；出口贸易总额增长 6.84 倍，年均增速 14%；同期 GDP 增长 3.98 倍，年均增速 9.64%。投资加出口的经济增长模式，使得我国经济总量迅速增长，国民收入提高，人民生活改善，国家经济实力增强，回旋余地增大，但同时也带来了经济增长粗放、产能过剩严重、资源消耗过大、发展质量不高等问题。

投资加出口的经济增长模式使得我国区域经济增长模式也打上了投资加出口的烙印。按照区域经济增长对最终需求的依赖程度来看，对投资拉动的依存度高于消费需求依存度的省份有 11 个，投资拉动依存度与消费需求依存度相仿的省份有 6 个，有 9 个省份经济增长对出口贸易的依存度均在 15%以上。具体到省份来看，有的省份具有出口贸易导向型

增长模式的特征，有的省份主要是内需拉动型增长，有的省份则主要依赖国内区际贸易的拉动。

依据区域经济增长对最终需求的依赖程度不同，可以把区域经济增长模式分为三个类型。

(1) 出口贸易导向型增长模式。主要包括 9 个省份：广东、浙江、上海、天津、福建、辽宁、江苏、北京、山东。这类地区经济增长对出口贸易的依存度均在 15%以上，其中，广东甚至达到 35%，表现出强烈的出口贸易导向型增长的特点。与 2002 年相比，2012 年辽宁、天津的出口贸易依存度出现大幅度下降。

(2) 内需拉动型增长模式。共有 12 个省份：黑龙江、海南、江西、河南、湖北、湖南、四川、云南、贵州、宁夏、陕西、青海。这类地区主要依靠省内市场，2002 年，经济增长对省内需求的依存度均超过 70%。2012 年，省内市场依存度明显下降，大部分省份降至 60%以下，从依赖内需开始转向区际贸易。这其中又有三种情形：

一是人口规模较大的省份，四川、河南、湖南、湖北、江西、云南、黑龙江等，本地市场规模较大。

二是人均收入较低的省份，如宁夏、陕西、贵州、海南等，由于省内市场容量有限，经济增长主要依靠外部的投资拉动。

三是产业体系不完整的省份，主要是青海，消费需求对于经济增长的驱动作用较强，但消费需求依靠外部注入的资金，如转移支付。

(3) 区际贸易导向型增长模式。共有 9 个省份：吉林、内蒙古、河北、山西、安徽、广西、重庆、甘肃、新疆。这类地区经济增长对省外市场的依存度高，反映出对区际贸易的依赖较深。采用区际贸易导向型增长模式的地区大多为资源富集省份，在全国专业化分工格局中具有全国性或区域性比较优势。2012 年，这些省份省外市场依存度趋于提高，维持了区际贸易导向型增长的特征。区际贸易导向型增长的特征与它们的地理位置、资源禀赋和产业结构特殊性有关，同时也与投资拉动的经济增长模式有关。对投资拉动的依赖和基本建设规模的扩大，导致宏观经济具有明显的“土木钢石”特征，对资源产品的市场需求旺盛，使得这类地区在全国专业化分工格局中的比较优势得以长期维持。其中，又有三种情形：

一是河北、安徽和广西，为相邻沿海省份的腹地。河北环绕北京和天津，与京津和山东的联系居多，省外市场依存度为 34%，其中京津和山东等相邻省份占 16%。安徽和广西分别是江浙沪和广东的经济腹地，与江浙沪或广东的经济联系较多。

二是山西、内蒙古、甘肃和新疆，为内陆地区的资源型省份，具有全国性或区域性比较优势。山西与河北的经济联系较多，甘肃和新疆主要是与陕西、河南之间的联系较多。内蒙古横贯东西，东与黑龙江接壤，西抵甘肃，中部邻近京津、河北等省份，与京津、河北、黑龙江等相邻省份的经济联系较多。

三是重庆和吉林。重庆与四川之间的经济联系较密切，与广东、广西和海南的经济联系也较多。吉林处于东三省的中间，连接黑龙江和辽宁，省际经济联系主要是相邻的黑龙江和辽宁。如表 5－1 所示，2002—2012 年，大部分省份的省内市场依存度趋于降低，省外市场依存度趋于提升，表明从省份经济走向区域经济一体化取得了明显进展。但仍有少数省份如云南、海南、广西、重庆，省内市场依存度依然在 60%以上，四川、湖北、吉林省内市场依存度接近 60%，反映出对省内市场的依赖依旧较大。广东、上海、浙江、江苏、北京、福建等地经济增长对出口贸易的依存度仍然超过 20%，天津、辽宁的海外市场依存度已从超过 20%下降至 20%以下。

表 5－1　区域经济增长对最终需求的依存度

省份	2002			2012		
	省内市场	省外市场	出口贸易	省内市场	省外市场	出口贸易
北京	54%	27%	19%	38%	42%	21%
天津	45%	26%	29%	49%	36%	15%
河北	55%	34%	11%	42%	47%	11%
山西	65%	24%	11%	46%	45%	9%
内蒙古	55%	36%	8%	48%	47%	5%
辽宁	53%	22%	25%	49%	41%	10%
吉林	46%	45%	9%	58%	37%	5%
黑龙江	74%	20%	7%	49%	43%	8%
上海	51%	19%	30%	29%	39%	32%
江苏	55%	23%	23%	38%	39%	22%
浙江	42%	24%	34%	45%	30%	25%
安徽	62%	26%	12%	38%	49%	13%
江西	72%	20%	8%	41%	45%	14%
福建	53%	20%	27%	56%	23%	20%
山东	62%	22%	16%	54%	32%	15%
河南	72%	23%	5%	48%	43%	9%
湖北	70%	23%	7%	57%	27%	16%
湖南	72%	20%	7%	55%	35%	9%
广东	42%	22%	35%	41%	23%	35%
广西	63%	27%	9%	61%	31%	7%
海南	76%	15%	9%	61%	28%	10%
重庆	60%	31%	9%	62%	34%	4%
四川	70%	23%	7%	59%	32%	10%
贵州	75%	18%	6%	49%	42%	10%
云南	78%	15%	7%	66%	28%	6%

续前表

省份	2002			2012		
	省内市场	省外市场	出口贸易	省内市场	省外市场	出口贸易
陕西	70%	23%	7%	42%	43%	14%
甘肃	67%	27%	6%	38%	52%	11%
青海	78%	17%	5%	51%	34%	15%
宁夏	71%	21%	7%	47%	46%	7%
新疆	58%	29%	13%	47%	42%	11%

资料来源：作者基于中国省份间投入产出模型测算。

二、经济新常态与区域增长动力转换

1. 经济新常态与新发展理念

经济增长对投资拉动的依赖过大，投资增速过高，导致投资的边际效益出现下降。2000—2015 年，全社会固定资产投资规模增长 17 倍，年均增速 21%；城镇固定资产投资规模增长 21 倍，年均增速 23%。2008 年后，百元固定资产投资产出的 GDP 快速下降。2016 年，中西部地区百元固定资产投资产出的 GDP 已降至 101.6 元，固定资产投资产生的效益与投资额几乎相等。与此同时，出口贸易出现下滑，2008 年后，出口贸易增速从 20%以上下降到 10%以下，甚至出现负增长。宏观经济增长动力后劲不足，迫切需要推进经济增长动力换挡。

2015 年 10 月，党的十八届五中全会提出了创新、协调、绿色、开放、共享的新发展理念。其中，创新是第一位的，主要是解决发展动力问题。虽然中国经济总量跃居世界第二位，但大而不强、臃肿虚胖体弱问题突出，主要体现为创新能力不强，因而通过创新引领和驱动发展已经成为中国经济发展的迫切要求。经过多年努力，中国的科技创新水平有了明显提高，但从总体上看，我国创新能力不强，创造新产业、引领未来发展的科技储备远远不够，科技对经济社会发展的支撑能力不足，科技对经济增长的贡献率远低于发达国家水平，产业还处于全球价值链中低端。因此，建设现代化经济体系，实现高质量发展，必须要贯彻新发展理念，转换发展动能，通过创新培育发展新动力，从外需拉动、资源推动、投入带动、政策驱动等粗放型发展模式转型为创新驱动的集约型发展模式。

2. 技术创新与知识经济

从全球范围看，当今世界进入了知识经济的时代，技术创新快速发展对现代经济社会带来了深远的影响。尤其是信息技术（IT）创新正在改变世界，重塑全球经济版图。“互联网+”、大数据与人工智能结合、物联网、移动支付、电子商务等逐渐成为经济增长的新引擎。从发展知识经济的视角来看，一方面要大力鼓励技术创新，大力发展信息产业；另一方面要积极用知识带动传统产业改造，努力提高传统产业的知识含量和产出，加快传统制造业向知识经济型产业转化。

3. 创新驱动与区域发展转型

在宏观经济进入新常态的背景下，区域经济增长开始出现动力转换，部分省份和城市开始从投资拉动转向创新驱动发展。如图 5-1 所示，随着人均 GDP 的提高，投资拉动贡献率逐渐下降，而研发（R&D）投入占 GDP 的比例逐步增加，创新驱动的作用逐渐增大。从省一级尺度上看，当人均 GDP 达到 2 万元后，资本形成总额占 GDP 的比例趋向 1 以下，但下降趋势减缓。当人均 GDP 达到 4 万元时，R&D 投入占 GDP 的比例上升到 2% 以上，经济增长动能开始发生转换，创新驱动将取代投资拉动，成为经济增长的主要引擎。这说明，在经济发展水平较低时，经济增长主要依靠投资拉动，创新驱动贡献率很低；随着经济发展水平不断提高，经济发展动力发生转变，创新驱动发挥越来越大的作用，逐步过渡到以创新驱动为主。

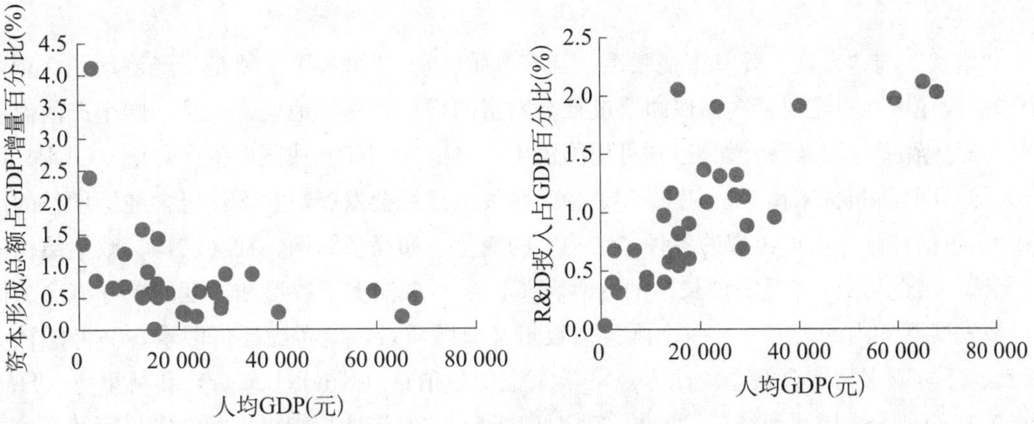

图 5-1　2014 年人均 GDP 与资本形成总额占比和 GDP 中 R&D 投入占比的关系

当前，转型发展的区域与依赖投资拉动的区域并存。部分沿海地区的城市与区域经济增长动能开始从投资拉动转向创新驱动，更多的城市和区域仍然依赖投资拉动和内需诱发的发展模式。依赖投资拉动的省份以中西部地区居多。2010 年，投资贡献率最大的地区是天津、山西、内蒙古、宁夏、广西和云南。2014 年，投资拉动贡献率最高的地区是吉林、河北、宁夏、江西、云南、青海、新疆和西藏。创新驱动贡献率较高的省份主要分布在东部地区。2010 年，R&D 投入占 GDP 的比重最高的地区为天津、山东、江苏、浙江、辽宁、湖北和广东，2014 年则为天津、山东、江苏、浙江、安徽、湖北和广东。

区域经济增长动力转型的驱动因素主要有两个方面：一是内源性增长能力的不断增强，特别是创新能力的增强，使得经济增长对投资拉动的依赖得以减轻，创新驱动可以发挥越来越大的作用；二是要素成本上升的成本驱动效应，迫使城市和区域发展走向“腾笼换鸟”，推进产业转移和产业结构转型。在激烈的市场竞争环境下，生产成本上升会挤压企业的利润空间，迫使企业向低成本区域迁移，或通过转型升级来发展附加价值更高的产业，替代盈利能力低、环境污染大的传统制造业。

创新能力 1 000 强企业的空间分布，可以反映企业创新能力的区域差异。根据中国人民大学《2017 年中国企业创新能力排行榜（1 000 强）》，在全国创新能力 1 000 强的企业中，东部地区占 77.2%，中部地区占 11.9%，西部地区占 8.4%，东北地区占 2.5%。在创新能力 1 000 强企业中，东部地区平均每个省份有 77.2 个，中部地区平均每个省份有 19.8 个，西部地区和东北地区平均每个省份分别只有 7 个和 8.3 个。企业创新能力的区域差异与区域经济增长动力转换的空间分化趋势基本一致。

第三节　从增长到发展

一、增长与发展的区别

“增长”与“发展”既有密切联系，又有本质区别。“增长”主要是指经济增长，指一个国家或地区在一定时期内国民财富或社会财富的增长，具体地说，就是一国生产的商品和劳务总量的增加。经济增长通常可用国民生产总值（GNP）或国内生产总值（GDP）以及人均 GDP 等指标来衡量。“发展”是指经济发展或社会发展，它不仅包含经济增长的内容，也包括伴随增长而出现的各种“结构”的变化，如经济结构、社会结构、政治结构的变化等。由此可见，“经济增长”的内涵较窄，是一个偏重于数量和速度的单一概念。而“经济发展”的内涵较广，是一个既包括数量又兼顾质量，既考虑经济因素，又考虑社会因素、环境因素的综合概念。西方经济学家金德尔伯格（Kindleberger）和赫里克（Herrick）在谈到经济增长和经济发展的关系时曾指出，“经济增长指更多的产出，而经济发展既包括更多的产出，也包括产品生产和分配所依赖的技术和体制安排的变革。”经济增长关心的重点是物质财富的累积、生活水平的提高；经济发展不仅关心国民生产总值的增长，更关心其结构的改变，以及社会制度、经济制度、价值判断、意识形态的变革。

一般认为，经济增长是手段，经济和社会发展是目的。经济增长是经济发展的基础，经济发展是经济增长的结果。一般来说，没有经济增长就不可能有经济发展，但有经济增长也不一定有经济发展。有时虽然实现了经济快速增长，却可能会造成社会两极分化，即富人更富，穷人更穷；或者经济增长中相当一部分是国民经济的虚耗，无补于国计民生；或者为了追求经济快速增长，不顾及广大人民的福利，不考虑所付出的社会代价。增长和发展并非一致的概念，有可能是有增长而无发展。

20 世纪 70 年代以前，传统的西方经济学把增长与发展混为一谈，把国民财富的增加作为人类经济活动的终极目标。20 世纪 70 年代以后，人们开始注意到，在发展中国家，国民生产总值的增加并没有相应地改进生产方式和生产结构，改善教育卫生状况，提升城市文化等。因此，联合国在制定第二个十年（1970—1980 年）国际发展战略时，把发展概括为“经济增长加上社会变革”，并在 20 世纪 80 年代，正式提出了“可持续发展”的概念。根据《中国21世纪议程》中的定义，“可持续发展”就是“努力寻找一条人口、经济、社会、环境和资源相互协调的，既能满足当代人的需求，又不对满足后代人需求的能力构成危害的道路”。综上所述，可以认为，“增长”不等于“发展”，更不等于“可持续发展”。

二、从高速增长走向高质量发展

改革开放以来，中国经济实现了快速增长，区域经济也经历了快速增长的过程。当前，区域经济从高速增长走向高质量发展，关键在于以下几个转变。

第一，从投资拉动走向创新驱动。如前所述，长期以来，我国区域经济增长对投资拉动的依赖过大，导致投资的边际效益下降。2006年，中部和西部地区的百元固定资产投资产生的GDP分别为240.5元和198.7元，2016年均降至101.6元（图5-2），其固定资产投资额与GDP几乎是等额，部分省份的固定资产投资额甚至高于GDP。依靠投资拉动的经济增长是不可持续的，转型发展势在必行。虽然东部地区研发投入对GDP的贡献明显高于中西部地区，但投资的边际效益也在下降，百元固定资产投资产生的GDP从2006年的293元下降至2016年162元，也需要加快向创新驱动发展的转型步伐。

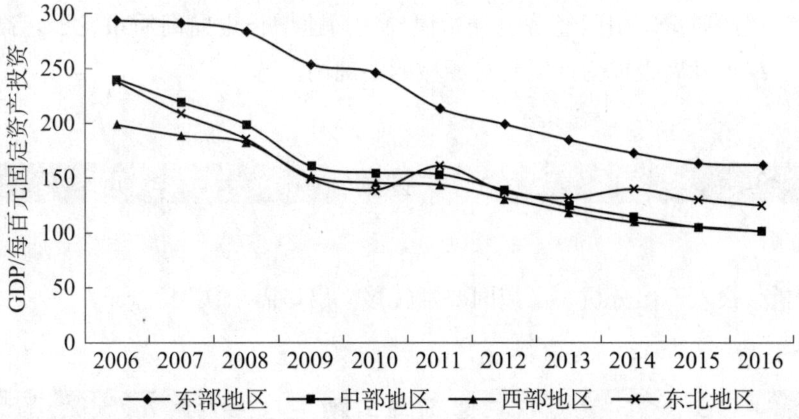

图5-2　不同地区百元固定资产产生的GDP

第二，实现高速增长走向高质量发展。1978—2017年，中国国内生产总值按不变价计算增长33.5倍，年均增长9.4%，即平均每8年翻一番，远高于同期全球经济2.9%左右的年均增速。2017年，中国人均国内生产总值59 660元，扣除价格因素，比1978年增长22.8倍，年均实际增长8.3%；人均国民收入（GNI）由1978年的200美元提高到2016年的8 250美元，超过中等偏上收入国家平均水平。当前，宏观经济由高速发展迈向了高质量发展的新阶段，区域经济也要向高质量发展转型，以集约型的发展方式代替粗放型的发展方式，培育经济增长新动能，提高知识创新对经济增长的贡献率，推动产业结构转型升级。

第三，从粗放型发展走向绿色发展。在传统发展方式下，经济增长是以资源消耗和环境破坏为代价的，快速经济增长带来了严峻的资源环境问题，因此，必须扭转依赖资源环境消耗的粗放型增长模式，推动形成绿色发展方式和生活方式，实现人与自然的和谐共生。

本章小结

如何推动区域经济增长是区域经济学的核心课题之一。不同的经济学流派对于经济增长的源泉有不同的理解，有的强调供给侧的要素供给，有的强调需求侧的需求管理，这些经济学流派投影到空间上，形成了区域经济增长理论的不同学说。在现实中，我们很容易看到这些区域经济增长理论的影子，譬如，投资加出口的区域经济增长模式。内生增长理论强调人力资本累积对经济增长的作用，昭示创新驱动和内涵发展的重要性。随着中国经济进入新常态，区域增长动力也面临转型换挡，创新驱动的作用越来越重要，而依赖投资驱动的区域开始显现出经济增长疲态。

经济增长主要关注物质财富的累积和生活水平的提高，但“增长”不等于“发展”，近年来包容性增长得到越来越多的关注，人们越来越重视发展，不仅关注物质财富的分配，还关注发展的质量。中国经济也开始倡导从高速增长走向高质量发展，高质量发展、包容性增长、绿色发展也成为区域经济领域的关键词。

关键词

乘数分析　投入产出分析　区域间要素转移　出口需求模型

复习与习题

1. 如何从需求侧解释区域经济增长的动力？
2. 如何从供给侧解释区域经济增长的源泉？
3. 如何理解增长与发展的异同点？
4. 如何理解区域经济增长动力的空间分化与转型换挡？

第六章
区域经济协调

第一节 区际经济联系

一、距离、运输与空间相互作用

空间相互作用（spatial interaction）的概念最初来自社会物理学，指不同空间之间物质、能量、人员和信息的交换，后来扩展到经济系统分析。空间相互作用的具体形式主要包括：(1) 对流，包括货物流和人员流；(2) 传导；(3) 辐射。后两者在经济系统里主要是指交易过程中的资金流和信息流（知识传播、技术扩散）。

运输（transport）是空间相互作用中货物流和客流的载体，是实现物质和人员空间位移的手段。运输有多种方式，譬如公路、铁路、航空、水运等。随着时代的发展，运输方式也在发生变化，譬如客运的手段从马车到公共汽车，再到城市地铁和城际铁路。不同运输方式的经济成本和时间成本存在差异。就货运成本而言，一般来说，水运的成本最低，适宜大宗货物的运输；陆上运输中，铁路的运输成本低于公路，但公路运输的机动性更强；航空运输的成本最高，但时间最短。无论是哪种运输方式，都会受到运输能力和运输成本的约束。运输能力主要是受物理条件的限制，而运输成本的约束与货物的特性有关，如高价值的货物可以承受的运输成本较高，廉价的大宗货物则会受到较强的运输成本制约。

空间相互作用存在距离衰减效应（distance-decay regularity），距离越长，空间相互作用的阻力越大。这是因为距离会影响运输时间和运费，一般情况下，距离越长，运输成本越高，运输时间越长。但不同货物对距离的敏感性不同，因此，距离的摩擦效果存在差异。一般来说，运输成本较高、运输成本占货物自身价值比例较大的货物，距离衰减效应较强，不宜长距离运输，或者只能采用低成本的运输方式，如水运。

空间相互作用中的传导和辐射有多种机制和途径，通常表现为一个区域对另一个区域的经济影响，一般统称为空间溢出效应（spillover effect）。空间溢出效应的经济学机制，既有通过产业投入产出的空间关联产生的需求诱发效应，也有通过信息流产生的技术扩散效应，还有以人口流动为媒介的资金流和信息流。依据空间溢出效应的经济特性，可以分为金钱的（pecuniary）溢出效应和非金钱的（non-pecuniary）溢出效应。

空间相互作用是客观存在的，但并不容易被观察到。在区域经济研究中，经常采用引力模型（gravity model）来刻画空间相互作用的强度。这是基于以下假设，即区域经济的空间相互作用既受两个区域的经济规模的影响，也受两地之间距离的影响，经济规模越大，相互作用力越强，距离越远，相互作用力越弱。

二、区际经济联系的形式和影响因素

1. 什么是区际经济联系

区际经济联系主要有商品贸易、要素流动、技术传递三种形式，尤其以对前两种的关注最多。商品贸易起源于产业地域分工，分工产生交换。在现实生活中，商品贸易广泛存在于国家之间、区域之间、城乡之间和经济主体之间。人们的生产和生活都离不开商品贸易。通过商品贸易，生产的专业化分工和不同区域的市场一体化得以实现，而生产的专业化分工和市场规模扩大可以提升社会化生产的效率，改善生产者和消费者的福利。因此，扩大区际贸易，有利于区域经济增长，如果人为地阻碍商品贸易，则会对经济增长带来负面影响，对人民生活造成损害。

要素流动主要是指资本和劳动力的流动。按照新古典经济学的观点，区域经济增长取决于要素的区内供给和区际流动。当区域内部存在要素供给不足时，就需要通过要素流动增加要素供给，以弥补要素供给的不足。由此可见要素流动对于区域经济的重要性。在现实生活中，沿海地区经济发展水平高，产业用工需求大，吸引了大量来自中西部地区的转移劳动力，这些来自中西部地区的外出务工人员，对于保障沿海地区的劳动力供给、抑制劳动力成本过快上涨，起到了不可替代的作用。可以说，如果没有这些来自中西部地区的外出务工人员，沿海地区的劳动力供给就难以得到保障，低要素成本的产业竞争力就难以得到维持。

技术扩散和知识溢出与商品贸易和要素流动相比，运输成本较低，受距离的制约相对较小，因而可以远距离传递和溢出。在互联网时代，信息传递和技术扩散的空间约束更少，知识溢出更加容易。在知识经济时代，创新驱动对经济增长的重要性更加突出，技术扩散和知识溢出对区域经济的作用也更加显著。举例而言，深圳是我国技术研发和专利申请最为集中的城市，但知识创新的源头许多来自北京的科学研究机构，北京—深圳之间技术扩散和知识溢出的连线对于深圳的创新驱动发展发挥了至关重要的作用。

2. 经济规模、距离和运输对区际经济联系的影响

经济规模对区际经济联系的影响，总体上符合重力模型的规律。经济规模越大的区域，相互之间的经济联系越密切。譬如，长三角和珠三角之间存在一定的距离，与相邻的安徽、江西、湖南等省份相比要更远，但由于长三角地区和珠三角地区的经济总量规模都很大，相互之间存在着密切的经济联系。

无论是商品贸易还是要素流动，任何形式的区际经济联系都会受到运输成本和距离衰减效应的影响。一般而言，相邻区域、近距离区域之间的经济联系更加紧密，低成本的运输方式可以缓解距离衰减效应。譬如，地处长三角的上海、江苏和浙江三省市相互之间的经济联系，比它们与广东的经济联系更加紧密。由于湖南与广东相邻，使得尽管湖南的经济总量规模小于江苏，但广东与湖南的经济联系比广东与江苏的经济联系更加密切。辽宁、河北、山东等北方沿海省份，虽然在地理距离上比河南、湖北等中部省份到长三角和珠三角的距离更远，但这些北方沿海省份由于拥有港口，可以利用低成本的海上运输，因而它们与长三角、珠三角的经济联系比河南、湖北与长三角、珠三角的经济联系更加紧密。

三、区际经济联系对区域经济增长的作用

对于区域经济来说，区际经济联系可以扩大市场规模，增加要素供给，优化资源配置，从需求和供给两侧促进区域经济增长。如果一个区域没有区际经济联系，那么它的市场规模就仅限于当地市场，而区际贸易可以将市场扩展到周边区域。如果区域经济所需的劳动力或资本存在不足，可以通过区域间要素流动得到补充。譬如，沿海地区经济快速发展，当地劳动力已经不能满足产业发展的需要，许多来自中西部地区的劳动力来到沿海地区就业，有效弥补了沿海地区的劳动力不足，同时缓解了劳动力成本上升的压力。

需求侧的作用具有乘数效应，市场需求的扩大通过生产部门之间的需求关联，可以形成连锁的乘数效果。这种乘数效应在投入产出分析中也称为需求诱发效应。需求诱发效应反映的是最终需求（最终使用）对生产的拉动作用。最终需求既包括消费，也包括投资；既包括当地市场，也包括区际贸易乃至国际贸易带来的需求。表征不同的最终需求项目对生产拉动的贡献份额的指标，称为最终需求诱发依存度。最终需求诱发依存度实际上反映了一个区域的生产对不同的最终需求项目的依赖程度，包括对不同区域的最终需求的依赖程度，因而可以用来刻画区域经济增长动力。

从最终需求诱发依存度的分析结果看，我国区域经济增长动力呈现出显著的区域差异。从总体上看，沿海地区对国际贸易的依存度较大，呈现出外向型经济的特征，中西部地区则主要依赖国内市场尤其是当地市场。从省份尺度看，除少数省份外，各省的省内市场依存度均在50%以上，部分省份省内市场依存度超过70%。大多数省份的省外市场依存度在20%～30%，少数偏远省份的省外市场依存度低于20%。从大区尺度看，除华南地区外，其余区域的区内市场依存度均高于50%，中西部地区甚至高于70%。长江中游和黄河中游地区区内市场依存度高于70%，主要是各省的省内市场依存度高。西北地区的区内市场也主要是省内市场，省际交流较少。这反映出中西部地区仍然各自为战，区域一体化程度不高。可以看出，经济板块内部的经济联系较为密切。从几个经济板块之间的联系看，沿海地区三个经济板块之间的经济联系非常密切。与此同时，沿海三个经济板块与相邻的长江中游和黄河中游地区之间的联系也较密切。对于中西部地区来说，沿海地区的市场需求是其经济增长的重要牵引力，其中相邻的沿海发达省份的市场尤为重要。譬如，西南地区的经济增长在本地市场以外主要依赖华南沿海地区的市场需求，西北地区则同时依赖黄河中游地区和京津冀鲁的市场需求。

第二节　空间格局与区域差异

一、空间格局演化

1. 空间极化与空间扩散的概念

发展经济学家冈纳·缪尔达尔（Gunnar Myrdal）将循环累积过程应用于经济发展研究，并在1957年出版的《经济理论和不发达地区》（*Economic Theory and Underdeveloped Regions*）中提出了扩散效应（diffusion effect）和回波效应（backwash effect）的概念。他认为，后进地区与先进地区之间存在两种作用，一种是扩散效应，指生产要素从先进地区向后进地区流动；另一种是回波效应，指生产要素从后进地区向先进地区流动。扩散效应是地区之间平衡发展的作用力，回波效应是促进地区之间不平衡发展的作用力。发展经济学家赫希曼在1958年出版的《经济发展战略》（*Economic Development Strategy*）中提出了极化效应（polarization effect）和涓滴效应（trickle-down effect）的概念，与回波效应和扩散效应异曲同工。极化效应主要是指要素从外围向中心集中的过程，涓滴效应是指要素从中心向外围转移的过程，有时也被称为溢出效应。

2. 赫希曼的不平衡增长理论

以赫希曼为代表的不平衡增长理论认为，经济增长是不平衡的，在产业部门上应该优先选择具有战略意义的产业部门投资，以带动整个经济发展；在空间上则存在着经济发达区域与欠发达区域之间的经济相互作用。在经济发展的初期阶段，发达区域的增长会对欠发达区域产生不利影响。由于虹吸效应的存在，欠发达区域的资源要素会向发达区域流动，从而削弱欠发达区域的经济发展能力，导致强者越来越强，弱者越来越弱的现象。这种现象称为“极化效应”。随着时间推移，发达区域吸纳欠发达区域的劳动力，在一定程度上可以缓解欠发达区域的就业压力，有利于欠发达区域解决失业问题。此外，发达区域向欠发达区域购买商品和投资的增加，也会给欠发达区域带来发展机会，刺激欠发达区域的经济增长，尤其是发达区域的先进技术、管理方式、思想观念、价值观念和行为方式等向欠发达区域的溢出，将对欠发达区域的经济社会发展产生推动作用。

赫希曼认为，在区域经济发展过程中，空间扩散效应将逐渐占据优势，并最终战胜空间极化效应。从长期来看，发达区域的发展将会带动欠发达区域的经济增长，尤其是发达区域会出现城市拥挤等环境问题；此外，欠发达区域的发展滞后也会从国内市场需求方面对发达区域的经济发展形成制约，国家经济发展将因欠发达区域的资源利用不充分而受到损害。因此，中央政府将会出面干预区域经济发展，加强发达区域对欠发达区域的涓滴效应，促进欠发达区域的经济发展，这样的干预也有利于发达区域的经济持续增长。

3. 弗里德曼的核心—边缘理论

约翰·弗里德曼（John Friedmann）于 1966 年在《区域发展政策》（*Reginal Development Policy*）一书中提出了核心—边缘理论，1969 年又进一步将空间极化理论归纳为一种普遍适用的非均衡空间发展模式。核心—边缘理论试图解释一个区域系统是如何从互不关联、孤立发展，变成相互联系、发展不平衡，又从不平衡发展变为相互关联、平衡发展的。基于熊彼特（Schumpeter）的创新思想，弗里德曼认为，空间系统是由核心区和边缘区组成的。核心区一般是指大城市或制造业集聚区，其工业发达、技术水平高、创新能力强、资本集中、人口密集、经济增长速度快，在区域系统中居支配地位。边缘区是经济发展滞后的区域，与核心区是依附关系。这样就形成了空间二元结构，随着时间推移，空间二元结构会不断演变。

空间发展可以看作创新系统的不连续积累过程，也是空间极化和空间扩散的过程。在空间发展过程中，核心区的作用主要表现在以下几个方面：（1）核心区通过供给、市场、行政系统等来组织自己的外围依附区。（2）核心区向依附它的边缘区传播创新成果。（3）核心区经济增长的自我强化特征有助于空间系统的发展壮大。（4）随着空间系统发展，创新活动将超越特定的空间范围向外扩散，核心区不断扩展，边缘区力量逐渐增强，导致新的核心区在外围区出现。

弗里德曼认为，区域经济增长必然伴随空间经济结构的变化。在经济发展初期，一般是极化效应主导，资源要素从经济梯度较低的边缘区流向梯度较高的核心区，导致核心区与边缘区的发展不平衡扩大。进入经济发展成熟期，扩散效应逐渐增强，极化效应趋于弱化，核心区的资源要素开始回流到边缘区，边缘区开始出现产业集聚。达到后工业化阶段后，资金、技术、信息等要素从核心区向边缘区的流动加强，开始进入空间相对均衡的状态。

4. 空间格局演变特征

无论是赫希曼，还是弗里德曼，都认为空间极化效应和空间扩散效应的此消彼长将推动空间经济结构的演变。归纳起来，不同经济发展阶段的空间经济结构演变具有不同的特征。

（1）前工业化阶段：产业结构以农业为主，区际经济联系不紧密，尚未形成完整的城市体系。

（2）工业化初期和中期阶段：工业化和城市化开始起步，集聚经济诱发的空间极化效应占据主导，资源要素持续向核心区流动，核心区不断得到增强，核心—外围格局形成并持续强化。

（3）工业化后期阶段：工业化和城市化加速推进，核心—外围格局依然存在，但空间扩散效应趋于增强，资源要素开始向外围区流动，外围区开始出现产业集聚。

（4）后工业化阶段：资源要素从核心区向外围区的流动进一步增强，进入空间相对均衡阶段。

二、区域经济差异

区域经济差异是区域经济研究的核心问题之一，也是永恒的主题。区域经济差异，往往是社会关注的焦点，会影响区域政策的走向。因此，区域经济差异的成因、演变趋势和调控政策等问题，一直是区域经济学的研究课题。

1. 区域差异演变趋势

（1）新古典经济学认为区域差异最终将走向收敛。

新古典经济学理论认为，区域经济增长的主要影响因素是资本、劳动、技术等生产要素的供给。如果某个地区某项要素存在短缺，该要素的价格就会趋高；如果区域之间要素可以自由流动，要素短缺地区就会吸引要素流入，直至要素价格趋于均等。因此，区域差异最终将会走向收敛。不少学者基于新古典经济学理论，对区域差异演变进行了理论和实证分析。如 Ramsey（1928）发现，封闭经济如果存在相似技术结构和偏好，那么区域差异趋于收敛。Baumol（1986）基于 1870—1978 年间 16 个工业化国家实际人均 GDP 的实证分析，发现这些国家存在明显的经济收敛现象。

关于区域差异收敛的研究，进一步地分为 β 收敛、σ 收敛和俱乐部收敛（club convergence）等。β 收敛是指初期人均产出较低的区域的人均产出增长率、人均资本增长率等增速指标比初期人均产出较高的区域更高，在统计上表现为人均产出水平与人均 GDP 增长率的负相关。β 收敛又分为绝对 β 收敛与条件 β 收敛。如果回归结果不受是否加入其他有关附加变量的影响，人均产出水平与人均 GDP 增长率均呈负相关，称为绝对 β 收敛。如果只有在加入其他有关附加变量之后，人均产出水平与人均 GDP 增长率的回归系数才能呈负相关关系，则是条件 β 收敛。σ 收敛是指不同区域之间人均收入的离差随着时间推移而趋于下降。β收敛意味着后进地区的经济增长速度快于发达地区，即增长率趋同。σ收敛则意味着各个地区的人均收入水平的绝对趋同，即收入水平趋同。β收敛是σ收敛存在的必要条件，如果不存在β收敛，那么发达地区比贫困地区增长更快，地区间收入差距就会不断扩大。但β收敛不是σ收敛的充分条件。这是因为人均收入差距的缩小，还会受到经济增速以外的因素的影响，后进地区的经济增速更快，并不能保证地区间收入差异一定能够缩小。俱乐部收敛是指具有相同的经济、开放度、文化等结构特征的区域之间存在着增长收敛趋势（Galor，1996；Ben-David，1998；Deardorff，2001）。通俗地说，就是在穷省和富省的组间差异没有缩小的前提下，如果穷省之间或者富省之间的组内差异能够缩小，也意味着区域差异的相对缩小。

（2）新增长理论和空间经济学认为区域差异将长期存在。

新增长理论认为，“干中学”（learning by doing）的知识外溢会产生规模经济（Romer，1986；DeLong，1988；Pagano，1993），具备较好的人力资本基础的区域将会长期保持领先优势，因而区域差异将长期存在。部分学者将新增长理论和新经济地理学理论结合起来，发展了全域溢出模型（Martin and Ottaviano，1999）和局部溢出模型（Baldwin et al.，2001）。他们认为，无论知识溢出是否存在距离衰减，具有较多知识资本存量的区域资本增长均较快，且资本增长率与经济增长率呈正相关，因此，经济增长会强化区位优势，区域差异将会长期存在。

（3）区域差异是既非收敛也非发散的倒U形曲线。

美国经济学家Kuznets（1955）提出了收入分配的倒U形曲线，又被称作“库兹涅茨曲线”（Kuznets curve）。他认为，在经济发展的初期阶段，收入分配将随经济发展而趋于不平等，之后有一个收入分配不平等程度变化不大的时期，进入经济发达阶段后，收入分配将趋于平等，因而收入分配不平等程度与经济发展水平的关系呈倒U形曲线。倒U形曲线所表明的收入分配变化状况与实证研究并不完全符合，所以也常常被称作“倒U形假说”。由于实证研究结果与倒U形曲线所揭示的收入分配变化规律并不完全相符，因此也被称作“库兹涅茨倒U形曲线假说”。

Williamson（1965）在《区域不平衡与国家发展过程》（*Regional Disparity and the Process of National Development*）一书中提出了区域差异的倒U形理论。威廉姆逊（Williamson）基于实证分析发现，无论是横截面分析还是时间序列分析的结果，都表明经济发展阶段与区域差异之间存在着倒U形关系。在经济发展的初期阶段，随着经济增长，区域差异逐渐扩大，之后区域差异保持稳定，再随着经济增长进入成熟阶段，区域差异将逐渐缩小。因此他认为，经济活动的空间极化是经济发展初期不可逾越的阶段，但区域经济差异会随着经济发展的成熟而最终消失。

威廉姆逊倒U形理论和库兹涅茨倒U形曲线有异工同曲之处，但对于区域差异是否最终走向缩小，学术界仍然有不同的认识。从理论上看，新增长理论和空间经济学的理论模型诠释了区域差异将长期存在的经济学机制；从实证分析看，区域差异随着经济发展并不一定会自动缩小，区域差异的演变趋势受到诸多因素的影响。

2. 密度、距离、分割与区域经济差异

世界银行于2009年发布的《世界发展报告》中提出了密度、距离、分割的3D分析框架。密度（density）体现了人类活动空间分布的特征，即越是富裕的区域，密度越高，表明空间集聚会促进经济增长。距离（distance）体现了物理的空间特征，即一个区域到经济中心的距离对于该区域的经济发展至关重要，距离对运输成本和空间经济效率有决定性作用，会影响到市场邻近和供给邻近。分割（division）体现了制度因素的空间特征，即商品和要素流动的边界壁垒造成市场分割，导致交易成本增大，阻碍贸易自由化和区域一体化。由于密度、距离和分割的共同作用，经济活动的空间集聚将是长期持续的过程，区域差异将成为常态，但各地居民生活水平有一个先分化、后趋同的过程。

3. 区域差异测度

区域差异的测度方法主要有变异系数、基尼系数、泰尔指数等。变异系数（coefficient of variation）是采用统计学的标准差和均值之比，有时考虑到人口规模的影响，可以采用加权变异系数。基尼系数（Gini coefficient）是收入不平等程度的测度方法，是基于洛伦茨曲线提出的收入分配不平等程度的衡量指标。泰尔指数（Theil index）也称泰尔熵指数（Theil's entropy measure），是衡量个体之间或者地区之间收入差异的指标。泰尔指数的优点是可以衡量组内差距和组间差距对总差距的贡献，因而被广泛地使用。泰尔指数和基尼系数之间有一定的互补性。基尼系数对中等收入水平的变化较敏感，泰尔指数则对上层收入水平的变化很敏感。

许多学者应用上述方法对中国区域经济差异及其演变进行了测度和分析（Ying，1999；Kim and Knaap，2001；Fujita and Hu，2001；Wei，1999；Tsui，1991；陈秀山和徐瑛，2004）。由于所采用方法和数据序列的差异，关于中国区域经济差异及其演变趋势，不同的实证分析结果是有差异的，不同学者的认识仍然存在分歧。譬如，关于中国区域经济增长是否存在趋同和收敛，沈坤荣和马俊（2002）、覃成林等（2012）认为中国区域经济增长存在显著的俱乐部收敛，而聂辉华等（2016）则认为省份之间经济增长并未观察到俱乐部收敛现象。

图6-1显示了近20年来人均GDP区域差异的演变。从31个省市区看，人均GDP的区域差异总体上趋于缩小，无论是人均GDP的变异系数还是最大值与最小值之比，2005—2006年后都呈现出明显的下降态势。剔除4个直辖市后，人均GDP的变异系数和最大值与最小值之比的变化都相对平缓。从27个省份看，2004年前人均GDP最大值与最小值之比是逐年增大的，2005年后则转向下降；人均GDP变异系数的变化较为平缓，2005年前略有上升，2006年之后趋于下降，但下降幅度不大。值得注意的是，2014年后区域经济差异又有扩大的倾向。

4. 区域差异调控

区域经济差异过大，不利于社会和谐、稳定，区域差异调控一直是区域政策的核心内

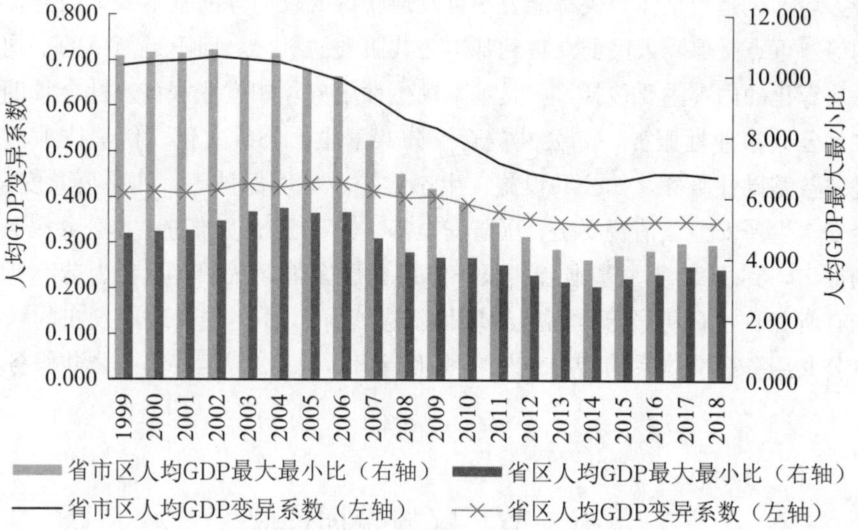

图 6-1　中国区域经济差异演变

资料来源：作者基于《中国统计年鉴》数据计算。

容，区域差异调控也是区域经济学的重点研究课题。

（1）空间干预还是空间中性?

针对区域差异，在国家内部是否应当进行空间干预，学术界有不同的观点。一派认为应该基于空间异质性实施区域导向（place-based）的空间干预政策，促进生产要素和经济活动向特定区域流动和聚集，帮助欠发达地区加快经济增长，改善区域发展不平衡状况（魏后凯，2008；OECD，2009；Martin and Sunley，2011；Barca，2012；Hewings，2014；Neumark and Simpson，2014；赵勇和魏后凯，2015）。另一种观点认为空间发展政策应该是“空间中性”（place-neutral）或“以人为本”（people-based）的，应当鼓励生产要素向效率更高的区域流动，以获得集聚经济的益处，使人均财富的地理分布更加平衡，“在集聚中走向平衡”（World Bank，2008；陈钊和陆铭，2009；范剑勇和张雁，2009；徐现祥，等，2011；朱希伟和陶永亮，2011；Barca，等，2012；刘修岩，2014；丁嵩和孙斌栋，2015；陆铭，2013，2017；Liu，等，2018）。尽管学术界的分歧依然存在，但现实中空间干预的区域发展政策随处可见，在中国，区域导向的空间干预政策尤为流行。

（2）区域差异调控政策。

由于人均 GDP 的区域差异长期存在，我国区域差异调控的重点曾经放在如何缓解人均 GDP 区域差异的扩大，甚至如何缩小人均 GDP 的区域差异上，但收效不是很明显。近年来，我国区域差异调控的重点开始转向缩小基本公共服务的区域差异上，主要是采用财政转移支付的方式，加大欠发达地区基本公共服务的财政支持力度，推进基本公共服务均等化。

依据国务院印发的《“十三五”推进基本公共服务均等化规划》，基本公共服务是由政府主导、保障全体公民生存和发展基本需要、与经济社会发展水平相适应的公共服务。基本公共服务均等化是指全体公民都能公平可及地获得大致均等的基本公共服务，核心是促进机会均等，重点是保障人民群众得到基本公共服务的机会，而不是简单的平均化。基本公共服务均等化的内容主要包括：一是基本民生性服务，如就业服务、社会救助、养老保障等；二是公共事业性服务，如公共教育、公共卫生、公共文化、科学技术、人口控制等；三是公益基础性服务，如公共设施、生态维护、环境保护等；四是公共安全性服务，如社会治安、生产安全、消费安全、国防安全等。《“十三五”推进基本公共服务均等化规划》明确提出，到2020年，基本公共服务体系更加完善，在学有所教、劳有所得、病有所医、老有所养、住有所居等方面持续取得新进展。2018年中央政府发布的《关于建立健全基本公共服务标准体系的指导意见》明确指出，到2035年，基本公共服务均等化基本实现。

第三节　区域发展模式

一、增长极与发展轴

1. 增长极模式

增长极的概念最初是由法国经济学家弗朗索瓦·佩鲁（Francois Perroux）在1950年提出的。佩鲁认为，经济增长并非出现在所有地方和部门，而是首先集中在具有创新能力的主导产业部门，这些主导产业部门通常集聚在中心城市。促进区域经济增长的有效手段是把有限的资源集中用于发展主导产业部门，以激活产业链，扩大市场需求，通过乘数效应带动相关部门增长。主导产业必须落实到空间上，主导产业集中分布而优先发展的区域称为增长极。增长极只能是区域内部具有区位优势、各种条件优越的少数地点，增长极一旦形成，会吸纳周围区域的要素，使其周围区域成为极化区域。当极化效应达到一定程度，增长极发展到足够强大时，会对周围区域产生辐射和扩散效应，推动要素向周围区域扩散，从而带动周围区域的发展。

佩鲁提出的增长极实际上是一个经济空间的概念，他认为经济发展的主要动力是技术进步与创新。增长极的概念后来被区域经济学者和经济地理学者引入地理空间，用来解释国土空间开发的布局规划。增长极的理论基础是新古典经济增长理论，重视要素供给的作用，强调虽然初期应采用非均衡增长战略，发挥极化效应的作用，但扩散效应最终会导致区域经济格局演进走向收敛。

增长极模式对于区域规划学者和政府部门的决策者具有较强的诱惑力，许多后进地区发展的空间规划都在不同程度上采纳了增长极模式的思路。在评价增长极模式的实践应用价值的同时，也要客观认识到增长极模式的一些局限。一是增长极的极化作用会剥夺周围区域的发展机会，在一定时期内会导致中心区域与周围地区的经济发展差距扩大；二是空间扩散阶段前的空间极化阶段往往时间过于漫长，在这个漫长的时间内，周围地区的人民群众要继续忍受贫困，政治不安定因素可能增加；三是增长极的主导产业和创新产业往往吸纳就业的能力有限，不一定能带来很多就业机会，而增加就业岗位对于后进地区扩大市场需求、增强自我发展能力具有至关重要的意义；四是增长极模式是一种“自上而下”的区域发展模式，单纯依靠外力推动可能会使得区域经济变得脆弱，容易形成“飞地”型的增长极，不利于后进地区走内生增长的发展道路。

2. 发展轴模式

发展轴模式是增长极模式的延续和扩展。随着增长极数量增加，增长极之间出现交通线，通过交通线连接起来的增长极以及增长极之间的交通线沿线区域就具备比增长极更强的牵引功能，增长极以及连接它们的交通线沿线区域称为发展轴。

发展轴模式的理论基础和增长极一脉相承，也是基于新古典经济增长理论。发展轴可以发挥增长极之间的联动效应，使得增长极的作用由点到面，具有比增长极更强的极化效应和扩散效应，因而被国土开发空间规划广泛采纳。但是发展轴模式也存在着与增长极模式同样的局限。

3. 多极网络空间模式

多极网络空间模式是指以增长极为基础的网络状结构，也可以说是增长极模式和发展轴模式的升级版。多极网络空间模式的特征主要有多极支撑、轴带衔接、网络关联等几点（覃成林，等，2016）。多极支撑是指以多个增长极为支撑；轴带衔接是指基于多个增长极的复数发展轴之间相互衔接；网络关联是指形成具有空间关联的网络状系统。

多极网络空间模式的基础是具备多个增长极、一个相互交织的交通线网络，且增长极之间存在空间产业关联。城市群往往是发展到一定阶段后才能具备多极网络空间模式的这些要素。目前，在我国，长三角城市群和珠三角城市群已经形成多极网络空间结构，京津冀城市群正在朝着多极网络空间结构迈进。中西部地区的成渝城市群、长江中游城市群等尚处于多极网络空间结构的雏形阶段，中原城市群、关中平原城市群等其他城市群的发展方向也是多极网络空间结构。

二、区域发展模式分类

1. 中心—外围模式

中心—外围模式（core and periphery model）主要起源于弗里德曼的核心—边缘理论。该理论试图解释一个区域系统是如何从互不关联、孤立发展，变成相互联系、发展不平衡，又从不平衡发展变为相互关联、平衡发展的。任何区域系统均可以认为是中心区和外围区组成的空间二元结构。因此，基于核心—边缘理论的区域发展模式也被称为中心—外围模式。

弗里德曼认为，区域经济增长必然伴随空间经济结构的演变。在经济发展初期，一般是空间极化效应占主导，资源要素往往从外围区向中心区流动，因此，这个阶段应当集中力量加快中心区的发展。进入经济发展成熟期，扩散效应逐渐增强，极化效应趋于弱化，资源要素从中心区向外围区的流动不断加强，开始进入空间相对均衡的状态。

克鲁格曼提出了新经济地理学的中心—外围模型，解释了中心—外围结构形成的经济学机制，认为集聚经济的作用力会导致中心—外围结构的形成和强化。克鲁格曼的中心—外围模型从微观经济理论机制的视角为中心—外围模式强调中心区发展的政策提供了理论支撑。

2. 梯度开发模式

梯度开发模式是新技术、新生产力的梯度转移理论在区域开发中的应用，最早起源于弗农（Vernon）等提出的“工业生产生命周期阶段论”，后由胡佛等发展为区域经济发展模式，其主要理念是区域经济发展应优先支持和促进高梯度地区的发展，取得较高的经济效益，带动和促进低梯度地区经济的发展。

我国学者夏禹龙等（1982）提出了梯度开发模式。他们认为，我国区域经济发展不平衡，已形成了一种技术梯度，即“先进技术”地区、“中间技术”地区和“传统技术”地区。区域发展应承认历史形成的技术梯度，让一些有条件的“先进技术”地区首先掌握世界先进技术，然后逐步向“中间技术”地区、“传统技术”地区转移。具体到空间上，沿海地带为第一梯度区，中西部分别为第二、第三梯度区。随着产业技术的梯度转移，东中西部的经济差距将逐渐缩小。针对梯度开发模式，有的学者提出了反梯度开发模式，认为我国西部地区拥有丰富的石油、煤炭、铁矿石等资源，可以采取超越梯度的方式，跨过东部发达地区，直接对西部地区实施经济开发。

3. 点轴开发模式

点轴开发模式是在增长极模式的基础上发展起来的一种区域发展模式。陆大道（1995，2001）把增长极称为点，把连接增长极的交通线称为轴，提出了点轴开发模式。点轴开发模式十分重视区域发展的区位条件，强调交通线对经济增长的作用，认为点轴开发对区域经济发展的推动作用要大于单纯的增长极开发，更有利于区域经济的协调发展。

点轴开发模式的基本思路是：第一，在一定的地域空间范围，选择若干比较优势明显的具有开发潜力的重要线状基础设施经过的地带，作为发展轴予以重点开发；第二，在各发展轴上确定重点发展的中心城镇，使之成为增长极，并确定其性质、发展方向和主要功能；第三，确定中心城镇和发展轴的等级体系，重点开发较高级别的中心城市和发展轴，随着区域经济实力增强，将开发重点逐步转移扩散到级别较低的中心城镇和发展轴，最终形成由不同等级的中心城镇和发展轴组成的多层次结构的点轴系统，进而带动整个区域的经济发展。

结合中国国土开发的实践，陆大道（1995，2001）提出了点轴开发模式和“T”字形空间结构战略。他主张，我国应以海岸地带和长江沿岸作为今后几十年我国国土开发和经济布局的一级轴线，重点开发沿海轴线和长江沿岸轴线，形成“T”字形空间战略布局。

第四节　区域协调发展

一、区域竞争与区域合作

区域科学认为，区域经济是一个国家经济的空间系统，区域之间存在着相互作用，形成了区域系统。区域系统具有综合性与整体性、空间性与区域性、动态性、开放性、层次性、自适应性与自组织性等特征。在区域系统内部，区域之间既相互竞争，也相互合作。

1. 区域竞争

区域竞争是指不同区域之间存在的竞争关系。一个区域作为经济主体，会制定其发展目标、发展路径、发展政策，并且和相关区域之间形成竞争关系。区域竞争包括不同区域之间发展目标、发展方式的竞争等，更多的时候是功能定位的竞争。譬如，香港和上海的功能定位都是东亚金融中心，就有可能形成竞争关系。香港曾经是东亚航运中心，但随着改革开放的推进，珠三角的广州港、深圳港以及长三角的上海港、宁波港等航运吞吐量快速增长，使得香港航运中心的重要性逐渐下降。

区域竞争既有长期的地缘经济竞争，也有短期的产业发展竞争和建设项目竞争。在短期的产业发展竞争和建设项目竞争中，由于各地区发展起点不同，发展条件存在差异，处于优势地位的区域具有更强的吸纳优质可流动生产要素的能力，落后地区往往成为优质可流动生产要素的输出地。在资源总量有限的情况下，落后地区在与发达地区的资源争夺中处于劣势，因而落后地区往往会采取保护主义政策，来维护当地的经济利益，从而导致地区间交易成本增大，不利于经济发展（周业安，2003）。由此可见，区域竞争有积极的作用，但也可能会带来负面的效果。区域竞争要防止的是重复建设、恶性竞争。譬如，近年来各地都把高新技术产业和战略性新兴产业当作重点产业和发展目标，容易形成重复建设，导致产能过剩。

2. 区域合作

区域合作就是区域之间为了达成某个共同的目标而实行的相互合作。由于行政区划的藩篱难以消除，各个区域画地为牢，人为设置贸易壁垒的现象难以根绝，导致区域之间生产要素自由流动受阻，“诸侯经济”特征显著。因此，区域合作对于打破行政壁垒、扩大市场开放、消除限制区域之间要素自由流动的制度性壁垒，是十分重要的。

这里讲的区域合作，不包括企业等市场主体在市场规律的引导下自发形成的跨区域合作，而是指不同区域的地方政府为达成某个共同的目标而主导推动的跨区域合作。政府主导的区域合作的目的是推动企业等市场主体的跨区域合作。因此，区域合作的作用主要有以下几个方面：一是消除或降低区际贸易壁垒，促进区域之间商品贸易和要素流动的自由化；二是推进区域协作，通过政策协调，在产业协作、利税分成等方面达成协议，促进区域间产业协作和产业转移。

区域合作的类型主要有横向区域经济合作、对口支援区域合作、生态补偿区域合作、新型区域合作等。

（1）横向区域经济合作。改革开放以来，我国出现了许多横向的区域经济合作机制。譬如，西南五省六方经济协作会、西北五省经济协作联席会等。这些经济协作机制的目的，是打破行政区划带来的壁垒，促进区域之间的要素流动和商品贸易。横向区域经济合作绝大部分是地理上相邻区域之间的合作机制。

（2）对口支援区域合作。20 世纪 90 年代以来，中央政府鼓励发达省份与欠发达省份开展经济协作。近年来，区域合作发展为发达省份对欠发达省份的对口支援合作机制。譬如，对口援疆、对口援藏、对口支援东北等政府主导的对口帮扶区域合作。

（3）生态补偿区域合作。我国把生态补偿纳入区域合作机制，鼓励生态受益地区与生态保护地区、流域下游与流域上游通过资金补偿、对口协作、产业转移、人才培训、共建园区等方式建立横向补偿机制。譬如，京津冀水源涵养区、安徽—浙江的新安江流域、广西—广东的九洲江流域等地。

（4）新型区域合作。近年来，新型区域合作不断涌现。值得关注的是共建、共享、共管的区域合作机制，如发达区域与欠发达区域合作设立开发区，开发区实行共建、共享、共管，即共同投资、利益共享、运行共管。典型案例如深汕特别合作区。2011 年，经广东省委省政府批准，深圳市和汕尾市在海丰县西部建立了总面积为 468.3 平方公里的特别合作区，由深圳、汕尾两市共同管理，深圳市主导经济管理和建设，汕尾市负责征地拆迁和社会事务。特别合作区实行收入分成，地方税收收入在扣除按体制规定上交省级财政部分后，由深圳市、汕尾市和特别合作区按 25%、25%和 50%的比例分成。2011—2015 年，深圳、汕尾两市将各自所得的分成收入全额返还特别合作区；2016—2020 年，深圳、汕尾两市将各自所得的分成收入的 50%返还特别合作区。GDP 统计也实行区域分成，特别合作区的 GDP 按照深圳占 70%、汕尾占 30%的比例分别计入两市统计指标，能耗指标划分由深圳、汕尾两市协商确定。

二、区域一体化

1. 什么是区域一体化

区域一体化是不同区域之间市场一体化的过程。区域一体化既包括以国家为单位的跨越边境壁垒的市场一体化，也包括一个国家内部区域之间跨越区际贸易壁垒的市场一体化。市场一体化（market integration）的核心内涵就是消除国境（区域边界）对市场交易造成的障碍，降低或消除贸易壁垒，使得商品贸易和生产要素趋于自由流动。因此，区域一体化也被称为区域整合（regional integration）。

2. 区域一体化的阶段和类型

从跨国尺度的区域一体化来说，区域一体化有不同的阶段和形式。譬如，自由贸易协定、共同市场、关税同盟、经济同盟。自由贸易协定是指加入协定的国家相互之间降低或撤销关税，域内和域外实行不同的关税。譬如，北美自由贸易协定（NAFTA）、东盟自由贸易区（ASEAN）、中国和东盟的10+1自由贸易区等。共同市场是指加入共同市场的国家相互之间开放边界，实现劳动、资本等要素流动的自由化、商品贸易的自由化。譬如，欧洲农业共同市场（CAP）。关税同盟和经济同盟则是更高层次的一体化。譬如，欧洲联盟（EU）。

跨国尺度的区域一体化，无论是自由贸易协定，还是共同市场、关税同盟，都会导致域内和域外实行不同的贸易政策。域内和域外的不同关税，会带来贸易转移效应和贸易创造效应。贸易转移效应是指由于域内关税水平低于域外，域内的商品贸易趋于增加的现象。贸易创造效应是指域内关税水平降低带来的域内贸易量增加。因此，经济学理论认为，推进跨国区域一体化可以给域内国家带来经济福利的改善。

从国家内部的区域一体化来说，区域一体化主要表现为经济区、都市圈、城市群等形式，实质是消除行政区划带来的区际贸易壁垒，促进区域内部要素流动和商品贸易的自由化，通过生产要素和商品贸易的自由流动，达到优化资源配置的目标。由于国家内部不存在关税，但地方政府会在行政辖区范围内实行各种隐蔽的贸易壁垒，从而会造成市场分割。制度性因素造成的区际贸易壁垒往往与行政区划边界相关，推进区域一体化的主要目的就是消除区际贸易壁垒，因此，区域一体化程度也可以用边界效应进行测度。

3. 边界效应

由于行政区划的边界会减少区际贸易流量，导致地区间市场价格存在差异，因此，边界效应（border effect）成为衡量区际贸易壁垒强度的概念，同时也可以反映区域一体化的程度。测度边界效应的方法，主要有两类：一是基于一价定律来测度边界效应，二是基于贸易引力模型来测度边界效应。

一价定律（law of one price）认为两地的价格差异应该不超过一定区间，区际贸易壁垒会加大两地的价格差异，因而把相对价格变动方差折算成距离来测度价格差异和贸易壁垒的强度。一价定律的方法是Engel和Rogers（1996）提出来的，他们测算了美国和加拿大的边界效应是75 000英里。后来的学者认为他们的研究结果过于离谱，提出了不同的改进方法。Gorodnichenko和Tesar（2009）在控制异质性的影响后，测算了美国和加拿大的边界效应，结果是边界效应大幅度下降到47公里。目前，基于一价定律的边界效应测度方法已经有很多改进的尝试，但测算结果的差异仍然较大。

McCallum（1995）提出了基于贸易引力模型的边界效应测度方法。他认为，与自由贸易相比，行政边界会减少区际贸易流量，域内贸易和域外贸易的比例可以用来衡量边界效应的强度，可以把域内贸易和域外贸易的比例定义为边界效应系数。麦卡勒姆（McCallum）的计算结果表明，美国国内贸易流量是美加国际贸易流量的22倍。因此，边界效应系数 22 成为一个参考数值。但必须指出的是，贸易引力模型有可能忽视了多变阻力的影响，这也会导致估计偏差。

关于中国国内边界效应的研究也有许多文献。总体来看，关于中国国内边界效应的研究，主要有三种观点。第一种观点认为中国国内区域间的边界效应趋于增强。Poncet（2003）认为，1987—1997 年，中国对外贸易快速增长，省际贸易强度减弱，且相对于国际贸易壁垒，国内市场分割壁垒更为严重，国内市场一体化并不成功。黄赜琳和王敬云（2006）认为，1997 年，国内各大区域之间仍然存在着市场分割。第二种观点认为边界效应趋于减弱。黄新飞等（2013）分析长三角和珠三角城市的边界效应，发现 2004—2007 年，城市平均边界效应从 45.9 万公里下降至 6.6 万公里，平均每年以 0.2%的速度下降。桂琦寒等（2006）、行伟波和李善同（2009，2010）等学者发现，2002 年前，国内市场整合程度呈上升趋势，2003—2005 年，市场一体化水平较高。第三种观点认为边界效应先增后减。赵永亮等（2009）发现，边界效应在 1991—1995 年到 1996—2000 年是增强的，并在 2000 年以后减弱，三个样本期呈先增后减的变化趋势。这些研究大多数采用一价定律等间接估算方法，数据年份偏早，缺乏地理相邻因素的考虑。

本书作者采用 2002 年、2007 年和 2012 年中国省份间投入产出模型，计算了以相邻省份的省内贸易与省际贸易之比定义的边界效应系数，发现 2002 年、2007 年和 2012 年全国平均的边界效应系数分别为 15、10、9。从总体上看，省份尺度的边界效应趋于减弱，区域一体化程度趋于提高。从单个省份看，2012 年各省份的边界效应系数均不超过 22，大部分省份小于 10，区域一体化处于较高的水平。

三、区域协同发展

区域协同发展与区域协调发展一脉相承，但更符合时代特征，在内涵上有一定的创新性。区域协同发展的基本内涵有两个重点：一是突出区域发展理念的协同性、统一性和包容性，强调共同体的发展理念和全域一盘棋的发展规划，以共同体理念指导和统筹区域发展，体现“扬长补短、求同存异、共同发展”的基本方针，实现区域整体实力和竞争力的提升。二是突出区域发展机制的协同性，强调通过一体化发展，包括市场一体化、交通基础设施一体化、基本公共服务一体化、生态环境保护一体化等，带动扶持问题区域增强自我发展能力和可持续发展能力。

区域协同发展的代表性案例是京津冀协同发展。2015 年 4 月，中共中央政治局审议通过《京津冀协同发展规划纲要》，基本完成了京津冀协同发展的顶层设计。京津冀协同发展作为一个重大国家战略，是把京津冀三地作为一个整体协同发展，以疏解北京非首都功能、解决北京“大城市病”为基本出发点，调整优化城市布局和空间结构，推动河北雄安新区和北京城市副中心建设，探索超大城市、特大城市等人口经济密集地区有序疏解功能、有效治理“大城市病”的优化开发模式，实现京津冀优势互补，促进环渤海经济区发展，带动北方腹地发展。其中，京津冀交通一体化、生态环境保护、产业升级转移等重点领域要率先取得突破。

第五节　交通运输发展与区域经济协调

交通运输是区际经济联系的载体，是商品贸易、要素流动、商务交流的条件保障。交通运输发展对于区域经济协调具有重要的意义。

一、交通运输方式的特点

交通运输的基本构成要素包括交通基础设施和交通运输工具两大部分。交通基础设施是指交通运输线路（公路、铁路、航道、管道、桥梁、隧道等）、交通运输港站（车站、港口、码头、机场等）以及其附属设施（加油、供电、维修、收费、救援、服务站等）和支持系统（专用通信信息网、交通管制、调度、安全、导航、监控等现代化装备系统）。

交通运输方式分为铁路、公路、水运、航空、管道等，不同交通运输方式的特点各有不同。

（1）铁路运输。

铁路是使用机车牵引车辆组成列车（或以自身有动力装置的车辆）、在轨道上行驶的陆上交通方式。作为一种陆上轨道运输方式，铁路交通的基础设施由轨道线路、车站、机车及动力牵引系统、调度和通信信息系统等组成。按照机车行驶速度，铁路可分为高速铁路（时速 250 公里以上）、快速铁路（时速 200 公里左右）和普速铁路（时速 160 公里以下）；按照运输对象不同，铁路可分为客运线路和货运线路；按照路网类型不同，铁路可分为国家干线铁路、区际干线铁路、地方区域铁路、城际轨道交通、城市轨道交通、地方专线铁路等；按照铁路建设投资类型，铁路可分为国家铁路、地方铁路、合资铁路等。

铁路运输的特点是运输量大、运输时间较短、运输成本较低，一般又不受气候条件限制，适合于大宗、笨重货物的长途运输。与公路相比，铁路的运输量大、运输成本低、运输能耗少；与水运相比，铁路的运输时间短。通常情况下，铁路的平均运输距离比公路长，比水运短。但是，铁路运输依赖轨道线路，机动性较差，轨道线路对地理环境的要求较高，轨道线路的建设需要大量初始资金投入。

随着技术进步，铁路交通的动力不断改进，机车行驶速度不断提升，运输效率不断提高。火车的动力从蒸气机到内燃机、再到电力机车，绝大部分铁路运输实现了电气化。1997 年以来，中国铁路经历了六次大提速。1993 年，全国客车平均时速为 48.1 公里；

2004年，特快列车时速达到92.8公里，直达特快列车平均时速达到119.2公里；2007年，中国铁路进入高铁时代，高铁时速超过200公里。截至2015年底，全国已有铁路线路12万公里，其中，快速铁路网4万多公里，高速铁路营业里程1.8万多公里。

（2）公路运输。

公路运输的基础设施主要是公路。公路是指可以行驶汽车的公用之路。公路的特点，一是可以行驶汽车，二是公用之路。按照行政等级，公路可分为：国家公路、省公路、县公路、乡公路、村公路以及专用公路六个等级。一般把国道和省道称为干线，县道和乡道称为支线。按照技术标准，公路可以分为五个等级：高速公路、一级公路、二级公路、三级公路、四级公路。其中，高速公路为专供汽车分向分车道行驶并应全部控制出入的多车道公路，一级公路为供汽车分向分车道行驶并可根据需要控制出入的多车道公路。截至2014年底，全国共有公路总里程446.39万公里，其中，等级公路里程390.08万公里，占公路总里程的87.4%。全国平均公路密度为46.50公里/百平方公里。全国已建成高速公路里程11.19万公里，高速公路覆盖97%的20万以上人口城市及地级行政中心。

公路运输的特点是线路密度高、机动性强，可以实现“门到门”直达运输。这是其他运输方式与公路运输无法比拟的特点之一，也是公路运输的最大优势。但公路的运输量小，运输成本较高，平均运输距离短，主要承担短途客货运输。随着集装箱等运输技术的发展，公路运输也开始进入长途运输的领域。目前，公路运输在交通运输业中仍然占据主导地位。据统计，发达国家公路运输完成的客货周转量占各种运输方式总周转量的90%左右。

（3）水运。

水运是使用船舶运送客货的一种运输方式。水运以水为媒介，以船舶为工具，主要特点是运输量大、运输成本低、运输时间长。水运在各种运输方式中运输成本最低，但运输速度慢，适宜大运量、长距离的大宗笨重货物运输。水运分为海上运输和内河航运。内河航运是依托陆地内的江、河、湖、川等航道进行运输的方式；海上运输是依托海上航道进行运输的方式。依据海上航道的范围，海上运输可以进一步分为沿海运输、近海运输和远洋运输。无论是海上运输还是内河航运，都要依托航道，受到航道自然条件的制约，包括航道水深、港口水深、航道气象条件等因素的影响，因此，海上灯塔、航路标志、船舶导航等基础设施对于水运十分重要。

水运的基础设施主要由航道系统和港口组成。港口作为水运的运输枢纽，是水运的重要基础设施，也是水运的重要环节之一。一般来说，港口选择具有天然掩护的海湾、水湾、河口等，作为停泊船舶、装卸货物、上下旅客、补充给养的场所。港口的经济功能主要有以下四个方面：一是物流服务功能。港口为船舶提供中转、装卸和仓储等综合物流服务，并与汽车、火车、飞机等运输方式结合，提供多式联运和流通加工的物流服务。二是信息服务功能。港口要建设电子数据交换（EDI）系统等增值服务网络，为用户提供市场信息，为客户提供订单管理、供应链管理等信息服务。三是商业功能。港口作为商品交流和内外贸的场所，可以衍生出代理、保险、融资、货代、船代、通关等运输、商贸和金融服务。四是产业功能。港口作为国内市场与国际市场的接轨点，是货物、资金、技术、人才、信息的聚集点，可以利用这一区位优势发展临港产业，包括加工、仓储、保税、物流等产业。

(4) 航空运输。

航空运输是指使用飞机及其他航空器运送人员和货物的一种运输方式。航空运输的特点是快速高效，但运输成本高，既是远程旅客运输的重要方式，也是贵重物品、鲜活货物和精密仪器等货物运输的重要方式。

航空运输的基础设施主要由航空器、空港和航线组成，航空公司和航班也是航空运输系统的组成部分。航空运输是一个高投入、高成本的产业。无论是运输工具还是空港建设运营，均价值昂贵，其初始成本巨大、运营成本高昂。航空运输的飞行安全要求十分严格，包括技术要求高、设备操作复杂、运营过程的风险性大。因此，航空运输的主体资格限制较严、市场准入门槛高，往往形成自然垄断。此外，航空运输受气象条件等自然因素的影响较大，航线的气象条件必须能够保证飞行安全。

(5) 管道运输。

管道运输是利用管道作为运输工具的一种运输方式，主要用于长距离输送石油、天然气等液体和气体燃料，是交通运输网的特殊组成部分。管道运输的特点是运输量大，运输连续、高效、安全、密闭，并可以自动控制。从成本上看，管道运输石油产品的成本比水运高，但比铁路运输便宜。管道运输的缺点是专用性强、灵活性差、固定投资大。

管道运输的基础设施主要是管道。与铁路相比，管道建设投资少、占地少、建设周期短。大多数管道埋于地下，占用土地很少。与相同运量的铁路相比，管道的建设周期可缩短 1/3 以上，建设投资降低 60%左右。

(6) 城际交通和城市轨道交通。

城际铁路是相邻城市之间开通的行驶城际列车、运送城际旅客的客运专线铁路。城际铁路是连接相邻大城市的重要交通手段，对于城市群或都市圈的形成发展具有十分重要的作用。发达国家的城市群或都市圈都建成了快速便捷的城际铁路。

城市轨道交通包括地铁、轻轨电车、单轨电车、有轨电车等。与地面公共交通相比，城市轨道交通具有快速便捷、运输量大、全天候、节能省地等特点，是城市公共交通网络的骨干，但地铁系统建设的初始成本巨大。

城际铁路和城市轨道交通作为城市公共交通网络的骨干，其站点往往成为城市公共交通网络的枢纽，客流量巨大，商业价值高，经常成为综合性的商业中心。以公共交通为导向的发展模式（transit-oriented development，简称 TOD）已经成为城市规划的一种理念和设计原则。

中国近年来交通基础设施发展情况请见表 6-1。

表 6-1　　中国交通基础设施的发展

指标 / 年份	铁路营业里程（万公里）	公路里程（万公里）	高速公路里程（万公里）	内河航道里程（万公里）	航班航线里程（万公里）	管道输油（气）里程（万公里）	私人汽车拥有量（万辆）	私人小型载客汽车（万辆）
2009	8.55	386.08	6.51	12.37	234.51	6.91	4 574.91	3 436.26
2010	9.12	400.82	7.41	12.42	276.51	7.85	5 938.71	4 593.46
2011	9.32	410.64	8.49	12.46	349.06	8.33	7 326.79	5 823.62
2012	9.76	423.75	9.62	12.50	328.01	9.16	8 838.60	7 226.48
2013	10.31	435.62	10.44	12.59	410.60	9.85	10 501.68	8 810.51
2014	11.18	446.39	11.19	12.63	463.72	10.57	12 339.36	10 590.75
2015	12.10	457.73	12.35	12.70	531.72	10.87	14 099.10	12 432.26
2016	12.40	469.63	13.10	12.71	634.81	11.34	16 330.20	14 645.61
2017	12.70	477.35	13.64	12.70	748.30	11.93	18 515.10	16 788.42
2018	13.10	484.65	14.26	12.71	837.98	12.23	20 574.93	18 731.80

资料来源：《中国统计年鉴》。

二、交通运输发展对于区域经济协调的作用

交通运输发展对于区域经济协调发展具有举足轻重的作用。

（1）交通运输是强化区际经济联系的基础保障条件。

交通运输是商品贸易和要素流动的载体，也是人员往来、商务交流的条件保障。交通基础设施是形成运输能力的基础和关键，若交通基础设施落后于交通工具发展，即使交通运输工具再先进也不可能形成强大的运输能力。我国的自然资源与生产能力存在空间分布错位，跨区域交通基础设施建设对于资源配置优化和区域经济一体化发展尤为重要。

（2）交通基础设施建设是促进欠发达区域发展、缩小区域差异的重要政策手段。

欠发达地区往往地处偏远，交通不便，因而加快欠发达地区的经济发展，首要任务是交通基础设施建设。要致富，先修路。

（3）交通基础设施建设投入具有乘数效应，是宏观经济调控的政策手段。

交通基础设施投资巨大，对宏观经济具有强大的拉动作用。世界各国都把交通基础设施建设当作调控宏观经济、促进经济增长的政策手段。

近年来中国交通运输业的发展情况见表 6-2。

表 6-2　　　　中国交通运输业的发展

指标＼年份	2009	2010	2011	2012	2013	2014	2015	2016	2017	2018
旅客运输量（万人）	2 976 898	3 269 508	3 526 319	3 804 035	2 122 992	2 032 218	1 943 271	1 900 194	1 848 620	1 793 820
旅客周转量（亿人公里）	24 835	27 894	30 984	33 383	27 572	28 647	30 059	31 258	32 813	34 218
客运平均运距（公里）	83	85	88	88	130	141	155	165	178	191
铁路客运量（万人）	152 451	167 609	186 226	189 337	210 597	230 460	253 484	281 405	308 379	337 495
铁路旅客周转量（亿人公里）	7 879	8 762	9 612	9 812	10 596	11 242	11 961	12 579	13 457	14 147
铁路客运平均运距（公里）	517	523	516	518	503	488	472	447	436	419
公路客运量（万人）	2 779 081	3 052 738	3 286 220	3 557 010	1 853 463	1 736 270	1 619 097	1 542 759	1 456 784	1 367 170
公路旅客周转量（亿人公里）	13 511	15 021	16 760	18 468	11 251	10 997	10 743	10 229	9 765	9 280
公路客运平均运距（公里）	49	49	51	52	61	63	66	66	67	68
水运客运量（万人）	22 314	22 392	24 556	25 752	23 535	26 293	27 072	27 234	28 300	27 981
水运旅客周转量（亿人公里）	69	72	75	77	68	74	73	72	78	80
水运客运平均运距（公里）	31	32	30	30	29	28	27	27	27	28
民用航空客运量（万人）	23 052	26 769	29 317	31 936	35 397	39 195	43 618	48 796	55 156	61 174
航空旅客周转量（亿人公里）	3 375	4 039	4 537	5 026	5 657	6 334	7 283	8 378	9 513	10 712
航空客运平均运距（公里）	1 464	1 509	1 548	1 574	1 598	1 616	1 670	1 717	1 725	1 751
货物运输量（万吨）	2 825 222	3 241 807	3 696 961	4 100 436	4 098 900	4 167 296	4 175 886	4 386 763	4 804 850	5 152 674
货物周转量（亿吨公里）	122 133	141 837	159 324	173 804	168 014	181 668	178 356	186 629	197 373	204 686
货物运输平均运距（公里）	432	438	431	424	410	436	427	425	411	397
铁路货运量（万吨）	333 348	364 271	393 263	390 438	396 697	381 334	335 801	333 186	368 865	402 573
铁路货物周转量（亿吨公里）	25 239	27 644	29 466	29 187	29 174	27 530	23 754	23 792	26 962	28 821
铁路货运平均运距（公里）	757	759	749	748	735	722	707	714	731	716
公路货运量（万吨）	2 127 834	2 448 052	2 820 100	3 188 475	3 076 648	3 113 334	3 150 019	3 341 259	3 686 858	3 956 871
公路货物周转量（亿吨公里）	37 189	43 390	51 375	59 535	55 738	56 847	57 956	61 080	66 772	71 249
公路货运平均运距（公里）	175	177	182	187	181	183	184	183	181	180
水运货运量（万吨）	318 996	378 949	425 968	458 705	559 785	598 283	613 567	638 238	667 846	702 684
水运货物周转量（亿吨公里）	57 557	68 428	75 424	81 708	79 436	92 775	91 772	97 339	98 611	99 053
水运货运平均运距（公里）	1 804	1 806	1 771	1 781	1 419	1 551	1 496	1 525	1 477	1 410
民用航空货运量（万吨）	446	563	557	545	561	594	629	668	706	739
航空货物周转量（亿吨公里）	126	179	174	164	170	188	208	222	244	263
航空货运平均运距（公里）	2 833	3 177	3 120	3 007	3 034	3 161	3 306	3 330	3 450	3 554
管道货运量（万吨）	44 598	49 972	57 073	62 274	65 209	73 752	75 870	73 411	80 576	89 807
管道货物周转量（亿吨公里）	2 022	2 197	2 885	3 211	3 496	4 328	4 665	4 196	4 784	5 301
管道货运平均运距（公里）	453	440	506	516	536	587	615	572	594	590

资料来源：《中国统计年鉴》。

三、临港经济和临空经济

（1）临港经济。

临港经济是指依托港口，以港口及所在区域为载体，以港口相关产业及综合运输体系为支撑，以港口腹地为市场依托，发展起来的与港口密切相关的产业集群和特色经济形态。临港经济的发展与海上运输的特点密切相关，主要是与大宗商品进出口贸易有关的加工、运输等产业有关。临港经济的产业主要有两大类：一类是与港口运输密切相关的加工制造业。譬如，依托进口油料发展起来的植物油产业、依托进口铁矿石发展起来的钢铁工业、依托进口油气资源发展起来的石油化工产业。日本的东京港、神户港就是依托港口推动了钢铁工业、植物油产业、石化产业等临港产业的发展。另一类是为港口运输配套的口岸、物流等产业。譬如，通关服务、保税、仓储、运输物流、大宗商品交易中心等。

改革开放以来，随着中国经济快速发展，国际贸易和海上运输迅猛增长，我国已成为世界上港口吞吐量和集装箱吞吐量规模最大、增长速度最快的国家。根据 2014 年世界港口集装箱吞吐量排名，全球港口前 20 强中我国占据了 8 个席位，这些港口分别为上海港、深圳港、宁波—舟山港、青岛港、广州港、天津港、大连港和厦门港。随着海上运输的增长，港口基础设施日渐完善，临港经济快速发展，这也带动了港口城市的迅速发展。

目前，我国的重要港口都形成了不同类型不同规模的临港经济区。譬如，天津临港经济区依托天津港，通过围海造地，形成了港口工业一体化的海上工业新城，功能定位为中国北方以装备制造为主导的生态型临港经济区，支柱产业为装备制造、粮油加工和口岸物流产业。

（2）临空经济。

临空经济是指依托空港，以空港及邻近区域为载体，以航空运输（人流、物流）为指向，以航空货流和商务人流为支撑，发展起来的产业集群和特色经济形态。一般来说，临空经济的产业具有明显的航空枢纽指向性，这是临空经济与临港经济最大的不同之处。航空枢纽指向性主要表现在三个方面：一是便捷的航线连接性，临空经济产业需要利用航空枢纽丰富的航线资源和方便达到多个目的地的优势；二是运输的快速性和时效性，临空经济产业的从业人员和货物运输对时间的要求高，需要利用航空运输的快速性优势；三是运输产品的高价值性，由于航空运输的高成本，临空经济产业所提供的产品和服务的单位体积或者单位重量必须具有高价值。

临空经济的产业主要有以下几个类型：一是服务于航空枢纽的产业，包括直接为机场设施、航空公司及其他驻机场机构（海关、动植物检疫检验等）提供服务的配套和后勤产业等。二是航空运输和物流服务产业。航空运输货物一般具有重量轻、体积小、技术精、价值高、鲜活和事急等特点（譬如，航空快件、黄金宝石、鲜活产品、高级冷冻食品、花卉、贵重药品、精密机械和高档电子产品及零部件以及救援性航空运输服务等）。此外，也包括为航空客运服务的航空旅馆业。三是具有明显航空运输指向性的加工制造业和有关服务业。譬如，航空运输指向性较强的电子产品等高新技术产业、航空物流辅助加工业、航空工具与用品的制造业，以及国际商务服务业、会展业和航空竞技业等。四是以研发和管理为主的总部经济。临空经济区往往集聚了大量的人流、物流和信息流，为公司总部的管理人员捕捉市场需求信息提供了便利，增强了对公司总部的吸引力，导致公司总部不断地向临空经济区集中，在临空经济区形成总部经济。

临空经济在国外起步较早，发展较为成熟，但在中国，临空经济起步较晚。中国的临空经济是随着民航事业的发展及空港建设的推进发展起来的。目前，我国北京、上海、广州等地依托枢纽机场已形成临空经济区，成都、昆明、重庆、西安、深圳、杭州、武汉、沈阳、天津、郑州等省会或重点城市也依托空港形成了各具特色的临空经济区。截至2019年3月，全国已有14个临空经济示范区。

本章小结

区域是一个开放系统。区域之间有着密切而频繁的经济联系，既包括人员往来和货物交换，也包括要素流动和商品贸易。区域之间的相互作用，使得区域经济协调成为区域经济学研究中一个必不可少的重要课题。区域经济协调首先要从认识区际经济联系入手。在选择区域发展模式、推动区域协调发展的过程中，必须深入认识区际经济联系，发挥区际经济联系对区域经济的促进作用，实现走向区域一体化、推动区域协同发展的目标。

区域差异调控是区域经济协调的重要课题。空间格局演化具有自身的经济规律，空间格局演化会影响区域差异的演变趋势。政府是否应该进行政策上的空间干预？如何调控区域差异？是以人为本，还是区域导向的空间干预政策？这些都是区域经济学研究的热点问题。

交通运输是区际经济联系的载体，无论是物流，还是人员往来，都需要交通运输提供条件保障。交通基础设施建设对于区域经济协调发展具有举足轻重的作用。交通运输基础设施的发展也催生了临港经济、临空经济等新兴的产业空间组织模式。

关键词

距离衰减效应　区际经济联系　空间溢出效应　空间极化效应　空间扩散效应　区域差异　增长极　发展轴　区域竞争　区域合作　区域一体化　边界效应　区域协同发展

复习与习题

1. 如何理解区际经济联系对区域经济增长的促进作用?
2. 如何理解空间极化的驱动因素和作用机制?
3. 你认为区域差异的演变趋势是收敛还是发散？为什么?
4. 区域一体化的障碍因素有哪些?
5. 如何理解交通基础设施建设对于区域经济协调的作用?

第七章
城市发展与城市化

第一节　城市的形成与发展

一、城市是怎么形成的

城市，顾名思义是城和市的组合。所谓城，是指城堡，城郭，城邑，以防卫性的城墙为标志。所谓市，是指集市，是商品交换的场所。城和市是农业社会城市功能的集中体现。

在前工业化时代，社会生产主要依靠农业经济，城市的起源主要依赖于商品贸易。那时的城市往往是贸易城市，城市规模一般都不大。福建泉州，古称刺桐，是海上丝绸之路的起点。宋元时期，泉州在海上贸易中发挥着主导作用，是整个闽南的商业中心。1291年，马可·波罗（Marco Polo）游历泉州时曾经记载："在刺桐城有一个海上港口。船舶装载商品后，从刺桐港出发，可以通往蛮子（福建省）的各地及其他地区销售。如此多的商人和商品聚集在这个城市，这是世界上两个最大的港口之一，大多数商品能运送到这里，是因为这个港口的便利和巨大。"半个世纪后，穆斯林旅行家伊本·白图泰（ibn Baṭūṭah）印证了马可·波罗的记载："刺桐港确实是世界最大港口之一，或者称其为世界唯一的最大港，亦无不可。"泉州繁荣的海上贸易促进了商业的蓬勃发展。宋代泉州城主要由衙门核心区和商业核心区组成，南郊商业核心区的出现和繁荣是宋代泉州城市发展最显著的特征。泉州是贸易带动城市发展的典型。

进入工业化时代之后，城市发展主要依靠制造业的带动，制造业的空间集聚是城市形成和发展的主要动力，城市化往往和工业化同步进行。世界上大多数的大城市是工商业城市。在近代中国，民族工业的发展推动了上海、无锡、武汉等长江中下游城市的发展。中华人民共和国成立后，重化工业优先的工业化战略带动了沈阳、抚顺、长春等工业城市的形成和发展。改革开放以来，以承接国际产业转移为特征的工业化促进了深圳、广州、厦门、苏州、青岛、大连等沿海城市的快速发展。铁路建设对城市的形成和发展也具有重要的影响。郑州、石家庄、株洲被称为火车拉来的城市，就是因为它们地处铁路交通枢纽，铁路交通的发展直接推动了这些城市的发展。

进入后工业化时代，城市发展更多地与服务业经济相关联，现代服务业将替代制造业，成为城市经济的主要动力。一些国际化大都市已经转向以服务经济为主，譬如伦敦、纽约、巴黎、东京、香港。在国内，北京的服务业占 GDP 的比例已经超过 70%，上海的服务业占比也达到了 70%。尽管如此，当代关于城市发展的知识积累和城市经济学的理论体系，仍主要是基于工业文明时代的实践背景和理论认知。

二、城市形成的经济学机制

1. 向心力和离心力

按照城市经济学的理论解释，城市是人口和经济的空间集聚的载体，城市的形成和发展是向心力和离心力相互作用的结果。向心力也称集聚力，是驱使经济活动空间集聚的作用力，也是城市形成和发展的驱动力。诱发向心力的因素，主要来自规模经济、空间外部性和空间竞争等。规模经济可以降低企业的平均生产成本，即在规模经济的作用下，生产向城市的空间集聚可以降低成本、提高效率。城市规模越大，需要的腹地市场就越大，越有利于规模经济发挥作用。规模经济是驱动空间集聚和城市形成的重要经济学机制。空间外部性是规模外部经济的微观基础。人口和企业在空间上的彼此接近，通过分享、匹配、学习三种机制，可以带来规模外部经济，提高劳动生产率，增加就业机会。因此，空间外部性是驱动空间集聚和城市形成的另一个重要经济学机制。此外，在空间竞争机制的作用下，企业和消费者的交流互动会驱使他们在空间上彼此接近，并形成不同的城市空间结构。

离心力也称分散力，是驱使经济活动趋向分散的作用力。诱发离心力的因素，主要来自运输成本、级差地租、通勤成本等。运输成本包括中间产品的运输成本和最终产品的运输成本。当运输成本过高时，集中生产并把产品从产地运到销地会导致运输成本增加，因而会驱使企业向靠近市场的区位分散布局生产。区位级差地租会导致不同区位的生产成本存在差异，企业为节约生产成本可能会向低成本的区位分散布局生产。城市规模过大会导致通勤成本增加，因此，通勤成本也会成为制约城市规模扩大的因素。

在现实世界中，向心力和离心力往往同时存在并相互作用。当向心力占上风时，人口和经济活动会走向集聚，制造业的空间集聚和工业劳动力流动就成为城市形成的动力。当离心力占上风时，人口和经济活动会走向分散，制造业向外迁移，会在新的集聚地形成新城市。因此，城市规模和城市之间的距离均取决于离心力和向心力的相对作用强度。

2. 市场潜力函数与集聚阴影

本书第二章第四节介绍了市场潜力函数和集聚阴影在城市形成过程中的作用。城市的形成是制造业空间集聚的结果，制造业往往集聚在市场潜力高的区域，因此，城市往往出现在市场潜力高的地方。随着产地到城市中心的距离增加，市场潜力开始是下降的，后来又逐渐上升。这是因为离城市较近的区域有较大吸引力，使得一开始市场潜力下降；离城市较远的地方由于距离的作用使得厂商之间的竞争减弱，导致市场潜力有所回升。人口规模增大会导致市场潜力曲线上移。当人口增加使得中心城市以外区域的市场潜力达到与中心城市同等值时，此时的人口规模被称为人口的临界值。而市场潜力达到与中心城市同等值的区域与中心城市之间的距离，被称为制造业的临界距离。中心城市以外区域的市场潜力达到与中心城市同等值时，制造业企业就有可能迁出中心城市，在城市中心之外市场潜力较高的区位形成新的集聚，催生新的城市出现。

城市中心到制造业临界距离之间的范围被称为集聚阴影（agglomeration shadow）。集聚阴影的作用是锁定城市区域的范围，在集聚阴影范围内不能形成新的城市。也就是说，集聚阴影的大小决定了城市锁定效应的范围，新的城市只能在集聚阴影之外的区域形成。集聚阴影的范围与产业特性相关，随产业特性而变化。如果产业提供的产品更加多样化，而且/或者产品的运输成本很低，集聚阴影的范围就比较大。换句话说，以产品多样化的产业或者产品运输成本低的产业为主体的城市，集聚阴影的范围比较大，或者说，城市所能辐射的腹地范围比较大。

三、空间外部性与城市的形成

空间外部性是规模外部经济的微观基础。空间外部性主要来自共享、匹配、学习三种机制。面对面的交流互动是感情交流的需要，可以促进思想交流。因此，人口和企业在空间上的彼此接近，通过分享、匹配、学习三种机制，可以带来交流的外部经济，提高劳动生产率，增加就业机会。

分享（sharing）是指规模更大的市场可以提供更多的中间产品、最终产品或公共设施，增强最终产品部门的生产率，从而可以向工人提供更高的工资。具体来说，随着劳动力数量的增加，中间产品数量会增加，专业化程度会提高；最终产品部门的生产率也呈现出随劳动力规模的报酬递增现象。因此，城市的均衡工资随着劳动力规模扩大而增加，拥有更多劳动力数量的城市，可以拥有更多的中间产品投入、更高的最终产品部门生产率和更高的工人工资。但是，城市人口规模扩大也会带来更高的地租和更长的通勤时间，导致通勤成本增加。

匹配（matching）是指在规模大的劳动力市场，劳动力的供给与需求更容易匹配。由于技能异质性的存在，劳动力是异质的，他们具有各自擅长的技能。一般来说，企业希望选择拥有熟练技能的劳动力，而有熟练技能的劳动力希望获得更高的工资收入，因此，在大城市，异质劳动力和企业职位需求之间的匹配程度会更高。而匹配程度的提高，可以带来更高的工资、更高的企业生产率，以及更大的企业规模。然而，劳动力规模大的城市也会带来更高的通勤成本。

学习（learning）是指空间集聚有利于信息传播和知识分享。所谓异质性劳动力，是指不同的劳动力掌握不同的技能、不同的信息等。在大城市里，劳动力和企业的密度较高，空间集聚可以促进面对面的交流，有利于信息交流和知识溢出，反过来提高劳动力的生产率。

分享、匹配、学习是导致空间外部性的三种微观经济机制，通过这三种机制，人口和企业在空间上的彼此接近有利于交流和互动。因此，空间外部性是城市形成的向心力。空间外部性也会带来地租的空间差异，即离城市中心越近，人口和企业的密度越大，这会导致交通成本增加，地租和工人工资上升。由于空间区位不同形成的区位级差地租，是城市形成和发展的重要基础，也是城市空间结构形成和演化的重要驱动因素。

四、公共产品供给与城市发展

1. 地方性公共产品

地方性公共产品的易获得性是现代城市形成的重要驱动因素。地方性公共产品（local public goods）是指由各级地方政府提供的，只能满足某一特定区域范围内居民公共消费需求的产品和服务。公共产品具有非竞争性、非排他性的基本特征。地方性公共产品也具有这两个特征。此外，地方性公共产品还具有空间限制性等独有的特征。所谓空间限制性，是指它的收益被限定在非常小的区域内，譬如一个地方自治体或是一个城市。消费者可以自由选择居住地，一旦选择了居住区域之后，地方性公共产品就是给定的了。地方性公共产品的供给水平，是吸引消费者选择居住地的重要影响因素。因此，向辖区内或城墙内的居民提供地方性公共产品，是城市形成的重要驱动因素。这也说明了地方性公共产品供给以及提供地方性公共产品的公共基础设施对于城市形成以及居民生活质量的重要性。

然而，地方性公共产品的供给是需要成本的，而且地方性公共产品的人均成本随着消费者数量增加而减少，具有规模经济的特性。地方性公共产品的供给成本是由城市规模决定的，城市人口数量越多，地方性公共产品的人均成本就越低，但城市规模的扩大也会带来交通成本的增加。因此，地方性公共产品的成本和交通成本之间存在着权衡（trade-off），应按照居民效用水平最大化的原则决定城市的最佳规模。

按照亨利·乔治定理，地方性公共产品的供给成本应当由土地开发商获得的总和级差地租来承担，在居民效用最大化的城市人口规模下，地方性公共产品的供给成本与总和级差地租相等。城市形成后，不同区位的地租存在差异，也就是区位级差地租，总和级差地租应当由地方政府采用向土地开发商征收公共产品税的方式来获取，并以公共产品税收来支付地方性公共产品的供给成本。这是因为亨利·乔治（Henry George）认为，城市发展和公共投资会改善土地所在区位的交通可达性，提高土地租金，级差地租是由城市发展和公共投资带来的，按照公平性原则，这部分利益应该通过公共税收的方式用于地方性公共产品的供给，改善城市居民的福利。

2. 生活质量与宜居性

现代城市发展理论越来越强调城市生活质量的重要性。生活质量理论（quality of life theory）不仅要求城市向市民提供良好的物质生活和精神文化，而且要求城市具备便捷舒适的建成环境和绿色生态的自然环境。当城市发展到一定阶段后，依托劳动力、资本等遍在性要素的制造业发展水平不再是决定性因素，城市发展越来越倚重高端人才和高新产业，而高端人才和高新产业对城市生活质量的要求较高，拥有较好生活品质的城市对高端人才和高新产业的吸引力更强，更有可能在竞争中胜出。因此，越来越多的城市重视城市品质，强调通过提升城市品质，促进城市发展。

宜居性（livability）可以用来衡量城市生活质量的高低，或者说反映城市向市民提供高品质生活的能力。国际上一般认为，城市宜居性的内涵主要包括安全性、健康性、便利性、舒适性。具体来说，宜居性可以分解为公共安全、环境健康、生活便利、居住舒适等四个方面。2007 年的中国《宜居城市科学评价标准》认为城市宜居性应包括社会文明、经济富裕、环境优美、资源承载、生活便利、公共安全六个方面。《中国宜居城市评价指标体系》则把宜居性分解为生态环境健康指数、城市安全指数、生活便利指数、生活舒适指数、经济富裕指数、社会文明指数、城市美誉度指数等七个一级指标。虽然城市宜居性的内涵和评价体系仍然存在分歧，但大部分学者认为经济繁荣富裕、社会和谐安全、环境优美健康、生活舒适便捷、公共服务良好是城市宜居性的核心内涵，也是宜居城市建设的目标和方向。

第二节 城市化

一、什么是城市化

城市化，从表观上看是农村人口向城市逐步转移、农业用地逐渐转化为城市建设用地的过程，其实质是以农业为主的乡村社会向以工业和服务业为主的现代城市社会逐渐转型的过程。这是因为城市化将伴随人口就业结构的转变、产业结构的转变、土地利用及地域空间的转变，这些变化将推动社会结构的深刻变化和全面转型。

在工业化社会，制造业的空间集聚是城市化的前提。产业发展和空间集聚带动农业人口转向非农产业就业，带动土地利用从农业用地转化为建设用地，带动产业结构以农业为主向以工业和服务业为主转变。反过来，城市化又可促进制造业的空间集聚。这是因为城市化可以实现生产的集聚经济、要素流动和商品运输成本的降低、服务业效率的提升。如前所述，生产的集聚经济主要有地方化经济与城市化经济这两种经济学机制，前者是规模经济和专业化分工带来的外部经济，后者是范围经济（economies of scope）形成的外部经济。因此，城市化是经济发展过程中产业发展和空间集聚的结果，同时可以起到促进经济增长的作用。

尽管城市化的驱动因素来自产业发展、空间集聚和产业结构转换，但城市化水平往往采用城镇人口占总人口的比例来衡量。一般认为，城镇人口占比更能反映城市化程度，或者说城市化带来的社会转型程度。在中国，过去人口管理采用户籍制度，按户籍性质统计人口。由于户籍人口分为农业人口和非农业人口，因此，过去采用非农业人口的比例来衡量城市化水平。随着市场化进程发展，流动人口规模越来越大，户籍与居住地分离的现象越来越多，人口统计按居住地也就是常住人口统计。由于常住人口分为城镇人口和乡村人口，因而现在采用城镇人口占总人口的比例来衡量城市化水平。

伴随着城市化进程，空间经济结构也将发生变化，经济活动趋于向城市集中。正如将在第八章第二节所述，我国城市发展长期存在优先发展大城市还是小城镇的争论，城市化的中文表述出现了城市化与城镇化的不同表述，其实两者没有本质上的区别，英文都是urbanization。只是因为对小城镇在城市体系中发挥的作用在认识上存在分歧，过去的常规表述是城市化，现在采用城镇化的表述是希望更多地强调小城镇的重要性，也有人认为城镇化是具有中国特色的城市化。无论采用哪种表述，更重要的是对概念内涵的理解。十九大报告提出以城市群为主体、构建大中小城市和小城镇协调发展的城镇格局，《国家新型城镇化规划（2014—2020年）》明确了促进大中小城市和小城镇协调发展的方针，无论是城市化还是城镇化，其理论内涵都必须符合大中小城市和小城镇协调发展的指导思想。本书对于城市化与城镇化的表述不作严格的区分，一般情况下使用城市化的表述，如果引用的文件和文献中出现城镇化的表述时则尊重原文，保留城镇化的表述。

城市化过度发展也会带来负面效应。一方面是交通拥堵、环境污染等大城市病，另一方面是乡村萎缩，此外还会带来生态环境效应，必须引起重视和警惕。

二、中国和世界的城市化

1. 城市化的演进规律

城市化是世界范围的发展趋势，大多数发达国家都是高度城市化的国家和地区。国际经验表明，城市化会经历三个阶段（见图7-1）。第一阶段是城市化初期，城镇人口比例低于25%；第二阶段是城市化中期，这一时期城市化速度加快，人口和产业集聚迅速推进，城市规模迅速扩大，城镇人口比例迅速上升；第三阶段是城市化后期，城镇人口比例达到70%，城市化速度开始减缓，产业结构中第三产业占比趋于上升甚至超过第二产业占比，部分城市化地区出现逆城市化的现象。一般来说，城市化水平随着时间推移呈S形曲线，先加速后减速。城市化水平与经济发展水平相关，城市化是经济发展的结果，反过来又可以促进经济增长。

所谓逆城市化，是指与城市化相反的人口流动，人口从中心城区向城市郊区、小城镇和乡村居民点迁移，表现为大城市的中心城区人口减少，郊区和乡村人口数量增多。

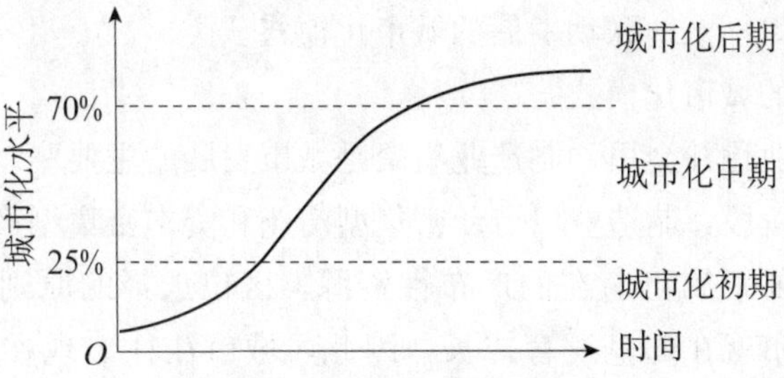

图7-1 城市化的阶段划分

2. 中国的城市化进程

中国的城市化进程主要发生在中华人民共和国成立以来。改革开放之前，城市化长期处于停滞状态。改革开放以来，城市化进程明显加快。1949年，全国城镇人口数量只有5 763万人，城市化率只有10.6%；1980年，全国城镇人口数量是19 139万人，城市化率为19.4%；2017年，全国城镇人口数量增加到81 347万人，城市化率达到了58.5%。可以看到，1949—1980年，31年间城市化率增加了不到10%，1980—2017年的37年里，城市化率提高了39%，年均增加1%以上。尤其是1999年以后的18年里，城镇人口数量从38 855万人增加到81 347万人，城市化率从30.9%上升到58.5%，增加了27.6%，年均提高1.5%。有的学者把中国的快速城市化称为世界奇迹，认为中国城市的快速崛起是全球城市过去40年来最重大的事件。诺贝尔经济学奖获得者斯蒂格利茨（Stiglitz）把中国的城市化与美国的高科技发展并列，认为是影响21世纪人类社会发展进程的两件大事。

根据《国家新型城镇化规划（2014—2020年）》，2020年，我国常住人口的城市化率将达到60%左右。预计2030年我国的城市化率将达到70%左右，城镇人口数量将达到9.4亿左右。这意味着，未来十多年里将有1.3亿农业人口要转化为城镇人口，每年新增城镇人口数量在1 000万人左右，城市化率仍需每年提高1%左右。可以预见，中国的城市化进程将向纵深发展，未来十多年仍将维持较快的城市化速度。

在城镇人口比重不断提升的同时，还必须注意到城市建设用地不断扩张的事实。2000—2011年，全国城镇建成区面积增长76.4%，远高于城镇人口50.5%的增长速度。其中，2005—2010年，全国地级以上城市建成区面积增长29.9%，远高于地级以上城市总人口7.1%的增长速度。2017年，全国城区面积198 357平方公里，建成区面积56 225平方公里，城市建设用地面积55 155平方公里，全国平均城市人口密度为2 477人/平方公里。可见，我国城市土地利用存在着土地城镇化快于人口城镇化、建设用地粗放低效的问题。

三、城市化模式

关于城市化模式的讨论有很多，有的把优先发展大城市还是小城镇来命名城市化模式，没有抓住城市化模式的本质。城市化模式应该依据城市化的驱动力进行识别。按照城市化驱动力的不同，可以把城市化模式分为工业化驱动的城市化模式、土地开发驱动的城市化模式、产业—人口—土地联动发展的城市化模式三类。

（1）工业化驱动的城市化模式。

如前所述，在工业化社会里，制造业集聚是城市发展的主要驱动力。在工业化和城市化的初期阶段和中期阶段，制造业以劳动密集型产业和资本密集型产业为主，这些产业所依托的劳动力、资本要素属于遍在的广布性资源，区位选择的原则主要是追求利润最大化，企业在哪里，城市就在哪里发育成长，因此，城市往往出现在制造业企业集聚的地方，而这些企业往往会聚集在市场潜力高的区位。在这个阶段，工业化驱动城市化是城市化的一般模式，但城市发展也会促进产业的进一步集聚。当工业化和城市化进入后期阶段后，产业发展以技术密集型产业和高端高新产业为主，这些产业对高端人才、知识资本等创新要素的依赖较大，而高端人才、知识资本等创新要素对环境和生活品质比较挑剔，因而企业家投资不仅会选择具有良好投资环境的城市，也会选择基础设施和公共服务水平高、生活质量好、宜居性强的城市。城市品质将决定高端高新产业的投资规模和质量，拥有更好的基础设施和公共服务水平、宜居性更强的城市就更有利于发展高端高新产业。在这一阶段，注重地方品质的城市化可以改善城市公共服务，吸引高端高新产业投资和创新人才集聚，促进工业化向高端纵深推进。因此，工业化和城市化是相辅相成的，在工业化的初期和中期阶段，城市化往往是由工业化带动的；在工业化的中后期阶段，城镇化将成为推动工业化的力量。

（2）土地开发驱动的城市化模式。

土地开发驱动的城市化，是指通过土地开发获取级差地租，以土地收入推动城市建设和发展的模式。在中国，这种模式主要是指地方政府通过对城市建设用地的垄断，获取级差地租的主要部分，并以土地收入作为资本金，进一步撬动金融资金，参与城市的公共投资和基础设施建设。这种以地方政府获取土地出让收入和土地融资收入，推动城市公共基础设施建设的模式，也被称为“以地谋发展”的土地城镇化。

本书第七章第一节曾经提到，根据亨利·乔治定理，应当由地方政府采用向土地开发商征收公共产品税的方式，获取总和级差地租，并以公共产品税收来支付地方性公共产品的供给成本。这表明，以级差地租形成的土地收入来支付城市公共设施建设的投资，即土地开发驱动的城市化模式是有理论支撑的。国际经验和“以地谋发展”的土地城镇化模式的区别在于，前者是地方政府通过公共税收和公共财政的方式平衡级差地租收入和公共设施投资，后者是地方政府通过土地市场的垄断获取土地出让收入和土地融资收入，并用于城市公共设施建设。

(3) 产业—人口—土地联动发展的城市化模式。

产业—人口—土地联动发展的城市化模式是在对“以地谋发展”的土地城镇化模式进行反思的基础上提出来的。如果土地开发不能吸引人口集聚和企业投资，产业—人口—土地的联动发展就会出现链条断裂，形成鬼城、睡城。所谓产业—人口—土地联动发展的城市化模式，核心是以产业发展为先导，只有产业发展能够带动人口集聚和土地开发，城市发展才是可持续的。强调通过产业发展，扩大就业岗位，带动人口集聚和服务业发展，这才是可持续的城市化。

四、土地开发与城市化

1. 土地财政与土地城镇化

过去20年来，我国土地城镇化明显快于人口城镇化。2000—2014年，全国城市建成区面积从2.24万平方公里增加到4.98万平方公里，年均增速为5.87%，远高于城镇人口的年均增速3.32%。土地城镇化的背后，是土地财政利益驱动的“以地谋发展”的土地城镇化模式，形成了土地开发规模扩大—土地财政—土地融资—土地资产化的利益链条。

土地城镇化模式形成的背景，一方面是土地使用制度改革。我国土地利用从“无偿、无期限、无流动”向“有偿、有期限、有流动”逐步转变，1979—1985年是国有土地有偿使用探索期，1980年，国务院颁布《关于中外合营企业建设用地的暂行规定》，向外国投资者收取场地使用费和合资供地的收益分成；1986—2002年是国有土地有偿使用形成期，我国国有土地有偿使用采用三种方式，即出让、租赁和作价出资或者入股，土地使用权出让采用四种方式，即协议、招标、拍卖、挂牌；2003年至今是国有土地有偿使用的监督检查期。另一方面是土地财政的驱动。分税制改革导致地方政府财权和事权的严重不对称，土地逐渐成为地方政府所能控制的最大资产。在以GDP为目标导向的政绩考核机制下，部分地方政府官员为了获取政治晋升资本，不断加大土地开发力度，加之住房制度改革进一步推动了土地和房地产价格飙升，使得地方政府对土地财政的依赖越来越深。

2. 土地开发在城市发展中的作用

土地开发过程中，在土地一级市场上，地方政府要向被征地拆迁家庭支付征地拆迁补偿费用，然后向土地开发商转入土地，获得土地收入。土地收入包括土地出让收入和土地融资收入，其中，土地融资收入主要是指土地抵押贷款收入以及城投债收入。在土地二级市场上，房地产开发商向企业和家庭出售房地产，在建设过程中形成建筑业的投入和收益。在土地三级市场上，家庭或企业通过房地产市场交易获得房地产增值收益。

土地开发对城市发展的影响，主要体现在三个环节：一是地方政府获得的巨额土地收入，主要用于城市公用基础设施建设，可以改善城市基础设施和公共服务水平；二是被征地拆迁家庭获得的征地拆迁补偿，会促进个人消费或投资；三是家庭或企业获得的房地产增值收益，也会促进个人消费或投资。此外，建筑业的投入和收益也会带动上下游关联产业的发展。

据不完全统计，2000—2014 年，地方政府共获得土地出让收入 24.17 万亿元，土地出让收入占地方财政收入的比例平均为 52.41%，其中，2010 年占比最高，达到 67.62%。从土地融资收入看，2009—2014 年，84 个重点城市的土地抵押贷款总额为 9.51 万亿元，其中，2014 年 84 个重点城市新增土地抵押贷款 1.73 万亿元。过去 20 年来，征地拆迁规模越来越大，经历征地拆迁的家庭获得了数额不菲的征地拆迁补偿。2004—2013 年，我国累计土地征收面积达到 389 万公顷，其中农业用地 291 万公顷，占 74.81%。据清华大学中国经济社会数据中心统计，在有承包地或曾经承包过土地的家庭中，14%的家庭承包地被征用过，6.3%的家庭房屋经历过拆迁。土地补偿性成本占土地出让收入的比重不断增加，在 2014 年达到 82.4%。据西南财经大学调查数据统计，经历过拆迁的家庭总资产中位数为 54.7 万元，是未经历拆迁家庭的 1.8 倍。随着房价上涨，房地产资产占家庭总资产的比重越来越高。2004 年以来，房地产资产占居民总资产的比重超过 50%，占非金融资产的比重超过 80%。

地方政府获得的巨额土地收入用于城市公用服务设施建设，一方面，基础设施建设投资可以直接形成 GDP，促进城市经济增长；另一方面，城市基础设施和公共服务的改善可以增强对资本、人才的吸引力，间接作用于产业发展和经济增长。石敏俊等（2017）采用中介效应模型，基于 1999—2012 年 253 个城市的面板数据，实证检验了城市公共服务设施建设投资的中介效应，发现土地出让收入和土地融资收入对于城市经济增长具有显著的推动作用，土地收入与城市经济增长的拉动效果是 1∶3.09；城市公共服务设施建设发挥了显著的中介效应，在土地收入对城市经济增长的拉动作用中，通过改善城市基础设施和公共服务促进产业集聚和常住人口增加的间接效应为 2.74，远高于直接的投资拉动效应 0.35；其中，产业集聚的间接效应为 1.78，高于人口集聚的间接效应 0.96。

3. 土地开发对城市增长差异的影响

空间经济学理论认为，土地是不可移动要素，是一种分散力。在中国的语境下，土地对空间经济演化的作用表现为两个方面：一方面，随着空间集聚，土地供需关系的变化会引起土地价格上涨，推动生活成本增加，生产成本上升驱动产业转移，从而强化分散力的作用。另一方面，土地开发驱动的城市化会加剧空间经济分化，起到集聚力的作用。

在“以地谋发展”的土地城镇化模式下，土地开发—土地收入—城市公共服务设施建设—城市经济增长的价值链条存在循环累积效应。经济越发达、人口规模越大的城市，土地价值越高，土地出让收入、征地拆迁补偿收入越高，土地资产化的收益越大，对城市经济增长的促进作用越显著。因此，土地开发对城市经济增长的影响具有空间差异，土地资产化会加剧空间经济差异。这是需要引起高度重视和警惕的问题。

五、城市蔓延与城市收缩

1. 城市蔓延

(1) 城市蔓延的概念。

城市蔓延(urban sprawl)是指城市面积超出人口需要的过度扩张,原先位于中心城区的大量人口和经济活动扩散到城郊或卫星城,土地利用强度下降,人口密度降低,城市形态变得分散、多中心化(Glaeser and Khan,2004)。从概念起源来看,城市蔓延是指城市化地区的无序扩展与蔓延,原来主要集中在中心区的城市活动扩散到城市外围,城市形态呈现出空间分散、低密度、土地利用功能单一、依赖汽车交通的特点。由于城市蔓延在空间上表现为城市扩张过程中导致的人口密度下降和土地利用程度降低,因而在实际分析中,很难判断城市面积是否过度扩张、城市化是否无序和失控,有的学者主要依据人口密度下降来判断城市蔓延,把低密度人口比重提高、低密度人口居住面积比例上升作为识别城市蔓延的指标。

从本质上讲,城市蔓延是一种低效、无序的城市空间开发形式。城市蔓延在缓解中心城区压力的同时,带来了诸多城市病,譬如,耕地减少、能源浪费、环境污染、生态服务功能退化、社会隔离加剧、交通拥堵、市政基础设施和公共服务成本提高等。因此,长期以来,对城市蔓延的批判观点在学术界占主导地位,认为城市蔓延会带来环境质量下降、生物多样性降低、耕地减少、交通拥挤、温室效应加剧、贫富阶层分化、犯罪率增长、土地利用效率低下等负面影响(Ewing,1994;Burchell,1998;Brueckner,2000;Ewing et al.,2002;McDonald and Rudel,2005;Bento et al.,2006;Brownstone and Golob,2009)。也有少数学者认为,城市蔓延是城市增长的产物和城市进化的表现,不仅没有带来经济、社会和环境损害,反而可能改善城市居民的住房条件、促进环境保护、降低社会隔离、增加社区认同感等,并带来社会福利的增加(Cutler et al.,1999;Brueckner,1987,2000;Gordon and Richardson,1997;Glaeser and Kahn,2004)。目前,对于城市蔓延的经济社会影响,学术界尚未达成具有共识的研究结论。

(2) 城市蔓延的经济学机理。

城市蔓延的经济学理论解释主要是多中心城市理论(Gleaser and Kahn,2004;Brueckner,2000),认为城市居民对舒适度的偏好差异和交通成本下降会导致新城市中心的崛起。首先,远离城市中心,更加开阔的低密度空间让人产生舒适感(amenity),催生了微观经济个体对于空地(open space)的需求,愿意为此承担更高的交通成本、地租以及远离城市中心带来的其他机会成本(Turner,2005;Burchfield et al.,2006)。通勤成本降低也会导致城市次中心(subcenter)的基础设施建设需求下降,降低次中心形成的固定成本,使微观个体的区位选择更加灵活,促进城市空间的斑块化、破碎化。在多中心城市理论下,交通成本降低以及提升居住舒适度的气候、自然环境等因素,与城市蔓延呈现正向关系。

兰肖雄等（2012）认为，城市蔓延在西方国家主要是由市场引导的，在我国则是由地方政府主导的。如果城市蔓延获得的收益（包括增加的纳税人口和经济活动，以及政府部门提供新的公共产品所获得的报酬）大于地方政府投入的财政成本，地方政府的规划行为会倾向于提高城市蔓延度。郭志勇和顾乃华（2013）认为，土地财政激励了地方政府扩大城市建成区面积，是国内城市低密度扩张、城市产业结构虚高的重要原因。李永乐和吴群（2013）发现城市面积扩张与地方政府竞争强度正相关，土地财政诱发的地方政府自利行为会导致地区间的“公地悲剧”。

（3）城市蔓延的测度。

从总体上看，近年来土地城镇化的速度超过人口城镇化，我国许多城市出现了严重的城市蔓延与空间开发无序现象（李效顺，等，2011；胡章，等，2012）。中国社会科学院《中国城市发展报告2009》显示，2001—2007年间，我国地级以上城市的市辖区建成区面积增长70.1%，但人口增长只有30%。2000—2009年间，人口大于50万的城市的建设用地年均增长率为7.01%，同期城市人口年均增长率为5.83%，城市人口密度年均下降1.11%（王雷，等，2012）。城市建成区面积扩张速度超过城市人口增长速度是一个不争的事实。

刘修岩（2016）采用一个城市内低密度人口比重提高，以及低密度人口居住面积比例上升（相当于低密度区域的密度进一步下降）两个指标来界定城市蔓延指数。他发现，2000—2013年间，我国城市整体蔓延度趋于上升，城市面积扩张速度超过人口增长，导致普遍性的人口密度下降。城市蔓延的东中西部之间差异没有南北方之间的差异显著。东、中部的城市蔓延现象比西部地区更突出，北方地区的城市蔓延趋势比南方更明显；城市蔓延度最高的15个城市大多数位于河北、山西、山东等地。浙江大学土地与国家发展研究院的《中国城市蔓延指数报告》从人口密度（密度维指数）、经济产出效率（效率维指数）、空间形态（形态维指数）三个维度构建了综合蔓延指数，并测算了106个城市的综合蔓延指数。从整体上看，东北地区和山东半岛是城市蔓延相对严重的地区，尤其是东北地区，大部分中小城市呈现出严重的蔓延现象。随着城市规模增大，城市蔓延指数显著降低，规模小的城市蔓延程度明显高于规模大的城市。尽管已有的城市蔓延指数方法还不能完全精准地刻画城市扩张的无序程度，但这些研究结果基本反映了我国城市蔓延的演变趋势和空间特征。

2. 城市收缩

（1）什么是城市收缩。

城市收缩（urban shrinkage）是指城市人口流失、失去活力的现象。国际上关于城市收缩现象的研究始于德国。1988年，德国学者豪伯曼（HäuBermann）和西贝尔（Siebel）首先提出“城市收缩”一词，描述城市发展过程中的大量人口流失现象。目前，全球范围内人口超过100万的450个城市地区，失去了城市人口的十分之一。最著名的城市收缩发生在美国的铁锈地带（Rust Belt）。19 世纪后期到 20 世纪初期，美国中西部因为水运便利、矿产丰富而成为重工业中心，钢铁、玻璃、化工、伐木、采矿、铁路等行业发达，匹兹堡、芝加哥、底特律等工业城市一度空前繁荣。随着美国的经济结构进入以第三产业为主导的阶段，这些工业城市的重工业纷纷衰败，很多工厂被废弃，厂房和机器设备渐渐布满了铁锈，因此这些城市被称为铁锈地带，简称城市“锈带”。如今“铁锈地带”被用来泛指工业衰退地区。

出现城市收缩现象的原因，主要有两个方面：一是大规模的人口流动，使得在部分城市出现人口机械增长的同时，部分城市出现人口机械负增长；二是人口增长率下降，使得部分城市人口自然增长率下降，当人口流失规模超过人口自然增长时，城市总人口就趋于减少。人口流动带来的人口流失是导致城市收缩的主要原因，而人口流失的原因往往是产业萎缩和衰落。

（2）中国的城市收缩。

据统计，目前全国有 180 个城市由于人口流失出现了城市收缩的现象，尤其是在东北地区，“收缩城市”已经连成了“带状”。这些“收缩城市”主要有五个类型：一是产业发展的结构性危机导致的城市收缩。譬如黑龙江省伊春市，林业是当地的支柱产业，吸纳了很多人口就业，由于林业萎缩，就业岗位减少，导致大量人口外流。二是宏观经济波动导致的收缩。譬如浙江省义乌市，小商品市场一头连接国际市场，一头带动许多中小企业，由于国际贸易疲软和产业转型的影响，部分中小企业关停并转，劳动需求减少，导致人口流失。三是大城市周边区域的收缩。譬如北京周边的廊坊、保定、张家口，成都周边的都江堰等，中心城市的虹吸效应导致人口外流。四是小城市的收缩。主要是欠发达地区的县级市。五是边境地区的城市收缩。

第三节　新型城镇化

一、新型城镇化的内涵和发展目标

1. 什么是新型城镇化

新型城镇化是基于传统粗放的城镇化模式的反思提出来的。新型城镇化的核心内涵是以人的城镇化为核心，合理引导人口流动，有序推进农业转移人口市民化。

改革开放以来，伴随着工业化进程加速，城镇化经历了一个快速发展阶段。1978—2013 年，城镇常住人口从 1.7 亿人增加到 7.3 亿人，城镇化率从 17.9%提升到 53.7%，年均提高 1.02%。但快速城镇化带来了一些必须高度重视并着力解决的矛盾和问题，传统粗放的城镇化模式难以为继。这些矛盾和问题突出地表现为大量农业转移人口难以融入城市社会，市民化进程滞后。2017 年，按城镇常住人口统计的城镇化率为 58.5%，按户籍人口统计的城镇化率为42.4%。约2.34亿农民工及其随迁家属被统计为城镇人口，却未能在教育、就业、医疗、养老、保障性住房等方面享受城镇居民的基本公共服务。产业集聚与人口集聚不同步，城镇化滞后于工业化。

随着内外部环境和条件的深刻变化，我国城镇化发展由速度型向质量型转变势在必行。城镇化将为经济发展提供持续的动力。一方面，城镇化水平持续提高，会使更多农民通过转移就业提高收入，通过转为市民享受更好的公共服务，使城镇消费群体不断扩大、消费结构不断升级、消费潜力不断释放，并带来城市基础设施、公共服务设施和住宅建设等巨大投资需求。另一方面，在城镇化进程中，人口集聚、生活方式变化、生活水平提高会扩大生活性服务需求，生产要素优化配置、三次产业联动发展、社会分工细化会扩大生产性服务需求。城镇化带来的创新要素集聚和知识传播扩散，有利于增强创新活力，驱动传统产业升级和新兴产业发展。此外，城镇化是解决农业、农村、农民问题的重要途径，是推动区域协调发展的有力支撑，是促进社会全面进步的必然要求。与此同时，国家着力推动基本公共服务均等化，为农业转移人口市民化创造了条件。

在这样的背景下，我国城镇化进程进入了以提升质量为主的转型发展新阶段。

2. 新型城镇化规划

2014年3月，国家发布了《国家新型城镇化规划（2014—2020年）》。2016年2月，国务院印发了《关于深入推进新型城镇化建设的若干意见》，对推进新型城镇化做出了全面部署和规划。

根据《国家新型城镇化规划（2014—2020年）》，2020年的发展目标是：常住人口城镇化率从2013年的53.7%达到2020年的60%左右，户籍人口城镇化率从2013年的36%达到2020年的45%左右，户籍人口城镇化率与常住人口城镇化率的差距缩小2%左右。

2014年的《政府工作报告》提出了解决“三个1亿人”的目标，即促进约1亿农业转移人口落户城镇，改造约1亿人居住的城镇棚户区和城中村，引导约1亿人在中西部地区就近城镇化。其中，促进约1亿农业转移人口落户城镇，主要是针对“人户分离”的2亿多流动人口，鼓励他们在就业地融合当地城镇，使其享受城镇基本公共服务，推进农业转移人口市民化，提高户籍人口城镇化率。改造约1亿人居住的城镇棚户区和城中村，是积极落实以人为核心的城镇化战略，努力提升城镇化质量，改善进城农民工的居住条件，让农业转移人口和城镇居民共建共享城市现代文明。引导约1亿人在中西部地区就近城镇化，是通过引导有市场、有效益的劳动密集型产业优先向中西部地区转移，吸纳东部返乡和就地转移的农民工，加快中西部地区的城镇化，促进区域均衡发展，让西部农民也有平等机会共同分享改革开放的发展成果。

为了更好地推进新型城镇化，国家发改委部署了新型城镇化综合试点工作，以期形成可复制、可推广的经验，并将试点地区的成功经验逐步在全国范围内推广。为此，国家发改委印发了《国家新型城镇化综合试点方案》，于2015年2月、2015年11月和2016年12月分别公布了国家新型城镇化第一批综合试点地区名单、第二批综合试点地区名单和第三批综合试点地区名单。试点工作的主要任务是，建立农业转移人口市民化成本分担机制，建立多元化可持续的城镇化投融资机制，改革完善农村宅基地制度，探索建立行政管理创新和行政成本降低的新型管理模式，综合推进体制机制改革创新。

二、新型城镇化发展路径

根据第五次和第六次人口普查数据，2000—2010 年间，我国 2.1 亿新增城镇人口中，26％进入大城市（直辖市、省会城市与计划单列市），23％去了中等城市（地级市），51％去了县城，对应的新增城镇人口分别是约 6 000 万人、约 5 000 万人和约 1 亿人。不同地区新增城镇人口的去向有所差异。东部地区新增城镇人口进入大城市、中等城市和县城的比例为 32％、28％和 40％，中部地区为 11％、19％和 70％，西部地区为 30％、15％和 55％，东北地区为 37％、26％和 37％。总体判断，中西部地区就地城镇化的人口数量较多，但从中西部地区到东部地区的跨区域流动人口则倾向于进入大城市。

过去十多年里，人口城镇化的过程经历了从人随产业走到产业向劳动靠拢的转变。

（1）人随产业走。

通常情况下，产业会在市场潜力大的区位形成集聚，投资产生劳动需求，吸纳劳动力就业。这种情况被称为劳动追逐资本，表现为人随产业走。市场潜力大的城市往往容易获得先机，吸引人口流入。在现实中，沿海地区抓住国际产业转移的机遇，吸引了大量制造业企业集聚在珠三角、长三角、山东半岛等发达区域，制造业企业的空间集聚产生了大量的劳动需求，来自安徽、湖南、四川等中西部省份的大量劳动力来到长三角、珠三角等寻找就业机会，形成了规模庞大的流动人口。图 7－2 显示，2005 年前，沿海地区的产出份额高于就业份额，就业份额不断上升，向产业份额靠拢；中部地区由于劳动力资源丰富，劳动密集型产业占比较高，就业份额高于产出份额，但就业份额不断下降，向产出份额靠拢。可见劳动追逐资本的态势十分明显。产业发展带动的流动人口流入，促进了沿海地区的经济繁荣和城市发展。人随产业走的城市化发展路径，在长三角、珠三角等地表现尤为明显。譬如浙江省慈溪市作为县级市，2017 年，本地户籍人口为 105 万人，登记在册的流动人口达 102.9 万人，流动人口和户籍人口的比例接近 1∶1。

（2）产业向劳动靠拢。

2005 年后，随着大量劳动密集型企业从沿海地区向中部地区和西部地区转移，中部地区抓住机遇承接产业转移，产出份额明显增加，就业份额不再下降，而是趋于稳定；沿海地区则由于企业转出，产业份额明显减少，就业份额不再上升，也趋于稳定。这种情形与 2005 年前形成了明显的对比，劳动追逐资本的态势转变为资本向劳动靠拢。

从人随产业走到产业向劳动靠拢的转变背后有复杂的经济社会因素。重要因素之一是沿海地区土地、劳动等要素成本上升，驱动生活成本和生产成本上升，导致工人的名义工资和实际工资的偏离程度增大。对于企业家来说，工人的名义工资是企业的生产成本；对

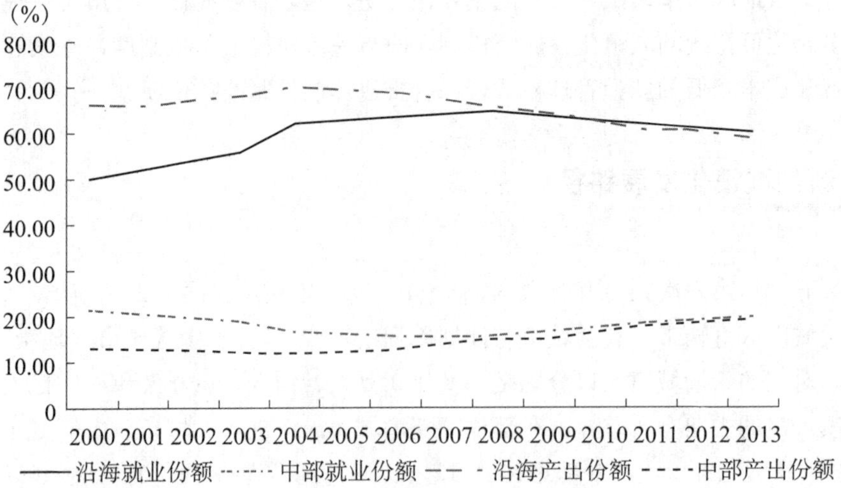

图 7-2　沿海地区和中部地区的产出份额与就业份额变动

于工人来说，实际工资才能体现真实的可支配收入水平。工人的名义工资和实际工资的偏离程度变大，一方面使得劳动力流动的黏性增大，劳动追逐资本的机会成本增大；另一方面使得企业生产成本中工资支出的占比增大，企业为节约生产成本，会选择劳动力成本较低的区位投资。这也是成本驱动型产业转移的重要驱动因素。

随着从劳动追逐资本到产业向劳动靠拢的转变，城市化发展路径也会发生相应变化。近年来，传统的劳动力输出大省，如河南、安徽、湖北、湖南、四川等地出现了劳动力回流的现象，回流的劳动力绝大部分不会回到农村，而是在城镇就业和落户，促进了这些地区的城市化进程。

(3) 新型城镇化的未来展望。

根据国家新型城镇化规划及相关政策，城区常住人口 100 万以下的中小城市和小城镇已陆续取消落户限制，但吸纳人口的效果并不十分明显。这是因为进入中小城市的农业转移人口比例不大，大多是居住在附近农村的兼业农民。由于中小城市的公共服务水平比大城市要低很多，对农业转移人口的吸引力不大，农业转移人口到中小城市和小城镇落户、转为城市户籍的意愿不强。相比之下，100 万人以上的大城市公共服务水平较高，对农业转移人口的吸引力较大，过去几年里吸纳的农业转移人口数量较多。

依据国家发改委《2019 年新型城镇化建设重点任务》，近期推进新型城镇化的重点工作主要有两个方面：

一是加大户籍制度改革力度，积极推动已在城镇就业的农业转移人口落户。在城区常住人口 100 万以下的中小城市和小城镇陆续取消落户限制的基础上，城区常住人口 100 万～300 万的Ⅱ型大城市要全面取消落户限制；城区常住人口 300 万～500 万的Ⅰ型大城市要全面放开放宽落户条件，并全面取消重点群体落户限制。也就是说，城区常住人口 500 万以下的城市都要放开户籍限制。目前，我国城区常住人口超过 500 万的超大特大城市只有 10 个左右，大部分城市城区常住人口在 500 万以下。因此，城市户籍管制的放松，将大大提高户籍城镇化水平。

二是推进农业转移人口市民化。让落户的新市民享受到与原市民同等的公共服务和社会福利，让未在城市落户的农业转移人口也可以享受城市政府提供的社会福利与公共服务。确保有意愿的未落户常住人口全部持有居住证，鼓励各地区逐步扩大居住证附加的公共服务和便利项目范围。在随迁子女较多的城市加大教育资源供给，实现公办学校普遍向随迁子女开放，完善随迁子女在流入地参加高考的政策。全面推进建立统一的城乡居民医保制度，提高跨省异地就医住院费用线上结算率，推进远程医疗和社区医院高质量发展。

第四节　城市化的生态效应

城市化进程将给经济社会系统带来深刻的变化，这些变化也会在生态系统服务功能上体现出来。城市化对生态系统服务功能的直接影响，主要有城市“三生空间”变化、土地利用变化、城市热岛效应、环境质量退化等方面。城市化还会间接地对生态服务功能产生影响，主要是通过土地利用变化、“三生空间”变化，进而影响到生态系统风险的变化。除此之外，城市化也会带来能源和水资源消耗增加、环境污染加剧等问题。关于能源、水资源和环境管理，本书将另辟章节讨论。

一、城市“三生空间”变化

“三生空间”主要是指生产空间、生态空间和生活空间。生产空间是各种生产活动的空间载体，主要表现为城市建设用地，其使用权可以私有，生产空间的使用追求效率，但可能会带来负外部性。生活空间是城市居民生活的空间载体，主要表现为城市居住用地和公共服务用地，具有多样性、公平性的特征。生态空间是城市生态服务功能的提供者，具有公共产品的特性。

当前，在城市化进程中，“三生空间”存在不协调的现象，生产空间挤压生态空间，生产空间利用又存在粗放管理的问题。具体表现为以下几个方面：

（1）生产空间持续扩张，生态空间被蚕食。1999—2016 年间，全国人均城市建设用地面积从 55.54 平米增加到 110.58 平米，增加了 55.04 平米，其中工业、仓储物流和商业服务设施用地增长尤为迅速。与此同时，林业用地、公园绿地、自然保护区却在减少。重生产、轻生态的城市化过程，导致生态空间与城市空间结构失衡。

（2）生产空间利用粗放，生活空间结构性供给失衡，发展不充分不平衡。2016 年，据国土资源部统计，483 个国家级开发区的综合容积率平均为 0.92，其中有 54 个国家级开发区综合容积率低于 0.50。我国的国家级开发区综合容积率明显低于西方发达国家的水平。我国城市公共服务设施数量少，空间配置不合理，优质公共服务资源过度集中在中心城区，生活空间发展不平衡（鲁达非和江曼琦，2019）。

城市可持续发展必须重视“三生空间”的协调，当前应当强化底线管控，引入生态空间的红线，同时优化生产空间和生活空间，尤其是加强生产空间的集约利用。

二、土地利用变化

城市化伴随土地利用的转换，大量农用地会转换为城市建设用地，而且城市近郊的农用地往往会优先被征用，导致许多优质耕地减少。为了保护耕地，国家制定了严格的耕地保护政策，包括18亿亩耕地红线、耕地占补平衡等，但城郊地区大量耕地流失仍然是不争的事实。

从整体上看，21世纪以来，我国耕地面积呈现出北增南减、总量微减的格局，其中西北干旱区耕地面积扩张尤其迅速。2000年前，全国新增耕地面积主要分布在黑龙江、内蒙古等地；2000—2005年间，全国新增耕地的46.11%都集中分布在西北干旱区。据土地资源详查数据显示，2008年，全国耕地面积为18.26亿亩，当年新增耕地面积为−28.960 6万亩；当年年内耕地减少417.018 7万亩，其中建设占用287.352 2万亩，占68.9%；当年新增耕地面积中，新疆为155 061亩，内蒙古为14 449亩，黑龙江为−123 661亩，山东为123 667亩，四川为−40 837亩。

伴随着西北干旱区耕地面积扩张，绿洲面积总体上呈现出扩张趋势，包括新疆策勒绿洲、塔里木河流域、玛纳斯河流域，甘肃的黑河流域和石羊河流域等。耕地分布格局变化使得西北干旱区的绿洲农业在全国农业地域分工中的地位显著提升。2012年，新疆棉花产量达320万吨，占全国棉花总产量的半壁江山。2010年，甘肃省张掖市生产的杂交玉米种子4.17亿千克，占全国玉米用种量的42%。然而，西北干旱区生态环境脆弱，大规模耕地扩张和绿洲化过程给生态安全带来了新的风险。在黑河流域、石羊河流域、塔里木河流域，种植业不断扩张直接引起水资源消耗的增加，导致尾间水量减少，甚至断流、干枯，地表植被枯死，土地沙漠化。近年来，推广节水灌溉技术提高了灌溉效率，但对节约下来的水资源的管理没有跟上，节水农业反而为耕地开垦提供了水源，导致绿洲进一步扩张。大规模的耕地开垦使得绿洲—荒漠之间的过渡带被耕地所替代，逐渐失去作为绿洲生态系统缓冲带的生态意义。在这方面，必须认真吸取中亚黑风暴这一惨痛的教训，高度重视耕地过度扩张带来的生态风险。尤其是西北干旱区地处我国上风向地区，是国土安全的生态屏障，西北干旱区的生态风险加剧也意味着下风向地区的生态风险增大。

三、城市热岛效应

城市化带来土地利用和覆盖的剧烈变化，大面积的不透水人工表面（水泥、沥青等）取代了原本被植被覆盖的自然透水地表，导致城市地表蒸散发持续时间与强度远弱于原有自然植被和土壤，直接影响了水文循环的全过程。同时，城市的生产生活使人工热源排放增加，造成城市热环境进一步恶化，从而导致了以城市热岛（UHI）为代表的热环境问题，即城市的温度显著高于郊区和周围乡村温度的现象。这种现象几乎出现在每个城市地区。

城市热岛改变了城市热环境，影响城市水文、能量循环，导致城市水质和空气质量下降，极大影响到城市生活的宜居性。热岛效应使城市地区形成有别于郊区的局部气候特征，增加城市的能源消耗。夏季降温能耗的增加导致人为热排放增大，进一步恶化城市热环境。热岛效应使城市与郊区之间形成闭合环流圈，造成城郊之间污染物的恶性循环。持续的高温会加速某些特定的大气化学循环，提高地面的臭氧浓度，危害城市居民的身体健康。城市温度上升会直接影响城市人居环境生活的舒适度以及居民的身体健康，严重的会造成人体不舒适感，甚至导致死亡率增加。热浪增加了热胁迫，特别是对敏感人群，如儿童、老年人、有社会或身体障碍的人或负担不起缓解措施（如空调）的人。许多研究表明，热胁迫影响人类健康，表现为各种症状，例如注意力不集中、精疲力竭、脱水、循环紊乱和潜在死亡等。

随着城市化的推进，城市热岛强度显著增强，热岛效应发生的面积也迅速扩大。据邱国玉等（2019）的研究，杭州城市热岛总面积 1984 年仅为 27.475 2 平方公里，2010 年增加到 265.291 6 平方公里，26 年间杭州市的城市热岛面积增加了 8.66 倍，平均每年增长 9.15 平方公里。其中，1995—2000 年，杭州城市热岛面积的年均增幅高达 24.9%。2004—2015 年，武汉城市热岛面积平均年增长 23.72 平方公里，其中，江夏区 10 年间增长了 73.62 平方公里。南京市自 1985 年以来，热岛效应面积共增加了 107.88 平方公里，其高强度热岛中心 1985 年为 2 个，到 2000 年已增加到 3 个。城市群的形成使得热岛效应问题更加严峻。如京津冀城市群中的 2 个超大城市——北京和天津强热岛区之间的最短空间距离从 1994 年的 94 公里逐步缩减到 2014 年的 52 公里，面临形成“京津区域热岛群”的可能。长三角地区自 2001 年以来，夏季热岛区面积不断增长，导致该区域热状况过渡区面积大幅减小。其中，苏锡常城市群热岛面积快速增大，与上海热岛已连成一体，成为大城市群热岛区，并有沿海岸线向杭州湾发展连成更大城市群热岛区的趋势。

本章小结

城市是人口和经济的空间集聚的载体，城市发展是人口和经济活动空间集聚的结果。城市的形成和发展，以及城市化，是近代中国最重要的社会结构变化，并且也将是 21 世纪全球最重要的社会结构变化。对于区域经济学而言，城市的形成和发展以及城市化的重要性，怎么强调都不为过。进入工业化时代之后，制造业的快速发展和空间集聚带动了城市的快速发展，城市化往往和工业化同步进行。因此，城市形成的经济学机制往往是从制造业空间集聚的经济学机制寻求答案。市场邻近产生的集聚力，以及空间外部性，是城市形成和发展的驱动因素和经济学机制。制造业企业在市场潜力大的区位形成集聚，投资产生劳动需求，吸纳人口流入和劳动力就业，表现为“人随产业走”的城市化发展路径。地方性公共产品的供给增加可以改善城市的宜居性，增强城市对流动人口特别是人才的吸引力。

地方政府为了加快城市化进程，摸索出一套“以地谋发展”的土地城镇化模式，使得城市基础设施建设和地方性公共产品供给的资金来源通过土地开发得以解决。土地城镇化模式对于城市蔓延起到推波助澜的作用，导致城市建设用地超出人口需要的过度扩张。城乡二元结构的残余使得在社会保障方面的城乡差异难以消除，对农业转移人口的市民化进程起到了阻碍作用。因此，新型城镇化强调以人为本，鼓励农业转移人口落户城镇，目的是提高户籍人口城镇化率，缩小常住人口城镇化率和户籍人口城镇化率的差异。

随着城市化进程推进，土地利用变化、“三生空间”变化、城市热岛效应、资源消耗增加、环境污染加剧等问题将会不断出现，并对生态服务功能产生影响。因此，需要高度关注城市化的生态效应，特别是城市化进程中的生态系统风险。

关键词

市场潜力　空间外部性　地方性公共产品　城市化　城市蔓延　新型城镇化　城市“三生空间”

复习与习题

1. 如何理解城市形成和发展的经济学机制？
2. 空间外部性的三种微观机制是什么？
3. 如何理解新型城镇化的背景和意义？
4. 如何理解城市蔓延的内涵和驱动因素？
5. 如何理解生活品质和宜居性对城市发展的作用？

第八章

城市空间结构与城市体系

第一节　城市空间结构

一、单中心城市和多中心城市

1. 单中心城市

美国学者威廉·阿隆索（William Alonso）在1964年出版的《区位和土地利用》（*Location and Land Use*）一书中描述了单中心城市的阿隆索模型。阿隆索模型假设：(1) 城市只有一个中心，所有的产业、就业和商品交易都在城市中心进行；(2) 城市位于均质、单一的平原上；(3) 运费与距离成正比，城市中心的商业区通达性最好；(4) 政府不对土地市场进行干预，土地交易自由，是完全竞争市场。阿隆索认为，每一个企业或个人作为土地需求者，都会从自己的角度对不同的土地作出自己的估价，并按边际产出等于地租来决定对不同区位土地愿意支付的最高地租。在完全竞争市场下，土地将分配给愿意出最高地租的使用者。土地使用者愿意支付的最高地租称为竞标地租（bid rent）。对于同样的土地用途，不同区位土地的竞标地租是不同的。由于运费随距离增加而增加，通常情况下，离城市中心越近的区位，竞标地租越高，离城市中心距离越远的区位，竞标地租越低。这样就形成了竞标地租曲线（bid rent curves）。不同用途的土地，边际产出也不同，因而不同用途的土地有不同的竞标地租曲线。各种土地用途的竞标地租函数和曲线交叉重叠，从而形成竞争市场下整个城市的市场均衡地租曲线（图8-1）。

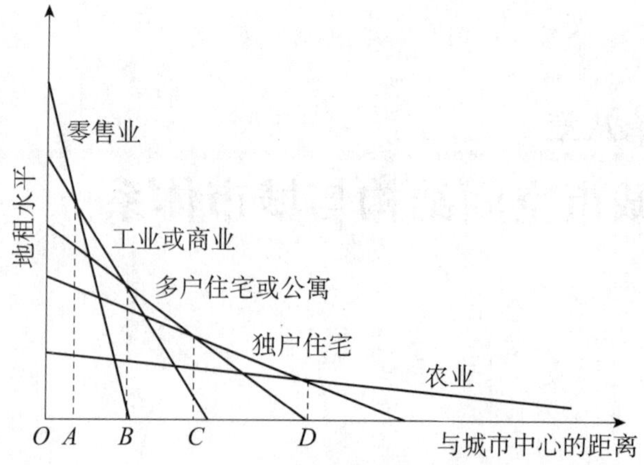

图 8-1　竞标地租曲线

市场均衡地租曲线描绘了完全竞争市场下城市土地利用的空间均衡。随着土地与城市中心的距离增加，地租和地价逐渐降低。对区位较敏感、支付地租能力较强的土地使用者将获得城市中心的土地使用权，金融业、商业、工业、住宅、郊区农业等各类土地用途的区位按支付地租能力的不同依次外推，从而形成了城市土地利用的空间结构。

阿隆索模型借鉴了杜能《孤立国》的土地利用模型，将杜能的竞标地租曲线概念应用于城市空间分析，用居民（通勤者）代替农民，用城市中心（中央商业区）代替孤立国的城市，假设城市处于一个均质平原中，以到城市中心的距离来表示区位。但阿隆索模型包括家庭效用函数及预算约束，并以到城市中心的距离、消费土地数量及商品数量作为影响家庭效用函数的变量，通勤距离增加导致的交通成本增加会被地价降低所抵消，从而实现空间均衡。这就使得阿隆索模型具有微观经济机制的支撑。

米尔斯（Mills）与穆特（Muth）在阿隆索模型的基础上，在家庭效用函数中用住房替代土地，建立了住宅区位模型。这三人的模型统称为阿隆索-米尔斯-穆特（Alonso-Mills-Muth，简称 AMM）模型。AMM 模型可以用来分析城市内部的住宅土地市场、商业土地市场及劳动力市场三者之间的相互作用，形成了城市经济的一般均衡模型。

2. 多中心城市

如果城市只存在消费者之间的互动，人口密度和地租分布会表现为对称的单峰分布，这是因为生活在城市中心的人们最容易与他人进行互动交流，这也可以解释人们为什么愿意支付很高的租金居住在城市中心，此时城市会形成单中心结构。如果城市只存在企业之间的互动，企业在空间上彼此接近时，信息交流带来的收益会更大，此时城市会内生得出中央商务区，仍然是单中心结构。

当城市存在企业和雇员（消费者）之间的互动时，一方面，面对面的信息交流有助于提高企业的生产率，产生空间外部性，城市中心的土地往往会被企业所占据，雇员的居住用地被推到较远的地方，雇员的居住用地和企业所在地的距离较远，企业就必须支付较高的工资，以补偿雇员较高的通勤成本，因此，企业集聚会带来通勤成本增加、工资和地租的上涨。也就是说，城市同时存在集聚经济与拥挤成本，空间外部性诱发企业集聚，通勤成本制约着空间集聚的规模。另一方面，不同类型企业面临的竞标地租函数是不同的，通勤成本、空间外部性的强度及其空间衰减速度存在差异，随着城市的发展，企业不断进入，通勤成本、空间外部性的强度及其空间衰减速度之间的关系会形成复杂多样的力量对比，从而内生得出单中心、双中心和多中心的空间结构。如果拥挤成本超过集聚经济，城市中心将停止增长，新的中心开始形成，新的企业会被吸引到新的中心，此时就会形成多中心的城市空间结构。

关于北京市2000年人口密度和就业密度的分析结果显示，就业密度的空间梯度稍高于人口密度，即就业岗位的空间集聚程度高于人口居住的空间集聚程度（图8-2）。也就是说，就业中心比人口居住中心更加靠近城市中心（郑思齐，2012）。这表明，北京的企业集聚已经导致通勤成本增加、工资和地租上涨，这正是次中心形成的基础。

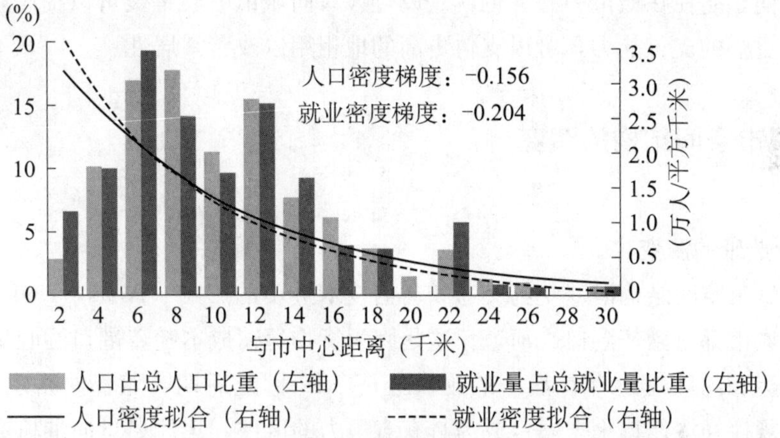

图8-2　2000年北京市人口密度和就业密度的空间梯度

资料来源：郑思齐（2012）.

城市空间结构与城市规模有关。城市规模越大，城市空间结构越有可能走向多中心结构。城市规模较小，城市空间结构往往是单中心结构。

二、城市空间结构的不同模式

上述讨论是理想状态下城市空间结构的推演，是在许多假设条件下的简化模型。现实世界往往是复杂多样的，譬如不同的收入群体的消费偏好、居住偏好是有差异的，地租不仅受到与城市中心距离的影响，还受到教育水平、环境质量、基础设施、宜居性、邻里等众多因素的影响，因而城市空间结构就演化出不同的模式。

（1）美国的城市模式。

当考虑不同收入群体的消费偏好差异时，富有的群体由于时间机会成本使得通勤成本具有更高的价值，倾向于居住在城市郊区，而收入较低的阶层往往选择居住在离城市中心较近的区域。因此，美国的城市模式是在不同收入群体的消费偏好差异的作用下形成的社会分层结果。

（2）欧洲的城市模式。

欧洲的城市模式与美国不同，富有的阶层往往居住在城市中心。这是因为城市中心拥有众多具有历史文化价值的基础设施，譬如巴黎。这些基础设施能够改善宜居性，给居民带来愉悦感，从而改变居民的居住偏好。

（3）亚洲的城市模式。

亚洲的城市模式也是人口向城市中心集聚。这是因为公共服务设施大多集聚在城市中心，到公共服务设施的距离缩短，会改变竞标地租函数的斜率，越是靠近城市中心，公共服务设施越集中，竞标地租越高。当城市中心比城市郊区具有更强的宜居性优势时，高收入群体更倾向于居住在城市中心。也就是说，人口向城市中心集聚可以提高宜居性，而高收入群体有更强的支付能力，可以支付更高的地租用以改善宜居性。

三、城市空间结构的演变

1. 企业选址的演变

北美的城市空间结构演变受到交通和通信技术进步的影响（Anas，1998）。1850 年以前，大部分城市都是紧邻港口或河道。这是因为货物运输成本随着港口吞吐量的扩大而快速下降，海运和内河航运存在显著的规模经济。19 世纪后期，随着铁路建设逐渐兴起，铁路运输的规模经济使得火车站也成为具有竞争力的区位，工厂尽量向港口或火车站靠近以节约运输成本，因此，在港口或火车站附近区域形成了工业区，在工业区外围则形成了工人居住的居民区。20 世纪初，随着交通和通信技术进步，城市卡车替代了马车，市内交通成本大幅度降低，企业开始从城市中心向外围移动，以享受更低的土地成本。譬如，在芝加哥，1908 年企业到城市中心的平均距离为 0.92 英里，1920 年这一平均距离增加到 1.5 英里。随着制造业流水线生产模式的普及，工厂需要大量廉价的土地来修建厂房，郊区廉价的土地价格对企业的吸引力变得更加重要。二战之后，美国修建了大量高速公里，使得企业在远离港口和火车站的地方也能方便地运输货物，进一步推动制造业远离城市中心，向城市郊区转移。城市中心的中央商务区从以制造业为主导逐渐转向以写字楼为代表的服务业为主导。

2. 人口居住选址的演变

人口居住选址的演变同样受到交通和通信技术进步的影响（Anas，1998）。起初，市内交通手段主要是步行或马车，人们都愿意居住在距离市中心较近的地方，城市规模也比较小。1850—1900 年间，随着有轨电车的出现，高收入群体和中等收入群体可以搬到距离市中心较远的地方居住，在有轨电车站点附近形成了居民区。19 世纪末，地铁出现后，通勤手段的进步使得居民区围绕交通节点进行布局。20世纪初，城市卡车替代马车，交通成本大幅度降低，带动企业从城市中心向外围转移。特别是1908年后，汽车生产流水线的推广使得小汽车得到普及，有轨电车和地铁站点周边的居住区之间的空地被逐渐开发成居住区，城市规模不断扩大。

3. 中国的城市空间结构演变

中国的城市空间结构演变与欧美国家相比具有不同的特点。这是因为中国的城市发展起步较晚，中华人民共和国成立以前，城市主要分布在港口和铁路交通枢纽；中华人民共和国成立以来，特别是改革开放以来，城市化得到快速发展。

但中华人民共和国成立以来，城市空间结构也经历了较大的演变。改革开放之前，在计划经济体制下，我国实行企业办社会，企事业单位要为职工提供住房，大部分职工居住在企事业单位建设的职工宿舍，城市空间结构的特征是就业和居住充分混合。当时不存在土地市场和房地产市场，也不存在地租和房价的空间差异。很多制造业工厂位于城市中心，城市中心不具备太多的区位优势。譬如，北京的三环以内或三环沿线的区域就分布着许多工厂，这些工厂现在都已经搬离原来的位置。

改革开放以来，随着市场化进程的推进，城市空间实现了快速扩张和结构重组。一方面，随着工业化和城市化的进程，企业和产业规模不断扩大，集聚经济开始显现并逐渐强化，城市人口持续增加；另一方面，在市场化进程中，土地市场和房地产市场逐步建立，使得企业和家庭可以通过竞租来获得土地和住房。在这样的背景下，制造业企业开始远离城市中心，逐步向城市郊区转移，对集聚经济更加敏感的高科技企业和金融保险等服务业聚集在城市中心的中央商务区。从居住选址看，过去的职住混合逐渐走向职住分离。尤其是城市道路建设和地铁线路的增加，居民区沿着交通线向外快速扩展，居住郊区化的特征日益明显，导致通勤成本和拥挤成本不断上升。譬如，北京、上海等超大城市，由于城市边缘不断向外扩张，居住郊区化的特征十分明显，通勤时间过长、交通拥堵严重，大城市病日益凸显。

第二节　城市规模与城市体系

一、城市规模

如前所述，城市同时存在集聚经济与拥挤成本。空间外部性和规模报酬递增带来的集聚经济可以提高劳动生产率和工人工资，诱发企业向城市的空间集聚，使得城市规模越来越大；但城市规模的扩大会带来通勤时间增加、拥挤成本上升，拥挤成本又会制约着空间集聚的规模。在城市规模较小时，一般来说，集聚经济大于拥挤成本，企业会向城市不断集聚，城市规模也不断扩大。随着城市规模的扩大，空间集聚的边际效益逐步下降，而边际成本逐步上升。当集聚的边际效益和边际成本两者相等时，城市就达到所谓的“最佳规模”。也就是说，集聚经济与拥挤成本两者的权衡将决定城市规模。

城市发展中的地方化经济与城市化经济，在决定城市规模的过程中具有不同的影响。对于地方化经济较小的产业，其吸纳劳动力的能力较弱，交通成本增加的外部不经济将超过集聚经济效益，因而以地方化经济较小的产业为主的城市，最佳规模相对较小。对于地方化经济显著的产业，其吸纳劳动力的能力较强，因而以地方化经济显著的产业为支柱产业的专业化城市，最佳规模会比前者相对较大。如果城市拥有显著的城市化经济，那么这个城市可以吸纳的劳动人口数量较大，因此拥有较大的最佳城市规模。

由于城市增长的边际效益和边际成本很难被精确估算，所谓的最佳城市规模只是一个理论分析上的概念，现实中的城市规模应当是由市场决定的。不少学者曾经对最佳城市规模进行了实证研究。关于最佳城市规模的实证分析，一般是将城市人口（或就业）规模作为解释变量，劳动生产率或人均 GDP（王小鲁和夏小林，1999；Au and Henderson，2006；柯善咨和赵曜，2014；陈杰和周倩，2016；王垚，年猛和王春华，2017）作为被解释变量，也有的学者以居民幸福感作为被解释变量（孙三百，等，2014）。这些研究发现，中国的城市规模与劳动生产率或人均 GDP 的关系是倒 U 形曲线，倒 U 形的顶点对应的人口（就业）规模被认为是最优的；而中国的城市规模与居民幸福感之间的关系是 U 形曲线，意味着中等城市的平均幸福感是最低的。也有学者发现，相对于小城市，大城市具有更高的幸福感（Jiang，Lu and Sato，2012）。

对于上述实证分析结果，不同的学者有不同的解读。部分学者认为，中国大多数城市尚未达到最佳规模，51%～62%的中国城市规模过小，集聚经济规模尚未达到应有的水平（Au and Henderson，2006）。从统计上看，城市人口密度与人均 GDP 之间呈倒 U 形关系（陈钊和陆铭，2009），在现阶段提高城市人口密度有利于劳动生产率的提升。陆铭（2016）认为，由于劳动力难以自由流动的政策限制，中国绝大多数城市尚未达到最佳规模，如果要提高劳动生产率，中国绝大多数城市应该扩大规模。也有一些学者认为，部分中国城市的规模已经太大，尤其是超大城市应该控制城市规模。部分学者认为，最佳城市规模与城市产业结构相关（Au and Henderson，2006；柯善咨和赵曜，2014；王垚，年猛和王春华，2017）。服务业占比高的城市，最佳城市规模较大。这是因为服务业占比高的城市更依赖城市人口规模产生的知识外溢，服务业产品的消费和供给往往需要面对面来完成，较高的人口密度有利于服务业的发展。此外，部分服务业的劳动生产率，譬如金融业，远高于制造业，随着城市产业结构从制造业向服务业转变，以劳动生产率衡量的最佳城市规模也将不断变大。因此，最佳城市规模并非是一成不变的。

上述最佳城市规模的讨论主要是考虑劳动生产率和人均 GDP 等经济指标，实际上，最佳城市规模的讨论还应当考虑资源环境承载力、城市生态功能、宜居性等自然、人文和资源环境因素，才能做出综合判断。

在中国的语境下分析城市规模，还不能忽视城市行政等级的影响。这是因为城市行政等级将决定资源配置权限的大小，资源配置权限对于城市基础设施建设的重要性是不言而喻的。在现实中，可以看到许多城市行政等级对城市发展和城市规模起到决定性影响的案例。譬如，河南的省会城市过去是开封，1953 年移到郑州，郑州凭借铁路交通枢纽和省会城市的地位，城市建设得到迅速发展，城市规模与开封迅速拉开了距离。河北的省会城市于 1968 年从保定搬到石家庄后，石家庄的城市建设与保定逐渐拉开了距离，目前石家庄的城市规模已经远超保定。

二、城市规模分布

前面讨论了城市规模是如何决定的，是否存在最佳城市规模，接下来要讨论在城市体系中城市规模分布是如何决定的，是否存在一定的规律。城市发展到一定阶段后，城市体系逐渐形成，城市体系内部的城市之间存在相互作用，单个城市规模的决定离不开所在的城市体系。在城市体系内部，城市规模分布存在着一定的规律性。这种规律性表现为城市规模与城市体系中的城市位序有关，我们称之为位序—规模分布法则。这一规律是由美国学者齐普夫（Zipf）发现的，也称为齐普夫法则。齐普夫于 20 世纪 40 年代提出词频分布定律，并将其应用于城市规模分布研究，发现城市规模与城市体系中的城市位序有关。

齐普夫法则的数学表达式为：

$$P(r)=P(1)/r^q$$

式中，$P(r)$ 为位序为 r 的城市规模，r 为该城市在城市体系中的位序，$P(1)$ 为城市体系中首位城市的规模，q 为齐普夫指数。

当齐普夫指数取值为 1 时，在城市体系内部，第二位城市的规模是首位城市的一半，第三位城市的规模是首位城市的 1/3，以此类推。不少学者应用齐普夫法则对城市位序—规模分布进行了实证研究，发现齐普夫指数接近于 1，取值范围在 0.8 和 1.5 之间。

需要指出的是，齐普夫法则只是一种统计规律，并非绝对。部分学者以齐普夫法则为对照检验城市位序—规模分布，具有一定的参考价值，但城市位序—规模分布受到历史、地理等诸多因素的影响，在实际应用时需结合实际情况灵活加以判断。譬如，沿海地区部分省份同时存在两个规模不相上下的中心城市，山东省内有青岛和济南，江苏省内有苏州和南京，福建省内有厦门和福州，浙江省内有杭州和宁波，广东省内有广州和深圳，此时就很难用齐普夫法则来检验城市位序—规模分布。

三、城市体系

城市体系（urban system）是指一定的区域范围内，以中心城市为核心，由一系列不同等级规模、不同职能分工、相互密切联系的城市组成的城市系统。在城市体系内部，各个城市是有职能分工的，相互之间有密切的经济联系，从而组成城市系统。一般来说，中心城市是城市体系的核心，对其他中小城市起到辐射引领的作用，其他中小城市则依托中心城市，与中心城市形成产业分工与功能配套。十九大报告提出要以城市群为主体、构建大中小城市和小城镇协调发展的城镇格局，就是体现了城市体系的思想。

城市经济学建立了城市体系模型，从理论上解释城市体系是如何形成的。亨德森（Henderson）在借鉴杜能的《孤立国》模型、克里斯泰勒的中心地理论、勒施的市场区位论、阿隆索的土地利用空间均衡模型的基础上，构建了城市体系的一般均衡模型。城市体系模型的基本思路是：城市为制造业的集聚地，农业分布在环绕城市四周的农村腹地。制造业集聚和工业劳动力的流动会强化城市的形成过程。随着人口增加，农村腹地的边缘至城市中心的距离逐渐增加，当距离达到一定程度时，制造业产品从城市中心运送到农村腹地边缘的运输成本增加，导致部分制造业企业向城市外迁移，形成新的城市。

新经济地理学理论认为，城市规模和城市间距离是由离心力和向心力的相对强度决定的。城市体系的演化主要取决于市场潜力函数。经济演化过程可以看作是市场潜力与经济区位的相互作用，市场潜力决定经济活动的区位，区位变化又将重绘市场潜力函数。由于制造业集聚在市场潜力高的区域，城市只能在市场潜力高的地方出现。当中心城市以外的部分区域市场潜力达到与中心城市同等值时，制造业企业有可能迁出中心城市，在城市中心之外市场潜力较高的区位形成新的城市，此时单中心的城市结构就会被打破，从而走向多中心的城市结构，逐渐形成城市系统。

四、大城市还是小城镇优先发展

长期以来，关于我国城市发展究竟是以大城市为主还是以小城镇为主，学界一直存在较大的争议。坚持大城市优先发展的学者认为，大城市拥有更高的人口密度，具有分享固定投入、更好的劳动力市场匹配度、人力资本外部性等规模经济优势，且基础设施建设、互联互通水平提高会促进生产要素向大城市的集中。由于当前我国大城市发展不足，辐射带动能力有待增强，他们提出了“大国大城”的观点，力倡中国发展大城市的重要性。持小城镇优先发展观点的学者认为，小城镇更符合农业大国的现实国情，分散的城镇化模式具有更强的抗风险能力，有利于劳动力就地转化。

从国家政策层面看，我国于20世纪60年代提出了“控制大城市、发展小城市”的城市发展思路；“五五”时期变为“严格控制大城市”；改革开放初期曾经提出“以开发区拉动大城市建设”；2000年后，对大城市的方针由重控制转变为促协调，逐渐形成了“大中小城市与小城镇协调发展”的思路。十九大报告提出了以城市群为主体、构建大中小城市和小城镇协调发展的城镇格局，大中小城市与小城镇协调发展明确成为指导我国城市发展的总体方针。理论分析和历史经验都表明，城市体系演化具有自身的规律，大中小城市与小城镇之间是相互依赖、相互促进的。中小城市的发展离不开大城市的辐射带动，同时中小城市和小城镇补强城市体系的功能也是必不可少的，一方面小城市和小城镇可以分担和减轻大城市的压力，另一方面小城市和小城镇在城乡融合发展中具有不可替代的重要作用。

2016年末，我国城市数量共有657个。其中直辖市4个，省会城市31个，副省级城市15个，地级市247个，县级市360个。如前所述，2000—2010年间，我国2.1亿新增城镇人口中，26%进入大城市（直辖市、省会城市与计划单列市），23%进入中等城市（地级市），51%进入县城，东部地区新增城镇人口进入大城市、中等城市和县城的比例为32%、28%和40%，中部地区为11%、19%和70%，西部地区为30%、15%和55%，东北地区为37%、26%和37%。中西部地区大城市和中等城市发育不足、东部地区和东北地区小城市吸纳农业人口的比例较少的格局跃然可见。

近年来，城市发展格局有一些新的动向。中西部地区部分省会城市的发展速度明显高于所在省份，城市首位度显著提高，出现了大武汉、大成都、大郑州的态势（见表8-1）。譬如，武汉市GDP占湖北省GDP的比例从2010年的34%上升到2015年的37%，成都市GDP占四川省GDP的比例从2010年的32%上升到2015年的36%，郑州市GDP占河南省GDP的比例从2010年的17%上升到2015年的20%，兰州市GDP占甘肃省GDP的比例从2010年的27%上升到2015年的31%。这些中西部省份省会城市发展速度快，体现出空间极化的人口流动特征，但中等城市发展相对滞后，城市体系中间层的断档值得关注和警惕。

与此同时，东部地区兴起了大量特色小城镇，其中代表性的是特色小镇和专业镇。特色小镇的概念发源于浙江，2014年在杭州的云栖小镇首次被提出。特色小镇并非行政建制镇，也不同于传统的产业园区，而是具有明确的产业定位、文化内涵、旅游资源和一定社区功能的创新创业平台。专业镇主要是在珠三角地区，是以镇为基本单位，产业相对集中，专业化程度高，具有一定经济规模的镇级区域经济。目前，珠三角的专业镇经济正在以特色小镇为引领推进产业转型升级。以特色小镇为代表的小城镇在东部地区兴起并非偶然，而是在特定的时代背景下的社会需求。首先，东部地区经济发展达到了一定的阶段，产业发展面临转型升级的新挑战，特色资源开发、特色产业发展迎来了新的契机；其次，大城市对周边区域小城镇的辐射带动能力比以前大幅度增强，与此同时，城市体系的完善亟须补强小城镇的短板；最后，新型城镇化战略和乡村振兴战略要求加快小城镇的发展，发挥小城镇在促进城乡融合发展中的历史作用。众多因素叠加形成的历史机遇，促成了特色小镇的兴起。

随着城镇化向纵深推进，未来几十年里还有约3亿人将从农村进入城镇。在推进新型城镇化过程中，如何实现大中小城市和小城镇协调发展，究竟是发展大城市还是小城镇，来容纳数亿进城农业人口，仍然是一个值得研究的课题。可以肯定的是，对于发展大城市还是小城镇，不能简单地搞“一刀切”，而是应当从不同地区的具体情况出发，因地制宜、因势利导，在政策设计中发挥城市群的引领作用，才能真正实现大中小城市和小城镇协调发展。

表 8-1　　2013—2015 年中西部地区省会城市 GDP 平均增长率（%）

省份	省会	省会 GDP 增长率	省内平均增长率	省会—省内平均
山西省	太原市	5.53	5.63	−0.10
安徽省	合肥市	10.90	9.43	1.47
江西省	南昌市	10.19	9.63	0.56
河南省	郑州市	10.42	8.73	1.68
湖北省	武汉市	10.53	9.57	0.96
湖南省	长沙市	10.72	9.40	1.32
内蒙古自治区	呼和浩特市	8.60	8.17	0.43
广西壮族自治区	南宁市	9.70	8.93	0.77
四川省	成都市	9.57	8.80	0.77
贵州省	贵阳市	17.18	11.33	5.85
云南省	昆明市	9.84	9.63	0.21
陕西省	西安市	9.99	9.57	0.42
甘肃省	兰州市	11.03	9.27	1.76
青海省	西宁市	13.12	9.40	3.72
宁夏回族自治区	银川市	9.93	8.60	1.33
新疆维吾尔自治区	乌鲁木齐市	10.31	9.93	0.37
西藏自治区	拉萨市	13.03	11.30	1.73

资料来源：作者根据 Wind 数据库、国家统计局、各地统计公报整理。

第三节　城市群与都市圈

一、城市群

1. 城市群的概念内涵

城市群的概念来源于城市发展的实践。法国学者戈特曼（Gottmann）于 1957 年首次以 megalopolis 来命名城市群，可见城市群是对由大城市演化而来、城市连绵分布的大都市区的一种描述。一般认为，城市群是城市发展和城市体系演化的高级空间组织形式，是指在一定的地域范围内集中连片的复数城市集聚而成的城市集群，或者说由中心城市和地域上集中连片的复数城市组成的城市集群。一般来说，城市群以 1 个或 2 个特大城市为核心，依托发达的交通网络等基础设施，形成空间组织紧凑、经济联系紧密、高度市场一体化的城市集群。

目前，学术界对于城市群的概念表述仍未达成一致，城市群的英文名称也不统一，有的用 urban cluster，也有的用 urban agglomeration、city region 等，但对于城市群的概念内涵认识渐趋一致。需要强调的是，城市群的核心和实质在于城市之间的紧密联系和协同互动。城市群不是一定地域范围内复数城市的简单组合，不能简单地把“一群城市”理解为城市群。城市群之所以能够称为“群”，关键在于城市之间存在密切的经济联系和产业协作，即城市之间要素自由流动、资源高效配置、基础设施有效对接、产业关联紧密配套、公共服务均等，形成城市群的规模经济、集聚经济和协同效应。因此，城市群的空间范围不宜过大。经验表明，城市之间的距离应不超过200公里。

目前全球范围内普遍认同的世界级城市群有六个：美国东北部大西洋沿岸城市群、北美五大湖城市群、日本太平洋沿岸城市群、英伦城市群、欧洲西北部城市群、长江三角洲城市群。

2. 城市群在经济发展中的作用

(1) 牵引国民经济增长的发动机。

城市群是以1个或2个特大城市为核心，在一定地域范围内由复数城市集中分布形成的大都市连绵区，具有经济总量大、经济密度高的特征。我国长三角、珠三角、京津冀等沿海三大城市群的国土面积只占全国的4%，而GDP占全国的36%，规模以上工业企业产出占全国的38%。长三角城市群、珠三角城市群的经济密度分别是全国平均水平的15倍和11倍，京津冀城市群的经济密度是全国平均水平的5倍。城市群对于国民经济具有举足轻重的作用，是宏观经济增长的主要引擎。2019年8月，中央财经委员会第五次会议指出，中心城市和城市群正在成为承载发展要素的主要空间形式，要增强中心城市和城市群等经济发展优势区域的经济和人口承载能力。

(2) 带动区域协调发展的新模式。

2018年，《中共中央、国务院关于建立更加有效的区域协调发展新机制的意见》明确指出，推动国家重大区域战略融合发展，建立以中心城市引领城市群发展、城市群带动区域发展新模式，推动区域板块之间融合互动发展。

(3) 引领大中小城市和小城镇协调发展的空间载体。

城市群由规模不同、功能分工不同的复数城市构成，不同城市之间具有密切的经济联系及产业协作关系，这正是大中小城市和小城镇协调发展所追求的目标。因此，十九大报告提出了以城市群为主体、构建大中小城市和小城镇协调发展的城镇格局。

3. 中国的城市群

中国城市群的划分有不同的版本。主要的城市群划分方案有：中国社会科学院《2006年城市竞争力蓝皮书》提出的15大城市群；中国科学院地理科学与资源研究所《2010中国城市群发展报告》提出的23大城市群；2007年国家发改委课题组提出的10大城市群；住建部《全国城镇体系规划纲要（2005—2020年）》提出的三大都市连绵区和13个城镇群。根据城市群的规模和经济重要性，本书作者筛选出12个主要城市群，分别是：长三角、京津冀、珠三角、成渝、山东半岛、长江中游（武汉＋长株潭）、辽中南、哈大长、中原、关中、海峡西岸、环鄱阳湖。如果把长江中游城市群拆分为武汉城市群和长株潭城市群，则有13个主要城市群。此外，国内学者关注较多的城市群还有兰州—天水、呼包鄂、太原、黔中、滇中、天山北坡等。

上述12个主要城市群，按照2013—2015年的经济增长态势和2015年经济规模，可以分为三个方阵。其中，长三角、京津冀、珠三角城市群为第一方阵，三大城市群生产的GDP占全国的32.9%；成渝、山东半岛、长江中游（武汉＋长株潭）为第二方阵，每个城市群生产的GDP占全国的5%～6%，合计占全国的16.7%；其他6个城市群为第三方阵，每个城市群生产的GDP占全国的份额大多在3%以下，合计占全国的15.5%。三个方阵的城市群产出的GDP合计占全国的份额达到65.1%。

第一方阵：长三角、京津冀、珠三角；

第二方阵：成渝、山东半岛、长江中游（武汉＋长株潭）；

第三方阵：辽中南、哈大长、中原、关中、海峡西岸、环鄱阳湖。

当前，城市群已经成为中国经济增长的新引擎。表8-2显示，2013—2015年，全国GDP平均增速为7.3%。上述12个主要城市群中，除京津冀、辽中南、哈大长3个城市群外，其他9个城市群的GDP增速均高于全国平均水平。其中，首位城市的引领作用尤为显著。在12个主要城市群中，有9个城市群的首位城市GDP增速高于所在城市群的平均增速。

主要城市群发展呈现出雁行方阵的态势。第一方阵的GDP份额最大，但GDP增长率最低。第二方阵和第三方阵的GDP份额尚不及第一方阵，但经济增速高于第一方阵。其中，第二方阵的GDP增长率最高，其中长江中游城市（武汉城市群和长株潭城市群）的GDP增速最高，其次为成渝城市群。第三方阵的城市群规模较小，GDP平均增速低于第二方阵，但高于第一方阵。可以预计，第二方阵的城市群对中国经济增长的引擎作用将会越来越重要。

表8-2　2013—2015年主要城市群及首位城市GDP平均增长率

城市群	首位城市	2015年城市群GDP占比（%）	城市群GDP增速（%）	首位城市GDP增速（%）
长三角城市群	上海	15.18	8.97	7.20
京津冀城市群	北京	8.88	7.10	7.30
珠三角城市群	广州、深圳	8.79	8.65	9.91
第一方阵	—	32.85	8.24	8.14
成渝城市群	成都、重庆	5.89	9.54	10.49
山东半岛城市群	济南、青岛	5.43	8.55	8.58
武汉＋长株潭城市群	武汉、长沙	5.40	10.00	10.63
第二方阵	—	16.73	9.36	9.90
辽中南城市群	沈阳	3.68	5.32	5.91
中原城市群	郑州	2.99	8.45	10.42
海峡西岸城市群	福州	2.92	10.24	10.20
哈大长城市群	长春	2.71	6.00	8.45
环鄱阳湖城市群	南昌	1.75	9.81	10.19
关中城市群	西安	1.48	12.09	9.99
第三方阵	—	15.54	8.65	9.19

资料来源：作者根据Wind数据库、国家统计局、各地公报整理。

二、都市圈

1. 都市圈的概念

都市圈的概念与城市群密切相关，既相似，又不同。都市圈的概念也源自法国学者戈特曼于 1957 年以 megalopolis 命名的大都市区，但日本的东京都市圈、京阪神都市圈和名古屋都市圈等对我国城市规划和国土空间规划产生的影响更大。

一般认为，都市圈是指以特大城市为核心，周边的中小城市参与分工协作，高度一体化的圈层状经济区域。按照日本的经验，都市圈主要是通勤圈，通过交通基础设施和通勤联系，将中心城市和周边区域连接起来一体化发展。通勤时间一般在一小时以内，通勤手段为城际轨道交通，通勤距离一般在 60 公里以下，最长距离不超过 100 公里。因此，都市圈的空间范围比城市群要小。城市群通过产业协作将城市联系起来，空间联系的范围可以更大。但经验表明，城市群的范围不宜超过 200 公里。由于都市圈内城市间联系主要是通过通勤联系实现，因而都市圈要求有发达、便捷的交通网，主要由城际轨道交通和高速公路构成。也可以说，由城际轨道交通和高速公路构成的交通网，是都市圈形成的基础。

都市圈的产业结构往往是多样化的，既有制造业、生产性服务业，也有金融业、科技创新、生活性服务业等。都市圈内部的城市具有一定的功能分工和层级结构。一般来说，中心城市承担起服务经济中心、金融中心、创新中心的功能，次中心城市往往是制造业和生产性服务业的空间载体，小城镇主要承担居住功能，并有生活性服务业，以及制造业的配套产业。在这些不同功能分工的城市之间，形成了频繁而密切的人流、物流、信息流、资金流。

都市圈也要求具有良好的生态系统，都市郊区地带会形成城郊农业、生态休闲产业（景观园林、观光农业）、生态涵养产业等，为都市生活提供各种生态系统服务，如田园景观、森林公园。

2. 为什么要强调都市圈

《国家新型城镇化规划（2014—2020 年）》提出，要增强中心城市辐射带动功能，加强特大城市与周边城镇基础设施连接和公共服务共享，推进中心城区功能向 1 小时交通圈地区扩散，培育形成通勤高效、一体发展的都市圈。2019 年 2 月，国家发改委《关于培育发展现代化都市圈的指导意见》指出，要促进中心城市与周边城市同城化发展，推动统一市场建设、基础设施一体高效、公共服务共建共享、产业专业化分工协作、生态环境共保共治，培育发展一批现代化都市圈。这表明，以通勤联系为主体的都市圈已经进入政策的实际操作层面。

强调都市圈发展的重要性主要有以下几个方面：

第一，当前我国的城市与区域发展仍然处于空间极化为主导地位的阶段，但城市功能往往过于集中在中心城区，部分特大城市已经面临大城市病的严重挑战。以都市圈为单位考虑特大城市发展规划，将部分城市功能从中心城区转移到周边的中小城市（次中心、微中心），有助于特大城市的转型发展，缓解大城市病的制约。北京和上海的城市总体规划已经率先开启减量发展的模式。

第二，行政区划藩篱和地方保护主义制约着城市之间的分工协作。对于北京、上海、广州、深圳等超大城市和特大城市来说，经济辐射范围已经超出行政区划边界，但城市之间的产业分工协作仍然受到管理体制机制的制约，市场一体化程度有待提高。加快发展都市圈经济，有助于打破行政区划藩篱，突破地方保护主义的制约。

第三，都市圈是城市群发展的阶段性目标。当前，我国比较成熟的城市群只有长三角城市群和珠三角城市群，其他城市群仍处于规划建设和深化完善的阶段，城市群内部的经济联系和产业分工协作还不够紧密和高效。在这一阶段，都市圈可以作为城市群发展的先导区和示范区，成为更加现实的政策选择。譬如，武汉和长沙地处长江中游，相隔 350 公里左右，相互之间尚未形成紧密的经济联系和高效的产业分工协作，更多的是各自为战的状态，现阶段的现实选择是以武汉和长沙为中心，各自发展都市圈经济，空间上相向而行，为未来的空间融合发展奠定基础。成都和重庆也类似，双城的距离超过 300 公里，现阶段也应当以成都和重庆为中心，各自发展都市圈经济，促进成渝城市群的空间融合。

3. 以中心城市为核心，发展都市圈经济

都市圈一般要有一个特大城市或超大城市为核心，以中心城市带动周边的中小城市，形成紧密的通勤联系和功能分工，实现一体化发展。中心城市的发展是都市圈形成的前提。现阶段应当以一个特大城市或超大城市为核心，通过中心城区与周边城镇的交通基础设施连接和公共服务共享，推进中心城区功能向 1 小时交通圈地区扩散，发展都市圈经济。

按照 2014 年国务院发布的城市规模划分标准，城区人口在 1 000 万以上的城市是超大城市，城区人口在 500 万～1 000 万的城市是特大城市，城区人口在 100 万～500 万的城市是大城市。2017 年，我国共有超大城市 4 个，分别是北京、上海、广州、深圳；特大城市 13 个，分别是天津、重庆、武汉、成都、南京、杭州、苏州、东莞、佛山、沈阳、郑州、青岛、西安。此外，哈尔滨、长春、长沙、石家庄、济南、昆明等省会城市的城区人口超过或接近 400 万人。这些城市将成为发展都市圈经济的首选中心城市。

在京津冀地区，应当推进以北京为核心的首都圈发展，河北南部区域到北京的距离超过 300 公里，宜以石家庄为支点，发展都市圈经济，促进京津冀逐步走向空间融合。在长三角地区，在推进长三角一体化发展的同时，南京和杭州都在加快发展都市圈经济。山东半岛应以青岛为中心发展都市圈；在中原地区，应当推进郑州都市圈、西安都市圈的发展。如前所述，成渝地区应以成都和重庆为中心各自发展都市圈经济，长江中游地区应以武汉和长沙为中心各自发展都市圈经济。

第四节 未来城市

随着经济全球化和信息技术的发展，智慧城市、数字城市、未来社区等概念不断涌现。这些未来城市形态的出现将对城市空间结构、城市体系的演化带来新的冲击，甚至有人提出了“城将不城”的疑问。

一、智慧城市与数字城市

1. 智慧城市

智慧城市（smart city）的概念起源于城市信息化技术的应用，但对于智慧城市的概念界定至今仍有不同的表述。

● 智慧城市是通过智能计算技术的应用，使城市管理、教育、医疗、房地产、交通运输、公用事业和公众安全等城市组成的关键基础设施组件和服务更互联、高效和智能。

● 智慧城市是在互联网、云计算、大数据、物联网等技术的基础上，建设一个包含智慧技术、智慧产业、智慧应用、智慧服务、智慧人文、智慧生活等内容的城市，从而达到提高居民生活幸福感、企业经济竞争力、城市可持续发展的目的。

● 智慧城市是把新一代信息技术充分运用到城市的各行各业，基于知识社会下一代创新（创新 2.0）的城市信息化高级形态，实现信息化、工业化与城镇化深度融合，有助于提升城市的精细化、智能化管理水平，缓解“大城市病”。

● 智慧城市是继数字城市之后信息化城市发展的高级形态。

由此可见，智慧城市的发展有两种驱动力：一是以物联网、云计算、移动互联网为代表的新一代信息技术，二是知识社会环境下逐步孕育的开放的城市创新生态。前者是技术创新层面的技术因素，后者是社会创新层面的社会经济因素。

由于智慧城市采用包括射频传感技术、物联网技术、云计算技术、下一代通信技术在内的新一代信息技术，能够使城市变得更易于被感知，城市资源更易于被充分整合，从而实现城市的精细化和智能化管理；能够减少资源消耗，降低环境污染，解决交通拥堵，从而有效地化解“大城市病”，促进城市可持续发展。

杭州市在智慧城市建设上走在全国前列。譬如，覆盖面广的移动支付、新颖的在线医疗模式、创新的物流运输模式，受到较大关注。在智慧交通领域，城市数据大脑 1.0 率先投入使用，可以在线智能分析路况，调整红绿灯引导交通，并经过手机终端等途径把交通信息反馈给市民，从而有效缓解城市交通拥堵问题。城市大脑的最终目标是让“数据”帮助城市来做思考和决策，把杭州打造成一座能够自我调节、与市民良性互动的智慧城市。

2. 数字城市

数字城市（digital city）是传统城市的数字化形态。数字城市是指应用计算机、互联网、3S（遥感系统 RS、全球定位系统 GPS、地理信息系统 GIS）、多媒体等数字技术，将城市地理信息和城市其他信息相结合，数字化整合资源，并存储于计算机网络所形成的城市虚拟空间。在这个虚拟空间里，城市是数字化的载体。

建设数字城市的基础是网络和数据的共享以及系统间的联接与互操作。这就需要空间数据基础设施的标准化、各类城市信息的数字化，从技术和体制两方面为实现数据共享和互操作提供基础，实现城市 3S 技术的一体化集成和各行业、各领域信息化的深入应用。

数字城市是城市发展和社会信息化的必然趋势，也是城市经济的新增长点。与数字城市相关的概念是数字经济。数字经济指使用数字化的知识和信息作为关键生产要素，以现代信息网络作为重要载体，以信息通讯技术有效使用作为效率提升和经济结构优化的重要推动力的一系列经济活动。数字城市是数字经济的载体。也有人将数字经济理解为数字城市的组成部分。

目前，数字城市主要是未来城市的发展理念之一，现实世界已经建成的数字城市尚不多见。我国明确提出打造数字城市的典型代表是河北雄安新区。根据《河北雄安新区规划纲要》，雄安新区要实现城市智慧化管理。坚持数字城市与现实城市同步规划、同步建设，适度超前布局智能基础设施，打造全球领先的数字城市。建立城市智能治理体系，完善智能城市运营体制机制，打造全覆盖的数字化标识体系，构建汇聚城市数据和统筹管理运营的智能城市信息管理中枢，推进城市智能治理和公共资源智能化配置。

3. 数字城市和智慧城市的比较

智慧城市与数字城市密切相关，但仍然是两个不同的概念。数字城市和智慧城市的差异主要有以下几个方面。

第一，数字城市强调基础，智慧城市强调应用。数字城市注重基础，以数据为主导，关注数据资源的生产、积累和应用；智慧城市注重应用，以应用为主导，更关注用户视角的服务设计和提供，更强调以人为本，重视开放创新空间的塑造及市民参与、用户体验。

第二，数字城市关注技术，智慧城市关注系统。数字城市基于城市地理空间信息与城市信息的数字化，在虚拟空间再现传统城市，建立城市三维地图，实现从二维城市向三维城市的跨越。智慧城市更注重通过泛在网络、移动技术实现无所不在的互联和随时随地随身的智能融合服务，强调城市信息化架构从行业分割、相对封闭迈向开放、整合、协同的复杂巨系统，发挥城市信息化的整体效能。

第三，数字城市重视管理，智慧城市重视服务。数字城市强调通过信息化手段提高城市运行效率，服务于城市管理和发展。智慧城市更强调通过政府、市场、社会各方力量的参与和协同，依赖智能化的手段，提供更加优质高效的服务，实现城市公共价值塑造和独特价值创造。

有人将智慧城市作为数字城市的升级版，从上述几点来看，这样的理解也不无道理。

二、未来社区

2019年，浙江省率先提出建设未来社区的设想。目前，对于未来社区还没有统一的标准和定义。未来社区是围绕“促进人的全面发展和社会的全面进步”，以人本化、生态化、数字化为价值导向，以和睦共治、绿色集约、智慧共享为基本内涵，突出高品质生活主轴，构建的一个具有归属感、舒适感和未来感的新型城市功能单元。根据《浙江省未来社区建设试点工作方案》，未来社区建设将构建未来邻里、教育、健康、创业、建筑、交通、低碳、服务和治理九大场景。

浙江省提出建设未来社区，主要是出于社区居民的现实需求。社区作为城市的基本单元，是城市品质发展水平的标志，更是人民美好需求的重要载体。城市社区发展至今，积累了很多问题，譬如，老小区停车难，物业、业委会、居民之间矛盾重重等。当前，社区居民的现实需求主要集中在四个方面：老小区改造、交通出行改善、生活智慧化、文化养老设施改进。从当前来看，未来社区的建设重点是提供集约、高性价比的生活配套设施和服务；从长远来看，未来社区可以成为未来城市的抓手和载体。

未来社区建设试点分为改造更新和规划新建两大类型，且以改造更新类为主。改造更新类的重点是20世纪70—90年代的老旧小区，这类小区也是交通、养老、居住、环境等问题最集中的小区。在改造方式上，鼓励采取全拆重建和插花式改修建等方式。规划新建类主要是依托省重大发展平台，规划新建高铁、轨道交通站点的社区，人口集聚潜力大的社区等。

未来社区不仅关乎社区居民的生活便利，也将对城市发展与城市治理带来新的契机。未来社区建设将促进数字智能、节能环保、绿色建筑等前沿技术的应用落地，促进服务业的新业态、新模式大量涌现，带动相关产业的发展。基于物联网、大数据、人工智能的智慧社区，引入远程医疗、无人驾驶共享巴士、智慧停车等，将进一步打通家庭、建筑、园区与城市的有机连接，从智能家居拓展到智慧社区、智慧城市，将带动安防监控、智慧照明、能源管理、家电管理、人工智能等新兴产业和新型业态的发展。

本章小结

本章是在城市尺度上考虑城市内部的空间结构和复数城市形成的城市体系。阿隆索-米尔斯-穆特模型是城市经济的一般均衡模型，也是分析城市空间结构的经典之作。集聚经济与拥挤成本两者的权衡是决定城市规模的关键因素，也将决定城市空间结构的基本形态究竟是单中心城市还是多中心结构。当前，城市发展进入了以城市群或都市圈为主导的阶段。由于中国比较成熟的城市群只有长三角城市群和珠三角城市群，其他的城市群划分更多地体现了政策导向和规划愿景，以特大城市为核心的都市圈发展就成为更为现实的选择。这是因为中国经济仍然处于空间极化为主导地位的阶段，但城市功能往往过于集中在中心城区，部分特大城市已经面临大城市病的严重挑战。以都市圈为单位规划特大城市发展，将部分城市功能从中心城区转移到周边的中小城市，有助于特大城市的转型发展，缓解大城市病的制约。

随着经济全球化和信息技术的发展，“城将不城”的疑问出现在人们的脑海里。随着智慧城市、数字城市、未来社区等概念不断涌现，未来城市不再遥远。未来已来，将至已至，我们唯有以变革和创新的姿态迎接未来。

关键词

阿隆索模型　城市空间结构　城市规模　城市体系　城市群　都市圈　未来城市

复习与习题

1. 土地利用空间均衡如何影响城市空间结构的形成和演变？
2. 如何理解集聚经济与交通成本对城市规模的作用？
3. 如何理解齐普夫法则对于城市规模分布的含义？
4. 如何理解城市群和都市圈在当前中国区域发展中的作用？
5. 如何思考技术进步和新经济发展对城市空间结构演变的影响？

第九章

城乡协调发展

第一节　工业化进程与城乡二元经济

一、李嘉图陷阱

1. 李嘉图的级差地租

李嘉图（Ricardo）认为，肥沃度不同的土地的农业生产成本存在差异。在经济发展初期，因为肥沃度差的土地的农业生产成本高，农民会先开发肥沃度高、生产成本低的土地进行农业生产；随着工业化的推进，对粮食的需求增大，粮食价格升高，肥沃度较差、生产成本较高的土地逐渐被开发利用，在原先开发的肥沃度高的土地上进行的农业生产就可以获得超额利润。这一由于土地肥沃度差异带来的超额利润，被李嘉图称为级差地租。换个角度说，由于土地利用从肥沃度高的土地逐渐向肥沃度低的土地扩展，生产成本不断上升，粮食价格相应上涨，只有粮食价格上涨，才能抵消生产成本上升，使得越来越多的土地投入农业生产，以满足农产品需求。这一过程在新古典经济学框架下，可以用图 9-1 来表述，图 9-1（b）的阴影部分即为级差地租。

与此同时，工业部门的劳动力供给在工资水平 W 上是无限弹性的，当劳动的边际产出也就是需求曲线为 DD_0 时，生产规模（劳动力雇佣）为 L_0，资本家的利润为三角形 DAW。资本家会把利润用于购买机器设备，扩大再生产。随着生产规模扩张，资本家的利润从三角形 DAW 逐渐扩展到 DBW、DCW，利润的增加是资本家扩大生产的动机，因此利润增加既是经济发展的成果，也是经济发展的发动机。然而，由于粮食价格上涨，原先的工资水平 W 不能满足工业部门劳动力的生存需要，必须提高工资水平。当工资水平提高到 W' 时，资本家的利润就会从三角形 DCW 减少到三角形 DGW'。资本家的利润减少，扩大生产的动因将会削弱。

资本家利润的减少是因为粮食价格上涨导致的，粮食价格上涨会使得拥有肥沃度高的土地的地主获得级差地租。也就是说，粮食价格上涨使得资本家的利润转换为地主的级差地租，经济发展的成果从资本家手中转移到不劳而获的地主阶层手中，削弱了资本家扩大生产、发展经济的动力，使得经济发展陷入停滞。李嘉图陷阱就是指工业化进程中由于农业发展滞后、粮价上涨对工业化形成的制约作用。

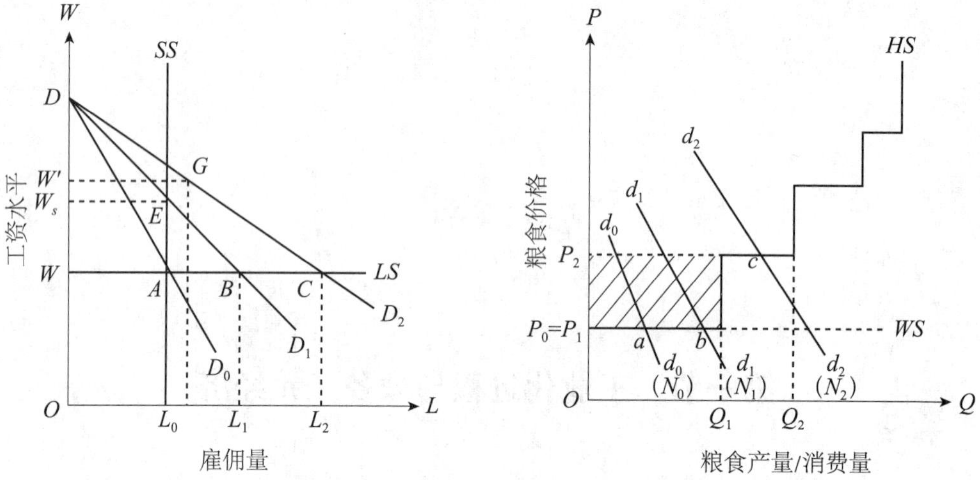

(a) 工业部门的劳动市场　　　　(b) 农业部门的产品市场

图 9-1　李嘉图陷阱的经济模型

2. 李嘉图和马尔萨斯的论战

李嘉图和马尔萨斯（Malthus）是同时代的人物，曾经有过一场论战。李嘉图代表新兴资产阶级的利益，强调市场开放的必要性；马尔萨斯则是地主阶层的代表，强调农业保护的重要性。李嘉图认为，粮食价格之所以上涨是因为当时英国的谷物条例不允许欧洲大陆的粮食进入英伦三岛，所以应当废除谷物条例，开放粮食贸易，允许欧洲大陆的粮食进入英国，抑制国内粮食价格上涨，以保障资本家的利益，只有这样才能维持经济发展。马尔萨斯反对李嘉图通过自由贸易跳出李嘉图陷阱的观点，认为应当保护地主阶层的利益，反对废除谷物条例，反对市场开放。历史最后选择了废除谷物条例，开放粮食贸易，英国也因此走上资本主义强国发展道路。

二、城乡二元经济

1. 刘易斯的二元经济理论

二元经济理论是刘易斯（Lewis）提出来的，后来经过拉尼斯（Ranis）、费景汉等发展经济学家的发展和完善。在发展中国家，存在着二元社会结构。农业部门是共同体社会，农民之间相互帮助、成果共享，收入平均分配，即便是边际产出低于劳动平均产出的劳动力也可以参与收入分配。由于马尔萨斯陷阱的作用，人口增长到平均收入维持生存水平时达到均衡，因此，农业部门的平均收入是生存工资。工业部门则是市场经济，追求利润最大化。如果工业部门的工资水平略高于生存工资，则劳动力会源源不断地从农业部门流向工业部门，存在着农业劳动力的无限供给（工业部门劳动供给曲线为水平）。与李嘉图模型相似，劳动供给曲线以上、劳动需求曲线以下三角形部分的生产者剩余归资本家所有，随着生产规模扩大，资本家的利润不断增加，资本家追求利润增加是生产扩张和经济发展的动力。

在工业化过程中，劳动力逐渐从农业部门转移到工业部门（图 9－2 中自左向右转移）。由于农业部门存在着边际产出为零的剩余劳动力，在劳动力转移到 L^* 点之前，农业部门的粮食产量不会下降。但当劳动力转移达到 L^* 点时，边际产出为零的剩余劳动力已经全部转移到工业部门，农业部门的粮食产量开始下降，此时就会出现粮食不足，导致粮食价格上涨。为了应对粮食上涨带来的工人真实收入水平下降，工业部门不得不提高工人的工资水平，以维持真实工资水平略高于生存工资，因而劳动供给曲线在经过 L^* 点后会趋于上扬。这将导致工业部门的生产者剩余减少，也就是资本家的利润减少，从而削弱资本家扩大生产、发展经济的动力。当劳动力转移达到 L^{**} 点时，农业部门的劳动边际产出开始高过平均产出，此时相互帮助、成果共享的共同体社会的经济基础不复存在，市场经济将取代共同体社会，农业部门走向商业化经营。

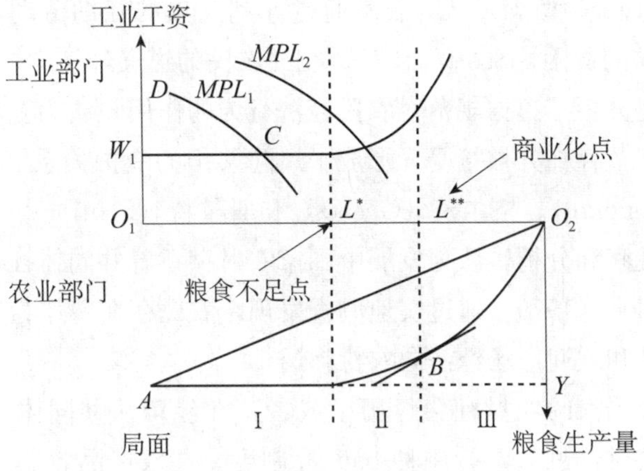

图 9－2　二元经济模型

二元经济理论的政策启示主要有两点：一是发展中国家经济发展的核心是工业化；二是农业发展与工业化具有同等重要性，要跳出李嘉图陷阱，农业与工业之间的平衡发展尤为必要。二元经济理论的缺陷是忽视了技术进步和贸易的作用。如果考虑技术进步对于提高农业产量的贡献，粮食不足点将会发生变化。如果存在贸易，从海外进口的粮食就可以弥补国内粮食不足。因此，农业技术进步和贸易均可以影响工业部门劳动供给曲线的变化。

2. 关于城乡二元经济的不同认识

（1）关于剩余劳动力。

刘易斯的二元经济理论认为，发展中国家农村存在着劳动边际生产力为零的剩余劳动力，其依据是共同体社会存在着马尔萨斯陷阱导致的最低生存费均衡。以舒尔茨（Schultz）为代表的新古典学派则认为剩余劳动力并不存在。舒尔茨引用了1918—1919年印度发生的流行性感冒疫症为例，该流行病当时使印度农村劳动力减少了约8%，农业生产水平因此显著下降。舒尔茨推论，农业部门若真有"零价值"的劳动力，生产应该不会因此受到影响。所以传统农业中没有所谓的劳动力过剩（Schultz，1964）。黄宗智分析了中国小农经济的过去和现在，认为中国农村长期以来都处于劳动力过剩的状态。

（2）关于共同体和经济人。

刘易斯的二元经济理论认为，发展中国家农村是共同体社会，农民互助共享，对市场的反应不灵敏。舒尔茨则认为，发展中国家的农民对市场有敏感反应，在给定的约束条件下做出了经济合理的、有效率的行为。其证据是劳动力工资与劳动边际生产力大体相等，因而是有效率的。发展中国家的农民虽然贫困，却是有效率的。然而，既然传统农业的资源配置合理，为什么农业发展停滞落后呢？舒尔茨认为，传统农业的投资收益率太低，刺激不了人们投资的积极性。因此舒尔茨提出，要改造传统农业，必须要求农民掌握新的知识和技能；人力资本是农业增长的主要源泉，政府必须向传统农业投资。

围绕发展中国家的农民行为究竟是互助共享的共同体原理还是经济人的利润至上主义，许多学者展开了大量实证研究工作。Geertz（1963）提出了演化（involution）和共享贫困（shared poverty）的概念，认为农民通过互利互惠的互助劳动，将经济成果无限细分，其结果是导致共同贫困。Scott（1976）在《农民的道义经济学》（*Moral Economy of the Peasant*）一书里分析了道德规范对农民经济行为的作用，认为互利互惠的互相扶助传统，作为一种道德规范存在并被接受，形成了风险共担的庇护关系（patron-client），如分成佃租制（share-cropping）。格尔茨（Geertz）和斯科特（Scott）基于他们在发展中国家进行的多年的实地观察和分析，认为发展中国家农村存在着共同体社会，农民行为受到道德规范的约束。Popkin（1979）通过实地调查发现，农民存在着作为经济人追求利润最大化的行为，应该鼓励和欢迎市场经济向农村渗透。

实际上，发展中国家的农村社会经历了或者正在经历从共同体社会到市场经济的转换。在印度尼西亚农村，过去奉行一种bawon制度。在农产品收获季节，同一村落的农民，无论是地主还是无地佃农，都有资格参与庄稼收割的作业，参与庄稼收割的农民都可以分到相应的劳动成果，这就使得无地佃农也能得到基本的生活保障。bawon制度的背后是互利互惠、互相扶助的道德规范的存在。但这种情形后来发生了变化，出现了tebasan制度。地主在农产品收获季节雇佣外部劳动力进行庄稼的收割，这样一来就不再是同一村落里的所有农户都可以参与收割作业，也就不能保证无地佃农得到基本生活保障。这反映出市场经济向农村社会的扩散和渗透。

3. 工业化进程与城乡二元结构演变

刘易斯二元经济理论的分析表明，改变城乡二元经济结构的根本途径是工业化和城市化。通过工业化和城市化，可以促进农村劳动力向第二产业和第三产业转移，农村人口向城镇转移，促进城乡要素自由流动和资源优化配置。然而，在工业化进程中，农业发展与工业化具有同等重要性，农业发展滞后将会制约工业化发展，要跳出李嘉图陷阱，就必须打破城乡二元结构，推进农业与工业之间的平衡发展。但二元经济理论忽视了技术进步和国际贸易的作用，技术进步和国际贸易也有助于跳出李嘉图陷阱。

三、市场不完全性与城乡二元经济

1. 市场不完全性

（1）拍卖人与商人在市场经济中的作用。

关于市场经济存在着两种不同认识：一是自由市场学派的市场经济论，二是不完全市场学派的市场经济论。自由市场学派认为，市场是完全竞争的，拍卖人以中央集权方式进行市场运营，即使拍卖人不存在，有关两者之间交易的信息也容易向第三者传递。所谓市场，是指通过价格这一非人格化的机制，对追求私人利益的经济人之间的竞争进行协调的组织。不完全市场学派认为，在现实的市场经济里，个人之间交易的信息难以传递到第三者，即存在信息的不完全性。由于信息的不完全性，关于交易过程中的各种具体信息，外人难以了解，即使可以得知，也只能得知部分信息。特别是关于品质的信息不完全性尤为突出，因而存在逆向选择与道德风险等问题。

在市场经济里，拍卖人具有特殊的重要性。拍卖人通过价格调整发现市场均衡价格，他们不是追求私人利益的经济主体，而是为无数的买方和卖方起到牵线搭桥作用的中介。拍卖人的典型例子有日本青果物批发市场的拍卖人。但是在大多数发展中国家，农产品批发市场发育滞后，农产品流通未能有效地组织起来，拍卖人的功能经常是由追求个人利益的商人来承担的。在发展中国家的农村市场里，商人起到了市场组织者的作用，在追求私人利益的同时，将分散在各地的、无数的生产者和消费者组织起来，发挥了牵线搭桥的中介功能。

商人的存在价值就在于通过信息汇集节约交易成本，但由于信息的不对称性，掌握信息的商人可以攫取巨额的商业利润。在东南亚国家，华人垄断了流通领域，出现了许多富商，一旦当地社会出现动荡，这些人经常成为暴乱分子的破坏对象。这反映出许多人对于商业暴利的敌视。一些学者对于商人在流通领域的暴利也颇有微词。但研究发现，在商人主导的农村市场里，如果没有商人牵线搭桥的中介作用，农产品流通就无法被有效组织起来。商人之间的竞争有助于缓解信息不对称性，可以在一定程度上抑制商人攫取暴利的行为。近年的研究也发现，流通领域的利润主要来源于运输费等流通成本与风险因素，并非起因于信息不对称性。一方面，发展中国家由于交通运输基础设施不完善，物流和流通组织体系不健全，运输费等流通成本较高。另一方面，流通领域的高利润产品往往是保鲜和质量要求高、市场风险较高的产品，流通领域的利润包含了风险成本，利润较高也有一定的合理性。

（2）商人主导的农村市场不完全性。

商人主导的农产品流通是导致农村市场不完全性的重要原因之一。在菲律宾、印度尼西亚、中国等发展中国家，农产品流通网络都是由商人主导的。在这个流通网络里，交易活动绝大多数是一对一的面议交易，商人的行为均属于个体行动，缺乏组织和协调。产地批发市场的功能主要是提供交易场所，信息汇集的功能比较薄弱。批发市场一般是企业化经营，而非公益性的拍卖人，其本质仍然是商人。在中国农村，典型的农产品流通渠道是：生产者—产地中间商—产地批发市场—中间转运商人—消费地批发市场—零售商—消费者。

农村市场不完全性主要表现在信息不对称和信息传递不完全方面。随着信息化和物流条件改善，当地市场的信息不对称性在相当程度上已经得到缓和，导致农户交涉不利的因素也已经大大缓解，但是农户面对广域市场时，仍然存在着搜集信息的局限，交易成本大，农户自己进入广域市场的风险高，同时由于缺乏组织起来的流通体系，不得不依赖于商人。由于信息传递不完全，经常出现销地价格没有反映产地价格的现象，甚至出现产地价格高于销地价格的价格背离现象。例如，在春节前后，作为产地的山东农产品价格高于作为销地市场的北京农产品价格。

（3）市场不完全性对农业和农村经济的影响。

在不完全市场下，农户把握市场信息面临着较大的约束。首先，农产品流通对当地市场的依赖较深，广域市场和远距离流通不得不依赖中间商。其次，生产调整往往滞后于需求变化。农业生产决策是基于对市场的预判，由于农户把握市场信息的局限性，农产品市场价格的涨落较快，因而生产调整经常跟不上市场变化。某一农产品价格上涨时，农民一窝蜂地扩大种植面积，产量增加后价格出现下跌。这种情形经常可以看到，至今仍然存在。山东莱阳农户生产菠菜就是其中一个典型案例。起初，由于出口日本的大叶菠菜价格高，产量少，供不应求，菠菜价格曾经达到每斤1.5元，许多农户看到效益好，纷纷跟风扩大菠菜种植面积，结果两年后菠菜价格就下跌到每斤0.1元甚至更低，农户连生产成本都难以收回。我国猪肉价格波动经常出现明显的蛛网效应，究其根源就在于生产调整滞后于市场变化的格局未能得到根本扭转。我国农产品市场组织长期没有走出农产品产量增加与农产品价格周期性涨落的怪圈。

2. 市场不完全性与农村发展

以舒尔茨为代表的新古典学派认为，发展中国家经济发展不能顺利进行的原因在于政府干预给经济造成的各种扭曲；只要消除政府干预，市场经济机制就会充分发挥功能；经济发展政策是基于对市场经济机制的充分信赖。即便是在发展中国家农村，农民也能在给定的约束条件下做出经济合理的、有效率的行为，但是由于约束条件的制约，农民不能脱贫。因此，要促使农村经济从低位安定的均衡状态向更高水平的均衡状态转换，应加强高收益性的农业投入的开发，特别要重视农业科技研究开发与人力资本开发。舒尔茨认为，农产品流通的市场化与农村金融的自由化对于发展中国家农村十分重要。

以斯蒂格利茨为代表的新制度学派认为，在发展中国家，存在着市场经济机制不能正常发挥功能的情况。有些行为从个体的经济主体来看可能是合理的行为，由于其交易环境存在着信息不对称及显著的交易成本，从社会整体来看则是非效率的。如果资源分配全部交由市场进行调节，那么就难以达成社会最优的资源配置。传统的制度及组织在市场机制不完备的情况下发挥着弥补市场不完全的作用，不分青红皂白否定和排除传统制度及组织的政策将会损害农民的经济福利。

在发展中国家农村，存在着许多传统的制度或习俗，其目的是降低交易成本，缓解农产品市场不完全性。典型事例之一是菲律宾的 Suki。Suki 是指一种长期的交易关系，通过建立长期交易关系，节约合同履行成本。在长期交易关系存在的条件下，一方操纵市场信息，获取不当利润的行为是不利的。另一个典型事例是印度尼西亚农村中间商的分层性。中间商分为村外中间商、村内中间商、收货人三个层次。村外中间商的经营活动范围包括复数的村，向收货人或村内中间商收购，不直接向农户收购；村内中间商的经营活动范围限于村内的复数集落，农户兼业经营的情形较多；收货人的活动范围限于一个集落之内。农户一般只向收货人或村内中间商出售农产品，不和村外中间商发生直接交易。中间商的分层性与交易成本有关。村外中间商活动范围广，掌握的信息量大，资金充足，但对当地农户的生产情况和信用情况不了解，劳动的机会成本与交易成本较高，而资本成本较低，因此一般委托收货人或村内中间商代为收集货物，并向他们预付收购资金，以降低收货人或村内中间商的资本成本。收货人和村内中间商均生活在农村，对当地农户的生产情况和信用情况非常熟悉，因而从农户手里收集货物的交易成本与机会成本较低，但因周转资金有限，资本成本较高，需要和村外中间商联手，由村外中间商预付收购资金以降低资本成本和交易风险。对农户来说，外出寻找买家并进行交易的交易成本过高，对村外中间商的了解也少，但是他们与村内中间商和收货人之间一般存在着地缘甚至血缘的联系，和村内中间商或收货人交易可以节约寻找买家的交易成本。

第二节　农业和农村政策：从粮食问题到农业保护

一、粮食问题的经济学分析

1. 粮食问题的经济学模型

先看农业部门的农产品市场（图 9-3（a））。基期的农产品供给曲线和需求曲线分别为 S_0 和 D_0，市场均衡点为 A，此时均衡价格为 P_0，产量为 Q_0。由于发展中国家人口增长较快，人均收入增加又带来农产品人均消费水平提高，农产品需求增加幅度较大，目标期的农产品需求曲线移到 D_1，但发展中国家受到农业生产水平和技术推广普及体系不健全的影响，生产成本下降和产量增长的速度较慢，目标期的供给曲线移到 S_1。此时市场均衡点为 B，均衡价格为 P_1，产量为 Q_1。这就出现了农产品的供给调整没有跟上需求增长，农产品价格上涨的情形。由于农产品价格上涨，消费者剩余从 P_0CF 缩减到 P_1BF，减少了梯形 P_0P_1BC。

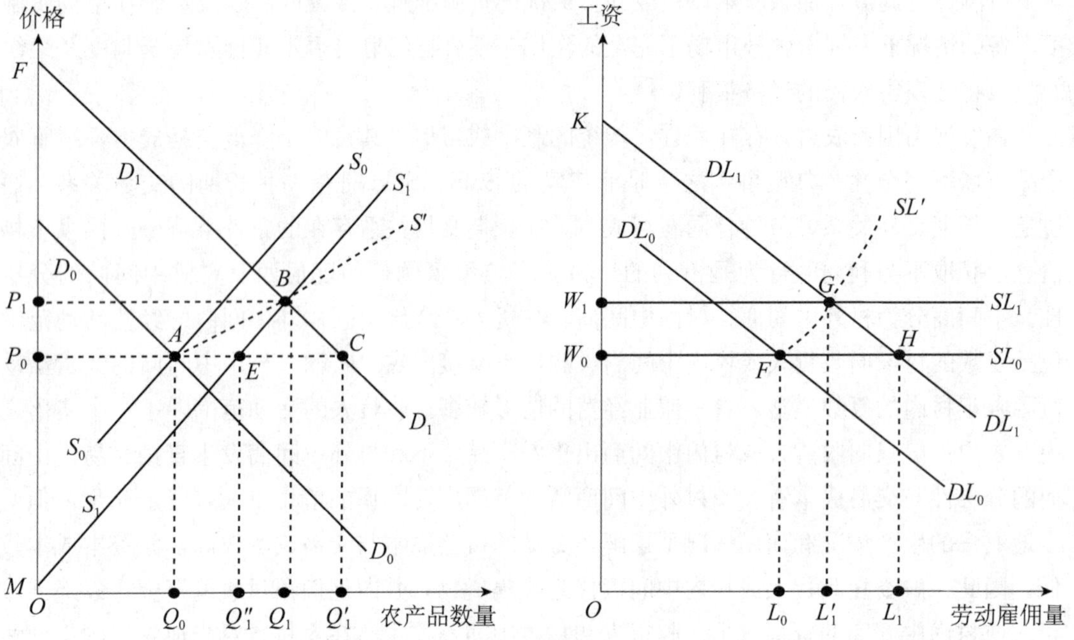

(a) 农业部门的农产品市场　　(b) 工业部门的劳动市场

图 9-3　粮食问题的经济模型

再来看工业部门的劳动市场（图 9-3（b））。基期的劳动供给曲线为 SL_0，劳动需求曲线为 DL_0，市场均衡点为 F，劳动雇佣量为 L_0，工资水平为 W_0。随着工业化进程推进，对劳动的需求增加，目标期的劳动需求曲线移到 DL_1。如果工资水平 W_0 不变，劳动供给曲线仍为 SL_0，则市场均衡点为 H，资本家的利润为 W_0HK。由于粮食价格上涨，工资水平不得不提高，劳动供给曲线移到 SL_1，新的市场均衡点为 G，工资水平变为 W_1。此时资本家的利润从 W_0HK 变为 W_1GK，减少了 W_0W_1GH。这说明，农产品价格上涨会导致工业部门的利润减少。工业部门利润减少将会削弱资本家扩大生产的动力，提高工业化的成本，不利于工业化的推进。

2. 粮食问题：工业化进程中的疼痛

基于上述分析，在经济发展的初期阶段，发展中国家政府为了推进工业化，经常会采取抑制农产品价格的政策，甚至采取农产品流通管制，使得工人可以消费廉价农产品，资本家可以向工人支付低工资，以降低工业化成本。譬如，印度尼西亚等发展中国家曾采取抑制农产品价格、优先发展工业化的战略，甚至对农产品流通采取管制措施。

当农产品价格被人为地从 P_1 降为 P_0 时，农产品产量将从 Q_1 减少到 Q_1''，需求变为 Q_1'，供需出现缺口 EC，此时生产者剩余从 P_1BM 减少到 P_0EM，减少了梯形 P_1P_0EB。而工业部门由于工资水平维持在 W_0，资本家剩余从 W_1GDL_1 增加到 W_0HDL_1。可见，抑制农产品价格的政策会减少农民收入，降低农民生产积极性，从而导致粮食短缺的问题发生。这里，造成粮食短缺的原因是抑制农产品价格的工业化战略所致，与二元经济模型里劳动力转移带来的粮食不足的成因不同。

我国自 1949 年以来采取了抑制农产品价格、优先发展工业化的战略，为了维持农产品的低价格，又采取了农产品统购统销政策，对农产品流通进行管制，极端的时候甚至对生产过程进行了计划性管制，采取人民公社—生产大队—生产队的体制，农业生产均按计划自上而下安排，导致农民生产积极性受挫，农业严重衰退，国民经济走向崩溃的边缘。

人为降低农产品价格的政策还会导致“剪刀差”的出现，导致农业部门的剩余被强制性地转移到工业部门。在图 9-3 中表现为梯形 P_1P_0EB 向 W_0W_1GH 的转移。据严瑞珍研究，1978 年以前，中国工农业产品价格“剪刀差”不断扩大，1978 年“剪刀差”相当于当年农民所创造价值的 25.5%。通过“剪刀差”，从农业流走的国民收入为我国发展国有大型重工业提供了资金积累，同时也严重影响了中国农业的发展。

二、农业保护的经济学分析

1. 农业保护的理论模型：需求约束

在发达国家，随着人口增长趋缓，人均收入达到较高水平，恩格尔系数下降，农产品消费的收入弹性变小，目标期与基期相比，农产品需求变化幅度不大。发达国家农业技术水平较高，推广普及体系较为完善，农业生产成本下降和产量增加的速度较快，目标期与基期相比，农产品供给曲线移动的幅度较大。因此，如图 9-4 所示，市场均衡点从基期的 A 变为目标期的 B 点，农产品均衡价格从 P_0 变为 P_1，趋于下降，生产者剩余从 P_0AS_0 变为 P_1BS_1。与此同时，工业部门由于技术进步较快，生产成本下降显著，供给曲线从 S_0S_0 移到 S_1S_1，变化幅度显著，即使需求曲线的移动幅度不大，市场均衡点从 F 点移到 G 点，工业品的均衡价格将从 R_0 变为 R_1，工业部门的生产者剩余从 R_0FS_0 变为 R_1GS_1，增加幅度较大。尽管农业部门的生产者剩余也有增加，但增加幅度不及工业部门，因此会造成工业部门和农业部门之间劳动者收入差异的扩大。

速水佑次郎（1986）认为，工农业收入差异的扩大，主要是因为农产品的需求遇到天花板，增长缓慢，需求约束导致农产品价格趋于下降，影响到农业部门生产者剩余的扩大。为了缓解工农业收入差异的扩大，发达国家政府往往采用农业保护政策，人为地提高

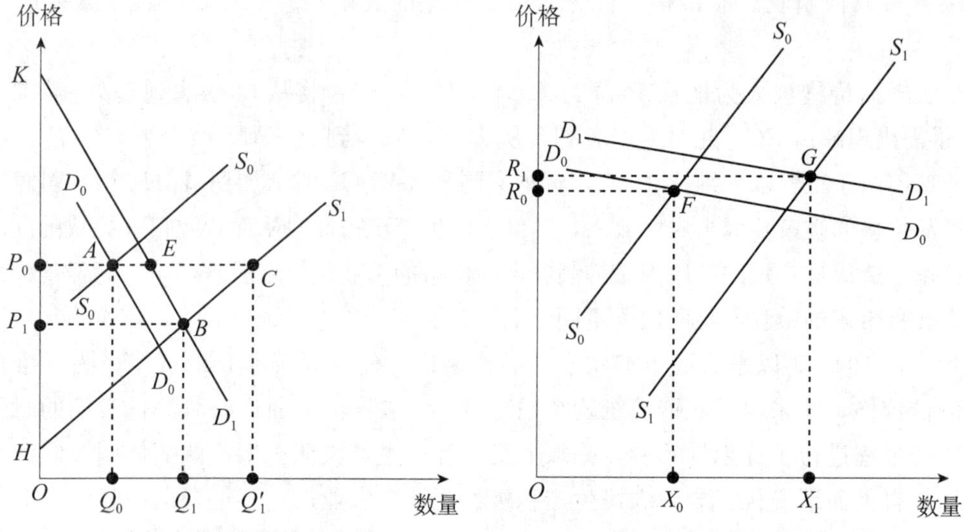

(a) 农业部门的产品市场　　(b) 非农业部门的产品市场

图 9-4　需求约束对工农业收入差异的影响

农产品价格，使得农业部门的生产者剩余有较快增长。如果农产品价格被人为地从 P_1 提高到 P_0，农业部门的生产者剩余将从 P_1BH 变为 P_0CH，增加梯形 P_0P_1BC，而消费者剩余则从 P_1BK 变为 P_0EK，减少梯形 P_0P_1BE。也就是说，人为地提高农产品价格的农业保护措施将使得部分消费者剩余转移到生产者剩余。换句话说，农业保护是以牺牲部分消费者的利益为代价的。

2. 比较优势变化的影响

除了需求约束，比较优势的变化也会对工农业收入差异产生影响。比较优势的变化分两种情形：一是国内工业生产成本降低带来的比较优势变化，二是海外农业生产成本降低带来的比较优势变化。

当国内工业生产成本降低时，工业产品出口会扩大，带来贸易盈余增加，导致汇率上升，汇率变化又使得国内工业产品和农产品相对于国际市场的价格发生变化，工业产品出口减少，农产品进口增加，在新的汇率水平上重新达到贸易收支均衡。此时，工业部门的生产者剩余仍然有大幅度增加，农业部门的生产者剩余减少。生产者剩余一增一减，比较优势的变化导致工农业之间收入差异的扩大。

当海外农业生产成本降低时，国际市场的农产品价格下降，农产品进口扩大。在工业部门出口不变的情况下，农产品进口增加会导致贸易赤字出现，驱动汇率下降。汇率下降使得国内农产品和工业产品相对于国际市场的价格发生变化，农产品进口适当减少，工业产品出口增加，在新的汇率水平上重新达到贸易收支均衡。此时，农业部门的生产者剩余减少，工业部门的生产者剩余增加。生产者剩余一增一减，海外农业生产成本降低带来的比较优势变化也会导致工农业之间收入差异的扩大。

三、农业和农村政策的国际经验：从粮食问题到农业保护

国际经验表明，大多数国家的农业和农村政策经历了从粮食问题到农业保护的转变。在发展中国家或一个国家经济发展的初期阶段，工业化是经济发展的主要目标，许多国家不得不牺牲农业和农民利益，发展工业化，因而往往采取抑制农产品价格的政策，甚至控制农产品流通，导致粮食短缺等问题出现。到了经济发展的成熟阶段，农产品需求约束和比较优势变化导致城乡收入差异扩大，农民要求保护农业的诉求日渐升高，城市居民对农产品价格上涨的抵触则日益趋弱，因而农业保护成为城乡关系和农业政策的主旋律。

1. 战后日本的农业保护政策

日本的农业保护政策始于 1961 年制定的《农业基本法》。为了配合《农业基本法》，日本延续了战时的粮食管制制度，但粮食管制的内容从保护消费者转向重视生产者，实行大米价格支持政策。同时，日本加强农协建设，保护小农经营，结果农协不仅成为一个农产品流通组织，还成为一个农业政策的压力团体，形成日本政坛上一支重要的政治力量。

以《农业基本法》为支柱的农业政策加快了农田基本建设和机械化，提高了劳动生产率，促进了畜产品和水果生产的大幅度增长，但是在扩大农户经营规模方面进展迟缓，导致大米生产出现过剩，兼业农户大量增加。20 世纪 70 年代，日本对以《农业基本法》为支柱的农业政策进行调整，农业政策思路从自耕农主义向耕作者主义转变。修改农地法，允许租借土地以扩大经营规模；对大米生产实行调控，减少大米种植面积，增加其他作物种植面积；促进离农，促进工厂向地方分散，增加地方的就业机会。进入 20 世纪 80 年代后，贸易自由化与进口压力日渐增大，日本国内外对农业保护的批判也越来越强烈，日本政府推出了国际化农业政策，政策思路是重视粮食安全保障，强化粮食自给能力，继续维持大米的供需均衡，培育中核农户，发展食品加工产业。20 世纪 90 年代中期，日本政府终于认识到《农业基本法》已经不能适应时代的要求，全面放弃了原来的《农业基本法》，制定了新的农业基本法。

以《农业基本法》为支柱的农业保护政策提高了日本农业的基本建设水平、机械化水平和劳动生产率，也大幅度提高了农户的收入水平，使得日本农户的收入水平在 20 世纪 90 年代甚至高过城市工薪家庭，但是在扩大经营规模、培育自立经营农户方面没有达到预期成果，日本农业的竞争力面临艰难的挑战。究其原因，一是政策不配套，来自农地制度的约束使得经营规模受到限制，一方面农产品价格支持形成了强有力的小农保护，导致大米过剩、财政负担过重、农户提高竞争力的动力不足，另一方面一刀切的大米生产调控也不利于经营规模扩大；二是城乡发展失衡，地价上涨使得农地集中和农地流动进展迟缓，农业机械化和工厂向地方分散促进了兼业化，大量小规模的兼业农户制约着日本农业竞争力的提升。

2. 欧洲的农业保护政策

法国、德国、意大利、比利时、卢森堡和荷兰等6国于1957年发起倡议，并于1962年达成初步协议，自1967年7月1日起开始实施欧洲共同农业政策（CAP）。其主要内容是：主要农产品采用共同价格，实行以国境保护为中心的农产品价格支持政策，区域内贸易优先于与第三国的贸易，并建立为维持共同农业市场的财政协作体制。1973年，英国、丹麦、爱尔兰加入CAP；1981年，希腊加入CAP；1986年，西班牙和葡萄牙加入CAP；1995年，芬兰、瑞典、挪威和奥地利加入，发展成为欧盟15国。

CAP的农产品价格支持政策主要有几点：一是为鼓励增产，维持区内高价格水平；二是价格支持是通过支持粮食市场上的企业价格来实行，而非生产者价格支持；三是实行以国境调整和国内市场介入为支柱的消费者负担型价格支持制度，对进口农产品实行进口边界价格，对境内农产品实行最低价格保护，以维持境内农产品的高价格，实现由消费者向生产者的收入转移；四是财政负担巨大，出口补贴、收购过剩部分、过剩库存处理、对食品加工业者的补贴等均由财政负担。

CAP的农产品价格支持政策促进了农产品迅速增产，也造成了小麦、乳制品、牛肉、砂糖、酒类、植物油等主要农产品生产过剩。另外，由于价格支持是对加工和流通企业的价格支持，收入支持效果主要集中在大规模集约经营农户，小规模农户则享受不到农业保护的恩惠，导致农户之间和地区之间收入差距扩大。

自20世纪60年代末起，欧共体开始对CAP进行调整。CAP的政策调整有两种思路：一是重点支援竞争力强的农户的选别主义政策，二是强调支援竞争中处于不利地区农户的地区政策，如条件不利地域政策。与此同时，促进离农，实施农业劳动者退休、转职及农户子弟脱农化；向离农农户支付养老金，以促进农地流动和扩大经营规模；向农业劳动者及农户子弟提供教育培训以及有关非农职业选择的信息，强化职业培训。这一政策思路的特点是选别主义的结构调整，将共同市场中具有一定适应能力的部分农户作为将来的农业经营主体，对于其他不具备适应能力的边缘农户则鼓励离农。但结构调整政策不能从根本上解决生产过剩问题，农产品生产过剩的根本原因在于CAP过高水平的价格支持政策。20世纪80年代中期开始，欧共体的农业政策缓和了选别主义，引入了条件不利区域政策，政策重点从老龄农业者的离农转向促进青年农业者就农。与此同时，体现环境主义的农业环境政策开始登场。

CAP的价格支持政策促进了农产品增产，也带来了严重的生产过剩。以价格支持为手段的农业保护的利益主要集中到大规模集约经营农户，边缘地区及小规模农户则较少享受，带来地区之间不平衡问题。此外，由于价格支持诱导农户增加投入，提高集约经营程度，导致环境负荷加重，环境问题加剧。与此同时，CAP的价格支持政策及国境调整措施在农业多边贸易谈判中受到了美国的发难，最后美欧妥协达成了布莱尔大厦协议，结束了乌拉圭回合谈判。

3. 日本与欧洲农业保护政策的比较

日本和欧洲均采取了农产品价格支持政策，同时实行农产品贸易保护政策。这些农业保护政策都是消费者负担型的，牺牲消费者的部分利益以保护生产者。农产品价格支持政策尽管增加了农民收入，但负面效果明显，值得深思。从总体上看，日本与欧洲的农业保护措施增加了农民收入，起到了缩小工农业收入差距的效果，但农产品价格居高不下，一方面牺牲了消费者利益，另一方面导致农业竞争力丧失，难以与新大陆国家农业形成竞争，加重了农业发展对贸易保护的依赖性。

关于农业保护措施的背景和初衷，日本和欧洲略有不同。欧洲最初是为了促进农产品供给能力的扩大，后来遇到需求约束下的生产过剩，一方面为保护境内生产者免受海外农业的冲击，采取贸易保护措施，另一方面，为了提升境内农业竞争力和抵御海外农业的竞争压力，采用选别主义的结构调整，重点支持具备竞争力的农户。日本经过战后困难时期，已经基本解决了粮食供应能力问题，主要是解决需求约束与比较优势下降导致的工农业收入差距扩大的问题，采用了农产品价格支持加流通管制加基本建设的农业保护措施。在生产调控和结构调整政策方面，日本和欧洲也有所不同，欧洲采用了选别主义的思路，重点是提高核心农户的竞争力，农户拥有参加和退出的自由，对参加者给予补贴；日本则由于平均主义的文化背景根深蒂固，采用了一律削减的强制性调控，将每年需要压缩的种植面积层层分解，最后下达至农户，不少农户是为了获得生产调控补贴而参与压缩面积。

四、农业和农村政策的新走向：从价格支持到农业环境和食品安全

20 世纪 90 年代以来，特别是进入 21 世纪以来，日欧农业保护政策出现了一些新的动向。欧盟在 1992 年推出了《21 世纪行动计划》（*Agenda 21*），日本在 1994 年制定了新农业基本法，它们先后放弃或削减农产品价格支持，强调价格形成回归市场机制，并将农业保护的政策手段从价格支持转向收入补偿，农业环境政策和食品安全政策取代价格支持政策成为农业保护的新思路。

由于 CAP 的价格支持政策诱导农户增加投入，提高集约经营程度，导致环境负荷加重，农业环境污染加剧，农业对环境的负面作用越来越受到关注。同时，价格支持政策下农产品迅速增产带来了严重的生产过剩。作为环境保护对策和生产过剩对策，欧洲提出了以粗放经营为导向的农业环境政策（decoupling），减少化肥农药的使用，减轻环境负荷，对于因化肥农药使用减少带来的农户收入下降则给予直接补偿。日本也强调农业的多功能性，利用 WTO 的绿箱政策（green box），摸索新的国内农业保护措施。同时，日本因农业竞争力下降，农产品进口剧增，按所含热能计算的国内农产品自给率下降到 40%左右，食物安全保障被提到越来越重要的高度，食物安全保障也成为国内农业保护的理由之一。

20 世纪 90 年代中期以来，农业政策出现了消费者主权回归的倾向，政策目标从保护生产者开始转向重视消费者，特别是食品安全政策在农业政策中占据了越来越重要的位置。食品安全问题引起高度关注的背景是日本和欧洲出现的疯牛病（BSE）和日本出现的 O157 型大肠杆菌食物中毒事件。作为对策，欧盟成立了食品安全厅，日本也设立了食品

安全局，强化了食品安全的表示规制（包括有机农产品、农药残留、转基因食品），建设食品安全可追溯体系（traceability）。在国际贸易层面，与食品安全和环境保护相关的技术性贸易壁垒层出不穷，五花八门。在WTO框架下，各国就食品安全政策加强了国际协调，制定了《卫生与植物检疫措施协议》（Agreement of Sanitary and Phytosanitary Measures，简称SPS协议）、《技术性贸易壁垒协议》（Agreement on Technical Barriers to Trade，简称TBT协议）等，并强调基于科学原则和风险分析采取贸易保护措施。

五、中国的农业和农村政策

中华人民共和国成立以来，我国为了服务于工业化优先战略，农业和农村政策先后采取了农产品统购统销制度、从合作社到人民公社的农村集体化等，一方面是通过农产品流通和价格管控人为地压低农产品价格，以降低工业化的成本，另一方面通过户籍管理，形成了城乡有别的社会保障和公共服务供给体制。在这样的体制下，农民生产积极性受挫，农业生产严重衰退，国民经济走向崩溃的边缘。改革开放以来，农业和农村政策一方面放松了农产品流通和价格管控，搞活农产品流通，强化农业生产激励，另一方面采取家庭联产承包责任制，将农业生产决策权交还给农户。这些政策有效地起到了解决粮食问题的效果。

2004年，国务院开始实行减征或免征农业税的惠农政策。自2006年1月1日起，废止《中华人民共和国农业税条例》，全面取消农业税，中国农民彻底告别了缴纳农业税的历史。与此同时，农业补贴不断增加，近年来中央财政每年对农业的补贴已经超过1万亿元。这标志着，中国的农业和农村政策从粮食问题转向农业保护为主，农业和农村发展进入了工业支援农业、城市反哺乡村的新阶段。

第三节　农村组织化与农业产业化

一、农村组织化的社会需求

由于我国农户经营规模零星分散，组织化程度较低，单个农户很难按照市场需求组织生产。因此，推进农村组织化，为农户提供生产和市场流通服务，成为中国农业和农村发展的当务之急。小农户对农村组织化的社会需求主要体现在生产作业过程、市场流通、融资服务和农产品质量管理等四个方面。

(1) 生产作业过程的互助合作。家庭经营规模零星分散，农业生产过程中许多作业很难完全依靠家庭劳动力来完成，一个农户也不一定拥有各种必要的农业生产机械，这就产生了生产作业的互助合作需求。如我国华北旱作农业地区春季风大干燥，春季播种时要求采用团体作业快速完成播种作业，农户之间一般采用换工方式，自发性地开展互助合作。

（2）农产品市场的不完全性与农村组织化。在商人主导的农村流通领域，农产品价格变动是商品化农业经营的首要风险因素。由于农产品市场的不完全性，个体农户面临着交易成本高、风险大等困难，特别是面向广域市场和远距离流通时更加困难，农产品流通不得不依赖当地市场或者中间商。因此，发展销售合作组织，为农户提供市场流通服务，帮助农户节约交易成本，规避市场风险，已成为广大小农户的社会需求。此外，在不完全市场条件下，个体农户的经济行为有时与社会目标不一致，导致整个社会资源配置的非效率，这就产生了发展生产者组织，对农业生产进行总量调控，协调个体农户行为的社会需求。

（3）信用市场不完全性与组织化。由于逆向选择与道德风险的存在，一方面存在着商业性金融机构向农民惜贷的问题，另一方面又存在着农户贷款偿还率低的问题，信用市场不完全性导致农户融资难。资金不足已经成为制约我国农户经营和农村发展的重要限制因素。当前，虽然我国许多地方的农村信用合作社已改制成为农村商业银行，但是农户融资难的问题仍未得到根本解决。发展农村信用合作组织，促进资金的互相融通，保障农业和农村发展的融资需求，也是农村组织化的社会需求之一。

（4）产业化应对与维持品质竞争力。一方面，随着农业产业化发展，越来越多的产业资本开始涉足农业领域，加强了对农产品生产过程的控制。面对强势的农产品加工和流通企业，个体农户需要组织起来，增强交涉力量，以对抗产业资本的竞争。另一方面，由于社会对食品安全问题越来越关注，消费者偏好也越来越转向健康指向，通过产品差异化，提升农产品品质和安全性，也成为市场竞争尤其是出口竞争中重要的竞争策略。在现实中，存在着少数农户不重视农产品质量，甚至不顾公共道德，危害食品安全的现象。从维持农产品品质竞争力的角度来看，也存在着发展农村组织化，协调生产农户行为的社会需求。

二、农村组织化的途径和形式

农村组织化主要有横向组织化和纵向组织化两种形式，前者主要是指生产者组织，后者是指生产、加工、流通等不同阶段在组织上的一体化。社区性合作经济组织是生产者组织的形式之一，社区性合作经济组织向农户提供的服务主要集中在生产过程，如耕作、灌溉、设施维护管理等方面，向农户提供生产资料供应和产品运销服务的社区性合作组织很少。即使社区性合作经济组织向农户提供市场流通服务，其能力也取决于当地集体经济实力。在现实中，只有不到一半的农民得到过社区性合作经济组织服务（卢文，1996）。在生产资料供应和农产品销售方面，农户仍然依靠运销商贩。与掌握了更多信息资源的运销商贩相比，信息不对称性会使农民处于不利地位。特别是对于广域市场上需要远距离运销的农产品而言，由于交易成本高昂，农户不得不依靠运销商贩（王志刚，2001）。

20世纪90年代后期，我国开始提倡农产品生产、加工、流通的纵向一体化，发展农业产业化经营。在中国，农业产业化经营主要有两种形式：一种是农户与加工企业或流通企业签订合同，这种形式被称为“自上而下”的产业化经营方式；另一种是以农户之间的合作组织为主，如农民专业技术协会、股份合作社等，这种形式被称为“自下而上”的产业化经营方式（石敏俊，2000）。迄今为止，70%的农业产业化经营为龙头企业与农户之间的合同形式，农户之间的合作经济组织约占30%。由于龙头企业和农户双方存在的道德风险，“自上而下”的产业化经营方式很不稳定。农民专业协会等农民合作经济组织对于改善农户经营发挥了很大作用，譬如技术推广，减缓农产品价格波动带来的市场风险，增强市场谈判能力，以及通过生产资料购买的规模经济降低生产成本等（郭红东，1999，2001），但由于农民合作组织的自发性和规模较小，“自下而上”的产业化经营方式前景不容乐观。

三、农业产业化

1. 农业产业化的国际经验

（1）什么是农业产业化？

以纵向一体化为特征的农业产业化给农业—食品系统的结构变化带来了深刻的影响。在北美，肉鸡饲养产业从20世纪60年代起，养猪产业从20世纪80年代起，生产组织方式均发生了引人注目的变化，即生产、加工、流通等不同阶段之间的关系从市场交易型走向契约型或者纵向一体化。这种以农产品生产、加工、流通的纵向协调为中心的农业—食品系统结构变化，被称为“农业产业化”（Urban，1991；Boehlje，1996，Royer and Rogers，1998）。农业产业化把工商业的经营原理引进农业部门，把消费者需求迅速地反馈给农产品生产和流通部门，有利于根据消费者需求组织农产品的生产和流通（Saxowsky and Duncan，1998）。农业产业化的本质就是把接近完全竞争的农产品市场变为不完全竞争市场，增强市场交涉力，以增加获取更多利润的机会。日本没有明确提出农业产业化的概念，但是日本的肉鸡饲养产业同样出现了以纵向一体化为特征的结构变化。在北美，农业产业化主要是由农产品加工企业及原材料生产企业推动的，在日本则主要是由综合商社推动的。

（2）农业产业化的背景和效应。

北美的农业产业化是在消费者需求变化的引导下，在技术进步的支持下蓬勃发展起来的。通过纵向协调，优质、适时、适地、价格合理的农产品标准化生产才能成为可能，且加工流通企业为了获得市场份额，会产生推进纵向协调以获得更大利润的动力。因此，追求优质、便利、价格合理的消费者需求可以说是农业产业化的驱动力（Tweeten，1998）。生物技术和机械化等技术进步向加工流通企业提供了获取追加利润的机会，企业为将利润机会从可能变为现实而积极推进纵向协调的动机也是农业产业化发展的动因（Royer, Rogers, 1998）。但技术进步也是市场需求诱发的，因此，消费者需求的变化才是农业产业化的根本驱动力。激励纵向协调的因素还有特殊专门资产、市场不确定性、原材料生产过程的监督成本等。

有的学者认为，农业产业化可以节约生产成本，降低农产品价格，改善消费者福利（Martinez, 2000）；更多的学者把关注点放在农业产业化带来的市场结构变化导致市场交涉力的此消彼长给消费者可能造成的影响上。一般来说，农业产业化会给生产者带来更多的利润机会，但是也不是所有的生产者都能从农业产业化中获益，有的农户可能会获益，有的农户可能会受到负面影响。关于农业产业化对消费者福利的影响仍然是见仁见智。随着食品系统的全球化，食品的生产和消费可能跨越国家，许多发达国家在发展中国家建立了农产品供应基地。很多食品产业的跨国公司采用契约农业、合同生产等纵向协调的组织方式，农业产业化给发展中国家的农民和农村发展带来了深远的影响。发展中国家往往只有部分农户从中获益，跨国公司的农业产业化对小规模农户带来的好处十分有限（Reardon and Barrett, 2000）。

（3）发展中国家的农业产业化。

近年来，伴随着农业—食品系统的全球化，发展中国家的农业产业化开始引人注目。发展中国家农业产业化的特征被认为有三个方面：一是农产品加工、流通部门及生产资料制造部门的扩大；二是以纵向协调为特征的加工、流通企业和农户之间的交易关系在制度上和组织上的变化；三是作物结构、生产技术、原材料投入结构等农业结构的变化。以纵向协调深化为特征的制度和组织变革是其中的核心（Reardon and Barrett, 2000）。

关于发展中国家农业产业化的动因则被认为是农业—食品系统的全球化导致的农工商企业的竞争压力加剧和农产品需求的变化（Reardon and Barrett, 2000）。具体来说，全球化和市场化会使得发展中国家的农民以及加工流通企业面临更加激烈的竞争，而且由于在竞争过程中，部分企业会被兼并，为了应对激烈的竞争，企业必须采用纵向协调的组织方式，增强市场交涉力和竞争力；发展中国家经济增长带来的收入增加和城市化导致消费者需求发生变化，农产品的质量越来越受到关注，加工流通企业采用产品差异化战略，以便在市场竞争中胜出；全球化还会带来农产品贸易的增长，由于面向发达国家的农产品出口对品质的要求更高，出口产品的价格往往也比国内市场更高，因而驱使农民和加工流通企业联合起来，通过纵向协调，实施产品差异化竞争。

2. 中国的农业产业化

20 世纪 90 年代后期，山东等地开始积极推进农产品生产、加工、流通的纵向组织化，掀起了中国“农业产业化经营”的高潮。起初，学者和政策研究部门对于“农业产业化经营”的概念理解存在分歧（陈吉元，1997），后来逐渐趋于共识。中国“农业产业化经营”的内涵主要包括三个特征：一是农业经营的市场化，即根据消费者需求进行市场导向的生产；二是农产品和食品市场的组织化，即农产品的生产、加工、流通的不同阶段之间的关系从市场交易转向纵向协调；三是农业生产结构的变化，特别是强调农业的专业化生产。

按照参与主体构成的不同，“农业产业化经营”可以分为三种类型：(1) 龙头企业主导型，依靠加工、流通企业的纵向协调；(2) 中介组织主导型，以合作经济组织为主的农民组织化；(3) 产地市场主导型，通过培育产地市场，促进产地形成。根据1997年29个省份11 824个“农业产业化经营”事例的调查，龙头企业主导型占46%，中介组织主导型占29%，产地市场主导型占12%。产地市场主导型基本上是市场交易型，不少人认为，从严格意义上讲，农业产业化不应包括产地市场主导型。

参与主体间的协调机制主要是：(1) 契约型，即契约协调；(2) 股份合作型，即基于股份合作制的资本结合；(3) 利润返还型，即采取利润返还（合作经济组织或企业利润的一部分返还农户）的利益共同体等形式。其中，契约型占71%，股份合作型占19%，利润返还型占10%。在龙头企业主导型中契约生产最多，加工流通企业通过提供雏鸡、饲料等的赊销向农家提供融资。中介组织主导型中主要是股份合作型和利润返还型比较多，但也有股份合作制同时采用契约交易的事例。

归纳起来，中国的“农业产业化经营”实际上是以蔬菜水果和畜产品生产为主，以加工流通企业主导的契约生产为主的农业—食品系统的纵向一体化。在强调生产、加工、流通的纵向一体化这一点上，中国的“农业产业化经营”的理念和北美的农业产业化是相通的。从契约生产占据主流这一点来看，可以认为中国的农业产业化经营尚处于农业产业化的初期阶段。

对于在20世纪90年代末期出现农业产业化经营的原因，应当从中国农产品和食品市场的变化去思考。20世纪90年代，我国农产品和食品消费结构发生了变化。第一，食品消费已经开始了从量到质的转换，农产品和食品消费趋于多样化、高级化、差异化。谷物、蔬菜等农产品消费开始呈现重视味道、新鲜等品质及健康的趋势，蔬菜和谷物消费向精细蔬菜、精细谷物转化（周应恒，2000），消费者开始对品质和食品安全相关的规章制度提出要求，绿色食品越来越受人们的欢迎。生鲜农产品的消费正在向全年化过渡。在传统意义上的淡季，生鲜农产品的供给也在增加，导致农产品和食品流通的空间范围越来越大。第二，加工食品、在外饮食消费扩大。食品消费的便利性倾向增强导致加工食品、在外饮食消费的增加。1987—1997年，按1987年不变价格计算的原料农产品的食品消费额扩大了1.8倍，加工食品的消费额扩大了2.6倍，在外饮食消费支出额扩大了2.4倍。第三，农产品和食品出口贸易扩大。食品出口贸易自1980年以来一直呈扩大的趋势，特别是劳动密集型的园艺作物和畜产品的出口呈现出更大的发展。食品出口额从1980年的29.85亿美元扩大到1996年的102.32亿美元。其中，蔬菜、水果、水产品及水产品加工品、畜产品及畜肉加工品的出口扩大显著。蔬菜出口量从1986年的64.4万吨增加到1996年的167万吨。从蔬菜的出口去向看，1996年对日出口占出口总量的49%。

随着国内食品消费从量到质的转换，对高品质的农产品和食品的需求越来越多，并且随着农产品和食品出口的扩大，对其规格、品质的要求也在提高。譬如，河北省华安肉制品有限公司，引入了把食肉分成不同的等级规格，按照等级规格确定价格的定价方法。农产品和食品市场的产品差异化竞争开始出现。由于产品差异化竞争市场上产品品质和服务特别重要，加工、流通企业为了满足国内外消费者对优质、健康、全年供给的需求，需要构筑能确保原材料供应量、供应时间、品质规格的市场营销体系。在这样的背景下，企业会积极推进纵向协调，以控制原材料农产品的生产过程，特别是对于专用资产大的行业，推进纵向协调的动力更强。

在特别重视产品质量的出口商品市场上，加工流通企业出于确保原材料的稳定供给的目标，与农户确保产品销售渠道、稳定交易价格、减轻风险的愿望是一致的。加工流通企业和农户携手迈入了合同农业（石敏俊，2000）。山东省诸城市肉鸡契约饲育是中国最早的农业产业化的事例。以日本为主要市场，出口肉鸡的诸城市外贸公司，在原材料依靠市场交易调配的情况下，出现了孵化率低、疫病多、死亡率高、鸡肉品质不好等问题，同时，农户多在春秋季节饲养肉鸡而在冬夏季节不饲养，难以按照国际市场需求组织和调配原材料。为了解决这些问题，从 1984 年起，诸城外贸公司组织农户积极进行肉鸡生产、加工、流通、贸易的纵向协调的尝试。

国内外农产品和食品市场变化以及加工流通企业应对产品差异化竞争的对策，驱动了农业产业化经营，在这一点上中国和北美是相同的。但是，需要注意市场不完全性、农产品和食品市场分化尚未成熟，中国的农业—食品系统所处的社会经济环境和北美仍然存在较大差异。

第四节　城乡统筹发展与乡村振兴

一、城乡统筹发展

1. 什么是城乡统筹发展

国际经验表明，单纯依靠农业保护政策，难以实现城乡协调发展。解决“三农”问题，不能局限于“三农”内部，必须统筹城乡经济社会发展，充分发挥城市对农村的带动作用和农村对城市的促进作用，才能实现城乡经济社会一体化发展。城乡统筹发展要求重塑城乡关系，走城乡融合发展之路。所谓城乡统筹发展，是指以缩小城乡差距和提高城乡居民生活水平为目标，通过城市带动农村、工业带动农业，促进城乡资源共享和生产要素优化配置，打破城乡二元结构，建立城乡互动、良性循环、共同发展的城乡融合发展体制，使农村和城市共享现代文明。

城乡统筹发展的主要内容有以下几个方面：(1) 统筹城乡空间布局，以新型城镇化为抓手，推动产业向园区集中、人口有序向城镇集中，推动进城务工经商农民向城镇居民转化；(2) 统筹城乡产业发展，推动农村富余劳动力向第二、第三产业转移，形成一、二、三次产业相互促进、协调发展的产业体系；(3) 统筹城乡基础设施建设，推动城镇基础设施向农村延伸，逐步改善农村基础设施水平；(4) 统筹城乡公共服务体系，推动城镇公共服务向农村辐射，逐步提高农民社会保障水平；(5) 统筹城乡发展的体制机制，破除城乡分割的体制性障碍。

2. 为什么要城乡统筹发展

(1) 全面建成小康社会要求城乡统筹发展。农村是我国经济社会发展的短板，全面建成小康社会的关键在于农民，特别是贫困地区的农民是否能够步入小康。如果广大农民、广大农村没有实现小康，就谈不上全面建成小康社会。要缩小城乡差距、全面建成小康社会，必须通过统筹城乡发展来解决。

(2) 城乡协调发展要求城乡统筹发展。当前，农村整体发展水平、人均收入水平、基本公共服务水平等都远远落后于城市，城乡差异显著。首先，城乡居民收入的绝对差距仍在扩大。城乡居民人均可支配收入绝对差距从 2010 年的 12 507 元扩大到 2016 年的 21 253 元。贵州、云南、河南、广西、湖南、四川六省份贫困人口均超过 500 万人，西藏、甘肃、新疆、贵州、云南五省份贫困发生率超过 15%。其次，城乡基础设施和公共服务水平差距较大。农村水电路气讯等基础设施建设水平较低，绝大多数村庄缺乏统一规划，道路硬化、集中供水、垃圾处理、污水处理、坑塘沟渠整治、村庄绿化等还没有系统开展。2015 年，全国生活垃圾、生活污水得到处理的建制村比例仅为 62% 和 18%。农村教育、卫生、文化等基本公共服务水平严重落后于城市，农民医疗、养老、低保等社会保障水平仍然低于城镇居民。

缩小城乡差距，要求加快推进农村现代化和新型城镇化。一方面，农村现代化可以为新型城镇化提供土地等重要的生产要素。城市建设需要新增大量的建设用地，新增城市建设用地绝大部分来源于农村的耕地。另一方面，在城乡二元体制下，土地规模化经营无法推行，传统生产经营方式难以改变，新型城镇化可以推动农村人口向城镇转移，为促进农业生产规模化和机械化创造条件。城乡统筹发展能够有效地促进新型城镇化和农村现代化，是实现城乡协调发展的重要途径。

(3) 解决农业和农村面临要素净流出的困境要求城乡统筹发展。长期以来，土地、人才、资金等生产要素不断从农业流向工业、从农村流向城市。一方面，农村为城市发展提供了大量土地和劳动力，有力地支持了城镇化进程。另一方面，农村劳动力老龄化、“农村空心化”等问题越来越突出，农业从业人员中 50 岁以上的比重约占 50%；城市建设与工业生产大量占用优质耕地，每年因占用减少的耕地约 500 万亩，而且往往占优补劣，耕地质量下降。农村金融供求失衡矛盾依然突出，面向中小企业和“三农”的普惠性金融发展滞后，新型农业经营主体获取贷款支持障碍重重。县域地区的存贷比远低于城市，资金外流问题仍较为严重。

3. 城乡统筹发展的进展

(1) 农业转移人口市民化有序推进。各省份均出台了户籍制度改革方案或意见，建立了城乡统一的户口登记制度，为农业转移人口落户城镇、享有城镇基本公共服务建立了制度性通道，部分城市的户籍人口城镇化率明显提高。在基本公共服务方面，城乡义务教育学校生均公用经费基准定额已实现全国统一，并初步实现“钱随人走”，在公办学校就读随迁子女比例达到80%。30个省份和新疆生产建设兵团开展全民参保计划试点工作。城乡养老保险衔接有序开展。23个省（区、市）出台了城乡医保整合方案，除黑龙江、甘肃外，基本实现省内异地就医联网和住院医疗费用直接结算。全国80%的市县将进城落户居民和稳定就业农民工纳入公租房保障。

（2）城乡要素流动取得新进展。重点是农村产权和土地利用制度改革。在农村产权制度改革方面，全国农村集体土地所有权确权登记率达97%。截至2016年10月底，14个农村宅基地制度改革试点共退出宅基地20 774户、12 413亩。土地利用制度方面，扩大城乡建设用地增减挂钩规模和范围，允许符合条件的贫困地区将增减挂钩节余指标在省域范围内流转使用。截至2016年10月底，12个省（区、市）已产生6.41万亩节余指标，9省份流转使用指标4.1万亩、收益115.26亿元。

（3）城乡统筹发展的制度设计不断完善。除了前述农业转移人口市民化和土地产权制度改革等制度设计以外，围绕城乡统筹发展中的人、地、钱等重点环节，我国强化了城乡统筹发展的顶层设计，推动了一系列具有基础性意义的体制机制改革。调整了城市规模划分标准，修改完善县级市设立标准以及设立县级市申报审核程序，出台了《关于深入推进经济发达镇行政管理体制改革的指导意见》。印发实施《关于进一步推进户籍制度改革的意见》《推动1亿非户籍人口在城市落户方案》。出台实施支持农业转移人口市民化若干财政政策。建立城镇建设用地增加规模同吸纳农业转移人口数量挂钩机制。印发实施《深化农村改革综合性实施方案》《关于完善农村土地所有权承包权经营权分置办法的意见》《关于稳步推进农村集体产权制度改革的意见》，探索建立农村土地承包经营权、宅基地使用权和集体收益分配权“三权”维护和自愿有偿退出机制。印发了《关于加快美丽特色小（城）镇建设的指导意见》，组织开展了试点工作。

4. 如何继续推进城乡统筹发展

（1）明确建设什么样的农村。城乡一体化不是城乡同一化，统筹城乡不是消灭农村，而是要建设美丽乡村。未来的农村，既要“产业发展、生活宽裕、乡风文明、村容整洁、管理民主”，也要“看得见山、望得见水、记得住乡愁”。

（2）继续推动农业转移人口市民化。我国户籍人口城镇化率只有41.2%，比常住人口城镇化率低16个百分点。推进新型城镇化，关键是推进户籍制度改革，解决户籍附着的福利差别问题。现在的户籍制度并非改革开放以前限制农民移动的自由，而是附着在户籍上的医疗、教育、养老、社会保障等公共服务和社会福利的差异。此外，要解决好农业转移人口市民化的成本分摊问题。推进农业转移人口市民化，需要解决医疗保险、养老保险追缴、基本住房保障、教育保障和城市基础设施建设的部分费用。据测算，农业转移人口市民化的人均成本在东部地区要20万元以上，在中西部地区约10万～15万元。如果加上未来发展的动态成本，农业转移人口市民化成本会更高。如果按地方政府承担60%～70%进行成本分摊，意味着推进100万农业转移人口市民化，需要近1 000亿元投入，地方政府能否承担这么大支出压力，值得深入研究。

(3) 深入推进农村土地产权制度改革。2016年10月出台的《关于完善农村土地所有权承包权经营权分置办法的意见》对农村土地产权制度改革作出了部署，提出了农村土地集体所有权、农户承包权、土地经营权“三权分置”，即顺应农民保留土地承包权、流转土地经营权的意愿，把农民土地承包经营权分为承包权和经营权，实现承包权和经营权分置并行。新的制度安排顺应了土地要素合理流转、提升农业经营规模效益和竞争力的需要，在保护农户承包权益的基础上，赋予新型经营主体更多的土地权能，有利于促进土地经营权在更大范围优化配置，为规模化、机械化的大生产方式以及更先进的科技、强势的市场主体进入农村、服务“三农”创造了条件，有利于大幅度提升土地产出率、劳动生产率和资源利用率。与此同时，新的制度安排实现了集体、承包农户、新型经营主体对土地权利的共享，保障了农民获取土地增值收益的权利，不仅有利于农村发展，也有利于城市发展。

(4) 如何发挥城市的作用？发挥城市对农村的扩散效应，促进以城带乡、以工促农、以企帮村，推动城市要素向农村扩散，城市力量为农村服务。与此同时，警惕城市对农村的虹吸效应，防止大城市过度发展、无序扩张，挤压周边中小城镇和农村发展空间。因地制宜发展特色鲜明、产城融合、服务农村、带动周边的特色小城镇，使其成为统筹城乡发展的载体。

(5) 强化农村公共品供给。当前要重点解决城乡基础设施建设差距较大、功能布局不够合理的问题，做好城乡基础设施建设的统筹规划，强化城乡基础设施的衔接互补，实现基础设施城乡共建、城乡联网、城乡共享，统筹推进城乡水务、交通、能源、社会事业、生态环境等基础设施建设。

农村地区的交通、电力、水利、通信等基础设施建设需要投入大量资金，需要建立政府推动、市场主导相结合的农村公共品投入机制。继续增加财政对“三农”的资金投入，形成支农资金稳定增长机制。在资金项目安排、涉农补贴等方面，对市场主体逐步实行无差别政策。发挥政府投资对市场投资的带动作用，形成多元化投资格局。对于经营性使用和市场运作的城乡统筹发展项目，交由市场主体建设和运营。

二、乡村振兴

1. 乡村振兴战略

党的十九大报告提出了乡村振兴战略。2018年1月，《中共中央国务院关于实施乡村振兴战略的意见》公布。2018年9月，中共中央、国务院印发《乡村振兴战略规划(2018—2022年)》，提出到2020年，乡村振兴的制度框架和政策体系基本形成，各地区各部门乡村振兴的思路举措得以确立，全面建成小康社会的目标如期实现；2022年，乡村振兴的制度框架和政策体系初步健全，探索形成一批各具特色的乡村振兴模式和经验，乡村振兴取得阶段性成果；到2035年，乡村振兴取得决定性进展，农业农村现代化基本实现；2050年，乡村全面振兴，农业强、农村美、农民富全面实现。

乡村振兴战略的总要求是产业兴旺、生态宜居、乡风文明、治理有效、生活富裕。其中，产业兴旺奠定乡村振兴的物质基础。产业兴旺是是乡村政治、文化、社会、生态文明建设的前提和基础。没有产业发展为保障，农民就业增收就保障不了，农村留人聚气也会很困难。当前，我国农村人口资源要素持续外流，主要原因是产业发展滞后，特别是非农产业发展不充分。推进乡村振兴发展，不仅要有鸡犬相闻的田园风貌，还要有充满活力的乡村经济。

生态宜居衡量乡村振兴的内在品质。生态绿色是乡村产业发展、基础设施建设的底色。建设美丽乡村，需要“看得见山、望得见水”的自然生态，需要尊重自然、顺应自然、保护自然的绿色生产生活方式。乡村产业发展，不能以牺牲环境、透支资源为代价；农民生活富裕，应该形成低碳绿色生活方式，不能让“垃圾围村、污水横流”的现象存在。

乡风文明塑造乡村振兴的主体价值。文明乡风是乡村社会得以延续和发展的内核，能为产业发展、生态建设、社会治理提供强有力的精神动力和智力支持。推进乡村振兴发展，不能忽视甚至牺牲乡土文化的独立性和主体性，乡土文化不能成为城市文明的附庸，应促进乡村文化特色与城市现代文化融合，让乡风文明更具时代性、更富生命力。

治理有效关系乡村振兴的主体能动性。在城乡融合发展过程中，城乡人口流动性增强，部分农村劳动力会向城市转移，部分城市人口会下乡，农村治理结构将更趋复杂。需要创新乡村治理体系，走乡村善治之路，有效调动、高效组织各类主体参与乡村振兴，构建自治、法治、德治相结合的乡村治理体系。

生活富裕明确乡村振兴的目标导向。生活富裕是乡村振兴的根本目标。推进乡村振兴，应当是惠及广大农民的振兴，是让亿万农民过上更加富裕、体面、有尊严生活的振兴。

2. 建设美丽乡村

建设美丽乡村，是实施乡村振兴战略的一项重要任务。美丽乡村建设是从浙江走向全国的。2008年，浙江省安吉县制定了《建设“中国美丽乡村”行动纲要》，提出用10年左右时间，把安吉县打造成为“中国最美丽乡村”。2011年，浙江省制定了《浙江省美丽乡村建设行动计划》；同年，广东省增城、花都、从化等市县也启动了美丽乡村建设；2012年，海南省明确提出美丽乡村工程。十九大后，各地加快了建设美丽乡村的步伐。

建设美丽乡村，改善农村人居环境是首要任务。改善农村人居环境的典型样板是浙江省“千村示范、万村整治”工程。2003年，面对经济发展与农村人居环境需求之间的突出矛盾，浙江省委、省政府作出了实施“千村示范、万村整治”工程的重大决策，启动了以农村人居环境改善为核心的村庄整治建设行动，从全省近4万个村庄中选择1万个左右行政村进行全面整治，把 1 000 个左右中心村建设成为全面小康示范村。浙江“千村示范、万村整治”工程经历了三个阶段：一是 2003—2007 年“示范引领”阶段，1 万多个建制村率先推进农村道路硬化、垃圾收集、卫生改厕、河沟清淤、村庄绿化，5 年建成 1 811 个全面小康示范村和 10 303 个环境整治村；二是 2008—2012 年“整体推进”阶段，整治内容拓展到生活污水治理、畜禽粪便、化肥农药等面源污染整治和农村住房改造，5 年对 1.7 万个村实施了村庄环境综合整治；三是 2013 年以来“深化提升”阶段，启动农村生活污水治理攻坚、农村生活垃圾分类处理试点、历史文化村落保护利用等，5 年创建 58 个美丽乡村先进县。多年来，浙江省依托“三改一拆”、“五水共治”、小城镇环境综合整治等抓手，从农村人居环境、基础设施、公共服务建设起步，不断拓展整治内容，形成了整体推进美丽乡村建设的格局。截至 2017 年底，全省累计约 2.7 万个建制村完成村庄整治建设，占全省建制村总数的 97%；生活垃圾集中收集有效处理实现建制村全覆盖，41%的建制村（11 475 个村）实施了生活垃圾分类处理；90%的乡村实施了生活污水有效治理，74%的农户厕所污水、厨房污水和洗涤污水得到治理。

为了加快推进农村人居环境整治，全面提升农村人居环境水平，2018 年 2 月，国家印发了《农村人居环境整治三年行动方案》，要求到 2020 年，实现农村人居环境明显改善，村庄环境基本干净整洁有序，村民环境与健康意识普遍增强。改善农村人居环境、建设美丽乡村的重点任务主要有推进农村生活垃圾治理、开展厕所粪污治理、梯次推进农村生活污水治理、提升村容村貌、加强村庄规划管理等方面。然而，当前农村人居环境状况与全面建成小康社会要求和广大农民期盼还有较大差距，美丽乡村建设面临诸多障碍因素的挑战，尤其是农村民生领域欠账较多，农村基础设施建设滞后，农村环境和生态问题突出，乡村治理体系和治理能力亟待强化。截至 2018 年，全国还有近 1/4 的村生活垃圾没有得到收集和处理，80%的村庄生活污水没有得到处理，约 1/3 的行政村村内道路没有实现硬化。改善农村人居环境依然任重道远。

本章小结

乡村是特殊的区域。城乡关系是区域经济学研究的特殊篇章，也是十分重要的篇章。城乡关系的演变具有内在的规律性，大多数国家的农业和农村政策经历了从粮食问题到农业保护的转换，几乎所有的发达国家和发展中国家都可以在这一历史坐标系中找到自己的位置。李嘉图陷阱和刘易斯的二元经济理论告诉我们，走出城乡二元结构的根本途径是工业化和城市化。但发展中国家农村的发展往往受到市场不完全性的制约，应对市场不完全性，是发展中国家农村发展的中心议题。农业产业化和农村组织化都是基于这一背景出现的创新农业产业组织的尝试。

以全面取消农业税为标志，中国的农业和农村政策从粮食问题转向农业保护为主，从农业服务于工业化走向工业支援农业、城市反哺乡村。当前，农业和农村发展进入了统筹城乡发展、推进乡村振兴的新阶段。未来的乡村，既要“产业发展、生活宽裕、乡风文明、村容整洁、管理民主”，也要“看得见山、望得见水、记得住乡愁”。统筹城乡发展、实施乡村振兴战略，将会重塑中国的区域经济版图。

关键词

李嘉图陷阱　城乡二元经济　市场不完全性　粮食问题　农业保护　农业产业化　城乡统筹发展　乡村振兴

复习与习题

1. 如何理解城乡二元经济的原因？走出城乡二元结构的根本途径是什么？
2. 为什么许多国家的农业农村政策会经历从粮食问题到农业保护的转变？
3. 如何理解市场不完全性对农业和农村发展的影响？
4. 如何理解在应对市场不完全性中农业产业化的作用？

第十章

全球化与区域发展

第一节 国际贸易理论

一、传统国际贸易理论

生产的地域分工是国际贸易发生的前提。传统国际贸易理论主要来自李嘉图的比较优势学说和赫克歇尔、俄林的资源禀赋学说。李嘉图认为生产技术的差异导致产业地域分工和国际贸易的发生，赫克歇尔、俄林则认为各地区的资源禀赋差异导致产业地域分工和国际贸易的发生。

1. 李嘉图的比较优势学说

李嘉图的比较优势学说认为，即使一国没有绝对优势，两国之间基于比较优势进行贸易也可以给双方带来利益。所谓比较优势，是指当一国的某一产业（或产品）具有较高的相对劳动生产率时，则该产业（或产品）具有比较优势。在李嘉图时代，劳动还是工业的主要生产要素，相对劳动生产率可以用来反映生产技术的差异。因此，比较优势是平均每单位生产所需劳动量指标之间的比较。

发达国家在重工业和轻工业上均比发展中国家具有技术上的优势，如果按照亚当·斯密的绝对优势概念，发达国家和发展中国家之间就不会发生贸易联系，但是如果按照李嘉图的比较优势学说，发达国家具有重工业的比较优势，而发展中国家则具有轻工业的比较优势，因此，发达国家和发展中国家之间就会发生重工业产品和轻工业产品的交换。如果国际市场的交换比例是在一定的合理范围内，贸易对发达国家和发展中国家来说均可以带来利益。

如果对李嘉图的模型加以扩展，把需求方的因素考虑进来，可以用现代经济学的语言来表述比较优势学说（图 10－1）。在自给自足经济下，生产可能领域和消费可能领域是一致的，因此，图 10－1 中的直线 AB 既是生产可能性曲线，反映生产的可能范围，同时也是预算线，反映消费的可能范围。图中的曲线 CD 为社会无差异曲线，生产可能性曲线和社会无差异曲线的交点作为生产可能范围内效用最大的选择，即商品的生产点，同时也是预算线和社会无差异曲线的交点，即消费点，因而被称为自给自足点。在发达国家，自给自足点为 E，在发展中国家，自给自足点为 E^*。生产可能性曲线的斜率反映了重工业产品和轻工业产品之间的相对价格。可以看到，由于生产技术的差异，发达国家重工业产品的相对价格 p 要比发展中国家低，而发达国家轻工业产品的相对价格则高于发展中国家。也就是说，发达国家具有重工业产品的比较优势，而发展中国家则具有轻工业产品的比较优势。

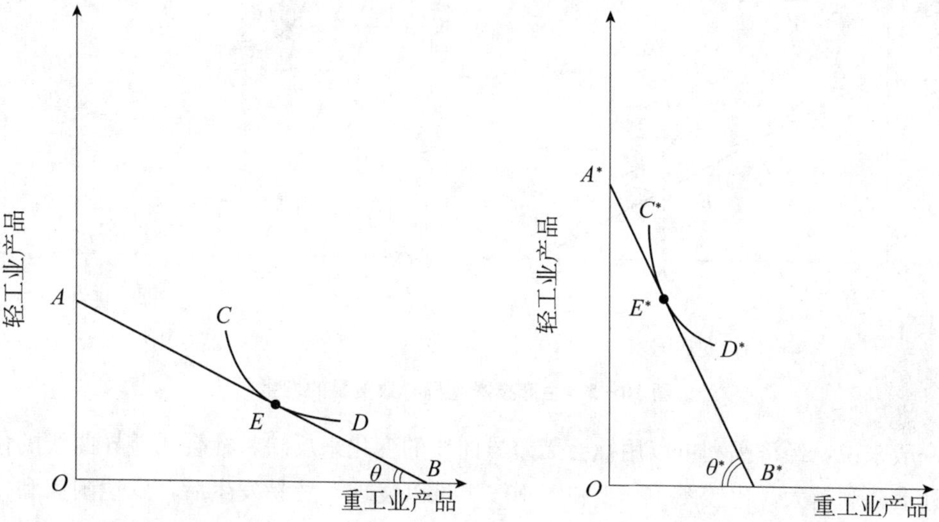

（a）发达国家　　（b）发展中国家

图 10－1　生产技术差异与自给自足经济下的生产和消费

图 10－2 描绘了贸易开始后的生产和消费。由于商品价格是由国际市场决定的，国际市场价格可以用 q 表示。如果假定 $p<q<p^*$，则发达国家和发展中国家的相对价格都变为 q，发达国家的生产可能性曲线 AB 和斜率为 q 的预算线 FB 的交点为 B，发展中国家的生产可能性曲线 A^*B^* 和斜率为 q 的预算线 A^*F^* 的交点为 A^*，因此，发达国家和发展中国家的生产点分别为 B 和 A^*。此时，发达国家生产并出口剩余的重工业产品，同时进口轻工业产品；而发展中国家则生产并出口剩余的轻工业产品，同时进口重工业产品。这种情形也可以称为完全的专业化分工。

消费也受到价格变化的影响。发达国家的消费点为社会无差异曲线 HI 和新预算线

FB 的交点 G，发展中国家的消费点为社会无差异曲线 $H^* I^*$ 和新预算线 $A^* F^*$ 的交点 G^*。此时，生产点和消费点就变得不一致了。生产点和消费点的差额就是进出口贸易。在发达国家，重工业产品的生产点和消费点的差额 JB 形成出口，轻工业产品的生产点和消费点的差额 GJ 就形成进口。而三角形 GJB 称为贸易三角形。GJ 应该等于 JB 和 q 的乘积，此时的进口额和出口额相等，贸易收支均衡。同理，在发展中国家，轻工业产品的出口为 $A^* J^*$，重工业产品的进口为 $J^* G^*$。贸易三角形 GJB 和三角形 $G^* J^* A^*$ 之间应该是对扼的。在两个贸易三角形达成对扼关系的过程中形成国际市场的相对价格 q。换言之，贸易收支均衡将决定国际市场的相对价格。

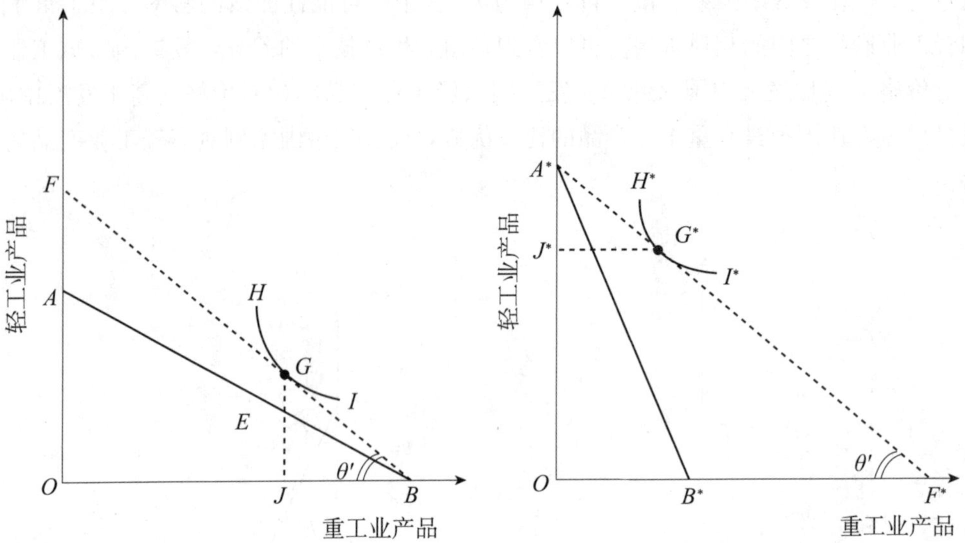

(a) 发达国家　　(b) 发展中国家

图 10-2　生产技术差异导致贸易的发生

一般来说，经济福利可以用社会无差异曲线的变化来反映，社会无差异曲线的位置越高，社会福利越大。比较图 10-1 和图 10-2 可以发现，贸易发生后，发达国家和发展中国家的社会无差异曲线分别由 CED 和 $C^* E^* D^*$ 变为 HGI 和 $H^* G^* I^*$，也就是说，贸易使得发达国家和发展中国家均提高了经济福利水平。

2. 赫克歇尔-俄林定理

赫克歇尔（E. F. Hechscher）和俄林（B. G. Ohlin）研究了资源禀赋差异对贸易的影响，提出了著名的赫克歇尔-俄林定理。他们认为，贸易发生的基础是贸易开始前两国的商品相对价格存在差异，出现商品相对价格差异的原因是生产可能性曲线或社会无差异曲线至少其一存在国际差异。生产可能性曲线的差异可能是由生产技术的差异造成的，也有可能是由生产要素保有量（资源禀赋）的差异引起的。

赫克歇尔-俄林定理假设具备以下一系列前提条件：（1）2×2×2 模型，即 2 个国家，2 种商品，2 种生产要素（劳动和资本）；（2）2 个国家之间生产函数和效用函数相同；

(3) 生产函数和效用函数具备一次同次性，即规模报酬不变；(4) 生产要素不能在国际流动；(5) 自由贸易；(6) 完全竞争；(7) 运输成本为零；(8) 各国的生产要素保有量（资源禀赋）存在差异，并且劳动—资本比例保持不变。

赫克歇尔-俄林定理提出了要素集约度和要素丰度的概念。在完全竞争条件下，追求成本最小化的行为会使得劳动资本比例较高的轻工业成为劳动密集型产业，重工业则成为资本密集型产业。发达国家和发展中国家之间存在着要素丰度的差异，即发达国家为资本丰富的国家，发展中国家为劳动丰富的国家。

在没有贸易的自给自足经济中，各国利用本国丰富的生产要素生产的产品，其相对价格较低。图 10-3 中，发达国家的生产可能性曲线偏向重工业产品，发展中国家的生产可能性曲线偏向轻工业产品。也就是说，资本丰富的发达国家具有资本密集型的重工业产品的比较优势，而劳动丰富的发展中国家则具有劳动密集型的轻工业产品的比较优势。因此，各国均有集中生产利用本国丰富的生产要素的产品并向他国出口的倾向。

贸易开始前，E 和 E^* 为发达国家和发展中国家的自给自足点。贸易开始后，发达国家重工业产品的相对价格上升，发展中国家轻工业产品的相对价格上升，因此，发达国家和发展中国家的生产点分别变为 F 和 F^*，新的消费点分别变为 J 和 J^*（图 10-4）。此时，发达国家出口重工业产品 KF，进口轻工业产品 JK；发展中国家则出口轻工业产品 K^*F^*，进口重工业产品 J^*K^*。贸易使得社会无差异曲线从原来的低点变为高点，社会的经济福利得到了改善。

必须要指出的是，贸易带来的利益对于不同的国家和不同的利益集团是不同的。拥有丰富要素的集团或个人通过贸易可以获得利益，对于稀少要素的所有者，贸易会使其受到损害。

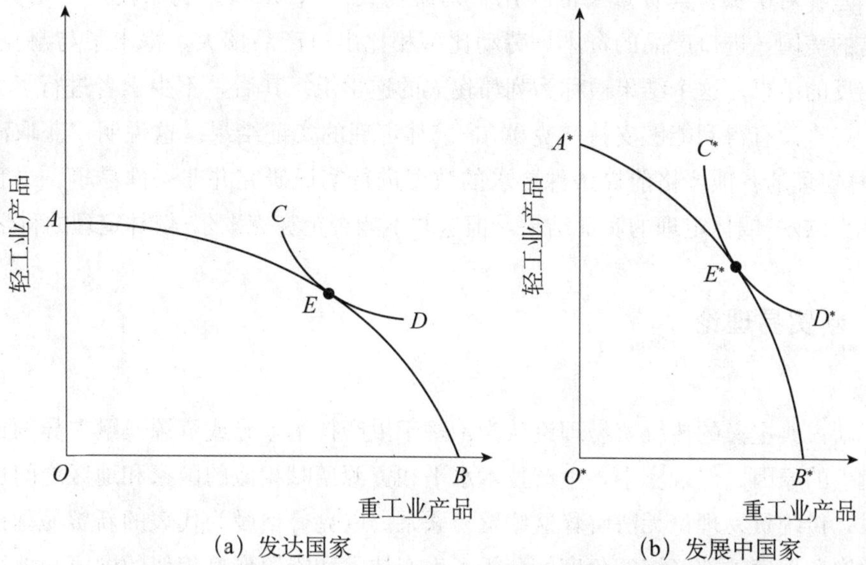

图 10-3　资源禀赋差异与自给自足经济下的生产和消费

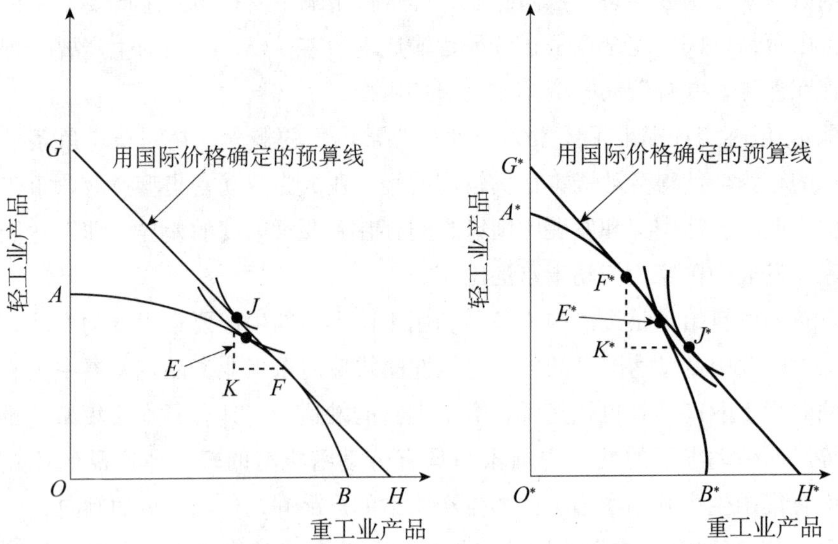

(a) 发达国家　　　　(b) 发展中国家

图 10-4　资源禀赋差异导致贸易的发生

3. 生产技术差异还是资源禀赋差异决定贸易

李嘉图从生产技术差异的角度解释贸易发生的原因，赫克歇尔和俄林则从资源禀赋差异的角度解释贸易发生的原因。在现实中究竟是生产技术差异还是资源禀赋差异对贸易的作用更大目前尚无定论。迄今为止，已经有大量的实证研究，其中代表性的研究是 Macdougall（1951，1952）和 Leontief（1953）的工作。他们对美国和英国的劳动生产率比率与出口比率进行的回归分析结果表明，劳动生产率越高，出口比率也相对越大。这表明，生产技术差异对于贸易具有重要的作用。列昂惕夫（Leontief）利用投入产出分析发现，资本丰富的美国，进口产品的资本—劳动比率相比出口产品偏大，得出了与赫克歇尔-俄林定理相反的结果。这个结果被称为列昂惕夫的逆学说。其后，不少学者进行了大量的实证研究，一直没有得到能够支持赫克歇尔-俄林定理的实证结果。这说明，获取满足赫克歇尔-俄林定理的各项严格前提条件要求的数据进行实证研究并非一件易事。尽管未能获得支持赫克歇尔-俄林定理的实证结果，但这并不能否定赫克歇尔-俄林定理的科学价值。

二、新贸易理论

基于新古典主义的传统贸易理论认为，基于生产技术差异或资源禀赋差异的比较优势是贸易发生的原因。但现实中，生产技术水平和资源禀赋相似的国家和地区之间也存在着贸易联系，传统贸易理论无法解释这些贸易联系。以克鲁格曼为代表的新贸易理论，从规模报酬递增和规模外部经济的角度，分析了生产技术和资源禀赋相似的国家和地区之间发生贸易的原因，形成了以规模报酬递增、规模外部经济、垄断竞争、产业内贸易等概念为核心的新贸易理论。

1. 规模报酬递增与贸易

所谓规模报酬递增，是指一个企业随着规模扩大，平均生产成本趋于降低。也就是通常所称的规模经济。规模经济表现为生产可能性曲线向原点凸出。在具有规模报酬递增特征的世界里，当贸易后各国的报酬递增产业的生产规模比贸易前的规模更大时，各国可以通过贸易获得利益。

如图 10－5 所示，在没有贸易的时候，各国都处于自给自足的状态。当贸易发生后，市场规模更大，扩大生产规模成为可能。由于规模经济的存在，发达国家通过扩大重工业产品的生产规模，可以取得成本竞争的优势，因而专注于重工业产品的生产。重工业产品的生产量为 OC，而发达国家重工业产品的消费均衡点为 T，国内消费量为 OD，DC 为重工业产品的出口量（图 10－6）。对于发展中国家而言，轻工业产品的生产规模扩大也可以使其取得成本竞争优势，因而专注于轻工业产品的生产。轻工业产品的生产量为 OB^*，发展中国家轻工业产品的消费均衡点为 T^*，国内消费量为 OD^*，D^*B^* 为轻工业产品的出口量。这样就形成了发达国家出口重工业产品、发展中国家出口轻工业产品的产业分工和贸易格局。

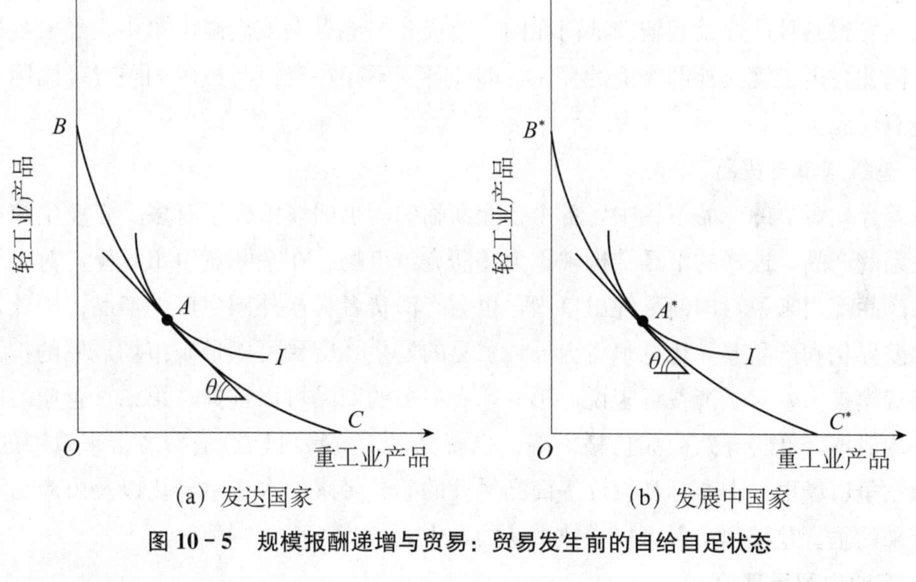

图 10－5　规模报酬递增与贸易：贸易发生前的自给自足状态

因此，我们看到，由于贸易的发生，市场规模得以扩大，在规模经济的作用下，各国可以扩大报酬递增产业的生产规模，并向其他国家出口。因此，由于规模报酬递增，即使各国之间不存在资源与技术的差异，国际分工和贸易也会发生。

2. 规模外部经济与贸易

所谓规模外部经济（external economy of scale），是指一个企业的生产率主要不是取决于该企业自身的规模，而是依存于该企业所在的产业的规模，这时对于该企业来说，可以称为规模外部经济。在其他条件相同的情况下，产业规模较大的国家或地区比产业规模

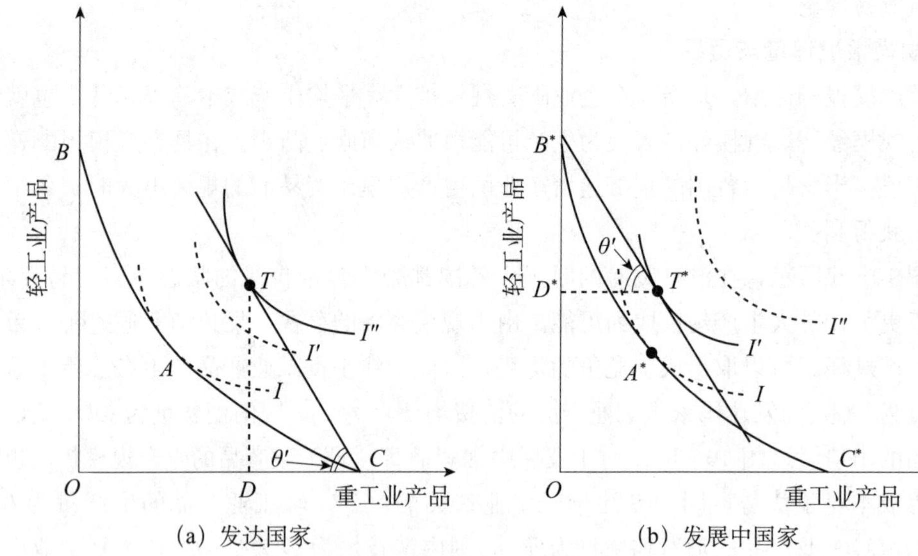

图 10-6　规模报酬递增与贸易：贸易发生后的状态

较小的国家或地区的生产更有效率。

在具有规模外部经济特征的世界里，产业规模扩大可以引起该地区厂商的规模收益递增，这会导致某种产业及其辅助部门在同一个或几个地点大规模高度集中，形成规模外部经济。因此，由于规模外部经济的存在，即使各国不存在资源与技术的差异，国际分工和贸易也有可能发生。

3. 垄断竞争与贸易

在差异化竞争的产品市场中，各个企业面临的需求曲线依赖于有多少企业生产有竞争替代关系的产品。这样的市场结构被称为垄断竞争市场。在垄断竞争市场里，对于差异化竞争的产品部门来说，即使是纯出口国，也会有消费者喜欢外国生产的产品。因此，消费需求的差异化和产品差异化竞争将会导致贸易的发生。贸易可以带来市场规模的扩大。随着市场规模扩大，对于消费者来说，第一，有更多的商品可以选择；第二，企业的产量增加和平均成本降低将导致商品价格下降。也就是说，贸易可以给消费者带来效用的增加。在垄断竞争市场里，由商标和设计等商品属性的差异带来的水平差异化以及由商品质量的差异带来的垂直差异化，都可以导致贸易的发生。

4. 产业内贸易理论

产业是指生产同质商品的企业的集合。实际上，同一产业所生产的商品仍然包含着不同程度的异质性。依据所生产商品的同质性程度或异质性程度，可以把产业分为不同层次的类型。由于产业分类的依据不同，目前存在着不同的产业分类。如国民经济统计体系的产业分类、标准国际贸易分类表的产业分类（SITC）等。这些产业分类均包含从 2 位数分类到 4 位数分类等不同层次的分类。2 位数分类的产业内部所包含的商品种类较多，商品的异质性也较强。4 位数分类的产业内部所包含的商品分类较细，商品的同质性较强。

所谓产业内贸易，是指属于同一产业的商品同时存在出口和进口的贸易形态。由于规模经济的作用，各国将在产业内部形成专业化分工，而不生产该产业的所有产品。因此，同一产业的商品同时可能出现出口和进口。在现实中，往往存在着产业间贸易与产业内贸易并存的局面。需要注意的是，产业内贸易与产业分类有关。产业分类越细，就越能反映真实的产业内贸易。产业分类越粗，原本下一层次的产业间贸易就越有可能被划入产业内贸易。

产业间贸易可以反映比较优势，产业内贸易则不能反映比较优势。产业内贸易理论一般都是基于规模报酬递增的不完全竞争模型，其中最著名的是基于产品差异化的垄断竞争模型。

产业内贸易占贸易总额的比例被称为产业内贸易指数。由于产业内贸易缺乏严格意义上的统计数据，一般均采用推算的方法测度产业内贸易的比例。$G-L$（Grubel-Lloyd）指数是得到最为广泛应用的产业内贸易指数。某国某一产业的产业间贸易可以用纯出口额（或纯进口额）的绝对值 $|X_{ik}-M_{ik}|$ 来近似反映，产业内贸易额就是贸易总额减去产业间贸易后的差额。

产业内贸易额（IIT）用数学公式可以表示为：

$$IIT=(X_{ik}+M_{ik})-|X_{ik}-M_{ik}| \tag{10-1}$$

式中，X_{ik}和M_{ik}分别为i 国k 产业的出口额和进口额。

$G-L$ 指数（B_{ik}）就是产业内贸易额除以贸易总额的百分数。

$$\begin{aligned}B_{ik}&=[IIT/(X_{ik}+M_{ik})]\times 100\\&=[1-|X_{ik}-M_{ik}|/(X_{ik}+M_{ik})]\times 100\end{aligned} \tag{10-2}$$

三、贸易保护对经济福利的影响

贸易保护措施除了人为地提高国内产品价格外，还包括在国境采取关税等贸易保护措施。如图 10-7 所示，在国际市场价格为 P_w时，如果没有贸易保护措施，国内市场价格与国际市场价格相等，国内生产为 Q_p，国内需求为 Q_c，两者之差 Q_pQ_c，即 EB，为进口量。如果采取贸易保护措施，对该产品征收关税 t，那么国内价格上升到 P_d，此时国内生产为Q'_p，国内需求为Q'_c，进口量变为$Q'_pQ'_c$，即 FC。

征收关税之前，生产者剩余为三角形 P_wES_0，征收关税使得生产者剩余扩大至 P_dFS_0，生产者剩余增加了 P_dP_wEF；征收关税之前，消费者剩余为 D_0BP_w，征收关税使得消费者剩余变为 D_0CP_d，减少了 P_dP_wBC，其中，P_dP_wEF 转移到生产者剩余，$FCHG$ 为关税收入，归政府所有，而两个阴影三角形 EFG 和 CBH 则是无谓损失（dead weight loss）。贸易保护措施将给经济福利带来净损失，这一结论为贸易自由化政策提供了理论支持。

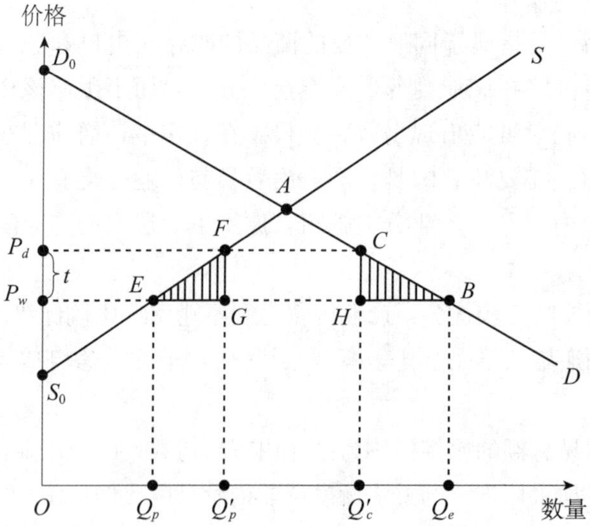

图 10-7　贸易保护对经济福利的影响

第二节　地理与国际贸易

一、贸易自由化与 WTO 体制

1. 贸易保护政策

贸易保护主要是通过设置贸易壁垒，影响市场价格，或限制进出口数量，达到限制国外产品的进出口贸易，为国内产业提供防波堤的作用。尽管国际社会鼓励自由贸易，达成了限制滥用贸易保护的共识，但绝大多数国家都会以通商管理的名义，采取各种各样的贸易保护手段。因此，实际上的贸易保护仍然无处不在，贸易保护手段层出不穷。

贸易保护政策主要可以分为关税壁垒和非关税壁垒。关税壁垒又可以分为从量税和从价税、可变关税、关税配额等手段；非关税壁垒可以分为经济壁垒和技术性贸易壁垒，经济壁垒主要有进口配额、出口限制等手段，技术性贸易壁垒则五花八门，主要有商标、标识、包装、产地、有效期、动植物卫生检疫、环境标准等。

2. WTO 体制

当今世界贸易体制的形成，与乌拉圭回合谈判有着密不可分的关系。1986—1994 年，关贸总协定（GATT）缔约方进行了长达八年的多边贸易谈判，最终达成协议，建立了世界贸易组织（WTO），替代了关贸总协定在世界贸易体制中的地位。

乌拉圭回合谈判的一个重要背景是美国和欧共体等发达国家之间的出口竞争。由于美国与欧共体国家的农产品国际竞争力存在较大差异，美国与欧共体国家在农产品贸易上的立场存在较大分歧，从而导致乌拉圭回合谈判长期不能达成共识。最终美国和欧共体国家于 1992 年 11 月达成布莱尔大厦协议，美欧妥协促成了乌拉圭回合谈判达成一揽子协议。

WTO 体制确立了一系列新的多边贸易规则，减少贸易壁垒，鼓励贸易自由化。一是关税化，废除非关税壁垒；二是削减关税，降低贸易保护程度；三是削减国内农业保护，把国内农业保护措施分为绿箱（green box）和黄箱（yellow box），前者是出于环境和生态保护目的，属于允许的农业保护措施，后者是刺激生产的措施，有悖于公平竞争，是禁止的；四是强化贸易争端解决机制（trade disputes），这是 WTO 体制有别于关贸总协定的重要特征；五是防止技术性贸易壁垒的滥用，随着关税措施减少，五花八门的技术性贸易壁垒开始抬头，WTO 专门制定了有关技术性贸易壁垒的规制，防止技术性贸易壁垒的滥用。

3. 全球化还是区域化

WTO 体制有力地促进了经济全球化，主要表现为：产业国际分工从过去以垂直分工为主发展到以水平分工为主的一个新阶段；全球贸易增长迅猛，多边贸易体制开始形成；国际资本流动达到空前规模，金融国际化进程加快；跨国公司对世界经济的影响日益增强。1950—2008 年，全球贸易总额增长了 7 倍，同期全球贸易增速是 GDP 增速的三倍以上。尤其是 20 世纪 90 年代以来，随着中国、印度及其他新兴经济体的兴起，全球贸易增速维持在较高的水平。2008 年美国次贷危机重创了全球贸易，国际贸易增速明显下滑。虽然全球贸易在美国次贷危机后曾出现反弹，但只是短暂的复苏，2011 年开始全球贸易再次陷入低迷。

在经济全球化的同时，国际经济也出现了区域化的现象，地理上相近的复数国家形成了多种形式的区域经济合作机制。譬如，北美自由贸易区、欧盟、中国—东盟自由贸易区等。有人曾经提出疑问，区域化的现象是否违背了全球化的趋势。WTO 鼓励发展多边贸易体制，但开放式的区域化并不违反 WTO 的市场开放原则，相反，区域化是贸易自由化的特例和补充，有助于推进全球贸易自由化，因而区域化和全球化是相辅相成的。

在区域化的过程中，各国会面临一些两难选择。首先是扩大工业产品出口与国内农业保护之间的关系。譬如，日本在推进两国间自由贸易协定时，首先选择对国内农业影响较小的新加坡和墨西哥等国。其次是国家整体经济利益与弱势群体的社会保障之间的关系。一般来说，贸易自由化对国家整体经济福利的影响是正向的，但贸易自由化会对弱势群体带来冲击，必须兼顾贸易自由化对弱势群体的负面影响。

二、国际贸易中距离和国界的作用

1. 距离的作用

经济全球化给我们带来了一系列新的问题。譬如，运输和通信技术的进步是否会消灭距离？从实际情况看，首先，随着运输和通信成本的大幅度下降，国际贸易变得更加本地化而不是全球化，突出表现为域内贸易的增长。在亚洲，域内贸易的增长速度快于与域外国家的贸易量。在英国，英国与欧洲国家的贸易量大于英国与欧洲以外国家的贸易量。在美国，尽管加拿大的GDP远小于欧盟，但美加之间的贸易量远大于美欧贸易量。其次，从美国对欧洲国家的贸易量看，美国对荷兰和比利时的贸易份额最高，这是因为欧洲重要的港口鹿特丹港和安特卫普港位于荷兰和比利时，港口降低了运输成本，相当于缩短了运输距离。

2. 国界的作用

另一个有意思的现象是国界的作用。加拿大西部的不列颠哥伦比亚省与美国的华盛顿州相邻，在加拿大国内与阿尔伯塔省相邻，不列颠哥伦比亚省到华盛顿州和阿尔伯塔省的距离差不多，与地处加拿大东部的安大略省则相距 3 000 公里以上。从加拿大和美国的贸易看，不列颠哥伦比亚省与华盛顿州之间的贸易大于与安大略省的贸易，这说明相隔3 000公里以上的距离起到了空间衰减的作用；与此同时，不列颠哥伦比亚省与阿尔伯塔省的贸易则大于与华盛顿州的贸易，这表明，尽管美加之间有北美自由贸易协定，但国界仍然起到了类似距离的空间阻尼作用。

上述例子表明，虽然技术进步带来了运输和通信成本下降，使得距离和运输成本的作用有所弱化，但是其仍然起着重要的作用。尽管北美自由贸易协定使得国界的壁垒有所弱化，但是国界的阻碍作用仍不可避免。距离和国界在国际贸易中的作用正是驱动区域化的重要因素。

国际贸易理论只考虑国界的作用，不考虑距离的作用，地理学则只考虑距离的作用，不考虑国界的作用。全球化和区域化的现实提醒我们，应当重视国界与距离在国际贸易中的作用，国际贸易理论应该加强距离作用的分析，地理学则应该加强国界（边界）作用的分析。在欧洲一体化进程中，申根协议使得一些欧洲国家相互开放边界，传统的国际贸易理论不再适用于这些欧洲国家的贸易分析。大国内部行政区的边界效应也逐步引起了经济地理学的关注，不同学科之间的交叉融合正在进行。

三、国际贸易与国内经济地理

全球化对国内经济地理格局会带来什么样的影响，是全球化时代值得区域经济学关注的一个问题。关于国际贸易对国内经济地理格局的影响，有的学者采用理论模型进行了分析，有的学者开展了实证分析。

1. 关于国际贸易与国内经济地理的理论分析

关于国际贸易与国内经济地理的模型分为对称模型和不对称模型，对称模型是指国内2 个区域的贸易成本相同，不对称模型是指国内 2 个区域的贸易成本不同。对称模型主要有 Krugman 和 Livas（1996）的两国三区域模型和 Behrens（2007，2011）的两国四区域模型。理论分析结果表明，贸易自由化可能引发两个作用力，改变国内生产活动的区位。

第一种作用力是集聚力的弱化，一方面，随着国外需求增加，国内需求诱发的集聚会弱化；另一方面，随着国外供给增加，国内成本驱动的集聚也会弱化。第二种作用力是分散力的弱化，由于国外厂商的竞争，国内生产者的空间竞争会弱化，导致分散力弱化，与此同时，与国外市场的经济一体化，会促使国内生产活动的集聚。因此，贸易自由化使得国内企业更加接近国外市场，在这一过程中，发展中国家的中心—外围模式会趋于弱化。

不对称模型也分析了贸易自由化对国内经济地理的影响。一方面，国外需求增加会作用于国内需求诱发的集聚，国内生产者趋向于在接近国外市场的区位（门户区域）生产，即门户区域将吸引国内生产企业；与此同时，竞争程度较低的内部区域也会吸引部分生产企业，这些企业将远离国外生产者，回避与国外企业的竞争。究竟是国内市场的贸易成本更高，还是海外市场的贸易成本更高，会影响国内生产企业的判断。国内制造业份额越大、海外市场的贸易成本越小，国内生产向门户区域集中的效应就越明显。而市场规模扩大会有利于国内企业向接近国外市场的区域（门户区域）集聚。

2. 关于国际贸易与国内经济地理的实证分析

Krugman 和 Hanson（1993）以墨西哥为例，就国际贸易对墨西哥国内经济地理的影响进行了实证分析。1980 年代后期，加入北美自由贸易协定使得墨西哥内部离美国较近的地区经济发展加快，经济中心从原来的中心墨西哥城向靠近美国的北部边境地区移动，这是因为美国市场相对于墨西哥国内市场变得更重要了。中国的情况和墨西哥有所不同。我国经济活动分布不均，产业发展高度集中于沿海地区，沿海地区拥有众多港口，邻近海外市场，到海外市场的贸易成本低，因此，对外开放和贸易自由化使得国内市场邻近和海外市场邻近的区位优势叠加，有利于邻近海外市场的沿海地区融入世界经济，率先发展起来，加剧了区域经济差异程度。

第三节　全球生产网络与全球价值链

一、国际资本流动与跨国公司的发展

国际资本流动是全球化的重要构成要素之一。国际资本流动分为国际直接投资（FDI）和国际间接投资（FPI）。国际直接投资是以所有经营为目的，投资往往伴随着技术转移和经营技能的转移，国际间接投资则是以金融收益为目的的证券投资。

尽管国际资本流动滞后于国际商品贸易，国际资本流动仍然取得了长足的发展。一是国际直接投资高速增长。譬如，1985—1990 年间，国际直接投资总额从 6 836 亿美元增加到 1.7 万亿美元，年均增速达 20%。二是国际资本市场迅速膨胀，国际借贷（中长期）和国际证券投资的数量迅速扩大。2008 年美国次贷危机之后，国际资本流动进入了低谷时期；2017 年，国际资本流动开始走出次贷危机后的低谷期。中国是吸纳国际直接投资最多的国家之一。改革开放以来，海外直接投资大量流入中国的重要原因是中国拥有巨大的当地市场和廉价的劳动力，尤其是低工资的熟练劳动力。2017 年，中国实际利用外商直接投资额为 1 310.35 亿美元，是 1998 年 454.63 亿美元的 2.88 倍，年均增长 5.4%。

国际直接投资往往伴随着跨国公司的诞生。跨国公司（transnational corporation），也称为多国公司（multi-national enterprise），是指以本国为基地，通过对外直接投资，在世界各地设立分支机构或子公司，从事国际化生产和经营活动的垄断性企业。与国内企业相比，跨国公司往往具有以下特征：(1) 跨国公司的战略目标以国际市场为导向，从全球战略出发安排自己的经营活动，在世界范围内寻求市场和合理的生产布局，目的是实现全球利润最大化；(2) 跨国公司在国内外拥有较多分支机构，通过控股的方式对国外的企业实行控制；(3) 跨国公司的经营决策实行高度集中的统一管理，跨国公司有一个决策体系和一个最高决策中心，子公司或分公司虽然有各自的决策机构，可以根据自己经营的领域和不同特点进行决策活动，但最终决策必须服从于最高决策中心；(4) 跨国公司具有强大的经济和技术实力，具有快速的信息传递能力和资金跨国转移的优势，在国际市场上具有较强的竞争力。跨国公司的发展促进了国际贸易和世界经济的增长。有统计表明，跨国公司的生产占全球生产的 25%。

跨国公司海外直接投资的目的主要有三个方面：一是扩大当地市场，生产的产品在东道国当地市场销售；二是为本国市场提供产品，生产的产品运回本国市场，为本国消费者提供产品；三是为第三国提供产品，其中又以中间产品和零部件为主，促进了全球生产网络的形成和发展。关于跨国公司海外直接投资的理论解释，主要有三个不同流派的观点。海默（Hymer）认为，跨国公司的所有制安排带来的垄断优势是企业经营国际化的主要动因。弗农（Vernon）的产品周期理论认为，跨国公司拥有的技术优势是企业走向海外生产经营的主要动因。巴克莱（Buckley）的内部化理论认为，以水平一体化和垂直一体化为特征的国际科层管理体制可以克服国际市场的不完全性，使得跨国公司具备国际市场的竞争优势。邓宁（Dunning）综合前人的研究，提出了国际生产折衷理论（OLI 学说）。他认为，跨国公司之所以向海外直接投资，是因为具有三个方面的优势：一是所有权的优势（ownership），跨国企业拥有生产、流通等经营管理上的特殊技术或技能等无形资产，主要是指企业的经营资源；二是市场内部化的优势（internalization），跨国公司可以通过资源调配、产品和中间产品交易的内部化，削减交易成本；三是资源禀赋的优势（location），跨国公司为利用东道国的资源禀赋优势，取得有利的竞争条件而进行海外投资，主要是指东道国的区位条件。

二、全球生产网络

跨国公司的发展，促进了全球生产网络的形成和发展。全球生产网络（global production network，简称 GPN）是指跨国公司将产品价值链分割为若干个独立的模块，每个模块都置于全球范围内能够以最低成本完成生产的国家和地区，进而形成的多个国家参与产品价值链的不同阶段的国际分工体系。在全球生产网络里，生产环节是跨国分布的，在零部件产品的贸易额及贸易流向上表现尤为明显。

在全球生产网络里，世界各国的生产活动不再孤立地进行，而是成为全球生产网络体系的有机组成部分。一个最终产品被分成研发活动、产品定位和设计、投入要素的供给、制造（或者服务的提供）、分销和支持及售后服务等诸多环节，分散在最有效率和成本最低的国家或地区完成。一个国家或地区只承担相关产品的特定环节，零部件等中间产品按工序在不同的国家或地区之间流转，最终产品销往世界各地。

当今世界，全球生产网络正在不断扩张，其中以机械行业及运输工具行业最为明显。东亚地区是全球生产网络最活跃的参与者，参与到全球生产网络中的发展中国家大部分集中在东亚地区。发展中国家中最大的 5 个零部件产品出口国分别为中国、马来西亚、墨西哥、菲律宾和泰国。由于东亚区域生产网络快速发展，东亚地区制造能力快速扩张，使得东亚地区对欧美市场的依赖程度不断提高，尤其是对美国市场的依赖较为严重，造成国际贸易失衡。

在全球生产网络里，国际贸易失衡不再是一个简单的双边问题，而是一个网络状的多边问题。中国作为东亚区域生产网络的枢纽，一方面从东亚地区进口大量零部件，存在大量逆差；另一方面，向美国出口最终产品，存在巨额的贸易顺差。因此，从东亚与美国之间的贸易失衡来看，东亚对美国的贸易顺差表面上主要来自生产链末端的出口国——中国，但进一步分析价值链结构就会发现，东亚对美国的贸易顺差是来自参与东亚区域生产网络的所有国家或地区。

近年来，全球生产网络从制造业领域向服务业领域扩展的趋势越来越明显，服务业的重要性不断提高。

三、全球价值链

Gereffi（2001）在全球商品链的基础上提出了全球价值链的概念。全球价值链（global value chain）是指为实现商品或服务价值而连接生产、销售、回收处理等过程的全球性跨企业网络组织，涉及从原料采购和运输、半成品和成品的生产和分销，直至最终消费和回收处理的整个过程。处于全球价值链上的企业散布于全球各地，进行着设计、产品开发、生产制造、营销、交货、消费、售后服务、最后循环利用等各种环节的增值活动，并参与不同环节的价值和利润分配。

全球价值链可以深刻揭示当前世界经济运行中的动态特征，可以解释跨国公司主导下的生产活动跨地域布局及其背后的经济学机制。美国学者林登（Linden）、克拉默（Kraemer）和戴德里克（Dedrick）发表了题为《谁在全球创新系统中攫取了价值——苹果 iPod 案例研究》（Who Captures Value in a Global Innovation System? The Case of Apple's iPod）（Linden et al，2011）的论文，详细分析了 iPod 从设计到销售整个过程中的价值分配。该文以 2005 年生产的第三代 30GB iPod 为例，出厂成本为 144.4 美元。成本占比最大的是硬盘驱动器，由日本东芝公司提供，预计出厂价 73.39 美元，占 iPod 所有零部件成本的 51%，日本从中得到的价值约为 20 美元。成本占比第二大的是显示器，预计出厂价 20.39 美元，占零部件成本的 14%，提供商是日本东芝、松下公司，日本从中获得 5.85 美元的价值。成本占比第三大的重要零部件是美国博通和 PortalPlayer 制造的微芯片，美国从中获得 6.6 美元的价值。中国负责 iPod 的组装，处于工厂生产过程的最低端，组装成本仅为 3.7 美元，不到 iPod 出厂总成本的 3%，中国从中获得的价值仅有 0.11 美元。产品零售价 299 美元，出厂成本仅 144.4 美元，约 155 美元的价差流向何处呢？其中，75 美元分配给了零售和分销，80 美元作为利润被苹果公司收入囊中。也就是说，苹果公司在整个价值链中获得的价值远超过制造领域任何参与者所获得的价值。

目前，全球价值链的研究主要集中在三个方面：一是全球价值链的治理。全球价值链治理是指全球价值链的组织结构、权力分配，以及价值链中各经济主体之间的关系协调。二是全球价值链的升级，主要研究价值链升级的机制、类型和路径等。三是价值链中增加值的产生和分配。台湾宏碁集团创始人施振荣提出了微笑曲线的概念，微笑曲线代表着增加值在价值链上各生产环节的分布。在个人电脑行业，价值链的两端比中间占据更多的产品增加值，越往微笑曲线的两端走，占据的增加值越大，微笑曲线的中间段占据的增加值则很低。

进入 21 世纪以后，全球价值链的格局发生了重大变化。从亚洲区域来看，生产分工日益细化。中国已经成为越南、泰国、印度、柬埔寨、马来西亚等低收入亚洲邻国重要的制造业中间产品供应商。柬埔寨、越南等低收入国家选择从中国进口劳动密集型制造业投入品用于其国内生产和出口，马来西亚、泰国等中高收入国家或印度等更大的经济体，则选择从中国进口中低或中高技术的投入品。最终产品的劳动密集型装配（譬如苹果手机）是中国以往的主要比较优势。虽然中国目前依然是许多工业制成品进行最终装配的中心，但随着东盟（ASEAN）新兴经济体越来越融入“亚洲工厂”，一些劳动密集型装配活动已经从中国转向其他劳动密集型的亚洲国家。

那么，中国目前处于全球价值链的什么位置呢？以国际生产共享表现最突出的信息与通信技术（ICT）产业为例，1995—2009 年间，中国的 ICT 产业位于该价值链的低端（微笑曲线的中段），并且期间没有发生显著变化；位于价值链上游的其他国家或地区（德国、美国、日本、韩国、中国台湾）的 ICT 行业则获得了占比相对较大的增加值收益。以苹果手机为例，日本、韩国、中国台湾和美国是中国苹果手机装配的主要供应商，美日韩提供的机械设备租赁和其他商业服务以及金融中介服务的劳动报酬高，处于价值链中制造前期阶段的高端部分。究其原因，是中国的 ICT 生产活动被外资企业主导，或者需要从美日韩等国家直接进口中间服务，这些服务也可能隐含在美日韩出口到中国的 ICT 产品生产中。此外，美日德法等国提供的批发、运输行业等处于生产后期的服务业的劳动报酬高，是价值链后置阶段的主要受益者。

中国的全球价值链研究还重点关注国际贸易失衡与价值分配不均问题。2001—2016年，美国对华贸易逆差每年平均增长10%以上，让中国承受了巨大压力。据美国商务部数据，2016年美国对华贸易逆差为3 470亿美元。但如果从全球价值链的角度进行分析，中美贸易逆差只有传统进出口统计数据的48%～56%。这一分析结果不仅可以使中国看清在全球价值链中自己所处的位置，也可以为中国的贸易和产业政策制定提供参考。

四、国际直接投资与东道国经济发展

1. 国际资本流入对东道国经济发展的作用

海外直接投资对东道国经济发展的作用主要有以下几个方面：一是海外直接投资可以缓解发展中国家国内储蓄和资本的不足，可以在不降低国内消费的条件下提高投资率；二是海外直接投资可提高劳动者报酬，带来雇用机会的增加，有利于减轻就业压力；三是海外直接投资往往伴随着技术转移和设备引进，有利于引进先进技术等企业经营资源；四是海外直接投资可以促进企业间竞争，有利于提高生产率；五是海外直接投资可以增加东道国税收，有利于扩大政府财源。

大量外商直接投资进入中国，对中国的区域发展起到了深远的影响。首先，海外直接投资主要集中分布在沿海地区，加快了沿海地区的经济发展，也加剧了区域经济差异程度。魏后凯（2002）认为，海外直接投资的区域分布对于我国地区经济差异扩大有重要影响。其次，大量海外直接投资集中分布在沿海地区，有助于沿海地区生产的产品进入海外市场，对于沿海地区成为世界工厂起到了推波助澜的作用。遗憾的是，中国的外商直接投资有许多分布在劳动密集型行业，这些行业往往处于全球价值链的低端，能够获取的增加值较少。此外，由于外商直接投资往往集中在制造业，外资制造业企业大量增加带来的环境效应也引起了社会的关注。

2. 国际直接投资的区位选择

国际直接投资的区位选择，首先是选择东道国，其次是选择东道国的具体区域。关于东道国的选择，一般主要是考虑以下几个因素：首先是生产成本，资源禀赋、运输成本、产业集聚等因素会影响生产成本；其次是市场通达性，当地和周边国家的市场规模会影响市场接近成本；再次是交易成本，由于东道国对于外商来说是一个陌生的环境，国际直接投资将面临较大的不确定性，是否有本国企业投资以及本国企业的数量都会影响交易成本的判断；最后是东道国的投资环境，包括政治、社会、文化环境和有关外商投资的法律规则等。

关于东道国内部的区域选择，主要是从区位条件出发，分析资源禀赋、生产成本、市场潜力、产业集聚等因素。一般来说，外商直接投资的目标是利润最大化，与国有企业的投资行为可能受到地方政府的干预相比，外商企业的投资区位选择往往是市场化导向的。因此，有大量文献利用外商企业的数据来分析投资区位选择。

第四节　共建“一带一路”与区域发展

一、共建“一带一路”倡议的提出

2013年9月和10月，国家主席习近平在出访中亚和东南亚国家期间，先后提出共建“丝绸之路经济带”和“21世纪海上丝绸之路”的重大倡议，得到国际社会高度关注。“一带一路”旨在借用古代丝绸之路的历史符号，积极发展与沿线国家的经济合作伙伴关系，共同打造政治互信、经济融合、文化包容的利益共同体、命运共同体和责任共同体。

共建“一带一路”顺应世界多极化、经济全球化、文化多样化、社会信息化的潮流，秉持开放的区域合作精神，致力于维护全球自由贸易体系和开放型世界经济。共建“一带一路”旨在促进经济要素有序自由流动、资源高效配置和市场深度融合，推动沿线各国实现经济政策协调，开展更大范围、更高水平、更深层次的区域合作，共同打造开放、包容、均衡、普惠的区域经济合作架构。共建“一带一路”秉持共商、共建、共享原则，携手应对世界经济面临的挑战，开创发展新机遇，谋求发展新动力，开拓发展新空间，实现优势互补、互利共赢，这既符合国际社会的根本利益，也有利于中国经济更好地融入全球经济，推动对外开放和全面深化改革。

“一带一路”沿线国家的范围不是固定的，而是开放包容的。根据国家发展改革委、外交部、商务部联合发布的《推动共建丝绸之路经济带和21世纪海上丝绸之路的愿景与行动》，“一带一路”相关国家基于但不限于古代丝绸之路的范围，各个国家和国际、地区组织均可参与。丝绸之路经济带重点畅通中国经中亚、俄罗斯至欧洲（波罗的海）；中国经中亚、西亚至波斯湾、地中海；中国至东南亚、南亚、印度洋。21世纪海上丝绸之路重点方向是从中国沿海港口过南海到印度洋，延伸至欧洲；从中国沿海港口过南海到南太平洋。有的研究认为，“一带一路”沿线国家主要涉及65个国家和地区。它们是：东亚的蒙古；东盟的新加坡、马来西亚、印度尼西亚、缅甸、泰国、老挝、柬埔寨、越南、文莱和菲律宾；西亚的伊朗、伊拉克、土耳其、叙利亚、约旦、黎巴嫩、以色列、巴勒斯坦、沙特阿拉伯、也门、阿曼、阿拉伯联合酋长国、卡塔尔、科威特、巴林、希腊、塞浦路斯和埃及的西奈半岛；南亚的印度、巴基斯坦、孟加拉国、阿富汗、斯里兰卡、马尔代夫、尼泊尔和不丹；中亚的哈萨克斯坦、乌兹别克斯坦、土库曼斯坦、塔吉克斯坦和吉尔吉斯斯坦；独联体国家的俄罗斯、乌克兰、白俄罗斯、格鲁吉亚、阿塞拜疆、亚美尼亚和摩尔多瓦；中东欧的波兰、立陶宛、爱沙尼亚、拉脱维亚、捷克、斯洛伐克、匈牙利、斯洛文尼亚、克罗地亚、波黑、黑山、塞尔维亚、阿尔巴尼亚、罗马尼亚、保加利亚和马其顿。从形势发展看，这一范围显然已经进一步拓展。部分非洲国家已经公开支持并表示愿意加入共建“一带一路”建设，中俄两国联合提出共建“冰上丝绸之路”的设想，是对共建

“一带一路”的重要补充，将“一带一路”沿线国家的范围扩展到东北亚、俄罗斯北方海航道沿线区域以及北欧国家。

二、共建“一带一路”与国际经贸合作

共建“一带一路”的实质是打造一个开放性区域合作平台，合作重点是“五通”，即政策沟通、设施联通、贸易畅通、资金融通、民心相通。共建“一带一路”促进了中国与沿线国家之间的经济合作，主要表现为国际贸易和对外投资的扩大。中国与沿线国家之间的经贸合作，加快了“一带一路”沿线国家的基础设施建设，促进了沿线国家的经济增长，也加快了中国企业“走出去”的进程，增强了中国企业与全球经济尤其是沿线国家经济的融合度。

表 10-1 显示，中国与“一带一路”沿线国家的贸易增长速度高于中国与其他欧洲和亚洲国家之间贸易的平均增长速度。如果按前述 65 个国家作为“一带一路”沿线国家来统计，2006—2010 年，中国与“一带一路”沿线国家之间的贸易年均增速为 18.1%，同期中国与其他亚洲和欧洲国家之间的贸易年均增速为 11.0%。2010—2015 年，全球经济和贸易疲软导致贸易增速下滑，中国与“一带一路”沿线国家之间的贸易年均增速为 7.7%，同期中国与其他亚洲和欧洲国家之间的贸易年均增速为 4.4%。近年来，中国企业“走出去”的进程加快，对外直接投资的规模逐年扩大。2012 年，中国对外直接投资的规模达到 777.3 亿美元。其中，对“一带一路”沿线国家的直接投资规模不断扩大。截至 2016 年底，中国企业已在“一带一路”沿线 20 多个国家建设了 56 个经贸合作区，累计投资超过 185 亿美元，为东道国创造了近 11 亿美元税收和 18 万个就业岗位。中国与“一带一路”沿线国家的贸易和投资的快速增长，为共建“一带一路”奠定了良好基础。

表 10-1　“一带一路”沿线国家进出口贸易总额及增长情况

	2006 年（亿美元）	2010 年（亿美元）	2015 年（亿美元）	2006—2010 年增长率（%）	2010—2015 年增长率（%）
欧亚国家	13 113	21 400	27 907	13.0	5.5
“一带一路”沿线国家	3 532	6 873	9 934	18.1	7.7
其他国家	9 581	14 527	17 973	11.0	4.4

资料来源：中国统计年鉴 2016.

三、共建“一带一路”与国内区域发展

“一带一路”国内沿线区域的范围不是固定不变的。《推动共建丝绸之路经济带和 21 世纪海上丝绸之路的愿景与行动》明确提到的国内区域有：西北、东北、西南、沿海和港

澳台以及内陆地区，其中，新疆要打造丝绸之路经济带核心区，支持福建建设21世纪海上丝绸之路核心区，广西要形成21世纪海上丝绸之路与丝绸之路经济带有机衔接的重要门户，云南要打造大湄公河次区域经济合作新高地。有的研究认为，“一带一路”国内沿线区域主要涉及18个省（市、区）。其中，丝绸之路经济带沿线区域为：新疆、重庆、陕西、甘肃、宁夏、青海、内蒙古、黑龙江、吉林、辽宁、广西、云南、西藏13省（直辖市）；21世纪海上丝绸之路经济带沿线区域为：上海、福建、广东、浙江、海南5省（直辖市）。海上丝绸之路经济带沿线区域均位于东部地区。有的研究认为“一带一路”国内沿线区域应该包括更多的省份，甚至有的观点认为共建“一带一路”倡议是新时代我国对外开放的国家战略，所有省份都应该积极响应并参与共建“一带一路”倡议。尽管所有省份都应该参与共建“一带一路”倡议，但不同区域经济发展基础和产业结构不同，参与共建“一带一路”的区位条件也不同，共建“一带一路”给国内不同区域的经济发展带来的影响仍然是有差异的。

东部地区交通区位条件好，产业发展基础雄厚，对外开放度高，与全球经济的融合度也高。东部地区占全国进出口贸易的份额达到80%以上，占全国对外直接投资的份额不断上升，在区域价值链中，东部地区获得工业增加值份额最高。可以预见，在共建“一带一路”过程中，与其他地区相比，东部地区将发挥更加重要的作用，也将获得更多的发展机遇。新疆虽然地处向西开放的前沿，但由于产业结构偏重，大宗商品运输成本较高，不适宜长途铁路运输，新疆能够在共建“一带一路”中获得的发展机遇受到制约。在现有的产业地域分工格局下，共建“一带一路”对东部地区更加有利，将进一步加快东部地区的经济发展。

从实际情况看，东部地区发挥了重要的作用，贸易占据绝大部分的份额，对外直接投资的份额不断上升。2015年，东部地区进出口贸易总额占全国的83.5%，可见东部地区对于中国与“一带一路”沿线国家之间的贸易增长做出了重要的贡献。在中国企业“走出去”的进程中，东部地区企业也做出了重要的贡献。过去我国对外直接投资主要依靠中央机构，近年来东部地区的对外直接投资增速加快，占全国的份额不断上升。2009—2012年，东部地区对外直接投资的年均增速达到56.1%，远高于同期全国平均水平的17.6%，使得东部地区对外直接投资占全国的份额从2009年的11.9%迅速上升到2012年27.9%（见表10-2）。与此同时，“一带一路”建设也为东部地区深化改革开放、加快经济转型提供了发展机遇。

表10-2　　中国对外直接投资的增长

地区	对外直接投资（亿美元）			增速（%）	
	2004年	2009年	2012年	2004—2012年	2009—2012年
全国	55.0	478.0	777.3	39.2	17.6
中央机构	45.3	381.9	435.3	32.7	4.5
东部地区	7.5	57.0	216.7	52.3	56.1
中央机构占比（%）	82.3	79.9	56.0	—	—
东部地区占比（%）	13.6	11.9	27.9	—	—

资料来源：2012年度中国对外直接投资统计公报.

本章小结

全球化改变了世界经济格局，也对区域发展格局产生了深远的影响。传统的国际贸易理论从比较优势、资源禀赋差异角度解释贸易的发生，新贸易理论则从规模报酬递增、外部规模经济、垄断竞争等视角解释了贸易发生的经济学机制。贸易自由化和资本流动自由化促进了全球生产网络的形成，助推跨国公司如日中天。全球生产网络的兴起带来了全球价值链的思考，全球生产网络中的价值创造和利润分配开始引起关注。著名的微笑曲线就反映了在全球价值链不同生产环节中的价值分配。

在经济全球化的过程中，距离和国界依然在发挥作用。距离较近的国家之间贸易增长更快，国界起到了类似距离的空间阻尼作用。理论和实证分析均表明，接近国外市场的区位（门户区域）可以更多接受贸易自由化的恩惠，使其市场邻近得到改善，市场开放及其伴随的市场规模扩大有利于国内企业向接近国外市场的区域（门户区域）集聚。这说明，全球化会影响国内经济地理格局的演变。

中国经济在参与全球化的进程中，最初主要是引进、利用外资，扩大商品出口，近年来中国发起了共建“一带一路”的倡议，提倡更大范围、更高水平、更深层次的区域合作，在引进外资的同时，也鼓励中国企业“走出去”，促进了国际贸易和对外投资的扩大。

关键词

比较优势　竞争优势　产业内贸易　贸易自由化　全球化　全球生产网络　全球价值链　微笑曲线　国际直接投资　共建“一带一路”

复习与习题

1. 比较优势学说和新贸易理论如何解释国际贸易的发生？
2. 如何理解全球生产网络形成的驱动因素和作用机制？
3. 全球价值链对于我国产业转型升级有什么启示？
4. 市场开放对国内经济地理格局会带来什么样的影响？
5. 国际直接投资的区位选择因素主要有哪些？

第十一章 自然资源与区域发展

第一节 自然资源与经济发展

一、自然资源在经济发展中的作用

1. 自然资源对经济发展的意义

自然资源是指天然存在的（不包括人类加工制造的原材料）并有利用价值的自然物，如土地、矿藏、水利、生物、气候、海洋等资源，是生产的原料来源和生产布局的场所所在。联合国环境规划署则把自然资源定义为在一定的时间和技术条件下，能够产生经济价值，提高人类当前和未来福利的自然环境因素的总称。从某种意义上讲，自然资源只有对人类社会有用、被人类社会利用才有价值。

自然资源具有可用性、整体性、变化性、空间分布不均匀性和区域性等特点，是人类生存和社会发展的物质基础和物质财富的源泉。按照资源的属性，自然资源可分为可再生资源、可更新自然资源和不可再生资源。按照资源的形态，自然资源可划分为生物资源、农业资源、森林资源、土地资源、矿产资源、海洋资源、气候资源、水资源等。

从经济学意义上讲，自然资源是一种生产要素，是国民经济所必需的投入要素。譬如，煤炭等是能源动力生产的投入要素，铁矿石是钢铁工业的原料，非金属矿物是建材工业的原料。因此，在研究自然资源的利用和管理时，资源利用效率、资源利用效益是经济学关注的课题。在投入产出分析中，自然资源通常作为采矿业的产出，以直接消耗的形式进入经济系统。在扩展的投入占用产出分析中，可再生资源被作为资源占用进入经济系统。在投入产出分析中，自然资源的作用不仅以能源消耗、水资源消耗、矿产品消耗等直接消耗的方式体现，也可以计算自然资源的间接消耗，即隐含在产品生产过程中的资源消耗，将直接消耗和间接消耗结合起来，计算自然资源的完全消耗。譬如，虚拟水和水足迹就是计算资源间接消耗或完全消耗的典型事例。

依据资源禀赋与比较优势学说，拥有丰富自然资源的区域，往往具有比较优势，可以利用资源禀赋的优势开展专业化生产。因此，自然资源丰度对于一个国家或区域的经济发展具有十分重要的意义。一般来说，拥有丰富的自然资源的国家或区域，可以通过资源开发，加快区域经济发展。

2. 第一自然和第二自然的作用

（1）什么是第一自然和第二自然。

按照 Cronon（1991）的界定，未经人类改造的自然称为“第一自然（first nature）”，经过人类改造的自然称为“第二自然（second nature）”。在新经济地理学里，第一自然是指自然地理因素和自然资源，是先天性的自然条件，是稳定不变的。自然地理因素主要指地形、港口、自然环境等；自然资源主要包括能源和矿产资源、土地资源、水资源、生物资源等。第二自然是指后天决定的经济地理因素，主要是指市场邻近、供给邻近等经济区位，以及人力资本等社会经济资源，这些因素随着时间推移不断变化，是形成集聚经济效应的基本条件，具有循环累积效应。

（2）第一自然和第二自然的作用演变。

一般来说，在经济发展初期，产业发展对自然资源的依赖较强，先天性的自然地理因素对于经济发展的重要性较为突出。随着生产力发展和经济发展水平提高，产业发展对自然资源的依赖逐步减轻，第二自然在经济发展中的作用变得越来越重要。在工业化和城市化中期阶段，规模经济和集聚效应逐渐占据主导地位，第二自然对于城市与区域经济发展往往具有决定性的作用。

从中国经济空间格局演化来看，长江三角洲地区是传统的鱼米之乡，也是我国民族工业的发源地，这是由于在经济发展的初期阶段，其先天性的自然地理因素起到了重要的作用。随着工业化进程的推进，这些地区的经济发展不是依赖自然资源和自然地理条件，而是经济地理因素发挥了更多的作用。特别是改革开放以来沿海地区的快速经济增长，不仅是受到加快沿海地区发展的优惠政策刺激，更重要的是得益于沿海地区的经济区位优势。其实，正是因为沿海地区具有有利的经济区位，加快沿海地区发展的优惠政策才发挥出相应的作用。深圳和苏州的崛起充分说明邻近香港和上海的区位条件发挥了关键的作用。与此同时，中西部地区的经济发展对自然资源的依赖仍然较强。新疆、甘肃、宁夏、青海、内蒙古、山西等地的产业发展对自然资源的依赖较为突出，资源型产业的占比明显偏高。譬如，新疆具有丰富的自然资源，但与经济中心的距离过远，空间不经济成为制约产业发展和经济转型的主要限制因素。

(3) 胡焕庸线引发的思考。

胡焕庸线是指中国地理学家胡焕庸（1901—1998）在1935年提出的划分我国人口密度的对比线。胡焕庸线从黑龙江省瑷珲（1956年改称爱辉，1983年改称黑河市）到云南省腾冲，最初称“瑷珲—腾冲线”，后因地名变迁，先后改称“爱辉—腾冲线”“黑河—腾冲线”。胡焕庸线把中国划分为两个迥然不同的自然和人文地域。线东南方的区域以平原、水网、丘陵、喀斯特和丹霞地貌为主要地理结构，自古以农耕为经济基础；线西北方的区域是草原、沙漠和雪域高原，降水少，生态环境脆弱，自古以来是游牧民族的天下。

胡焕庸线是中国重要的地理分界线，对于城镇化与区域发展具有重要的意义。胡焕庸发现，线东南方的区域，人口密度高，国土面积占全国的36%，人口占全国的96%；胡焕庸线西北方的区域，地域辽阔，但人口密度低，二者的平均人口密度之比为42.6∶1。胡焕庸线所揭示的人口“东密西疏”格局，历经八十多年，至今没有发生根本性变化。据2000年第五次全国人口普查资料，胡焕庸线东南方的区域，国土面积占全国的43.8%，人口占全国的94.1%。胡焕庸线在某种程度上也成为城镇化水平的分割线。胡焕庸线东南方的区域，城镇化水平较高；胡焕庸线西北方的区域，城镇化水平较低。

胡焕庸线的客观存在和高度稳定，说明中国“东密西疏”的人口分布态势受到资源禀赋和自然地理条件的制约。可以说，第一自然起到了奠定经济地理格局的作用，社会经济发展水平的提高未能打破这一基本地理格局，第二自然在第一自然的基础上，进一步强化了这一经济地理格局。

二、资源诅咒

1. 什么叫资源诅咒

资源诅咒（resource curse）是指那些自然资源丰富的国家或地区比自然资源稀缺的国家或地区经济增长更慢的现象，警示过度依赖自然资源会陷入增长陷阱、阻碍经济增长的危险性（Auty，1993；Sachs and Warner，1997，2001）。

资源诅咒的典型事例有荷兰病（Dutch disease），对资源型产业的依赖导致技术含量高的加工制造业和高新技术产业被“挤出”。高度依赖石油的委内瑞拉也是资源诅咒的典型国家。在我国，玉门、焦作、抚顺、本溪等资源型城市也曾陷入资源诅咒，资源开发进入枯竭阶段后，经济增长陷入了不同程度的困境。

2. 资源诅咒产生的原因和传导机制

一般认为，资源诅咒产生的原因和传导机制主要有以下几个方面：

(1) 自然资源依赖对其他要素产生挤出效应。

过渡依赖自然资源会对其他要素产生挤出效应。进一步的研究发现，资源产业依赖会导致对人力资本、技术创新、对外开放和民营经济的挤出效应，制约经济发展效率提升（邵帅和杨莉莉，2010；邵帅，范美婷和杨莉莉，2013）。由于资源产业依赖会导致轻视人力资本投资，阻碍创新能力提升，因此，资源型区域走出资源诅咒的关键在于加快人力资本积累（杨莉莉和邵帅，2014）。

（2）制度因素。

在资源型区域，资源产业依赖往往导致地方政府干预加强，制度弱化（邵帅和齐中英，2008，2009），从而给地方政府官员提供了资源寻租的空间，成为官员腐败的土壤。譬如，在煤炭资源丰富的山西，官商勾结、利益输送的政商关系导致山西出现了塌方式腐败，可以说丰裕的煤炭资源为官商勾结、利益输送的政商关系形成提供了土壤。

（3）贸易条件和区位条件。

一种观点认为，贸易条件恶化导致资源型区域经济陷入不利境地。由于资源产品的出口价格指数与进口价格指数之比相对于制造业产品趋于下降，因此，资源型区域的贸易条件趋向恶化，在产业地域分工中处于不利地位，对经济发展造成了不利影响。另一种观点认为，资源型区域往往地处交通不便的区位，区位条件不利使得第二自然的自我强化面临较大的制约，区域经济对第一自然的依赖长期难以减轻。譬如，新疆虽然拥有丰富的自然资源，但由于远离经济中心，空间不经济使得第二自然难以形成自我强化的机制，区域经济对自然资源的依赖长期难以减轻。

（4）资源丰度还是资源依赖？

Brunnschweiler 和 Bulte（2008）认为，以往的研究没有区分资源依赖和资源丰度，往往以资源依赖（资源产品出口占 GDP 的比例）反映资源丰度。然而，资源依赖对于经济增长不是外生的而是内生的，是资源丰度和制度安排的结果。他们发现，资源丰度对经济增长具有正向的作用，如果控制了资源丰度的影响，资源依赖通过制度安排对经济增长并没有显著的负面影响。

3. 资源诅咒在中国是否存在

不少中国学者针对资源诅咒在中国是否存在这一命题开展了研究。早期的研究中，代表性的著作有《富饶的贫困》（王小强和白南风，1986）。他们对贵州、江西等资源丰饶但经济贫困的区域进行了研究，认为资源丰饶地区的居民缺乏进取心是导致经济发展滞后的主要原因，因此提出了发展高信息含量产业（旅游业）的建议，通过旅游业向资源丰饶地区的居民介绍外面的世界，以信息刺激来增强当地居民的进取心。但旅游业对区域经济的带动作用似乎有限，即便是贵州等旅游资源丰富的地区，旅游业往往只能带动景区或景点周边区域的经济发展，难以辐射到更大范围的区域。

进入 21 世纪，不少学者对资源诅咒命题进行了深入研究，但关于该命题的认识仍然存在一定的分歧。部分学者认为，对资源产业的依赖阻碍了区域经济增长（徐康宁和王剑，2006；徐康宁和邵军，2006；邵帅和齐中英，2008；邵帅和杨莉莉，2010）。也有的学者认为资源诅咒并不成立。例如，方颖等（2011）认为，城市尺度上资源诅咒假说不成立；张馨等（2010）发现，资源诅咒效应随着时间推移而趋于弱化。

从中国的实际情况看，陷入资源诅咒的区域往往是依托矿产资源开发兴起的资源型城市，并且大多位于中西部地区。从区域经济学的视角看，由于区位条件的限制，经济发展长期处于依赖第一自然的阶段，没有实现向第二自然引领经济增长的转化，是导致资源诅咒的根本原因。与资源型城市相对照的是，长三角和珠三角等区域虽然矿产资源匮乏，但是其凭借第二自然优势，从鱼米之乡、民族工业起源地，到改革开放的前沿阵地，一直发挥着引领经济发展的作用。

三、资源安全

1. 资源安全的概念

资源安全是指一个国家或地区可以持续稳定、及时足量和经济合理地获取所需自然资源的状态和能力。资源安全是国家安全的重要组成部分，在国家安全中占有基础地位（谷树忠，2000）。资源安全的内涵包括五个方面：（1）数量充裕。既要有总量的充裕，也要有人均的充裕，且后者比前者更具有意义。（2）质量保证。资源保障既要数量，也要质量。（3）结构多样。资源供给渠道的多样性是供给稳定性的基础，要保证资源供给安全的稳定，就要发展资源贸易伙伴关系，努力建立资源共同体。（4）均衡有效。包括空间均衡与人群均衡。资源分布往往是不均衡的，资源分布和资源利用经常存在空间错位，资源供需的空间均衡对于保障资源安全是十分重要的。资源安全还要保障不同人群获取资源或利用资源的能力处于相对均衡的水平。（5）经济合理。这是指一个国家或地区可以从市场上以较小的经济代价获取所需资源。资源安全的属性，既有立足于资源系统自身的资源安全，也有立足于资源保障能力的资源安全。立足于资源系统自身的资源安全也称为资源系统安全，指资源特别是可再生资源的数量和质量性状的保持及改良。立足于资源保障能力的资源安全也称为资源对社会经济发展的保障或支撑能力。这是狭义的资源安全，也是通常人们所理解的资源安全。从资源的类别看，资源安全又可以分为战略性资源安全和非战略性资源安全。战略性资源安全在国家资源安全中尤为重要，往往是决定国家资源安全的关键因素。

2. 资源安全的影响因素

影响资源安全的因素归纳起来，主要有以下几个方面：资源条件、政治因素、运输因素、经济因素、军事因素。

（1）资源条件。资源条件是影响资源安全的最基本和最重要的因素之一。一个国家自身的资源越丰富，对经济发展的保障程度越高，资源供给的安全性就越高，利用本国资源受外界不安全因素影响的可能性就越小。资源条件对资源安全的影响是最直接的，也是最重要的。

（2）政治因素。政治因素对资源安全的影响主要有两个方面，一是资源进口国与资源出口国之间的政治关系，政治关系紧张会对资源供给安全产生影响，带来风险。二是资源生产国国内的政治不稳定，也有可能对资源供给安全带来影响。

（3）运输因素。许多资源的供给需要国际运输，包括海上运输和陆上运输。运输距离、运输线的安全状况、运输方式以及运输国对资源运输线的保卫能力，是资源安全保障程度的重要影响因素。

（4）经济因素。首先是资源的购买力。对资源进口国来讲，最主要的是是否有支持进口资源所需要的外汇。如果没有足够的购买力，就难以保障有充足的外汇用于资源产品进口。其次是资源价格。资源产品的国际市场价格是否稳定，对于资源产品的国际贸易具有至关重要的影响。

（5）军事因素。军事实力是运输安全的重要保障。拥有强大、反应快速的海上军事力量，资源运输线就会受到很好的保护。军事实力对资源安全的影响还表现在对资源生产地的军事干预能力上，对资源产地的军事干预能力越强，资源安全就越有保障。

3. 中国的资源安全观

（1）中国的资源安全形势。

中国地大物博，但人口众多，自然资源的人均拥有量低。随着中国经济高速增长和人口增加以及人均消费水平提高，资源供给压力持续增大，而且在相当长时期内这种趋势是不可逆转的，中国的资源安全形势面临严峻的挑战。

《矿产资源与中国经济发展》（社会版）认为，未来20～30年内中国现有资源的供应将不可持续。除煤炭以外，我国主要矿产资源都已告急。中国油气资源的现有储量将不足10年消费，最终可采储量勉强可维持30年消费。2020年，中国石油的进口量可能超过5亿吨，天然气进口量将超过1 000亿立方米，油气资源的对外依存度将分别达70%和50%。2019—2023年，我国将迎来530万～680万吨铜的消费高峰期，未来20年缺口将达5 000万～6 000万吨；2022—2028年将迎来1 300万吨铝的消费高峰期，未来20年的缺口将达1亿吨。

在这样的背景下，我们需要树立新的资源安全观。一方面要倡导资源节约，构建资源节约型社会；另一方面要坚定地开放，积极参与全球资源市场竞争，有效利用海外资源。与此同时，还要建立资源安全的监控预警和风险防范体系，建立主要资源的战略储备和保障体系。

（2）中国的能源安全形势。

2017年，中国能源消费总量44.9亿吨标准煤，能源进口量为10.0亿吨标准煤，能源出口量为1.3亿吨标准煤，净进口量为8.3亿吨标准煤，相当于能源消费总量的19.4%。具体到能源品种看，2015年，全国原油的可供量为5.41亿吨，国内生产量为2.15亿吨，进口量为3.35亿吨，石油进口量占可供量的62%。2015年，全国天然气可供量为1 654亿立方米，国内生产量为1 346亿立方米，进口量为341亿立方米，进口量占可供量的20.6%。2017年，中国原油消费量接近6亿吨，进口超过4亿吨，原油对外依存度逼近70%；天然气消费量接近2 400亿立方米，进口超过900亿立方米，天然气对外依存度接近40%。由此可见，我国能源供给约20%依靠海外进口，其中石油的进口依存度已经超过60%，而且油气资源的对外依存度趋于上升，海外能源已经成为我国能源安全的重要组成部分，石油、天然气的进口保障已经成为能源安全的核心问题。

能源安全是关系国家经济社会发展的全局性、战略性问题，对国家繁荣发展、人民生活改善、社会长治久安至关重要。保障中国的能源安全，需采取“两条腿走路”的方针，一是国内多元供应保安全。推动能源供给革命，建立多元供应体系，着力发展非煤能源，形成煤、油、气、核、新能源、可再生能源多轮驱动的能源供应体系。二是开放条件下的能源安全。加强国际合作，有效利用国际资源，务实推进“一带一路”能源合作，加大与中亚、中东、美洲、非洲等油气的合作力度，积极探索油气资源新型国际合作机制。

第二节 自然资源与区域经济发展

一、区域发展对能源资源的依赖

1. 经济增长对能源消费的依赖

能源是国民经济和社会发展的不可缺少的生产要素和物质基础。长期以来，中国经济增长高度依赖能源的投入。1978—2012年间，中国国民生产总值（GDP）增长了24倍，达到51.89万亿元；同期全国能源消费量从5.71亿吨标准煤增加到36.17亿吨标准煤，增长5.33倍。其中，2000—2012年间，我国能源消费弹性系数平均值为0.748，也就是说，GDP每增长1个百分点会带来能源消费增加0.748个百分点。当前，中国经济对能源消费的需求仍在继续增长。2017年，中国能源消费量增长3.1%，占全球能源消费增长的33.6%。

从总体上看，中国的能源利用效率偏低。2017年，中国国内生产总值占世界经济的比重为15%左右，能源消费总量占全球能源消费量的23.2%。中国经济总量相当于美国的60%左右，能源消费量是美国的1.4倍。中国经济总量约为日本的2倍，能源消费量是日本的6.9倍。这说明，中国单位GDP能耗高于全球平均水平，更高于日本、美国等发达国家的水平。从纵向看，过去十年里，中国的能源利用效率持续得到改善，中国经济对能源消耗的依赖趋于减轻。全国万元国内生产总值能耗在2015年为0.635吨标准煤，“十二五”规划期间万元国内生产总值能耗下降率超过18%；2018年降至0.542吨标准煤，比2015年下降了14.6%。但是从横向比较看，特别是与发达国家相比，中国的能源利用效率仍然较低，这也是中国经济对能源消耗的依赖仍未从根本上减轻的重要原因。

2. 能源生产和消费的空间错位

我国能源消费集中分布在沿海发达省份和能源生产大省，但能源生产主要分布在中西部地区，能源生产和能源消费存在着空间错位现象。从煤炭消费看，2016 年，全国煤炭消费总量为 42.5 亿吨，其中，江浙沪三省市合计 4.7 亿吨，京津冀鲁豫 5 省市合计 9.7 亿吨，晋陕蒙疆 4 省份合计 11.1 亿吨，湘鄂粤三省合计 3.9 亿吨，这 15 个省份合计 29.4 亿吨，占全国的 69%（表 11－1）。与此同时，在这些主要的能源消费大省中，江浙沪、湘鄂粤和京津冀都是能源资源稀缺的省份，能源消费大省与能源生产大省在空间上的错位，导致能源运输压力巨大，能源运输对于能源消费大省的能源供需平衡有着十分重要的作用。

表 11－1　　2016 年重点省份煤炭消费量

省份	煤炭消费量（万吨）	煤炭消费密度（吨/平方公里）	省份	煤炭消费量（万吨）	煤炭消费密度（吨/平方公里）
上海	4 626	7 342	湖北	11 686	629
江苏	28 048	2 734	湖南	11 444	540
浙江	13 948	1 367	广东	16 135	896
江浙沪合计	46 622	2 211	湘鄂粤合计	39 265	680
北京	848	505	山西	35 621	2 279
天津	4 230	3 744	内蒙古	36 675	310
河北	28 106	1 497	陕西	19 671	957
山东	40 939	2 662	新疆	18 985	114
河南	23 227	1 391	晋陕蒙疆合计	110 952	346
京津冀鲁豫合计	97 350	1 814	15 省份合计	294 189	649

资料来源：中国统计年鉴 2017.

3. 能源消费的环境压力

我国沿海和中部 18 个省份的面积合计 333 万平方公里，与欧洲西部和北部的 18 个国家的面积（346 万平方公里）大致相当，但 2011 年我国沿海和中部 18 个省份合计的能源消费总量为 29.9 亿吨标准煤，而西欧北欧十八国合计的能源消费量是 14.3 亿吨标准煤，可见我国沿海和中部 18 个省份的能源消费量是西欧北欧十八国的一倍多。

从单位面积煤炭消费量看，2016 年，地处沿海的 12 个省份合计的煤炭消费量达到 16.8 亿吨，占全国的 39.6%，而沿海 12 省份合计的地域面积仅占全国的 13.5%，沿海地区的单位面积煤炭消费量达到 1 296 吨/平方公里，远高于全国平均水平。其中，江浙沪的单位面积煤炭消费量高达 2 211 吨/平方公里，京津冀鲁豫的单位面积煤炭消费量为 1 814 吨/平方公里，均远高于沿海地区平均水平。能源消费密度过高，导致大气环境负荷总量过大，造成环境污染加剧，尤其是大气环境质量状况堪忧。这些省份已经成为我国大气污染防治的重点区域。

二、区域发展对水资源的依赖

1. 区域发展的用水需求

总体而言，中国是一个水资源短缺的国家。全国人均水资源量为 804 立方米，全国人均供水量为 449 立方米。由于水资源在空间上的流动性是有限的，因此需要考虑水资源的空间分布，尤其是水资源供需关系的空间格局。从区域尺度看，京津冀地区是水资源严重短缺区域。京津冀地区人均水资源 257 立方米，其中，北京和天津分别只有 162 立方米和 121 立方米，北京、天津以及河北南部（石家庄、衡水、邯郸）是极度缺水的区域。京津冀地区用水量超过水资源量（见表 11－2）。2010—2017 年间，平均每年水资源缺口达 46 亿立方米，2012—2017 年 5 年累计的水资源缺口达 236 亿立方米，已超过该区域的水资源总量。

表 11－2　　2010—2017 年京津冀地区各城市水资源量和用水量

城市	水资源量年均值（亿立方米）	地表水年均值（亿立方米）	地下水年均值（亿立方米）	年用水量年均值（亿立方米）	水资源年缺口量（亿立方米）	2012—2017 年累计缺口（亿立方米）	农业用水占比
京津冀合计	206.10	95.54	149.82	252.48	−46.38	−235.74	61.2%
北京市	28.26	10.70	17.56	37.72	−9.46	−50.15	19.6%
天津市	16.03	11.72	5.31	25.79	−9.76	−51.03	45.5%
河北省	161.81	73.12	126.95	188.98	−27.17	−134.56	71.6%
邯郸市	10.18	2.91	9.51	19.51	−9.33	−54.82	72.0%
邢台市	12.16	4.27	10.23	17.05	−4.89	−25.36	74.9%
石家庄市	18.00	7.09	15.44	31.07	−13.07	−74.77	71.0%
保定市	24.49	7.92	22.57	28.94	−4.45	−23.15	77.2%
衡水市	5.87	0.38	5.81	15.49	−9.62	−56.09	85.2%
沧州市	10.42	4.31	6.24	14.38	−3.96	−23.60	69.2%
廊坊市	6.76	0.92	5.92	10.22	−3.46	−17.99	62.7%
唐山市	20.73	9.10	16.27	25.21	−4.48	−20.43	62.6%
秦皇岛市	16.58	11.96	9.00	8.40	8.18	54.14	65.9%
张家口市	14.75	5.76	12.78	9.63	5.12	31.78	74.8%
承德市	21.87	18.51	13.18	9.08	12.79	75.72	66.2%

资料来源：作者根据北京、天津及河北省各地市水资源公报整理。

2. 水足迹

水足迹是指在当前的人口规模、经济结构和消费模式下，某一区域的经济社会发展实际消耗的水资源量。水足迹实际上是水资源的完全消耗，包括直接的水资源消耗和间接的水资源消耗，后者是在商品生产过程中所消耗的水资源，也称虚拟水。

所谓虚拟水，就是隐含在产品中的水资源消耗。虚拟水流动是看不见的水资源流动。Zhang 等（2016）的研究发现，中国的虚拟水流动呈现出空间接力的格局，一方面，虚拟水从中西部地区向沿海地区流动，主要是隐含在农产品等初级产品中的虚拟水；另一方面，虚拟水从沿海地区向海外流动，主要是隐含在加工制造产品中的虚拟水。也就是说，沿海地区通过加工制造产品向海外输送虚拟水，中西部通过农产品等初级产品向沿海地区输送虚拟水。农业部门的虚拟水从华北和西部省份向东南沿海省份流动，虚拟水的流动方向与产业地域分工和土地资源禀赋吻合，却与水资源禀赋是反向的。上述国内和国际的虚拟水流动使得原本就缺水的华北和西部省份缺水程度进一步加剧。

与用水总量相比，水足迹更能反映一个城市或区域的实际水资源消耗。以北京为例，1990—2014 年，GDP 从 501 亿元到 21 331 亿元，增加了 42 倍；常住人口从 1 080 万人到 2 150 万人，增加了一倍。水资源量多年平均为 23 亿立方米，干旱年份的水资源量约 15 亿立方米，全市用水总量控制在 35 亿立方米左右。每年的用水量与水资源量之间的缺口约 12 亿立方米，这部分水资源缺口主要是依靠超采地下水和跨区域调水来弥补。为了应对水资源压力，北京做出了巨大的节水努力，主要措施包括推进产业结构调整、压缩农业用水、提高用水效率、加强中水回收利用等，在用水总量略有减少的约束下实现了快速经济增长。

如果以水足迹来看北京的实际用水消耗，北京的城市发展导致用水需求大幅度增加。据分析，1997—2007 年间，北京城市规模扩大导致用水需求增量达到 67 亿立方米（Zhang et al，2012）。但用水效率提高等节水措施在相当程度上抵消了城市规模扩大带来的用水需求增加，因此在 2002—2007 年间，北京市的用水需求（水足迹）增加了 13.42 亿立方米。2007 年，水足迹与可利用水资源量的缺口达到 34 亿立方米以上，与用水总量的差异在 23 亿立方米左右。这部分缺口主要是依靠虚拟水流动来弥补。随着产业结构调整，北京的农业用水大幅度压缩，城市居民所需的农产品基本上从域内供给转向域外调配，相当于农业用水需求从域内转移到了域外，也就是通过虚拟水流动实现了这部分用水需求的转移。

3. 缓解水资源约束的途径

造成水资源短缺的原因主要是城市与区域发展带来的用水需求增长过快。尤其是城市区域的人口增加和经济增长使得水资源供需矛盾加剧。当前，全国 600 多座大中城市中，400 多个城市存在供水不足问题，其中比较严重的缺水城市达 110 个。在 11 个沿海省份的 52 个沿海城市中，极度缺水 18 个，重度缺水 10 个，中度缺水 9 个，轻度缺水 9 个，将近 90％的城市存在不同程度的缺水问题。

为了推动经济社会发展与水资源水环境承载能力相适应，2012 年国务院发布《关于实行最严格水资源管理制度的意见》，确立了水资源管理“三条红线”，也就是严格控制用水总量过快增长、着力提高用水效率、严格控制入河湖排污总量。国家层面的具体指标是：2030 年，全国用水总量控制在 7 000 亿立方米以内；用水效率达到或接近世界先进水平，万元工业增加值用水量降低到 40 立方米以下，农田灌溉水有效利用系数提高到 0.6 以上；主要污染物入河湖总量控制在水功能区纳污能力范围之内，水功能区水质达标率提高到 95%以上。

从区域层面看，缓解水资源约束的途径包括开源和节流。开源主要是从相邻区域调水、超采地下水和跨流域调水等。相邻区域调水往往是从与城市相邻的流域上游区域调水。譬如，浙江省宁波市为了解决城市供水问题，在上游区域的新昌县建设钦寸水库向宁波供水。2000 年 11 月，浙江省义乌市一次性出资 2 亿元，向上游区域的东阳市买断每年 5 000 万立方米水资源的永久使用权。

在华北和西北地区，地下水超采成为许多城市解决供水问题的重要途径。华北平原长期存在地下水超采，每年地下水超采量 60 亿～80 亿立方米，地下水水位以每年 0.5～1 米的速度下降。2011 年，华北平原地下水水位下降面积达 7 万多平方公里，部分城市下降达 30～50 米，一些城乡集中供水的水井已经打到 500 米深，形成了大面积的地下水漏斗，据调查，河北省的地下水漏斗区面积达 4 万多平方公里。为了解决地下水严重超采和地下水漏斗的问题，河北省制定了《河北省地下水超采综合治理五年实施计划（2018—2022 年）》，要求到 2022 年全省地下水压采量达到 54 亿立方米以上，压采率达到 90%以上，其中，城市全部完成地下水压采任务，农村压采率达到 86%以上。

跨流域调水是解决不同区域之间水资源和用水需求空间错位的重要途径。南水北调工程是最受瞩目的跨流域调水工程。南水北调工程的规划区涉及人口 4.38 亿人，设计调水能力为 448 亿立方米，其中西线工程为 170 亿立方米。迄今为止，东线工程和中线工程已实现累计调水量 222 亿立方米，供水成本 10 元/立方米左右。东线工程的设计调水能力为 148 亿立方米，涉及苏皖鲁冀津 5 省市。2017—2018 年度已通过调水工程向山东供水 10.88 亿立方米。中线工程的设计调水能力为 130 亿立方米，涉及河南、河北、北京、天津 4 省市。2017—2018 年度已实现调水 74.6 亿立方米。由于华北平原地下水超采严重，北京和河北将部分南水用于补充地下水。2018 年，北京的平原地下水位回升 0.91 米，河北的地下水位由每年下降 0.45 米转为上升 0.52 米。

对于人口稠密的大城市和缺水区域来说，应对水资源约束更为重要的途径是虚拟水流动。由于城市尤其是大城市的功能定位主要是工商业中心，耗水较多的农产品等初级产品生产主要是在农村地区，因此，绝大多数城市往往是虚拟水纯流入区域。可以说，正是由于虚拟水流动，城市才能把农产品供给等功能转嫁给周边区域特别是农村地区。除了农业，其他耗水较多的产业部门也可以通过虚拟水流动实现从大城市向周边区域的转移。譬如，北京近年来虚拟水流入量每年均在 20 亿立方米以上，超过本地水资源量。

应对城市水资源约束的根本途径还是在于节流，也就是控制用水需求增长。控制用水需求增长主要是提高用水效率、增加再生水利用、优化产业结构、城市系统转型等。提高用水效率对于节流有着直接的作用，由于我国农业灌溉、工业用水以及生活用水的效率偏低，提高用水效率的潜力较大，因此，水资源管理“三条红线”提出了2030年用水效率达到或接近世界先进水平的目标。优化产业结构、推动城市系统转型也可以有效提升水资源配置效率，在不影响或少影响经济增长目标的前提下控制用水需求的增长。

控制用水需求增长也称水资源需求管理。水资源需求管理的政策手段主要包括提高水价、数量管控、水权交易等。提高水价有利于增强个体的节水意识，通过价格信号促进水资源节约利用，但是在某些条件下，提高水价不一定是有效的节水政策手段。石敏俊等（Shi et al，2014）的研究发现，在严重缺水的西北干旱地区，由于农业灌溉水价远低于水资源影子价格，除非灌溉水价提高到水资源影子价格的水平，否则农户不会因为节水而放弃耕种，而大幅度提高灌溉水价并非现实的选择，此时数量管控就成为更加有效的节水政策手段。

三、土地资源与区域发展

1. 城市化与土地利用转换

土地是经济社会发展的重要生产要素，对于城市与区域发展具有特殊重要的意义。城市化进程往往也是土地利用从农用地向非农建设用地转换的过程。在城市化进程中，每年有大量耕地被征用，城市建设用地面积和城市建成区面积不断扩大。

2009—2017年间，全国城市建设用地面积从38 726.92平方公里增加到55 155.47平方公里，增加了16 428.55平方公里，平均每年增加2 053.57平方公里，与河北全省的城市建设用地面积相当；城市建成区面积从38 107.26平方公里增加到56 225.38平方公里，增加了18 118.12平方公里，平均每年增加2 264.77平方公里，比河北全省的城市建成区面积稍大；平均每年征用土地面积为1 739.27平方公里，比北京市的建成区面积还要大。从我国城市建设用地面积和城市建成区面积的扩张速度看，相当于每年增加一个河北省的城市建设用地面积和城市建成区面积。

城市建设用地面积和城市建成区面积不断扩大，促进了城区面积扩大，城市化进程加速。2009—2017年间，全国城区面积从175 463.61平方公里增加到198 357.17平方公里，增加了22 893.56平方公里，平均每年增加2 861.70平方公里，比天津市的城区面积还要大。从我国城区面积扩张速度看，相当于每年增加一个天津市的城区面积。

由于土地资源总量是有限的，城市建设用地占用农用地会带来农用地的减少。第二次全国土地调查数据显示，2008年全国耕地面积为18.26亿亩，年内耕地减少417.018 7万亩，其中建设占用287.352 2万亩（折1 915.68平方公里），占68.9%。2008年以来，我国每年城市建设用地扩张速度一直保持在2 000平方公里（折300万亩）左右，这给耕地保护带来了极大的压力。第二次全国土地调查数据显示，2008年当年新增耕地面积为－28.960 6万亩，其中，新疆155 061亩，内蒙古14 449亩，黑龙江－123 661亩，山东123 667亩，四川－40 837亩。可见新疆和内蒙古已经成为新增耕地的主要补充来源，但由于新疆和内蒙古属于生态环境脆弱的干旱半干旱地区，面临着较大的生态风险，因此必须引起高度的重视和警惕。

2. 耕地保护

为了遏制城市化进程中耕地快速减少的趋势，国家制定了最严格的耕地保护制度。耕地保护制度的主要内容有：一是严格控制耕地转为非耕地。严守18亿亩耕地红线，确保粮食安全。二是国家实行占用耕地补偿制度。非农业建设经批准占用耕地的，按照“占多少，垦多少”的原则，由占用耕地的单位负责开垦与所占用耕地的数量和质量相当的耕地。三是国家实行基本农田保护制度。全面落实永久基本农田特殊保护制度，确保永久基本农田保持在15.46亿亩以上。四是推进土地开发、复垦、整理。

根据《2017中国土地矿产海洋资源统计公报》，2017年末，全国耕地面积为13 486.32万公顷（20.23亿亩），因建设占用、灾毁、生态退耕、农业结构调整等减少耕地面积32.04万公顷，通过土地整治、农业结构调整等增加耕地面积25.95万公顷，年内净减少耕地面积6.09万公顷。根据《全国国土规划纲要（2016—2030年）》，2020年和2030年我国耕地保有量要分别保持在18.65亿亩和18.25亿亩以上。这是一个约束性指标，要严格执行、不能突破。从2017年底的20.23亿亩耕地到2030年的18.25亿亩耕地，两者之间只有约2亿亩的空间。也就是说，未来十多年里我国耕地面积减少的上限不得超过2亿亩，折合每年约1 500万亩。

2017年1月《中共中央 国务院关于加强耕地保护和改进占补平衡的意见》提出了严格控制建设占用耕地、改进耕地占补平衡管理、推进耕地质量提升和保护、健全耕地保护补偿机制等具体措施。在加强土地规划管控和用途管制方面，强调充分发挥土地利用总体规划的整体管控作用，从严核定新增建设用地规模，从严控制建设占用耕地特别是优质耕地。严格永久基本农田划定和保护，永久基本农田一经划定，任何单位和个人不得擅自占用或改变用途，城乡建设、基础设施、生态建设等规划原则上不得突破永久基本农田边界。在改进耕地占补平衡管理方面，严格落实耕地占补平衡责任，以县域自行平衡为主、省域内调剂为辅、国家适度统筹为补充落实补充耕地任务。在健全耕地保护补偿机制方面，加强对耕地保护主体的补偿激励，实行跨地区补充耕地的利益调节。在生态条件允许的前提下，支持耕地后备资源丰富的国家重点扶贫地区，将补充耕地指标对口向省域内经济发达地区调剂。

四、资源开发与区域发展格局

1. 资源型产业的区位指向

本书第二章介绍了韦伯的工业区位论，运费指向是企业区位选择的重要依据。对于资源型产业来说，一方面，许多自然资源特别是矿产资源是偏在分布，往往集中分布于少数区域，资源开发受制于资源的地理分布；另一方面，自然资源特别是矿产资源在开发利用的过程中会失去重量，产品重量远小于原料重量，从节约运费的角度看，往往是原料地指向的区位比较有利。因此，一般来说，资源型产业的区位选择大多呈现出资源产地指向或原料地指向。典型的案例有攀枝花钢铁企业。

随着海外资源开发利用的推进，港口的运输便利条件成为资源型产业区位的重要因素，临港指向成为资源型产业区位选择的新模式。譬如，宝山钢铁企业就是利用来自海外的铁矿石，选择布局在港口附近。

2. 能源开发对区域发展格局演变的作用

对于能源密集型产业来说，能源动力的供给保障是至关重要的因素。与此同时，企业生产成本中能源消耗的占比往往较高，因此，具有丰富且廉价的能源供给是能源密集型产业区位选择的基本原则。譬如，广西百色的平果电解铝厂，一方面拥有丰富的铝土矿，另一方面又拥有丰富且廉价的水电供给。近年来，电解铝的产能大量向新疆转移，究其原因，也是由于新疆拥有丰富的煤炭资源，煤炭资源转化为火力发电，可以为电解铝生产企业提供廉价的电力。

按照国家能源规划，国家将重点建设山西、鄂尔多斯盆地、内蒙古东部地区、西南地区和新疆等五大国家综合能源基地。五大综合能源基地大多是煤炭资源富集区域，主要分布在中西部地区，煤炭开发重心的向西转移态势跃然而出。随着煤炭开发重心西移，部分能源密集型产业已经出现向西转移的迹象。如前所述，过去几年里新疆的电解铝产能增加了 10 倍以上，2014 年新疆已超过河南、山东，成为原铝生产第一大省份。

然而，能源密集型产业的向西转移是否会进一步拉动下游产业的发展，促进中西部地区的资源优势转化为产业优势，仍然是一个值得深入探讨的问题。石敏俊等（2015）的研究发现，煤炭开发重心西移，对于吸引制造业向晋陕蒙、鲁豫、甘青宁等能源富集区域集聚并无显著的效果，煤炭开发重心西移可以使中西部地区发展能源密集型产业的成本竞争优势更加凸显，但不足以抵消中西部地区制造业市场邻近的不利条件，东部地区制造业的市场邻近优势仍然难以撼动，因而对于吸引制造业向西转移的效果并不显著。因此，在西部开发的进程中，加快能源和矿产资源开发和加工，有利于把资源优势转化为能源密集型产业的优势，但要转化为加工制造业的优势则仍将面临严峻的挑战。这就要求中西部地区科学认识资源优势转化为产业优势的发展条件和利弊因素，充分利用成本优势，同时依托本地市场，重点发展具有区域性竞争优势的加工制造业。

第三节　资源型城市转型发展

一、资源型城市的形成与分布

1. 资源型城市的概念

资源型城市是指以矿产、森林等自然资源开采、加工为主导产业的城市。或者说，资源型城市是依靠资源条件发展起来的城市，城市的发展与资源开发有密切关系。资源型城市主要有两类：一类是先矿后城，城市因为资源开采而出现，如大庆、金昌、攀枝花、克拉玛依等。另一类是先城后矿，资源开发前城市已经存在，资源开发加快了城市发展，如大同、邯郸等。

资源型城市为我国的经济建设做出了巨大贡献。截至 2013 年，资源型城市累计生产原煤 529 亿吨、原油 55 亿吨、铁矿石 58 亿吨、木材 20 亿立方米，“一五”时期 156 个国家重点建设项目中有 53 个布局在资源型城市，占总投资额的近 50%。

2. 资源型城市的分布

《全国资源型城市可持续发展规划（2013—2020 年）》认定的资源型城市全国共有 262 个。按照依托的矿产资源种类来分，典型的资源型城市有：

- 铁：鞍山、马鞍山、攀枝花、包头、白云鄂博、唐山；
- 石油：大庆、东营、盘锦、松原、濮阳、南阳、湛江、福山、克拉玛依、库尔勒、轮台、敦煌、花土沟、酒泉、庆城、陕北地区等；
- 煤：鹤岗、抚顺、大同、阳泉、淮南、淮北、鹤壁、焦作、阜新、临汾、晋城、赤峰、长治、平顶山、六盘水、霍林郭勒、鄂尔多斯、榆林、延安、阿拉善盟；
- 井盐：定远、自贡；
- 铜：白银、铜陵；
- 镍：金昌（镍矿伴生多种金属）；
- 稀土：白云鄂博。

《全国资源型城市可持续发展规划（2013—2020 年）》把资源型城市分为四类：成长型城市 31 个，成熟型城市 141 个，衰退型城市 67 个，再生型城市 23 个。其中，衰退型城市是指资源趋于枯竭、经济发展滞后、民生问题突出、生态环境压力大的资源型城市，是当前面临挑战最为突出的区域。

67 个衰退型城市分布如下：

- 地级市 24 个：乌海市、阜新市、抚顺市、辽源市、白山市、伊春市、鹤岗市、双鸭山市、七台河市、大兴安岭地区、淮北市、铜陵市、景德镇市、新余市、萍乡市、枣庄市、焦作市、濮阳市、黄石市、韶关市、泸州市、铜川市、白银市、石嘴山市；
- 县或县级市 27 个：霍州、阿尔山、北票、九台、舒兰、敦化、五大连池、新泰、灵宝、钟祥、大冶、松滋、潜江、常宁、耒阳、资兴、冷水江、涟源、合山、华蓥、个旧、玉门、汪清、大余、昌江、易门、潼关；
- 市辖区（开发区、管理区）16 个：井陉矿区、下花园区、鹰手营子矿区、石拐区、弓长岭区、南票区、杨家杖子开发区、二道江区、贾汪区、淄川区、平桂管理区、南川区、万盛经济开发区、万山区、东川区、红古区。

由上可见，衰退型城市主要分布在东北地区和中西部地区，大多为交通不便、远离经济中心的区域，区位条件相对不利是制约衰退型城市转型发展的重要因素。

二、资源型城市的困境与转型发展

1. 资源型城市的困境

（1）资源枯竭城市的历史遗留问题依然严重，转型发展内生动力不强。

据统计，全国的资源型城市有近 7 000 万平方米棚户区需要改造，约 14 万公顷沉陷区需要治理，失业矿工人数 60 多万，城市低保人数超过 180 万。产业发展对资源的依赖较强，采掘业占二次产业的比重超过 20%，现代制造业、高技术产业等处于起步阶段，人才、资金等要素集聚能力不足，创新能力较弱。

（2）资源富集地区新旧矛盾交织，可持续发展压力大。

部分资源型城市开发强度过大，资源综合利用水平低。生态环境破坏严重，新的地质灾害隐患不断出现。高耗能、高污染、高排放项目低水平重复建设，接续替代产业发展滞后。资源开发、征地拆迁等引发的利益分配矛盾较多，维稳压力大。资源开发与经济社会发展、生态环境保护之间不平衡、不协调的矛盾突出。

（3）资源型城市转型发展的长效机制亟待完善，体制机制改革任务艰巨。

资源开发方式有待规范，调控监管机制有待健全。反映市场供求关系、资源稀缺程度和环境损害成本等的资源性产品价格机制尚未完全形成，资源开发企业在资源补偿、生态建设和环境整治、安全生产及职业病防治等方面的主体责任仍未落实到位，对资源型城市转型发展形成了制约。扶持接续替代产业发展的政策体系不够完善，支持力度不足。

2. 资源型城市转型与可持续发展

2013 年，国务院印发了《全国资源型城市可持续发展规划（2013—2020 年）》（简称“规划”）。规划明确指出，资源型城市作为我国重要的能源资源战略保障基地，是国民经济持续健康发展的重要支撑。该规划提出了分类引导、特色发展，有序开发、协调发展，优化结构、协同发展，民生为本、和谐发展四条基本原则，指导资源型城市转型和可持续发展。

按照分类引导、特色发展的原则，规划将资源型城市根据资源保障能力和经济社会可持续发展能力划分为成长型、成熟型、衰退型和再生型四种类型，明确了不同类型城市的发展方向和重点任务，规范成长型城市有序发展，推动成熟型城市跨越发展，支持衰退型城市转型发展，引导再生型城市创新发展。

衰退型城市资源趋于枯竭、经济发展滞后、民生问题突出、生态环境压力大，是加快转变经济发展方式的重点难点地区，支持衰退型城市转型发展是资源型城市可持续发展的重中之重。规划明确提出了一系列支持措施，一是加大政策支持力度，大力扶持接续替代产业发展，逐步增强可持续发展能力；二是调整矿产资源有偿使用收入中央和地方的分配比例关系，推进资源税改革，形成合理的利益分配共享机制；三是构建接续替代产业扶持机制，重大产业项目布局适当向资源型城市倾斜。

本章小结

自然资源是经济社会发展的物质基础，是国民经济必不可少的生产要素。一个国家或地区必须保障资源安全，也就是可以持续稳定、及时足量和经济合理地获取所需的自然资源。尤其是关系到国计民生的战略性资源，更是要确保资源安全。通常情况下，随着经济发展水平提高，经济增长对自然资源的依赖是逐步减轻的，第二自然会替代第一自然，成为推动经济增长的主导因素。一个国家或地区如果长期过度依赖自然资源，就会陷入增长陷阱，阻碍经济增长，也就是所谓的资源诅咒。资源型城市的困境就是，因为不能摆脱对自然资源的依赖，当资源趋于枯竭时，就会出现经济发展滞后、民生问题突出、生态环境压力加大等问题。资源型城市转型发展的关键就在于摆脱对自然资源的依赖，实现向第二自然引领经济增长的转化。

关键词

第一自然　第二自然　资源诅咒　资源安全　资源型城市

复习与习题

1. 如何理解第一自然和第二自然在经济发展中的作用转换？
2. 如何理解资源诅咒的含义及其传导机制？
3. 如何理解自然资源对区域经济发展的作用？
4. 如何理解当代的资源安全观？
5. 如何理解资源型城市的形成及可持续发展的方向？

第十二章
环境可持续性与区域发展

第一节　环境可持续性与环境治理

一、公共资源与外部性

1. 公共资源和外部性的概念

公共资源（common resource）主要是指那些不为特定的个人或集体所拥有、社会成员可以自由利用的自然资源。这两个条件使得公共资源具有“竞争性”和“非排他性”的特征。公共资源与公共产品的相同之处是都具有非排他性的特征，不同之处在于公共产品具有非竞争性的特征，而公共资源则具有竞争性的特征。譬如，公有的草场就是典型的公共资源。由于草场是公有的，大家都可以到草场放牧，即草场具有非排他的特性，但如果超过草场的载畜量，草场的使用就具有了竞争性。

美国学者、诺贝尔经济学奖获得者奥斯特罗姆（E. Ostrom）研究的公共池塘也是典型的公共资源。奥斯特罗姆在《公共事物的治理之道》（*Governing the Commons*）一书中指出，“资源系统是一个储存变量，在有利的条件下能使流量最大化而又不损害储存量或资源系统本身，诸如渔场、地下水流域、牧区、灌溉渠道等均属此类。资源单位是个人从资源系统占用和使用的量，它通常包括从渔场捕获的鱼的吨数、从地下水流域或灌溉渠道抽取的英亩—英尺或立方米水量、牲畜在牧场消耗掉的饲料的吨数等等。一个资源系统可以由多于一个的人或企业联合提供或生产，占用公共池塘资源单位的实际过程可以由多个占用者同时进行或依次进行，然而资源单位却不能共同使用或占用。因此，资源系统是可以共同享用的，但资源单位是不能共同享用的。因此，基于公共产品不可分割性的公共产品理论不能用来分析可分资源单位的占用和使用。”

外部性（externality）是指经济主体（包括个人和企业）的经济活动对他人和社会造成的非市场化的有利影响或不利影响，而这种影响的成本或后果不完全由该行为人承担。外部性分为正外部性（positive externality）和负外部性（negative externality）。正外部性是指经济主体的经济活动使他人或社会受益，而受益者无须花费代价，负外部性是经济主体的经济活动使他人或社会受损，而造成负外部性的人却没有为此承担成本。正外部性又称为溢出效应（spillover）、外部经济，负外部性也称为外部不经济。工业企业产生的环境污染物排放是典型的负外部性。污染物排放会造成环境质量退化，治理环境污染需要投入大量社会成本，而环境质量退化的成本或环境污染治理的成本不完全由该工业企业承担。教育是典型的正外部性。教育培养的人才对经济社会发展会有所贡献，这对所有人都是有益的。

2. 公共资源利用的外部性

由于公共资源的竞争性和非排他性特征，公共资源利用会产生外部性。譬如，公共草场的放牧强度如果超过草场载畜量，就可能会导致草场退化甚至沙漠化，草场退化或沙漠化反过来会影响放牧人的生产和生活，这就会带来负外部性。

依据公共资源的产权特性和外部性，可以把公共资源分为三类：

第一，地方性公共资源（local common resource）。公共资源的使用权与所有权可以归属于特定的个人或集团，公共资源的不当利用带来的负面影响也限于同一范围的个人或集团。

第二，全球性公共资源（global common resource）。公共资源的使用权和所有权不可能归属于特定的个人或集团，并且公共资源退化带来的不良影响也不限于一定范围，往往是全球范围的影响。

第三，区域性公共资源（regional common resource）。公共资源的使用权与所有权在一定程度上可以归属于特定的个人或集团，但公共资源退化带来的不良影响不限于特定的个人和集团，有可能扩散到区域范围。

二、环境可持续性与可持续发展

1. 可持续发展与可持续性的概念

可持续发展（sustainable development）是指既能满足当代人的需要，又不对后代人满足其需要的能力构成危害的发展（Brundtland et al，1987）。可持续发展既要考虑当前发展的需要，又要考虑未来发展的需要，不能以牺牲后代人的利益为代价来满足当代人的利益。

可持续发展的概念内涵主要包括四个方面：一是突出发展的主题，发展是人类共同的、普遍的权利，发达国家和发展中国家享有平等的发展权利；二是发展的可持续性，人类经济和社会的发展不能超越资源和环境的承载能力；三是代际的公平性，当代人在发展与消费时应努力做到使后代人有同样的发展机会，同一代人中一部分人的发展不应当损害另一部分人的利益；四是人与自然的协调共生，人类必须学会尊重自然、师法自然、保护自然，与自然和谐相处。由此可见，可持续发展必须坚持三大原则：公平性、可持续性、共同性。

可持续发展的伦理包括对“需求”的满足和对需求的“限制”两个方面。第一是满足需求，首先要满足人类特别是贫困人口的基本需求。第二是对需求的限制，主要是指限制对未来环境所需能力构成危害的发展需求。这是因为未来环境所需能力（生产和更新能力）一旦被突破，将危及支持地球生命的自然系统，如大气、水体、土壤和生物系统。

关于可持续性（sustainability）的概念界定，不同的学术流派有不同的表述。自然资源研究者认为，可持续性是自然资源及其开发利用程序间的平衡；生态学家认为，可持续性是保护和加强环境系统的生产和更新能力；经济学家认为，可持续性是在保持自然资源的质量及其所提供服务的前提下，使经济发展的净利益增加到最大限度，或者说，今天的使用不应减少未来的实际收入，当发展能够增加当代人的福利时，也不会使后代的福利减少。

从可持续性的不同定义可以看出，不同的学术流派对于可持续性的理解存在一定的分歧，其背后隐含着可持续发展理念的差异。

2. 可持续发展理念

当前，国际上主要有两种可持续发展的理念，一是弱可持续性（weak sustainability）的发展理念，二是强可持续性（strong sustainability）的发展理念。弱可持续性与强可持续性两种发展理念的分歧，主要来源于对自然资本替代性的认识存在差异。

弱可持续性的理念扎根于新古典经济学思想，以索洛-哈特维克（Solow-Hartwick）的研究为理论基础，认为自然资本和人造资本之间是可以替代的。按照哈特维克准则，弱可持续性要求保持净储蓄或净投资大于等于零。由于自然资本和人造资本之间是可以替代的，只要自然资本和人造资本的合计保持不减少，维持向人类提供服务流量的能力就不会降低。

哈特维克准则是指在人口处于零增长的条件下，要保持人均消费水平不下降，必须保持真实储蓄不减少（Hartwick，1977）。真实储蓄成为度量弱可持续性的指标。如果仅考虑自然资本与实物资本两种投入，哈特维克准则认为，不可再生资源（自然资本）与实物资本（人造资本）两种投入之间必须以特殊的方式相互替代，即随着不可再生资源的减少，必须积累实物资本存量，要求不可再生资源的开采租金必须得到储蓄，并且完全以资本形式积累，以实物资本的累积确保自然资本和人造资本之和保持不减少。

基于哈特维克准则，世界银行提出真实储蓄（genuine savings）作为弱可持续性的度量指标（Hamilton，2000）。所谓真实储蓄，是指公共部门与私人部门的储蓄，减去公共部门与私人部门的资产折旧，加上用于教育的投资，减去可耗竭与可再生资源的损耗，再减去环境污染损失，也就是扣除资源环境成本的净储蓄。因此，真实储蓄也被称为绿色国民储蓄（石敏俊，等，2009）。当前，绿色国民储蓄作为衡量弱可持续性的指标得到了广泛的应用和关注，但数值易受净储蓄率变动的影响，而净储蓄率又受到文化传统、消费习惯等影响，导致绿色国民储蓄的数值难以进行横向比较。因此，用绿色国民储蓄衡量弱可持续性仍然存在不少质疑。

强可持续性的理念则基于自然资本不可替代的认识。Pearce（1993）、Costanza（1997）、Daly（1996）等生态经济学家认为，自然资本是不可替代的，对于某些形式的自然资本，譬如与生命攸关的自然资本，应该保存自然资本的实际存量，对这些资源存量的使用不能超过其再生能力。

生态经济学家认为不可替代的自然资本主要有四类：

一是提供地球生命支持功能的自然资本，如空气、水、全球气候、臭氧层等。没有空气和水，人类就无法生存，空气和水对于地球生命是不可替代的自然资本。适宜生命的气温等全球气候也是人类社会得以延续的环境条件，臭氧层对于地球生命支持功能也是不可替代的，如果全球气候超过临界点，整个地球生命系统将会崩溃。

二是独一无二的、一旦破坏就难以恢复的自然资本，如生物多样性。灭绝的物种不能起死回生，生物多样性的毁坏是不可逆的过程。土地荒漠化会导致表层土壤侵蚀，土壤形成可能需要数千年甚至更长时间，一旦流失就很难恢复。

三是环境健康。有害污染物的排放及其在环境中的积累会损害人体健康。环境健康是无法用金钱和财富替代的自然资本。

四是粮食安全和食品安全。从局部区域看，粮食可以从区外调入以满足消费需求；从大范围区域和国家尺度看，粮食安全是涉及国家安全的重要战略问题；从全球尺度看，粮食是维持生命不可替代的能量和营养来源，全球粮食安全必须得到保障。水土资源是粮食安全的物质基础，也是保障粮食安全的自然资本。食品安全是人体摄入能量和营养的健康需要，也是不可替代的自然资本之一。

因此，强可持续性的度量要求绿色国民储蓄非负，还要求不可替代的自然资本存量的价值和实际数量保持不变，要求各项指标组成的向量变化呈现单调增长态势。在进行资源环境成本核算时，需要考虑不可替代的自然资产的变化，尤其是自然资产的生态服务价值。

两种可持续性的发展理念体现在政策层面，也表现为不同的政策导向。弱可持续性强调通过技术进步和效率提高，来应对自然资本的减少，促进人造资本的累积。教育、人力资本、知识创新等凡是有利于技术进步和效率提升的措施，都是符合可持续发展目标的，应当予以鼓励和倡导。因此，世界银行提出的度量弱可持续性的指标——真实储蓄，就包含了教育投资。强可持续性则强调自然生态系统的极限性，重视资源环境承载能力的物理制约，强调经济社会发展不得超越资源环境承载力。

3. 为什么要可持续发展

人类社会走过了从原始社会到农业文明，再到工业文明的历程，现在进入生态文明的新时代。在原始社会，人们敬畏自然，产生了各种图腾崇拜；在农业文明阶段，人们强调顺应自然，产生了天人合一的思想；在工业文明阶段，人类生产力得到极大发展，人们开始尝试征服自然。传统发展模式给人类带来了经济繁荣，同时也带来了全球性环境污染和生态破坏，造成了人与自然关系失衡等各种困境和危机。这些问题开始危及人类的生存，人类为了克服和应对这些问题，经过深刻反思做出的理性选择就是可持续发展，引导人类走向生态文明新时代。因此，在生态文明新时代，人们重新认识到人与自然应当和谐共生，经济社会必须走可持续发展的道路。可以说，可持续发展是生态文明新时代的必然选择。

中国地域辽阔，人口众多，人均资源十分有限，人地关系矛盾尖锐。近年来中国的经济社会发展付出了沉重的资源环境代价，未来仍然面临着资源环境约束的严峻挑战，切不可竭泽而渔、杀鸡取卵，建设生态文明，实现持续发展是中华民族永续发展的千年大计。与此同时，面对具有全球性的资源环境问题，譬如全球气候变化，一国难以独善其身，更不能以邻为壑，中国作为负责任的大国，还需要在全球环境治理上发挥建设者的作用。因此，中国走可持续发展道路，不仅是国际社会里大国责任的体现，更是为了实现中华民族永续发展的根本选择。

三、市场失灵与环境问题的产生

按照经济学的界定，市场经济成立需要具备三个条件：一是产权明晰，作为交易对象的产品或服务可以特定为某人或某集团所有；二是信息透明，参与市场交易的产品属性、交易价格等信息是公开透明的；三是平等的交涉能力，参加交易的各个经济主体均被平等地赋予依据自己的意愿自由平等地进行交涉的经济能力。

环境问题的产生，可以说是市场失灵的结果。这是因为以下几个导致市场失灵的问题，会诱发环境问题的出现。

一是外部不经济。企业或个人不用承担其经济活动产生的不利影响的成本，受到影响的企业和个人无法从造成影响的企业和个人处得到补偿。

二是产权不清晰。环境资源往往是公共资源，无法界定所有权（譬如，空气、公共池塘），公共资源的使用具有不可排他性的特征，往往是共享共用，容易造成过度使用以致产生环境退化的问题。

三是信息的不完全性和不对称性。譬如，有关环境污染信息，如污染程度、损害程度、因果关系链等，信息本身是不完全的，在污染者与受害者之间信息是不对称的；而且信息不对称还会带来举证困难，个体很难对企业进行举证。

四是交涉能力不对等。在环境问题上，个体很难与企业进行对等的交涉。

五是环境价值非显性化。环境价值不能在市场上显现，难以进行货币化评价和市场交易。

四、环境治理的制度和政策设计

环境治理就是要针对以上导致环境问题产生的原因，通过制度和政策设计防止和治理环境污染。

1. 环境价值显性化

环境价值是环境资源的价值属性。环境价值分为使用价值（use value）和非使用价值（non-use value）。前者可分为直接使用价值（direct use value）、间接使用价值（indirect use value）和选择价值（option value）；后者可分为遗赠价值（bequest value）和存在价值（existence value）。除了使用价值尤其是直接使用价值以外，非使用价值在市场上难以显性存在，难以通过市场进行交易。即使是环境的非使用价值在市场上显性存在，也难以通过市场进行交易。

环境价值评价，就是要使得环境价值显性化。通常的做法是货币化评价，即以货币单位衡量环境价值。环境价值的货币化评价，主要有以下几种方法：一是以支付意愿衡量环境价值，通过环境价值带来的消费者福利变化，即补偿效用，来衡量环境价值的变化；二是以环境治理费用衡量环境价值，通过使环境质量恢复到破坏前的状态所需的费用，来衡量环境价值的变化；三是以环境损害衡量环境价值，通过环境退化对经济社会发展造成的损害，来衡量环境价值的变化。由于环境治理费用的数据不易获取，环境损害也往往存在货币化的难题，以支付意愿衡量环境价值的做法得到了广泛的应用。以支付意愿衡量环境价值的方法，由于受实际数据可获取性的限制较小，也可以用于非使用价值的货币化评价。

2. 外部成本内部化

外部不经济是导致环境问题产生的重要原因，要治理环境污染，就必须要使外部成本内部化，让污染者承担环境污染的成本。在各国环境政策的实践中，污染者负担原则是环境经济政策的基本原则，庇古税（Pigou tax）就是体现污染者负担原则的环境税。

在中国，过去采用排污收费制度，理论依据也是污染者负担原则。2018 年 1 月 1 日起，《环境保护税法》开始实施，我国停止收取排污费，改为征收环境保护税。《环境保护税法》规定，超过国家和地方规定的排放标准向环境排放应税污染物的，应当缴纳环境保护税。

3. 强化环境监测

环境监测是指环境监测机构对环境质量状况进行监视和测定的活动。环境监测是缓解环境信息不对称性的根本途径，必须由具有权威性的第三方机构进行，保持客观、公正，向社会提供必要的环境信息。我国的环境监测体系不断得到完善，监测站点覆盖面越来越广，监测的环境污染物种类越来越全。为了确保环境监测数据的客观公正，省级以下环境监测站实行垂直管理，由省级环境监测中心站统一管理，减少地方行政干预。

4. 完善环境规制

环境规制主要是指各级政府为实现环境保护目标而制定实施的各项政策措施。狭义的环境规制主要有两类，一是命令—控制型的环境规制，主要是行政和法律手段；二是基于市场机制的经济型和激励性环境规制，也就是环境经济政策。

行政和法律手段主要包括环境排放许可、环境排放标准、环保检查督察等措施。环境排放许可是环境保护行政主管部门对污染物排放数量进行管控的手段之一，是环境管理的重要组成部分。发放排污许可证是广泛采用的做法。排污许可证是指排污单位向政府环境保护部门提出申请后，环境保护部门经审查发放的允许排污单位排放一定数量污染物的凭证。环境排放标准是为了控制污染物的排放量，使环境质量达到标准，对排放污染物的数量或浓度所规定的限制性标准。环境排放标准包括大气污染物排放标准、污水排放标准等，大气污染物排放标准又按照排放源分为机动车大气污染物排放标准、火电厂大气污染物排放标准、锅炉大气污染物排放标准等。环境排放标准具有法律约束力。除国家颁布的标准外，各地、各部门还可根据当地的环境容量、污染源分布等特点，制定适用于本地区、本部门的排放标准。譬如，为了加大京津冀及周边地区大气污染防治工作力度，自2018年6月1日起，京津冀大气污染传输通道城市（2+26城市）全面执行大气污染物特别排放限值。环境排放标准与环境质量标准不同，环境排放标准是针对污染物的排放标准，环境质量标准是环境质量状况的标准，是针对环境中有害物质或因素的容许浓度所做的规定，分为水环境治理标准、空气环境质量标准等。环境质量标准是国家环境政策目标的具体体现，也是制定污染物排放标准的依据。环保检查督察是对环境规制政策的执行情况进行检查和督察。2015年8月以来，党中央和国务院出台了《环境保护督察方案（试行）》，建立国家环境保护督察制度，对省委、省政府贯彻落实国家环境保护决策部署、解决突出环境问题、落实环境保护主体责任情况进行检查和督察。

环境经济政策主要包括基于价格杠杆的税收和补贴，以及排放权交易。如前所述，环境税是基于污染者负担原则，将外部成本内部化；补贴主要是对采用环境友好型技术的企业进行补贴，鼓励企业采用环境友好型技术。欧美国家的脱钩（decoupling）政策也是基于补贴的思路。排放权交易是指对二氧化硫、化学需氧量等主要污染物和二氧化碳等温室气体的排放量所进行的交易，主要是排污权交易和碳排放交易。排污权交易（pollution rights trading）是指在一定区域内，在污染物排放总量不超过允许排放量的前提下，不同的污染物排放源之间通过货币交换方式相互调剂排污量，激励企业减少污染物排放量，从而达到减少排污总量的目标。碳排放交易（carbon trading）是针对二氧化碳等温室气体所进行的交易，在排放量不超过总量约束的前提下，不同的排放源之间通过货币交换方式调剂碳排放量，激励企业减少碳排放，从而达到减少碳排放总量的目标。排放权交易的特点是既有总量控制，又有经济激励，在确保排放量不超过总量约束的前提下，通过经济激励，鼓励企业减少排放量。

无论是行政和法律手段，还是环境经济政策，都需要对环境政策进行成本—效益分析（cost-benefit analysis）。任何环境政策都会带来社会成本，蓝天碧水不是免费的，因此，需要对环境政策带来的环境改善效果以及伴随的经济社会成本进行深入的分析和测算，探寻成本有效的环境政策措施。环境政策的收益主要是环境质量改善的福利，也包括促进产业结构升级和经济绿色转型的作用。前者需注意区分政策的作用和自然生态系统的影响，后者需注意区分政策的作用和市场规律的作用。环境政策的成本包括环境治理的成本和环境治理对污染行业以及区域经济的冲击。在分析环境治理对污染行业以及区域经济的冲击时，需要注意区分政策的作用和市场波动的影响。

5. 推动环境社会治理

环境社会治理是用社会治理的理念和方法，全方位调动社会力量参与环境治理。环境社会治理是环境治理体系的重要组成部分，与环境治理中政府规制和市场调节相对应，既相互补充又相互影响。当前，环境社会治理的重点主要有以下几个方面：一是环境信息公开。环境信息公开是缓解环境信息不对称的重要途径。环境信息包括政府环境信息和企业环境信息。《环境信息公开办法（试行）》规定，环保部门应当在职责权限范围内向社会主动公开政府环境信息，当污染物排放超过国家或者地方排放标准，或者污染物排放总量超过地方人民政府核定的排放总量控制指标时，污染严重的企业名单等信息应该向社会公开；同时鼓励企业自愿公开企业环境信息。二是拓展公众参与渠道。不仅要调动公众参与政府主导的环境保护工作，更要强调社会主体的自我管理和环境保护的多元共治。推进环保设施和城市污水垃圾处理设施向公众开放，完善公众参与环境监督和举报的制度设计。近年来，在河长制的实践中，浙江等地出现了民间河长，聘用部分民间人士担任河长，参与环境监督举报，有效推动了环境社会治理。

五、应对气候变化与全球环境治理

1. 气候变化及应对

气候变化（climate change）是指在全球范围内，气候平均状态在统计学意义上的巨大改变或者持续较长一段时间（30 年或更长）的气候变动。依据《联合国气候变化框架公约》，气候变化的定义是指经过相当长一段时间的观察，在自然气候变化之外由人类活动直接或间接地改变全球大气组成所导致的气候改变。这是因为气候变化的原因既有自然因素，也有人为因素。在人为因素中，主要是工业革命以来，人类社会特别是发达国家工业化进程中的化石燃料燃烧、毁林和土地利用变化等人类活动，排放了大量二氧化碳等温室气体，导致大气中温室气体浓度增高，温室效应增强，从而引发全球气候变暖。尽管对于气候变化及其原因的科学认知目前仍然存在分歧，但是全球科学界的主流观点是过去一百多年间，化石能源燃烧排放的二氧化碳等温室气体，是导致温室效应增强、引发全球气候变暖的主要原因。

气候变化将会给全世界人类生存的基本要素——水、食物、土地、健康及环境带来威胁。气候变化的影响主要有以下方面：冰川融化在湿季将增加洪水风险，干季将使得全球1/6人口面临水资源减少的挑战；如果温度上升3℃～4℃，则海平面将升高，这将导致数千万到上亿人每年被洪水侵袭；农作物产量将会减产，特别是在非洲，这可能使上亿人没有能力生产或购买充足的食物；生态系统变得脆弱，据研究，温度上升2℃会导致超过15%～40%的物种面临灭绝；气候变暖可能引起区域天气模式的突然改变，如季风或厄尔尼诺现象，这些变化将会对水资源和热带地区的环境带来严重的影响，威胁到数十亿人的生计。

应对气候变化的措施主要是减缓（mitigation）和适应（adaptation）两个方面。减缓主要是减少二氧化碳等温室气体排放，减缓气候变化的速度。由于大部分碳排放与能源燃烧相关，减缓的重点在于节能减排和能源转型。由于气候变化是一个长期的过程，减缓的经济效益可能要在较长时间才能体现出来。适应是指通过经济社会系统的调整，去适应不能改变的和已经发生的变化，降低对气候变化的脆弱性和敏感性。与减缓相比，适应可以带来本地收益，而且不需要很长时间即可实现。

2. 气候变化及应对的全球外部性

根据全球气候模式的研究结果，二氧化碳排放在不同国家的分布差异对全球平均气温上升的影响几乎没有差异。也就是说，不管二氧化碳排放发生在哪个国家，对全球平均气温上升的影响几乎是一样的。反过来，不同国家对温室气体减排的贡献差异对全球平均气温上升的影响也没有差异，无论哪个国家采取温室气体减排措施，对全球气候变化的贡献都是一样的。这就是气候变化及应对问题的全球外部性。全球外部性说明，在应对气候变化问题上，全球是一体的，一国很难独善其身，更不能以邻为壑，应当加强国际社会的协调行动。但也因为全球外部性，在应对气候变化问题上国际社会的协调面临极大的困难，特别是在减排责任分担方面，国际社会展开了长期的艰难谈判。

3. 气候治理的国际机制

气候治理国际机制的法理依据主要是1992年通过的《联合国气候变化框架公约》（United Nations Framework Convention on Climate Change）。在公约框架下，1997年通过的《京都议定书》（Kyofo Profocol）确定了共同而又区别的原则，形成了基于市场机制的三种减排机制：国际排放贸易机制（IET）、联合履行机制（JI）、清洁发展机制（CDM）。围绕后京都时期的全球气候治理框架，国际社会进行了多年的谈判，先后有过巴厘岛路线图（COP13）、哥本哈根大会（COP15）、德班会议（COP17）等，一直至2015年达成《巴黎协定》（The Paris Agreement）。这是继1992年《联合国气候变化框架公约》、1997年《京都议定书》之后，人类历史上应对气候变化的第三个里程碑式的国际法律文本，形成了2020年后的全球气候治理框架。在《巴黎协定》达成的过程中，中国发挥了关键作用，成为国际气候治理的领导者。

《巴黎协定》的主要特点可以归纳如下：

第一，设定全球应对气候变化的目标。相对于工业化之前，21 世纪末全球平均气温升高幅度控制在 2℃之内，并努力将气温升幅限制在 1.5℃之内。为了实现这一目标，2030 年全球碳排放量控制在 400 亿吨，2080 年实现净零排放；在 21 世纪下半叶实现全球温室气体的净零排放。

第二，坚持公约原则并灵活表述。坚持公平原则、共同但有区别的责任原则以及各自能力原则，但在减排、资金等重要条款上灵活表述，明确各方责任和义务。发达国家要继续带头减排，实现全经济体绝对减排目标；发展中国家要继续加强减排努力，鼓励根据各自国情，逐渐实现全经济体绝对减排目标。

第三，采取"自下而上"模式（pledge-and-review）落实减排责任，促进全球减排。各国提出国家自主贡献目标，不再强制性分配温室气体减排量。要求各国在 2020 年前通报 2050 年低碳排放发展长期战略；要求各国每 5 年更新一次国家自主贡献，根据国情逐步提高国家自主贡献，尽最大可能减排。

第四，建立全球盘点机制。建立每 5 年的定期盘点机制，总结协定执行情况，评估减排进展。2023 年将进行第一次全球盘点，此后每 5 年进行一次全球应对气候变化的总体盘点。要求在 2018 年建立一个对话机制，盘点减排进展与长期目标的差距。

第五，建立减缓成果的国际转让机制。在减缓温室气体排放的同时，支持东道国的可持续发展；避免双重核算；要求在《巴黎协定》缔约方第一次会议上通过国际转让机制的具体规则、模式和程序。

第六，明确发达国家资金支持的义务。发达国家有义务出资帮助发展中国家减缓和适应气候变化，鼓励其他国家自愿出资。发达国家应提高资金支持水平，实现 2020 年之前每年提供 1 000 亿美元资金的目标。2020 年以后，要求缔约方在考虑发展中国家需求的情况下，2025 年之前设定新的资金支持量化目标，每年的资金支持量不少于 1 000 亿美元。

第二节　区域发展的环境效应

一、区域发展的环境负荷

1. 大气环境质量

大气污染物排放总量较大的省份主要集中在北方地区和沿海发达地区。2010 年，二氧化硫排放量超过 100 万吨的省份依次为山东、内蒙古、河南、山西、河北、贵州、四川、广东、江苏和辽宁，10 个省份的二氧化硫排放量占全国排放量的 55.6%；氮氧化物排放量超过 100 万吨的省份依次为山东、广东、内蒙古、江苏、河南和河北，这 6

个省份氮氧化物排放量占全国氮氧化物排放量的41.0%；烟尘排放量超过50万吨的省份依次为内蒙古、辽宁、山西、河南和河北，这5个省份烟尘排放量占全国烟尘排放量的35.6%。

从单位面积的污染物排放量看，东部地区最高，自东向西逐级降低。东部地区经济规模大，经济密度过高，导致资源环境负荷过大。2014年，东部地区排放的二氧化硫合计585.4万吨，氮氧化物合计742.1万吨，分别占全国的29.6%和35.7%。由于东部地区地域面积占全国不到10%，东部地区单位面积的污染物排放量远高于全国平均水平。表12-1显示，东部地区二氧化硫排放密度约为全国平均水平的3倍，氮氧化物排放密度约为全国的3.6倍，东部地区大气污染负荷远高于西部地区。

表12-1　　2014年各地区大气污染物排放量和排放密度

区域	二氧化硫		氮氧化物	
	排放量（万吨）	排放密度（吨/平方公里）	排放量（万吨）	排放密度（吨/平方公里）
北京	7.9	4.8	15.1	9.2
天津	20.9	17.6	28.2	23.7
河北	119.0	6.3	151.3	8.0
上海	18.8	29.9	33.3	52.8
江苏	90.5	8.8	123.3	12.0
浙江	57.4	5.6	68.8	6.8
福建	35.6	2.9	41.2	3.3
山东	159.0	10.1	159.3	10.1
广东	73.0	4.1	112.2	6.2
海南	3.3	0.9	9.5	2.7
东部地区	585.4	6.3	742.1	8.0
中部地区	464.1	4.5	497.2	4.8
西部地区	741.0	1.1	620.5	0.9
东北地区	183.9	2.3	218.2	2.7
全国	1 974.4	2.0	2 078.0	2.2

资料来源：作者根据2015年《中国环境统计年鉴》计算整理。

2013年以来，我国爆发了大范围的雾霾污染。2013年，在全国100个空气质量重点监测城市中，PM2.5年均浓度达到国家环境质量标准（35微克/立方米）的城市只有7个，达标率仅为7%；未达标的城市93个，占93%。经过实施“大气国十条”等大气污染防治措施，空气质量明显改善，但仍有相当数量的城市尚未达到国家环境质量标准。2015年，全国338个地级及以上城市中，有73个城市环境空气质量达标，达标城市比例为21.6%；265个城市环境空气质量超标，占78.4%。2017年，全国338个地级及以上城市中，有 99 个城市环境空气质量达标，达标城市比例上升到 29.3%；239 个城市环境空气质量超标，仍占 70.7%。

2017 年，京津冀地区的 PM2.5 平均浓度为 64 微克/立方米，长三角地区的 PM2.5 平均浓度为 44 微克/立方米，均未达到国家环境质量标准；珠三角地区的 PM2.5 平均浓度为 34 微克/立方米，刚达到国家环境质量标准。2017 年，在 74 个新标准第一阶段监测实施城市（包括京津冀、长三角、珠三角等重点区域）中，环境空气质量相对较差的 10 个城市（从第 74 名到第 65 名）依次为石家庄、邯郸、邢台、保定、唐山、太原、西安、衡水、郑州和济南，主要分布在河北、山东、河南、山西和陕西，这些城市也是我国煤炭消费和重化工业集中分布的区域。

由上可见，我国大气污染物排放密度存在着自东向西逐级降低的格局，空气环境质量存在着明显的南北差异。由于空气环境质量同时受到大气污染物排放和大气污染物扩散条件的影响，因此，空气环境质量与大气污染物排放的空间格局并不完全一致。

2. 水环境质量

水环境质量状况也不容乐观。随着人口和经济密度增大，水环境污染物排放量持续增长。2012 年，我国 15 个城市群的化学需氧量（COD）与氨氮排放密度均高于全国水平，其中长三角、珠三角和京津冀三大城市群的化学需氧量与氨氮排放密度显著高于全国水平（见表 12-2）。可见城市发展、产业集聚和人口增加加剧了水环境污染物排放。

工业废水和生活废水排放以及农业面源污染为水环境质量带来了巨大的压力。2018 年，长江、黄河、珠江、松花江、淮河、海河、辽河七大流域和浙闽片河流、西北诸河、西南诸河监测的 1 613 个水质断面中，Ⅰ类占 5.0%，Ⅱ类占 43.0%，Ⅲ类占 26.3%，Ⅳ类占 14.4%，Ⅴ类占 4.5%，劣Ⅴ类占 6.9%。Ⅰ类至Ⅲ类合计占 74.3%，Ⅳ类至劣Ⅴ类合计占 25.8%。分流域看，长江流域、珠江流域水质良好，黄河流域、松花江流域、淮河流域为轻度污染，海河流域、辽河流域为中度污染。北方的水环境状况比南方更令人担忧。中国本身是一个水资源短缺的国家，水污染造成的水质性缺水加剧了水资源的供需矛盾。

表 12-2　　2012 年中国东部地区主要城市群水环境污染物排放密度

城市群	人口密度（人/平方公里）	经济密度（万元/平方公里）	COD 排放密度（吨/平方公里）	氨氮排放密度（吨/平方公里）
长三角	930	8 691	2.82	0.18
珠三角	821	6 612	4.50	0.38
京津冀	470	2 845	1.67	0.16
山东半岛	600	4 289	1.10	0.10
15 个城市群合计	450	2 655	1.69	0.13
其他城市	81	248	0.86	0.09
全国	136	623	1.37	0.12

资料来源：石敏俊．现代区域经济学．北京：科学出版社，2013.

二、区域发展的资源环境成本

鉴于现有的国民经济核算体系没有考虑经济增长对自然资源和环境生态的消耗，不能反映自然资本消耗导致的国民福利减少。为了弥补现有国民核算体系的不足，各种绿色国民经济核算体系应运而生。绿色国民经济核算的关键和难度在于对自然资本消耗的计算，具体来说，需要对资源消耗、生态退化和环境污染带来的损失进行货币化评价，也就是经济增长过程中资源环境成本的核算。资源环境成本的核算可以系统反映经济增长带来的资源环境负荷，也可以准确把握自然资本消耗导致的国民福利减少。

部分学者对2005—2010年中国31个省（市、区）资源消耗、生态退化和环境污染造成的损失进行了可比价货币化评价（石敏俊等，2009，2015）。研究发现，2005—2010年间，按照2010年可比价计算，中国经济增长的资源环境成本从32 665亿元增加到49 471亿元，年均增速8.7%，低于同期GDP年均增速。“十一五”期间，资源环境成本占GDP的比例从13.47%下降到12.32%，减少了1.15个百分点。其中，环境污染损失和生态退化损失占GDP的比例分别下降了0.42%和0.65%，资源消耗损失的比例基本持平。这一结果警示我们，中国经济增长对资源消耗的依赖仍未减轻，经济增长与资源消耗的脱钩是中国经济绿色转型发展的重中之重；生态环境保护虽然取得了明显的成效，但按可比价计算的环境污染损失仍呈增加趋势，表明环境质量恶化态势尚未得到根本性的扭转。

从空间分布看，2010年，资源环境成本居前5位的省份依次是内蒙古（4 428.75亿元）、山西（3 964.65亿元）、黑龙江（3 343.83亿元）、陕西（3 203.15亿元）和山东（3 175.12亿元）。与2005年相比，2010年资源环境成本位居前五位的省份并没有变动，只是前三位省份的排序有所变化，2005年资源环境成本居前五位的省份依次是山西（3 126.62亿元）、黑龙江（1 709.32亿元）、内蒙古（1 670.47亿元）、陕西（1 655.55亿元）和山东（1 622.42亿元）。2010年，这五个省份的资源环境成本合计占全国的36.6%，与2005年相比下降3.3个百分点。2005—2010年期间，资源环境成本较高的省份主要分布于北方地区，均为资源富集省份。2005—2010年期间，资源环境成本较低的省份也没有变化。2010年，资源环境成本损失较小的省份依次是海南（70.31亿元）、西藏（73.03亿元）、北京（282.09亿元）、宁夏（321.81亿元）和天津（383.65亿元）。

2005—2010年期间，资源环境成本减少的省份有两个，分别是浙江（减少13.7%）和上海（减少9.0%）；资源环境成本增幅较大的省份有西藏（增加346.1%）、青海（增加277.0%）、江西（增加181.5%）、河北（增加166.0%）和辽宁（增加133.8%）。青藏高原是我国的水塔，也是国土安全的生态屏障，河北是首都经济圈的生态屏障，这些省份的资源环境成本大幅度增加，值得引起高度警惕。

三、环境库兹涅茨曲线

1. 什么是环境库兹涅茨曲线

研究发现，一个国家和地区在经济发展初期阶段，环境污染程度较轻，随着人均收入的增加，环境污染由低趋高，环境恶化程度随经济增长而加剧；当经济发展达到一定水平，到达某个临界点后，环境污染又会由高趋低，随着人均收入增加，环境污染程度逐渐减缓，环境质量逐渐得到改善（Grossman and Krueger，1991，1995；Panayotou，1993；Shafik，1994；Selden and Song，1994）。这种现象和库兹涅茨发现的倒 U 形曲线相似，因而被称为环境库兹涅茨曲线（environmental Kuznets curve，简称 EKC）。

按照 Grossman 和 Krueger（1991）的解释，环境库兹涅茨曲线达到拐点之后，经济增长与环境污染就实现了脱钩（见图 12－1）。但环境库兹涅茨曲线的拐点因污染物指标的不同而异，大多数国家在人均收入 8 000 美元以前达到拐点，对于人均收入 10 000～12 000 美元的中等收入国家，只有河流水系中大肠杆菌指标与经济增长负相关。

Grossman 和 Krueger（1991，1995）在解释经济增长和环境改善的关系出现拐点的原因时认为，经济发展到一定阶段后，公众对环境质量的关注会增强，政府会执行更严格的环保标准，经济发展会推动产业结构升级和清洁技术应用，这些因素使得经济增长本身蕴含着积极的环境改善因素。关于环境库兹涅茨曲线成因的解释，可以归纳为三种效应。一是规模效应，经济发展规模扩大，导致环境负荷持续增加，环境恶化程度不断加剧；二是技术效应，技术进步和清洁技术应用推动环境效率不断提高，使得经济增长带来的环境负荷有所减轻；三是结构效应，伴随着经济发展，产业结构会实现转型升级，污染型产业的比重会趋于下降，从而使得伴随经济增长的环境负荷有所减轻。三种效应的此消彼长，推动经济增长和环境污染的关系呈现出倒 U 形曲线。随着经济增长，环境污染先不断加剧，超过临界点后，环境污染随着经济增长而逐渐减缓。

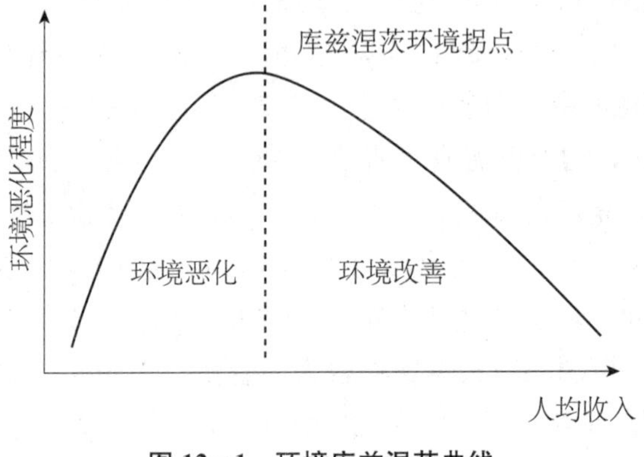

图 12－1　环境库兹涅茨曲线

2. 东部地区环境库兹涅茨曲线分析

东部地区经济总量大，是我国经济发展的先行区，经济增长与环境质量的关系在东部地区的表现最为典型。

(1) 京津冀、长三角和珠三角地区。

从工业废水排放量和二氧化硫排放量看，京津冀、长三角和珠三角地区人均 GDP 与环境负荷的关系呈倒 U 形曲线，基本符合环境库兹涅茨曲线假说。从工业废水排放量看，京津冀和长三角地区的峰值出现在 2005 年，珠三角地区峰值出现在 2007 年，峰值年份之后工业废水排放量趋于下降。从二氧化硫排放量看，长三角和珠三角地区的峰值出现在 2005 年，京津冀地区峰值出现在 2006 年，峰值年份之后二氧化硫排放量呈逐渐下降趋势。

不同的环境指标的峰值所对应的人均 GDP 并不相同。从工业废水排放量看，京津冀地区的峰值对应的人均 GDP 为 1.89 万元，长三角地区为 2.59 万元，珠三角地区为 3.02 万元（图 12-2）。从二氧化硫排放量看，京津冀地区的峰值对应的人均 GDP 为 2.12 万元，长三角地区为 2.59 万元，珠三角地区为 2.34 万元（图 12-3）。

三大城市群的工业废水排放量峰值和二氧化硫排放峰值均出现在 2005 年前后，这表明，工业废水排放量的控制和二氧化硫排放量的控制受到了共同的环境政策的影响，污染物排放峰值的出现不是偶然的，而是环境规制作用的结果。

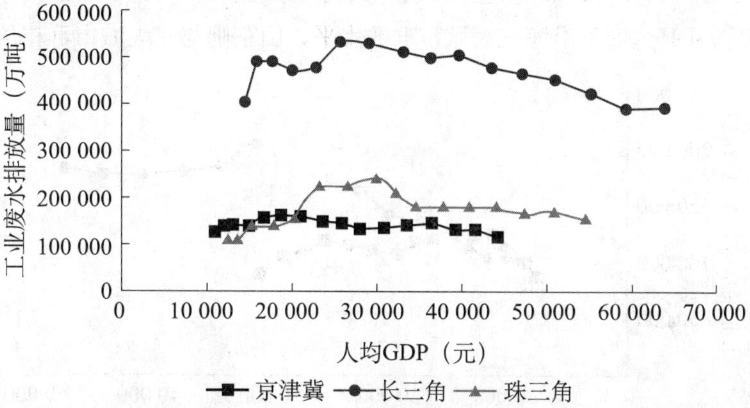

图 12-2　京津冀、长三角和珠三角工业废水排放与人均 GDP 的关系

资料来源：基于《中国环境统计年鉴》2001—2016 年和各省统计年鉴整理。

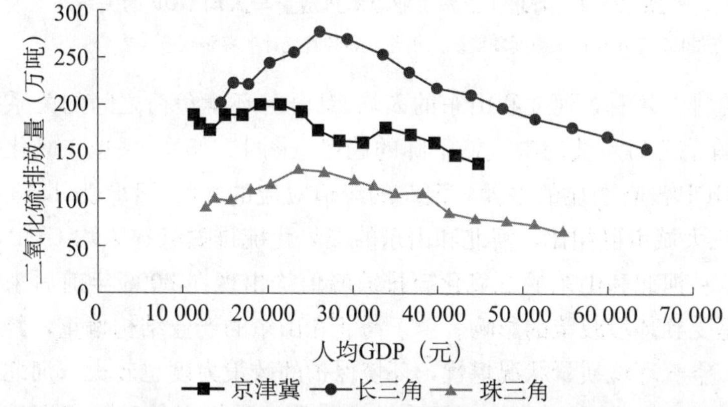

图 12-3　京津冀、长三角和珠三角二氧化硫排放量与人均 GDP 的关系

资料来源：基于 2001—2016 年《中国环境统计年鉴》和各省统计年鉴整理。

需要指出的是，在相同的人均 GDP 水平上，长三角地区的工业废水排放量和二氧化硫排放量均远高于京津冀和珠三角地区。这主要是受到长三角地区经济总量规模的影响。江浙沪三省市合计的地域面积与京津冀三省市相当，长三角的工业废水排放量和二氧化硫排放量均高于京津冀，二氧化硫排放量经过十年的下降才达到与京津冀相近的水平。因此，长三角地区面临更大的环境负荷压力，也不可忽视经济总量规模对环境负荷的影响。

（2）河北和山东。

河北和山东是东部地区内部经济总量规模大但人均 GDP 相对较低的省份，与京津、长三角和珠三角相比，具有不同的经济发展特征和产业结构，经济增长对资源环境可持续性的压力也有所不同。

从工业废水排放量看，河北和山东的人均 GDP 与环境负荷之间的关系呈现出倒 U 形曲线，基本上符合环境库兹涅茨曲线假说，但达到峰值之后进入了一个平台期，工业废水排放量并没有显著下降，河北到 2013 年后才表现出明显的下降趋势，山东尚未出现明显的下降趋势。工业废水排放量峰值对应的人均 GDP 有较大的差异。河北在 2006 年达到峰值，人均 GDP 为 1.43 万元；山东在 2010 年达到峰值，人均 GDP 为 3.10 万元（图 12-4）。河北的峰值所对应的人均 GDP 远低于沿海三大城市群的水平，山东则与三大城市群相仿。

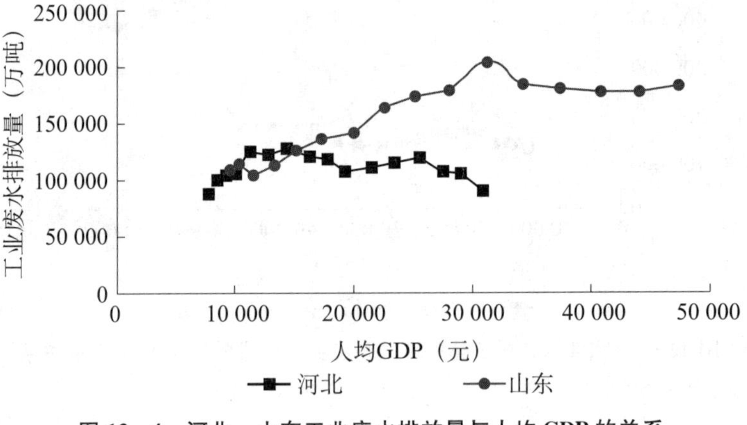

图 12-4　河北、山东工业废水排放量与人均 GDP 的关系

资料来源：基于 2001—2016 年《中国环境统计年鉴》和各省统计年鉴整理。

从二氧化硫排放量看，河北和山东的人均 GDP 与环境负荷之间的关系呈现出波动的倒 U 形关系，峰值之后呈波动中缓慢下降的趋势（图 12-5）。两地二氧化硫排放量峰值所对应的人均 GDP 没有明显的差异，河北的峰值对应的人均 GDP 为 1.43 万元，山东为 1.73 万元，与三大城市群相比，河北和山东的二氧化硫排放量在人均 GDP 相对较低的水平上达到峰值。从河北和山东的二氧化硫排放峰值均出现在 2006 年前后来看，峰值出现的原因更多的是受到环境政策的影响。由于河北和山东的产业结构偏重，经济增长的资源环境负荷较大，空气环境质量状况堪忧，环境保护的政策力度也较大。河北和山东的二氧化硫排放量在 2010—2011 年曾经出现反弹，这表明，环境保护政策稍有松动，污染物排放就有可能出现反弹。

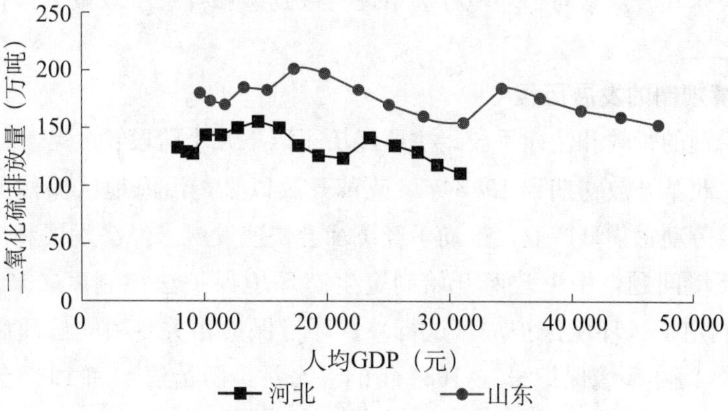

图 12－5　河北和山东二氧化硫排放量与人均 GDP 的关系

资料来源：基于 2001—2016 年《中国环境统计年鉴》和各省统计年鉴整理。

无论是从沿海三大城市群尺度，还是从河北和山东等省份尺度来看，经济增长和环境改善之间的关系呈现出以下几个特征：第一，经济增长和环境改善之间的关系大多呈现出倒 U 形曲线，基本符合环境库兹涅茨曲线假说；第二，环境污染物排放量峰值已经出现，峰值之后，有的污染物排放量逐渐减少，有的进入平台期，有的呈波动下降的趋势，这表明东部地区环境压力开始趋于减轻；第三，环境污染物排放峰值大部分出现在 2005 年或 2006 年，这表明，环境政策是促使环境污染物排放出现拐点的重要因素。实现经济增长与资源环境负荷的脱钩，离不开环境政策的推动作用。

第三节　环境治理与区域可持续发展

一、环境规制与环境治理

1. 什么是环境规制

环境规制是指各级政府为实现环境保护的目标而制定实施的各项政策措施，也可以理解为环境治理的政策手段。环境规制的政策手段可以分为三类：第一，命令型和控制型政策方法，主要是行政和法律手段，譬如，污染物排放标准、污染物排放许可、环境检查督察等；第二，经济型和激励型政策方法，主要是环境经济政策，譬如，环境税、环境友好型技术或产品的补贴、排放权交易等；第三，鼓励型和自愿型政策方法，主要是通过环境信息公开、宣传教育等手段，鼓励和引导企业和个体采取自愿的减排行为。过去对环境规制的关注，主要集中在行政和法律手段以及环境经济政策方面，因此狭义的环境规制往往等同于行政和法律手段加上环境经济政策。近年来，环境社会治理引起了越来越多的关注。环境社会治理是指用社会治理的理念和方法，调动全社会力量参与环境治理，当前侧重于环境信息公开和公众参与。环境社会治理与鼓励型和自愿型政策方法在理念和方法上有较多的相通之处。

2. 我国环境规制的发展历程

我国环境治理的行政和法律手段，主要经历了以下几个阶段：

第一阶段，改革开放初期到 1988 年。改革开放以来，沿海地区抓住国际产业转移的机遇，大量承接劳动密集型产业，推动了经济社会快速发展。经济发展和产业转移也带来了日益严峻的环境问题，中央政府开始制定生态环境保护法律制度，来解决环境问题。1979 年，国家制定了《环境保护法（试行）》，环境保护相关专项立法随后开始起步，主要有 1982 年的《海洋环境保护法》、1984 年的《水污染防治法》和 1987 年的《大气污染防治法》。

第二阶段，1989—1998 年。1992 年邓小平同志南方讲话之后，经济发展和改革开放掀起了新一轮热潮，同时也带来了严重的耕地占用、生态破坏和环境污染问题。为了解决这些问题，全国人大常委会加快了生态环境保护立法进程。1989 年 12 月，《环境保护法》正式出台；20 世纪 90 年代，《大气污染防治法》《水污染防治法》重新修订，《固体废物污染环境防治法》和《环境噪声污染防治法》等法律相继出台，初步形成了我国生态环境保护的法律体系。与此同时，国家启动了“33211”重大污染治理工程。其中，“33”是三河（淮河、海河、辽河）、三湖（滇池、太湖、巢湖）；“2”是两控区，即二氧化硫和酸雨控制区；“11”是一市（北京市）、一海（渤海）。“33211”工程从治理淮河污染开始，要求在 1997 年 12 月 31 日零点之前实现淮河流域所有重点工业企业废水基本达标排放，否则这些企业将被关停并转。

第三阶段，1999—2008 年。2001 年 12 月我国加入世界贸易组织（WTO）之后，经济增长加速，能源钢铁化工等重化工业比重不断提高，产能产量跃居世界前列，资源能源消耗快速增长，主要污染物排放总量大幅增加。“十一五”规划期间，我国把主要污染物排放总量和单位 GDP 能源消耗下降比例作为约束性指标，纳入国家“十一五”规划纲要，并分解到各省市区，严格执行污染物排放总量控制制度。在生态环境保护立法方面，修订了《大气污染防治法》《水污染防治法》《固体废物污染环境防治法》《海洋环境保护法》，制定了《放射性污染防治法》、《环境影响评价法》、《清洁生产促进法》和《循环经济促进法》等。

第四阶段，2009—2018 年。党的十八大以来，生态文明建设纳入“五位一体”总体布局，绿色发展成为新的发展理念，坚持人与自然和谐共生作为新时代中国特色社会主义的基本方略之一，坚决向污染宣战。根据生态文明建设的新要求，我国对《环境保护法》《大气污染防治法》《水污染防治法》《固体废物污染环境防治法》《海洋环境保护法》等一系列环境保护法律进行了重大修订，2018 年制定了《土壤污染防治法》，基本形成了较为完整的生态环境保护法律体系。与此同时，中央政府实施了大气、水、土壤三个“国十条”，出台了《生态文明体制改革总体方案》，建立了中央环保督察等一系列重大制度。

与环境治理的行政和法律手段相比，环境经济手段的应用经历了一个逐步扩展的过程。最初主要是排污收费，排污收费的征收范围逐步扩大、标准逐步提高。随着修订后的《环境保护法》和《环境保护税法》的实施，排污收费改为征收环境保护税。近年来，环境责任保险和排污权交易制度也在各地试行，7个省份和城市还开展了碳交易试点，全国性碳市场即将启动。环境社会治理起步更晚，近年来环境社会治理开始进入生态环境保护管理的视野，环境信息公开和公众参与逐步走向制度化和程序化。

由上可见，我国环境治理的目标经历了从“三废”治理到环境质量管控的转变。最初，环境治理的重点主要是城市发展和工业生产中产生的“三废”治理。近年来，环境质量管控成为环境治理的主要目标。其标志是《大气污染防治行动计划》（大气十条）、《水污染防治行动计划》（水十条）、《土壤污染防治行动计划》（土十条）的出台和实施。随着中国特色社会主义建设进入新时代，环境治理的理念开始从“增长优先”转向“保护优先”，倡导并践行“绿水青山就是金山银山”逐渐成为新发展理念的重要标志。

二、地方政府行为与环境治理

地方政府和企业都是环境治理过程的主要参与者，地方政府负责环境治理政策的制定、执行和监管，在环境治理中具有举足轻重的重要地位。在中国语境下，地方政府具有经济发展和环境保护的双重目标。一方面，地方政府具有强烈的经济发展目标，地方分权、地方竞争强化了地方政府的经济发展冲动；另一方面，地方政府又有环境保护目标，无论是来自中央政府还是当地居民的压力，都使得保护好当地环境成为地方政府的责任。

已有研究表明，在不同的经济发展阶段，地方政府对于不同目标的权衡取舍不同，从而会影响到对环境治理政策的执行和监管效果。一般来说，在经济发展初期，GDP论英雄往往成为地方政府政绩考核的导向，地方政府的优先目标是发展经济（Lee，2008；Liu and Diamond，2008；Dong and et al.，2015），地方政府官员普遍认为环境保护会影响经济增长（Li and Zhou，2005；Wang and Lin，2010），许多地方采取“逐底竞争”（racing to the bottom）的做法吸引产业转移（Wheeler，2001；Rooij and Lo，2010；He and Wang，2012；Zhou et al.，2017），环境规制的执行往往会打折扣（Wei，2010；Zhang，2017；Kamp et al.，2017）。随着经济发展水平提高，经济增长压力减缓，环境保护压力增大，环境保护目标随着经济发展水平提高变得重要（Zheng et al.，2014；Lei et al，2017；Xu，2018）。因此，地方政府行为的转变往往与收入水平的提高相关，随着收入水平由低到高，地方政府的政策目标会发生从增长优先到经济和环境并行、再到环境保护优先的转变。研究发现，经济发展水平提高后，控制污染产业的规模会成为地方政府的优先政策，此时环境规制政策就可以收到较好的治理效果（Pang et al，2019）。

地方政府的政策目标转换与经济发展水平相关是既有事实的统计归纳，但地方政府的政策目标转换不能完全依赖经济发展水平提高，或者说等经济发展水平提高后再去保护环境、治理污染。因此，需要坚持“绿水青山就是金山银山”的发展理念，通过合理的制度和政策设计，积极推动地方政府的政策目标转换。在现实中，在环境规制的作用下，近年来越来越多的地方政府的政策目标已经从增长优先、逐底竞争逐步走向绿色发展、生态优先。

三、企业对环境规制的行为响应

环境规制的目的是通过影响企业的行为，达到环境治理的效果。然而，企业对环境规制的行为响应却不尽相同，不同的企业行为响应会带来不同的环境治理效果。企业对环境规制的行为响应，主要有以下几种，一是关停企业；二是空间转移，也就是所谓的污染避难所效应；三是增加研发和创新的投入，努力适应环境规制，也就是所谓的波特假说。

1. 污染避难所假说：环境规制对污染型产业转移的影响

污染避难所假说（pollution haven hypothesis）认为，污染企业往往转移到环境规制较为宽松的国家，将这些国家变成污染避难所。污染避难所假说的理论起源于赫克歇尔-俄林模型（H-O模型）。Copeland 和 Taylor（1994）在 H-O 模型的基础上构建了一般均衡模型，阐述国际贸易和环境污染之间的关系。其中，北方是发达国家，南方是欠发达国家，两个国家均实施污染税作为环境监管的政策工具。Copeland 和 Taylor（1994）发现，在自由贸易的情况下，发达的北方会收取较高的污染税，这将迫使污染企业转移到污染税较低的南方国家。后续的学者对 Copeland 和 Taylor 模型进行了延伸研究（Copeland and Taylor，2004；Zeng and Zhao，2009；Tang，2015）。污染避难所假说的理论研究表明，环境规制的地区差异会影响污染行业的转移。环境规制较弱的区域会成为污染企业的避难所（haven）。有的学者把污染避难所称为污染天堂（heaven），两者的英文仅差一个字母，因此，污染避难所效应有时也被称为污染天堂效应。

许多实证研究对污染避难所假说是否成立进行了各种检验，但检验结果存在分歧。Jeppesen 等（2002）发现多数实证研究微弱地证实了污染避难所效应的存在（Levinson，1996；List and Co，2000；Keller and Levinson，2002）。随着模型技术发展和数据质量改进，最近的实证研究认为污染避难所假说是成立的（Ederington et al.，2005；Morgan and Condliffe，2009）。

也有许多学者对中国是否存在污染避难所效应进行了实证研究，研究结果也存在分歧（Ruan and Zhang，2014；Zhu and Ruth，2015；Lian et. al，2016；Wu et al.，2017）。根据郑丹和石敏俊（2017）的研究，过去十几年来，中国污染型行业的空间分布发生了较大变化，污染型行业已经开始从东部地区向中西部地区转移。从 2004—2008 年间到 2009—2013 年间，东部地区污染型行业的区位商从 0.944 下降到 0.888，中部地区污染型行业的区位商从 1.218 上升到 1.384。其中，水污染行业的空间分布变化尤为显著，东部地区的区位商从 1.027 下降到 0.949，中部地区则从 1.034 上升到 1.302（表 12-3）。污染型产业从东部地区向中西部地区的空间转移，也表现为东部地区产业结构中的污染型产业占比下降。2004—2013 年，东部地区污染型行业产值占比从 70.6%降至 50.8%。郑丹等（Zheng et al，2017）采用面板数据模型证实了污染避难所假说在中国内部也是成立的，不同类型的环境规制政策工具对污染型行业转移具有不同的效果。环境经济政策（如排污收费）和公众参与对污染型行业转移存在显著影响，而环境法规的实施效果则相反。此外，不同的环境规制政策工具对不同的污染型行业的影响也是不同的。

表 12-3　污染型行业的区位商变化（2004—2013 年）

行业 区位商	全部污染型行业			水污染型行业			空气污染型行业		
	2004—2008 年	2009—2013 年	变化	2004—2008 年	2009—2013 年	变化	2004—2008 年	2009—2013 年	变化
东部地区	0.944	0.888	−0.059	1.027	0.949	−0.076	0.872	0.835	−0.042
中部地区	1.218	1.384	0.137	1.034	1.302	0.259	1.378	1.456	0.057
西部地区	1.035	1.046	0.010	0.779	0.821	0.054	1.254	1.241	−0.01
全国	1.066	1.106	—	0.946	1.024	—	1.168	1.177	—

资料来源：Zheng et al.（2017）.

2. 波特假说：环境规制对技术创新和企业竞争力的影响

波特假说（Porter hypothesis）认为，适当的环境规制将刺激技术革新。这是因为适当的环境规制可以促使企业进行更多的创新活动，技术创新将提高企业的生产力，抵消由环境规制带来的成本上升，提高产品质量，增强企业竞争力，有可能使企业在国内外市场上获得竞争优势（Porter，1991；Porter，Linde，1995）。这样既减少了污染物排放，又增强了企业的市场竞争力，可以使企业得到双重红利。实证分析证明，现实中确实观察到波特假说的现象，表明适当的环境规制有可能促进经济增长及提高企业竞争力（李强和聂锐，2010；侯伟丽和方浪，2012；王兵和刘光天，2015），但也有研究发现波特假说不能得到验证（许士春，2007）。

针对波特假说的认识分歧，许多学者从环境规制的类型和强度、区域异质性、行业异质性等角度切入，开展了进一步的研究。原毅军和谢荣辉（2016）认为，波特假说成立与否，不仅与环境规制的强度密切相关，也取决于环境规制的类型。排污收费的费用型环境规制与工业绿色生产率之间呈 U 形关系，排污费水平只有跨过特定的拐点，才能发挥创新补偿效应；污染治理投资的投资型环境规制与工业绿色生产率之间具有负向线性关系，投资型环境规制未能支持波特假说。费用型规制与投资型规制在促进工业绿色生产率提升方面存在互补关系。张平等（2016）则认为，排污收费的费用型环境规制对企业技术创新产生了显著的挤出效应，排污费的征收增加了企业的生产成本，但是并不能促进企业进行技术创新；污染治理投资的投资型环境规制总体上对企业技术创新产生了激励效应，支持了波特假说。投资型环境规制通过降低企业技术创新的风险，增强企业的信心和预期水平，提升了企业的竞争力。沈能（2012）认为，环境规制强度和技术创新之间呈现 U 形关系，只有环境规制强度跨越特定门槛值时，波特假说才能实现。黄志基等（2015）发现波特假说还受到企业异质性的影响，环境规制对生产效率高的企业具有显著促进作用，但对生产效率低的企业影响不明显。

一些学者分析了区域差异对波特假说的影响。王国印和王动（2011）发现，波特假说在较落后的中部地区得不到支持，在较发达的东部地区则得到了很好的支持。沈能和刘凤朝（2012）以及沈能（2012）也认为波特假说在较落后的中西部地区难以得到支持，在较发达的东部地区则得到了很好的支持。波特假说还存在经济发展水平的门槛效应，人均GDP水平越高的地区，环境规制对技术创新的促进作用越显著。当人均GDP低于第一门槛值（11 505元）时，环境规制对技术创新的弹性系数为－0.005；当人均GDP介于11 505元和17 979元之间时，环境规制对技术创新的弹性系数提升到0.018；而人均GDP跨越第二门槛值（17 979元）时，环境规制对技术创新的弹性系数可以上升到0.025。童伟伟和张建民（2012）验证了环境规制对企业研发投入的促进效应主要存在于东部地区，中西部地区环境规制对企业研发投入并无显著作用。黄志基等（2015）发现对于不同的地理区位，环境规制对企业生产率的影响不同，相对于中西部地区，东部地区环境规制促进企业生产率增长的作用更为显著。

3. 集聚经济与企业对环境规制的行为响应

企业对环境规制的行为响应受到集聚经济的影响。集聚经济是吸引企业空间集聚的关键因素，也是增强企业区位黏性、吸引企业强化创新投入的重要激励因素。企业在面对环境规制时，如果集聚经济不显著、集聚红利不大，产业转移的机会成本较小，企业就会选择转移到环境规制强度较弱的区域。如果集聚经济显著，此时选择转移到其他地区就会面临较大的机会成本（集聚红利的损失），企业的区位黏性增强了，企业就有了强化创新、提升技术效率的动力。因此，随着集聚经济的不断增强，企业对环境规制的行为响应会发生变化，污染避难所效应趋于减弱，逐步转向波特假说。可以说，集聚经济是波特假说成立的基础。

但是，经济活动空间集聚程度的进一步提高，会带来交通拥堵、环境污染、企业间竞争加剧等一系列问题，特别是资源环境负荷不断加大，甚至超过资源环境承载力，导致空间集聚的负外部性不断增大。当空间集聚的负外部性过大时，就不得不采取强有力的污染物排放总量控制措施。此时，资源环境承载力硬约束会倒逼产业转型和产业转移，部分污染企业会向资源环境负荷较低的区域转移。排放总量控制驱动的污染产业转移，和企业向环境规制强度较弱区域的自发转移，尽管都表现为污染产业的空间转移，但两者背后的驱动因素和作用机制是不同的。因此，在进行污染避难所效应分析时，需要注意区分企业自发的污染产业转移和排放总量控制驱动的污染产业转移。

四、空间异质性与区域可持续发展

空间异质性会对环境规制的环境治理效果带来影响。一般来说，发达地区经济发展水平高，经济密度大，集聚经济显著，企业区位黏性较强；相对而言，欠发达地区经济发展滞后，经济密度低，集聚经济不显著，企业区位黏性不强。因此，实施环境规制，在不同的区域会产生不同的效果。

对于发达地区来说，无论是波特假说，还是污染避难所效应，对于发达地区的产业转型和可持续发展都是有利的。如前所述，环境规制强度的区域差异，驱动了污染型产业从东部地区向中西部地区转移，带动了东部地区污染型产业占比的下降，对于东部地区环境污染治理和环境质量改善发挥了积极的作用。在东部地区留下的企业也通过加大创新投入，实现了企业生产率和环境效率的提升，收到了企业经营和环境改善的双重红利。

对于欠发达地区来说，由于波特假说不成立，通过环境规制诱导企业增强创新投入、提升企业效率的效果往往不佳，导致许多地方政府选择“逐底竞争”，利用污染避难所效应承接产业污染型企业转移。由于欠发达地区集聚经济不显著、集聚红利较小，这些区域对企业的吸引力不够强，通过降低环境保护门槛吸引产业转移的政策效果也可能会受到集聚经济的制约。因此，欠发达地区如何实施环境规制、推动区域可持续发展，是一个值得深入关注的课题。一般来说，欠发达地区经济密度低，资源环境负荷总量相对较小，但环境效率较低，应当强调环境效率管控，实施环境效率导向的环境规制。

第四节　资源环境承载力与区域发展绿色转型

一、资源环境承载力

1. 资源环境承载力的概念和特点

资源环境承载力是指在一定的生产力水平下，某一区域的资源环境要素所能承载的符合可持续发展需要的社会经济活动的能力。资源环境承载力的内涵包含三个要素：一是在一定的生产力水平的前提下，二是经济社会发展要符合可持续发展的目标，三是某一区域的资源环境禀赋的约束条件。依据资源环境禀赋的分类，资源环境承载力可以分为资源承载力（如土地资源承载力、水资源承载力）、环境承载力（如大气环境承载力）等。

资源环境承载力具有以下几个特征：

（1）极限性。

极限性是指资源环境承载力是客观存在的。尽管很难对资源环境承载力做出具体准确的测度，但在某一具体的历史阶段，一个区域的资源环境要素所能承载的社会经济活动存在着客观上的极限性。从这个意义上说，资源环境承载力实际上是反映了一个区域的经济社会发展规模受资源环境制约的阈值范围。

（2）动态性。

资源环境承载力是动态变化的。随着时间推移和条件变化，生产力水平逐步提高。一方面，资源利用效率和环境效率不断提高，单位资源量和环境容量可承载的社会经济活动的规模会持续增大；另一方面，人类社会开发利用资源的能力日趋增强，可利用的资源会不断涌现。这些会使得资源环境承载力不断发生变化。

（3）短板效应。

资源环境承载力是资源环境要素对社会经济活动的承载能力的综合体现，但不同的资源环境要素的承载能力往往存在差异，而一个区域的资源环境承载力总是由最稀缺要素的承载能力决定的。因此，资源环境承载力存在着木桶效应，往往受到短板因素的制约。

（4）开放性。

区域是一个开放系统，一个区域和周边区域之间存在着自然要素和社会经济要素的流动和交换，一个区域的资源环境承载力会受到区际交换的影响。资源环境承载力的开放性与资源环境要素的空间流动性密切相关。资源环境要素的空间流动性越强，资源环境要素的区际交换对资源环境承载力的影响就越大，反之，资源环境要素的空间流动性越弱，资源环境要素进行区际交换的难度越大，对资源环境承载力的影响也越小。

依据空间流动性的差异，资源环境承载力要素分为三类：第一类是空间上可以流动的资源环境承载力要素，譬如能源，可以通过运输实现区域之间的流动，但能源运输受到运输能力和运输成本的约束；第二类是空间流动性受到局限的资源环境承载力要素，譬如水资源，有一定的空间流动性，但水资源的空间流动性是有限的，可以进行跨流域调水，但调水规模受到各种因素的限制；第三类是空间上不能流动的资源环境承载力要素，譬如环境容量，在空间上是不能流动的，只能通过调整产业布局，分散环境负荷，去适应环境容量。土地在空间上也是不能流动的，只能调整产业布局，去适应土地资源承载力。由于土地的价值（地租）在经济系统中已经得到体现，土地已经成为调节产业空间分布的重要因素，但环境的价值尚未在经济系统中得到充分反映，需要适当的制度和政策设计，才能使环境承载力成为调节产业空间分布、倒逼产业转型的抓手。

2. 资源环境承载力的测度

在对资源环境承载力进行测度时，有的以可承载（抚养）人口的规模为单位来表征，有的基于资源环境负荷与资源环境承载力的相对关系，采用无量纲的指标来表征，联合国粮食及农业组织（FAO）的土地资源承载力研究就是以可以承载（抚养）人口的规模来进行测度和表征。石敏俊等（2013）提出了依据人均水足迹来计算水资源承载力的方法。人均水足迹是指在一定的经济结构和消费模式下，平均每个人口维持当前的生产和生活水平所需的水资源量。依据人均水足迹可以计算出一个区域的可利用水资源量在当前的经济结构和消费模式下所能承载的人口规模。

资源环境承载力的动态性特征和开放性特征使得资源环境承载力的具体测度成为一个难题。由于资源环境承载力测度的难度，近年来采用无量纲指标的做法越来越多，但资源环境负荷与资源环境承载力的相对关系，实际上反映出的是资源环境承载力的盈余/超支状态，而不是资源环境承载力的绝对数量。资源环境承载力的盈余/超支状态，可以用于资源环境承载力的预警，具有明确的政策含义，常常得到政策制定部门的青睐，但如何测定资源环境承载力的本底值是一个难题，资源环境承载力本底值的测定精度会直接影响到对资源环境承载力的盈余/超支状态的判断。

根据作者的经验，资源承载力应尽量采用资源禀赋可承载（抚养）的人口规模来表征，环境承载力可以采用环境容量来表征，也就是一定的环境质量目标下环境污染物的允许排放量。

二、资源环境承载力约束下区域发展转型

由于资源环境承载力的极限性，城市与区域发展不得超越资源环境承载力，尤其是环境承载力和水资源承载力是不可替代的，其空间流动性受到限制，只能通过调整优化产业结构和空间布局，以适应资源环境承载力。对于环境承载力超载地区，应当在强可持续性理念的指导下，以环境承载力为硬约束，确定环境污染物允许排放量的上限，倒逼产业转型。

1. 京津冀大气环境承载力约束与区域发展转型

京津冀是雾霾污染最严重的区域。2013—2014 年，PM2.5 年均浓度最高的 10 座城市有 7 个位于河北省。2013 年，河北邢台和石家庄的 PM2.5 年均浓度分别高达 155.2 微克/立方米和 148.5 微克/立方米，是国家标准的 4 倍以上。依据大气国十条的要求，到 2017 年底，京津冀地区 PM2.5 年均浓度下降 25%左右，其中北京市 PM2.5 年均浓度控制在 60 微克/立方米左右。为此，京津冀地区制定了具体的减排行动计划（中国清洁空气联盟，2014）。

雾霾治理政策评估需要深刻认识大气环境承载力。环境承载力是指自然生态环境对社会经济系统的承载能力，体现了社会经济系统与自然生态环境之间的相互作用。石敏俊等（2017）考虑污染物排放因子、风力、周边地区污染物传输等因素对 PM2.5 日均浓度的影响，基于统计建模构建了京津冀大气环境承载力评估模型，分析了现行环境政策所规定的环境质量目标下自然环境的污染物允许排放量。石敏俊等（2017）和张晓玲等（Zhang et al，2018）的研究发现，依据大气国十条制定的污染物减排措施难以实现既定的 PM2.5 浓度目标，要实现既定的雾霾浓度控制目标，在假定风力等气象条件不变的情况下，京津冀地区大气污染物排放量需要减少 49%左右，尤其是天津和河北需要进一步加大污染物减排力度；在京津冀大气污染防治强化措施（2016—2017）得以实施的条件下，大气国十条确定的 PM2.5 浓度目标才有可能实现；雾霾治理应更加注重减少重污染天气的发生频率，与 PM2.5 年均浓度目标相比，雾霾治理重点应转向重度雾霾发生频率较高的冬季静稳天气条件下的污染物排放控制。

京津冀要实现雾霾治理目标，必须大幅度减少污染物排放量，尤其是河北的减排任务十分艰巨。随着环境治理工作的推进，环境效率提升的空间越来越小，减排成本越来越

高，依靠提升环境效率应对环境治理的潜力越来越受到限制，减少大气污染物排放量的根本出路在于产业转型。由于京津冀地区重化工业占比较高，推进产业转型，意味着必须压缩重化工业规模，尤其是河北的钢铁工业规模；与此同时，加快培育和发展新兴产业，推动产业转型升级。

专栏

《大气污染防治行动计划》与京津冀地区雾霾污染治理

2013 年 9 月，国务院发布了《大气污染防治行动计划》（大气国十条），明确提出到 2017 年，全国地级及以上城市 PM2.5 浓度比 2012 年下降 10%以上，优良天数逐年提高；京津冀、长三角、珠三角等区域 PM2.5 浓度分别下降 25%、20%、15%左右，其中北京市 PM2.5 年均浓度控制在 60 微克/立方米左右。

京津冀地区依据大气国十条的要求，制定了具体的减排行动计划（中国清洁空气联盟，2014）。要求到 2017 年，

—北京：二氧化硫排放量从当前的 9.38 万吨减少 6.37 万吨，氮氧化物排放量从当前的 22.45 万吨减少 10.29 万吨。

—天津：二氧化硫排放量从当前的 22.45 万吨减少 13.44 万吨，氮氧化物排放量从 33.42 万吨减少 7.27 万吨。

—河北：二氧化硫排放量从当前的 134.12 万吨减少 46.15 万吨，氮氧化物排放量从 176.11 万吨减少 42.37 万吨。

—河北：压减过剩产能钢铁 6 000 万吨、水泥 6 100 万吨、平板玻璃 3 600 万吨。

2. 水资源承载力约束下北京城市发展转型

北京面临严峻的水资源危机，城市规模扩张带来的用水需求已严重超过水资源承载力。为了应对水资源约束，北京做出了巨大的节水努力，主要措施包括推进产业结构调整、压缩农业用水、提高用水效率、加强中水回收利用等，在用水总量略有减少的约束下实现了快速经济增长。1990—2014 年，北京 GDP 从 5 010 亿元到 213 000 亿元，增加了 3 倍；常住人口从 1 080 万人到 2 150 万人，增加了一倍。Zhang 等（2018）的研究发现，1992—2012 年，北京产业部门的用水效率都有显著的提高，但这没有抵消用水量的增加，水资源短缺成为阻碍城市发展的“瓶颈”。

为了应对水资源约束，北京的城市发展经历了经济增长优先、用水效率应对、用水总量控制的转型路径。应对水资源约束的策略与当时城市发展水平及其面临的水资源约束程度有关。1990 年左右，北京面临的水资源约束不像现在这么强烈，水资源约束尚未成为阻碍城市发展的主导因素，经济增长仍然是优先发展目标。2000 年后，水资源对北京城市发展的制约作用越来越突出，提高用水效率成为应对水资源约束的主要措施。当水资源约束进一步增强后，提高用水效率作为应对水资源不足的措施变得力不从心。当水资源承

载力达到或接近极限状态时，水资源承载力成为北京城市发展的硬约束，用水总量控制成为应对水资源约束的更好办法。与用水效率优先的应对策略相比，用水总量控制可以起到更加有力、更加有效的节水效果。应对水资源约束的北京城市发展转型反映出发展理念上从弱可持续性向强可持续性的转换，发展理念转换的背景是城市发展面临的水资源制约程度的变化。用水效率优先的应对策略体现了弱可持续性的发展理念，认为技术进步和知识创新可以克服水资源不足的制约。用水总量控制策略体现了强可持续性的发展理念，认为水资源承载力是城市发展的硬约束，城市发展不能超越资源环境承载力，因而必须采用总量控制的策略。

专栏

北京的水资源承载力

● 北京的现有人口规模已严重超过当地水资源所能支撑的合理人口规模，也超过现实供水量所支撑的水资源承载力。

2007 年，当地水资源的承载力 667 万人，相当于已有人口规模的 40%；现实供水量的水资源承载力 1 000 万人左右，相当于已有人口规模的 60%。

2011 年，北京市常住人口 2 019 万人，当地水资源和现实供水量的承载力相当于已有人口规模的 33%～40%。

● 北京的当地水资源量难以支撑现有人口规模和经济社会发展的用水需求，现有人口规模和经济社会发展的用水需求是依靠虚拟水输入、跨区域调水和超采地下水来弥补缺口的。

● 水危机比雾霾更危险！

水资源短缺是危及北京存亡的危机，也是北京城市发展的最大制约因素。

三、城市与区域发展的绿色转型

1. 绿色发展的概念内涵

绿色发展着眼于发展的永续性，是新发展理念的重要组成部分。石敏俊（2017）认为，中国经济绿色发展的理论内涵包括两个方面：一是经济增长与资源环境负荷的脱钩，二是使可持续性成为生产力。前者是要使经济活动遵循自然规律，改善资源环境可持续性，促进经济发展绿色化；后者是要让绿水青山成为金山银山，发挥自然生产力的作用，促进经济发展。绿色发展既要绿色，也要发展，没有绿色的发展是不可持续的，没有发展的绿色也是难以持久的。

绿色发展首先是经济绿色化。经济绿色化强调转变经济增长方式，推动经济增长与资源环境负荷脱钩，同时实现经济增长和资源环境可持续性的改善。当经济增长和可持续性存在冲突时，应当优先考虑可持续性，强调经济增长遵循自然规律，资源环境负荷不得超越资源环境承载力。推广应用绿色技术，加快发展绿色产业，有利于经济增长与资源环境负荷脱钩，兼顾绿水青山和金山银山的发展目标。

绿色发展也包括绿色经济化，通过制度和政策设计，使资源环境可持续性成为生产力。当生态产品和环保活动能够创造经济效益时，就可以成为经济增长的来源。环境污染治理、环境基础设施建设、新能源开发、绿色食品研发等，都可能成为盈利的经济活动。绿色发展最终要使生态产品和环境保护活动有利可图，实现绿水青山就是金山银山。发展绿色产业，培育新的经济增长点，使绿色产业接力经济增长，对于构建绿色发展的长效机制尤为重要。

过去经济增长和可持续性的冲突较为突出，绿色发展强调经济绿色化较多，近年来绿色经济化得到了越来越多的关注。应该说，经济绿色化和绿色经济化就像一个硬币的两个侧面，不可偏废，两者构成了完整的绿色发展内涵。

2. 绿色发展的空间分异

推动绿色发展，有必要科学认识和评价中国经济绿色发展的现状，诊断绿色发展存在的问题。近年来，部分学者进行了中国经济绿色发展评价的尝试，但对绿色发展的概念内涵理解存在分歧，有的强调绿色发展就是生态环境保护，评价指标侧重于生态环境改善，有的认为绿色发展既要绿色也要发展，评价指标兼顾经济增长和生态环境保护。

绿色发展评价，首先要符合绿色发展的理论内涵，基于绿色发展的理论内涵，构建绿色发展评价的概念框架。其次，绿色发展评价方法必须克服综合指数法的缺陷，避免指标之间的可替代性所导致的“一俊遮百丑”的弊端。石敏俊等（2018）构建了三位一体的概念框架，把绿色发展分为经济发展、可持续性和绿色发展能力三个维度进行考察，形成绿色发展的三维模型。在此基础上，构建了绿色发展评价指标体系，并采取效用函数合成的方法计算绿色发展指数，突出短板因素的制约作用，以规避综合指数法“一俊遮百丑”的弊端。

根据对31个省份、100个城市的绿色发展评价结果，绿色发展的现状具有以下几个特征：

第一，绿色发展不平衡。绿色发展综合得分呈从东南沿海向西向北逐渐递减的态势，东部沿海地区绿色发展优势明显，高值的省份和城市主要分布在沿海地区，低值的省份和城市大多分布在北方内陆地区。在省份尺度上，浙江、广东、江苏名列前三名；在城市尺度上，深圳、杭州、北京、广州、上海名列前五名。

第二，绿色发展存在明显的短板制约。从省份尺度的一级指标看，10个省份存在经济发展的短板制约，11个省份存在可持续性的短板制约，10个省份存在绿色发展能力的短板制约；从二级指标看，出现频率较高的短板因素主要是生态健康、收入分配与社会保障、低碳发展、资源环境管理等。在城市尺度上，许多城市存在着短板制约，或经济发展滞后，或可持续性较差，或绿色发展能力得分较低。

第三，经济发展与可持续性之间的不协调现象突出。金山银山和绿水青山之间的冲突仍然存在，需要引起高度关注。依据经济发展与可持续性之间关系的不同，31 个省份和 100 个城市可以分为低位开发区域、绿色坚守区域、协调发展区域、经济先导区域等四个类型（图 12－6）。

低位开发区域的经济发展和可持续性得分均较低；绿色坚守区域的经济发展得分远低于可持续性得分；协调发展区域的经济发展和可持续性得分较高且接近；经济先导区域的经济发展得分远高于可持续性得分（表 12－4）。从空间上看，低位开发区域主要分布在北方和西部地区，绿色坚守区域主要分布在南方内陆地区，经济先导区域和协调发展区域主要分布在沿海地区。

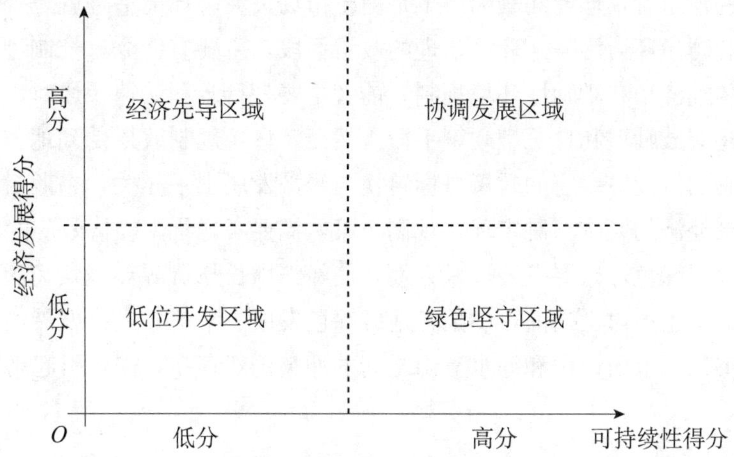

图 12－6　按经济发展与可持续性划分的四类地区

表 12－4　四类城市的绿色发展特征

城市类型	城市个数	平均得分	一级指标得分		
			经济发展	可持续性	绿色发展能力
低位开发城市	38	38.0	37.7	40.7	39.2
绿色坚守城市	32	45.3	45.1	62.8	44.0
协调发展城市	10	52.1	63.0	64.8	45.5
经济先导城市	20	59.6	69.2	57.5	59.3

资料来源：中国人民大学国家发展与战略研究院．绿色之路——中国经济绿色发展报告 2018.

本章小结

区域发展会使得局部地区的环境负荷过大，甚至超过环境承载力，导致环境质量退化。从总体上看，在中国也可以观察到环境库兹涅茨曲线所揭示的现象。在东部地区，环境污染物排放量峰值已经出现，环境压力开始趋于减轻，环境政策对于东部地区跨过环境污染物排放拐点起到了积极的作用。

环境资源是一种公共资源，具有“竞争性”和“非排他性”的特征。更为重要的是，公共资源利用会产生外部性。因此，公共资源的利用和管理，必须符合可持续发展的要求。当前，关于可持续发展还存在着强可持续性与弱可持续性两种发展理念的分歧，究其原因，主要是对自然资本替代性的认识存在差异。两种可持续性的发展理念体现在政策层面，也表现为不同的政策导向。按照强可持续性理念，经济社会发展不得超越资源环境承载力。由于环境价值在经济系统中尚未得到充分反映，需要适当的制度和政策设计，使环境承载力成为调节产业空间分布、倒逼产业转型的抓手。

从经济学的视角看，环境问题的产生是由于市场失灵。环境治理就是要通过制度和政策设计，治理和防治环境污染。环境治理的政策手段，主要有命令—控制型的环境规制和基于市场机制的经济型和激励性环境规制，前者主要是行政和法律手段，后者是环境经济政策。此外，还有鼓励型和自愿型政策手段。然而，环境规制效果受到地方政府行为和企业行为响应的影响。地方政府的政策目标转换与经济发展水平相关，企业对环境规制的行为响应受到集聚经济的影响。制定环境规制政策，需要考虑集聚经济效应的作用。

绿色发展既要绿色，也要发展。一方面要使经济增长与资源环境负荷脱钩，另一方面要使可持续性成为生产力。当前，中国各地区绿色发展不平衡，经济发展与可持续性之间的不协调现象突出，金山银山和绿水青山之间的冲突仍然存在，需要引起高度关注。

关键词

公共资源　外部性　弱可持续性　强可持续性　环境价值　环境治理　资源环境成本　环境库兹涅茨曲线　污染避难所　波特假说　资源环境承载力　绿色发展

复习与习题

1. 如何理解公共资源的特征？
2. 如何理解弱可持续性和强可持续性的差异？
3. 环境治理的政策手段主要有哪些？
4. 环境库兹涅茨曲线对于我国环境治理有什么启示？
5. 资源环境承载力有哪些特点？
6. 如何理解污染避难所和波特假说的经济学机理？

第十三章
区域发展管理

第一节　政府与市场的作用

一、政府与市场的关系

政府和市场是两种基本的资源配置方式，在促进经济增长和社会进步方面，各自扮演着重要的角色。如何处理政府和市场的关系是一个世界性的问题，既是经济理论研究的焦点，也是各国经济体制设计的难点。西方经济学理论对于市场和政府的认识也存在分歧，主要有自由市场论和政府调节论两个流派。自亚当·斯密提出“看不见的手”开始，古典经济学派崇尚通过自由市场竞争的方式来配置资源，主张政府充当“守夜人”的角色。20世纪30年代的经济危机暴露了自由放任市场的严重弊端，在对市场万能论进行反思的基础上，凯恩斯主义主张用以总需求管理为核心的政策对经济实行干预。伴随20世纪70年代严重“滞胀”现象的出现，以哈耶克（Hayek）等人为代表的强调市场机制、否定政府作用的新自由主义经济学重新兴起。2008年美国金融危机爆发之后，对新自由主义的反思又成为经济学的潮流。迄今为止，对于政府应该做什么、做多少的问题，在理论上始终莫衷一是，在世界范围内仍然是经济体制设计的难点。

处理好政府和市场的关系是我国经济体制改革的主线。十八届三中全会《中共中央关于全面深化改革若干重大问题的决定》提出，“经济体制改革是全面深化改革的重点，核心问题是处理好政府和市场的关系，使市场在资源配置中起决定性作用和更好发挥政府作用”。十九大报告进一步强调，要使市场在资源配置中起决定性作用，更好地发挥政府作用。首先，市场决定资源配置是市场经济的一般规律，是价值规律发挥作用的基本要求。其次，市场是配置资源最有效率的形式。市场能够有效处理和传递经济信息，在处理和传递有关生产与消费、供给与需求的巨量信息方面，有着其他机制无法比拟的优势。市场能够自动协调利益关系，使经济活动主体相互间的利益关系通过市场得到平衡，调动各方面的积极性。市场能够有效校正供求失衡，形成社会劳动在各个生产部门按比例合理分配的长期趋势。市场还能够鼓励创新、优胜劣汰，有助于提高经济发展的质量和效益，推动经济发展质量变革、效率变革、动力变革。然而，市场在资源配置中起决定性作用，并不是起全部作用。一方面，市场机制的作用是有条件的，包括法律体系、竞争规则、宏观环境、社会保障等，这些条件无法依靠市场自身形成。另一方面，市场经济存在局部失灵，以及盲目性、自发性和滞后性的弊端，容易产生贫富分化和经济波动。因此，科学的宏观调控、有效的政府治理，是发挥社会主义市场经济体制优势的内在要求。

当前，束缚市场主体活力、阻碍市场和价值规律充分发挥作用的现象仍然存在。比如，市场秩序不规范，以不正当手段谋取经济利益的现象广泛存在；生产要素市场发展滞后，要素闲置和大量有效需求得不到满足并存；市场规则不统一，产业部门和地方保护主义大量存在；市场竞争不充分，阻碍优胜劣汰和结构调整。处理好政府和市场的关系，要求转变政府职能，减少政府对资源的直接配置行为，给市场自主调节和企业理性反应留出充分的空间。在政府作用和市场作用之间，既要划分出清晰的边界，使之各司其职，又要发挥两者的协同作用，无摩擦地产生协同效应。只有正确处理好政府与市场的关系，才能更好地发挥市场的作用，助推中国经济结构转型。

政府与市场的关系对于区域经济发展是十分重要的课题。区域经济发展离不开市场的作用，只有充分发挥市场的调节作用，激发市场主体活力，才能推动区域经济高质量发展。在实践中，市场作用发挥越好，市场越活跃的地方，往往是区域经济发展越有活力的地方。反过来，区域经济发展滞后的地方，往往也是市场的作用受到抑制，或者没有充分有效发挥市场作用的地方。可以说，市场环境的好坏、市场作用的强弱，往往成为区域经济发展的晴雨表。在一些欠发达地区，由于体制机制改革滞后，政府与市场的关系尚未理顺，大部分经济社会发展的资源掌握在地方政府手中，地方政府对经济活动的干预过多，容易滋生出权力寻租、腐败等现象，市场环境受到影响，从而阻碍区域经济发展。然而，发挥市场在资源配置中的决定性作用，需要更好地发挥政府的作用。地方政府在区域经济发展中仍然具有不可或缺的重要作用。

二、地方政府职能

1. 地方政府的经济职能

（1）资源的管理者和开发者。

《中华人民共和国宪法》第九条规定，矿藏、水流、森林、山岭、草原、荒地、滩涂等自然资源属于国家所有，由法律规定属于集体所有的森林和山岭、草原、荒地、滩涂除外。矿产资源、水资源、城市建设用地等资源的所有权归国家所有，但这些资源的管理权往往在地方政府，或者由地方政府代行管理权，有时候地方政府还是资源的实际开发者。譬如，城市建设土地，地方政府通过土地开发可以获得大量建设资金，通过土地开发获得的资金（包括土地出让收入和土地融资收入）往往成为地方政府财政收入的重要来源。重要矿产资源的开发虽然是由企业承担，但一方面资源所在地的地方政府要行使监管权，另一方面矿产资源开发的部分收益按比例划归资源所在地的地方政府，并成为地方政府财政收入的重要来源。

（2）地方国有企业的管理者。

国有企业是国有资本投资兴建或参与控股的企业。国有企业分为中央国有企业和地方国有企业，中央国有企业是指由中央政府监督管理的国有企业，地方国有企业是指由地方政府监督管理的国有企业。地方国有企业的生产资料归当地人民共同所有，地方政府代表国家和人民行使所有权和管理权。国有企业的利税按比例划归地方政府，国有企业的利税收入在许多地方成为地方政府财政收入的主要来源。

（3）区域经济的发展主体和运行主体。

地方政府是区域经济的发展主体，经济增长往往成为地方政府的首要目标。地方政府会通过制定区域经济发展战略，明确区域经济发展目标，制定区域经济发展规划及相应的政策措施，推动区域经济发展。促进区域经济增长的措施，包括财政建设资金的投入、基础设施建设、公共服务改善、招商引资政策、区域创新体系建设等方面。可以说，地方政府也是区域经济的组织和调控主体。一个区域的经济发展状况，往往与地方政府的决策有着密不可分的关系。

地方财政资金投入、基础设施建设投资、研发资金投入以及机关事业单位行政业务支出等各种政府公共支出，是区域经济运行中投资和消费的重要来源，地方政府雇员（机关事业单位）的人员工资转化为消费，也是区域经济运行中市场购买力的重要组成部分，地方政府的各种公共支出对于区域经济运行具有十分重要的影响。因此，地方政府也是区域经济的运行主体。

2. 地方政府在区域发展管理中的作用

（1）指导和协调区域经济发展。

地方政府是区域经济活动的组织者，也是区域经济的发展主体，可以通过制定区域发展战略和区域规划，制定相应的区域政策，引导区域经济发展。关于区域发展战略、区域规划、区域政策的作用，本章第二节将进行详细介绍。

（2）营造公平的市场环境。

地方政府可以通过加强法制建设，强化制度创新，改进政府效率，增强政策透明度，营造公平的市场环境和高效的投资环境，来吸引资本、技术和人才的流入。

(3) 直接干预区域发展。

地方政府是区域经济的发展主体，可以通过财政投资、资源开发政策等措施，对区域经济活动进行直接干预。地方政府对区域经济活动的直接干预主要有以下几个方面：

一是运用财政资金加强基础设施建设。譬如，设立开发区，对开发区进行“五通一平”（通上水、通下水、通电、通路、通讯、平整土地）的基础设施建设，以吸引企业投资。

二是运用财政资金增强地方公共品供给。譬如，改善教育、医疗、文化、社会保障等公共服务，建设科技创新平台，加强环境治理、营造优美生态环境等。

三是参与资源开发。对于资源富集地区而言，地方政府往往会把目光首先投向资源开发，通过资源开发，增强地方财政实力。

四是实施地方保护政策，保护域内企业。地方保护主义的手段五花八门、层出不穷，但目的只有一个，就是为域内企业提供市场保护。

(4) 推动区域合作。

地方政府作为区域经济活动的运行主体，可以牵头与其他地方政府开展区域合作。本书第六章对区域合作已做详细介绍，此处不再赘述。

3. 地方政府竞争

由上可见，地方政府实际上已经成为区域经济的利益主体之一，而且往往是处于主导地位的利益主体。此时地方政府竞争就应运而生。地方政府竞争是指一个国家内部不同行政区域的地方政府，为吸引资本、技术等生产要素，在投资环境、法律制度、政府效率、地方公共物品等方面开展的跨区域竞争。

有的学者认为，地方政府竞争是经济发展的重要因素（Edmiston and Turnbull，2003），地方政府竞争起到了政策试错的作用（刘世锦，2019），是中国经济快速增长的重要动力（徐现祥，2010）。也有学者认为，地方政府之间竞争不当会导致区域差异进一步扩大。由于各地区发展起点不同，发展条件存在差异，在竞争中处于优势地位的地方政府具有更强的吸纳优质可流动生产要素的能力，落后地区往往成为优质可流动生产要素的输出地。有的学者则认为，地方政府竞争可能会带来多重后果。如果地方政府通过制度创新和技术创新来吸引更多的资源流入，是有利于当地经济增长的，但在资源总量有限的情况下会导致其他地区的资源流出，落后地区在与发达地区的资源争夺中处于劣势，往往会采取保护主义政策来维护当地的经济利益，导致地区间交易成本增大，不利于经济发展（周业安，2003）。

三、营商环境

一个地区是否处理好政府与市场的关系，往往体现在是否形成良好的营商环境上。营商环境是指投资经营主体开展投资经营活动所面临的竞争环境和条件状况的总和。企业的投资经营活动伴随企业活动的全过程，包括从开办、营运到退出等各环节。一个地区营商环境的优劣对于招商引资具有十分重要的影响，也会直接影响区域内的企业经营状况，最终对区域经济发展、财税收入、社会就业等产生重要影响。企业界特别是民营企业高度关注营商环境，企业营商环境的优劣直接影响招商引资尤其是吸引民间资本的多寡。

从国际经验看，大多数发展中国家的企业营商环境落后于发达国家，企业营商环境指标排名靠前的国家大部分是发达国家。这表明，企业营商环境与经济发展水平是相互影响的。良好的营商环境是一个国家或地区经济软实力和投资环境的具体体现，也是增强区域经济活力、提高区域经济综合竞争力的重要方面。在发展中国家或欠发达地区，一方面，政府与市场的关系尚未理顺，大部分经济社会发展的资源掌握在地方政府手中，地方政府对经济活动的干预过多，容易滋生出权力寻租、腐败等现象，企业特别是民营企业的平等市场主体地位难以得到保障；另一方面，体制机制改革滞后，企业负担偏重，企业营商环境受到严重影响，并且欠发达地区改善企业营商环境的难度也较大。

构建良好的营商环境，首先，要坚持竞争中性原则，建立平等的市场主体地位和公平的竞争环境，确保公共企业与私人企业能够平等竞争。其次，要构建“亲”“清”新型政商关系。“亲”“清”新型政商关系是指健康、清廉、公开、透明的新型政商关系。构建新型政商关系，需要政府和企业双方厘清边界，各司其职，相向而行，鼎力协作，不搞权钱交易。

2018 年 11 月，国务院常务会议决定开展营商环境评估，全面、客观、动态地评估营商环境，推动地方政府改善营商环境，为企业投资决策提供参考。有些学术机构和商业机构进行了营商环境评价的尝试。据《2019 中国城市营商环境指数评价报告》，排名前十的城市分别为上海、北京、深圳、广州、南京、武汉、杭州、天津、成都、西安。从总体上看，营商环境指数名列前茅的都是沿海发达城市，珠三角城市群、长三角城市群的营商环境指数排名靠前。在新一线城市中，南京、武汉、杭州的营商环境指数排名分列第一、第二和第三；在二线城市中，合肥、济南、厦门的营商环境指数排名分列第一、第二和第三；在三线城市中，珠海的营商环境指数排名第一。不同地区营商环境的主要驱动因素存在差异。珠三角城市群的金融环境、技术环境和生活环境均位列首位；山东半岛城市群具有良好的工业基础，人均基础设施环境排名居首；京津冀城市群对人才的虹吸效应强大，人才环境和文化环境指标均列第一位。

第二节　区域发展管理的政策手段

一、区域发展战略

1. 区域发展战略的概念和作用

区域发展战略是指关于区域经济发展的纲领性设想和前瞻性谋划。区域发展战略的目的是根据不同地区的经济要素和资源禀赋以及在国家发展战略中的功能定位，确定各个地区的经济发展目标、方向和总体思路，指导未来的区域经济发展。

对于特定的区域来说，区域发展战略具有十分重要的指导意义。首先，它将确定区域经济发展的功能定位；其次，它将确定区域经济发展的总体思路、发展目标和实现路径，指导区域经济增长；最后，它将确定区域经济发展的主导产业、重点领域和重点区域，引导区域产业结构转型。

区域发展战略具有区域性、综合性、前瞻性、可操作性等特点。区域性是指区域发展战略必须考虑对象区域的自然生态和经济社会条件，契合当地的实际情况和经济社会特征，因地制宜。综合性是指区域经济是一个复杂系统，区域经济发展也是系统工程，涉及面广，需要全面分析，综合平衡。前瞻性是指区域发展战略面向未来，目标期一般是五年、十年甚至更加长远，因此，区域发展战略必须对影响区域经济发展的各种因素的未来走势做出前瞻性预判，才能使得区域发展目标具有科学性、措施具有可行性。可操作性是指为实现区域发展目标所制定的发展路径和政策设计必须具备可操作性，没有可操作性的发展战略，就会成为纸上谈兵，缺乏实用性。

2. 我国区域发展战略的演变

（1）改革开放以前：向内陆倾斜。

中华人民共和国成立之后至改革开放前，国家的区域发展战略总体上实行向内陆倾斜的平衡发展战略，主要原因是对当时国际形势的严峻评估。向内陆地区倾斜的区域发展战略，有力地推进了内地的工业化、城镇化进程，使原来的区域经济发展极不平衡的格局得到了改观。但是，由于偏重行政力量主导，内陆地区部分项目投资效益不高，沿海地区工业基础没有得到充分发挥，各地区盲目追求发展，工业自成体系，大中小项目遍地开花，导致国家的资源配置效率低下。

（2）沿海优先发展战略。

“六五”和“七五”计划明确指出，要积极利用沿海地区的现有基础，加速东部沿海地带的发展，带动内地经济进一步发展。沿海优先发展战略主要表现为向沿海倾斜的“优惠”政策，主要包括对广东、福建实行特殊政策、灵活措施；设立深圳、珠海、汕头、厦门等经济特区；开放大连、秦皇岛、天津等14个沿海港口城市；开辟长江三角洲、珠江三角洲和厦漳泉三角地区、辽东半岛、胶东半岛及沈阳、南京等地作为沿海经济开放区；设立浦东新区，实行经济特区的优惠政策；在沿海地区设立上海外高桥等11个保税区。沿海地区率先发展使得我国综合实力迅速上升，缩小了与发达国家之间的差距，为20世纪末实现国内生产总值翻两番的战略目标做出了巨大贡献。与此同时，区域发展不平衡问题日益突出。

（3）区域协调发展战略。

针对区域经济发展不平衡的现象，“九五”计划首次将地区之间协调发展作为国民经济和社会发展的指导方针之一，指出要“坚持区域经济协调发展，逐步缩小地区发展差距”。我国区域发展战略在经历了向内陆倾斜和向沿海倾斜政策之后，步入了区域协调发展的阶段。这一时期促进区域协调发展的重大决策主要有：1999 年实施西部大开发战略，2003 年实施东北地区等老工业基地振兴战略，2006 年启动实施促进中部地区崛起战略，2010 年提出推进主体功能区，加大对贫困地区、民族地区、革命老区、边境地区、资源枯竭地区等特殊类型地区的扶持力度，鼓励东部地区率先发展。

区域协调发展政策的实施，扭转了区域差距不断扩大的趋势，初步形成了各大区域板块趋向协调发展的格局。然而，真正实现区域协调发展还任重道远。一是由于行政区划色彩浓重，各区域争相把本地打造成“政策洼地”，致使区域行政壁垒突出，阻碍了生产要素在全国的合理流动。二是不少地方将区域发展简单等同于 GDP 或人均 GDP 增长，热衷于发展重化工业项目，加剧了产能过剩。三是区域间基本公共服务水平差距没有明显缩小，特别是义务教育、医疗卫生、社会保障等基本公共服务水平方面差距仍然很大。四是区域间人均 GDP 的差异不仅与主要发达国家相比偏大，也超过了一些发展中国家。

（4）面向经济新常态的区域协调发展。

2014 年以来，中国经济呈现出新常态，从高速增长转为中高速增长，经济结构优化升级，从要素驱动、投资驱动转向创新驱动。在区域发展方面，中央政府陆续提出了京津冀协同发展、粤港澳大湾区建设、长三角一体化发展、长江经济带发展等重大战略。十九大报告明确提出要实施区域协调发展战略，加大力度支持革命老区、民族地区、边疆地区、贫困地区加快发展，强化举措推进西部大开发形成新格局，深化改革加快东北等老工业基地振兴，发挥优势推动中部地区崛起，创新引领率先实现东部地区优化发展，建立更加有效的区域协调发展新机制；以城市群为主体构建大中小城市和小城镇协调发展的城镇格局，加快农业转移人口市民化。这意味着区域发展战略进入了中国特色社会主义建设的新阶段。

3. 新时期区域发展战略的基本思路

“十三五”规划要求，以区域发展总体战略为基础，以“一带一路”建设、京津冀协同发展、长江经济带发展为引领，形成沿海沿江沿线经济带为主的纵向横向经济轴带，塑造要素有序自由流动、主体功能约束有效、基本公共服务均等、资源环境可承载的区域协调发展新格局。区域发展战略的总体思路和目标是，积极推进西部大开发，振兴东北地区等老工业基地，促进中部地区崛起，鼓励东部地区率先发展，继续发挥各个地区的优势和积极性，通过健全市场机制、合作机制、互助机制、扶持机制，逐步扭转区域发展差距拉大的趋势，形成东中西相互促进、优势互补、共同发展的新格局。

新时期区域发展战略针对不同区域提出了不同的具体举措：

（1）西部地区。加快改革开放步伐，增强自我发展能力。坚持以线串点，以点带面，依托中心城市和交通干线，实行重点开发。加强基础设施建设，建设出境、跨区铁路和西煤东运新通道，建设电源基地和西电东送工程。继续推进退牧还草、天然林保护等生态工程，加强植被保护，加大荒漠化和石漠化治理力度，加强重点区域水污染防治。加强青藏高原生态安全屏障保护和建设。支持资源优势转化为产业优势，大力发展特色产业，加强清洁能源、优势矿产资源开发及加工，支持发展先进制造业、高技术产业及其他有优势的产业。加强和改善公共服务，优先发展义务教育和职业教育。建设和完善边境口岸设施，发展边境贸易。加大政策扶持和财政转移支付力度，推动建立长期稳定的西部开发资金渠道。

(2) 东北地区。加快产业结构调整和国有企业改革、改组、改造。发展现代农业，强化粮食基地建设，推进农业规模化、标准化、机械化和产业化经营，提高商品率和附加值。建设先进装备、精品钢材、石化、汽车、船舶和农副产品深加工基地，发展高技术产业。建立资源开发补偿机制和衰退产业援助机制，抓好资源枯竭型城市经济转型试点。加强基础设施建设，加快市场体系建设，促进区域经济一体化。加强黑土地水土流失和东北地区西部荒漠化综合治理。

(3) 中部地区。依托现有基础，提升产业层次，推进工业化和城镇化，发挥承东启西和产业发展优势。加强现代农业特别是粮食主产区建设，增强粮食等大宗农产品生产能力，促进农产品加工转化增值。加快钢铁、化工、有色、建材等优势产业的结构调整，形成精品原材料基地。支持发展矿山机械、汽车、农业机械、机车车辆、输变电设备等装备制造业以及软件、光电子、新材料、生物工程等高技术产业。构建综合交通运输体系，重点建设干线铁路和公路、内河港口、区域性机场。加强物流中心等基础设施建设，完善市场体系。

(4) 东部地区。率先提高自主创新能力，率先实现经济结构优化升级和增长方式转变，带动帮助中西部地区发展。加快形成一批自主知识产权、核心技术和知名品牌，提高产业素质和竞争力。优先发展先进制造业、高技术产业和服务业，着力发展精加工和高端产品。促进加工贸易升级，积极承接高技术产业和现代服务业转移，增强国际竞争力。加强耕地保护，发展现代农业。提高资源特别是土地、能源利用效率，增强可持续发展能力。发挥经济特区、上海浦东新区的作用，推进天津滨海新区开发开放，带动区域经济发展。

(5) 革命老区、民族地区和边疆地区。加大财政转移支付力度和财政性投资力度。保护自然生态，改善基础设施条件。加快普及义务教育，加强少数民族人才队伍建设。支持发展民族特色产业、民族特需商品、民族医药产业和其他有优势的产业。优先解决特困少数民族贫困问题，支持西藏、新疆及新疆生产建设兵团发展。

(6) 区域协调互动机制。打破行政区划的局限，促进生产要素在区域间自由流动，引导产业转移。健全区域合作机制，发达地区采取对口支援、社会捐助等方式帮扶欠发达地区，形成以东带西、东中西共同发展的格局。按照公共服务均等化原则，加大国家对欠发达地区的支持力度。在经济政策、资金投入和产业发展等方面加大对中西部地区的支持。

4. 新时期区域发展战略的主要特点

第一，基本公共服务均等化成为区域协调发展的主要目标。“十三五”规划明确提出，要塑造要素有序自由流动、主体功能约束有效、基本公共服务均等、资源环境可承载的区域协调发展新格局。基本公共服务均等化已成为区域协调发展的主要目标。

第二，强调建立统一的市场体系。建立统一市场体系的目的是促进要素有序自由流动和商品自由贸易。京津冀协同发展、粤港澳大湾区建设、长三角一体化发展、长江经济带发展，这些重大战略的实施都需要发挥市场机制的作用，推进市场一体化，建立统一的市场体系。

第三，行政区与类型功能区相结合。欧盟和一些发达国家的区域政策大多是按照问题导向的类型区进行划分，而我国目前的区域政策主要以行政区划为基础，界定区域边界和制定区域政策，这样就容易受到行政区划的束缚和行政力量的干扰，导致区域分割。主体功能区规划进行了按照类型功能区制定区域政策的尝试，未来应当深入探索按照国土空间开发评价和问题导向划分区域类型，制定区域政策。

第四，板块与轴带结合。"十三五"规划明确提出，在有东部、中部、西部和东北四大经济板块的同时，通过"一带一路"建设、京津冀协同发展、长江经济带发展的引领作用，形成以沿海沿江沿线经济带为主的纵向横向经济轴带。

第五，适应区域协同发展的体制机制改革。一是改革阻碍区域协调发展的相关税收体制，我国的税收属地管理主要是按照企业注册地而不是按照经营地（经营活动的发生地）进行征税，随着经济一体化，跨区域经营活动越来越多，这种税收属地管理做法的弊端越来越显现出来，需要改革并细化税制设计。二是合理划分基本公共服务的中央与地方的财权事权，使得公共品供给的事权与财权相匹配。

二、区域规划

区域规划是区域发展战略指导下区域经济和产业发展的具体部署。区域规划的目的是，在区域发展战略指导下，以规划区域的自然资源、社会资源和技术经济构成为依据，综合考虑区域发展的潜力和优势，确定区域经济社会的发展方向、规模、结构和空间布局，统筹规划交通运输、能源供应、水利建设和环境保护等区域性基础设施建设，以提高社会经济效益，保护生态环境，保障人民群众幸福生活。

1. 区域规划的主要特征

区域规划具有战略性、综合性和地域性等特点。

(1) 战略性。区域规划是战略性的规划。区域规划有一定的规划期限，一般来说，区域规划的规划期限在 5 年或者更长时间。规划期限长，意味着规划方案需要具备超前性，对区域发展做出前瞻性的预判。区域规划要兼顾全局目标和地方目标，需要协调好规划区域在国家发展战略或上位规划中的功能定位和当地的发展条件及发展目标之间的关系，将国家发展战略或上位规划对规划区域的功能定位落实到规划区域的发展目标和空间布局上。

（2）综合性。区域规划是综合性规划。区域规划涉及面广，需要综合考虑经济、社会、自然、人文等各方面的要素，统筹规划生产、生活、生态及相关基础设施建设布局，全面协调各个产业部门的发展目标和空间布局。综合协调、全面平衡、统筹规划是区域规划的基本要求。

（3）地域性。区域规划是针对某一特定范围的区域制定的发展规划。区域规划要求突出地方特色，考虑规划区域的特殊性，因地制宜，而不能千篇一律，内容雷同。

2. 区域规划的类型和内容

区域规划依据规划范围和规划目标的不同，主要可以分为以下几个类型：

（1）跨区域规划。这里主要是跨省级行政区的区域规划。跨区域规划的主要目的是综合协调不同行政区的发展方向、建设目标、产业定位、空间布局、生态环境保护、基础设施建设等重大事项，并做出统筹安排。代表性的跨区域规划主要有京津冀协同发展规划、长三角一体化发展规划、粤港澳大湾区发展规划等。

（2）流域规划。流域规划是特殊类型的跨区域规划，是依托大江大河、以流域为空间范围制定的区域规划。大江大河往往流经不同的行政区，甚至流经不同的国家。流域开发涉及的内容包括水资源的分配、航道整治、水电开发等多方面，这些涉及流经行政区的利益，需要统筹规划流域开发，协调好利益分配关系。因此，流域规划突出水资源的开发利用，与水资源密切相关的产业发展、水电开发、航运基础设施建设等往往是流域规划的重点内容。代表性的流域规划有长江经济带发展规划等。

（3）功能区规划。功能区规划是针对某一类型功能区的开发或管控制定的区域规划。功能区规划分为开发性规划和管控性规划，开发性规划突出发展的主题，主要是围绕功能区的开发建设进行中长期谋划；管控性规划强调管控，是对功能区的开发利用进行合理的管控，属于空间管控规划。主体功能区规划是典型的空间管控性规划，生态功能区规划、自然保护区规划等也属于管控性规划，而风景旅游区规划、海洋经济发展示范区规划等属于开发性规划。

（4）城市群或都市圈规划。城市群或都市圈规划是指以一个或多个特大城市为主，以城市群或都市圈为空间范围，以城市群或都市圈发展为主题的综合性区域规划。一般来说，城市群是依托一个或多个特大城市形成的连绵城市区域，都市圈是以某个特大城市为中心的城市区域。无论是城市群还是都市圈，都涉及复数的城市，在都市圈范围内除了中心城市，也有次中心、微中心城市，需要统筹协调复数城市之间的关系，包括城市的功能定位、发展方向、产业分工与协作、公共服务和基础设施、生态环境保护等内容。典型的城市群规划主要有成渝城市群发展规划、中原城市群发展规划等。都市圈规划近年来刚刚兴起，正在探索的都市圈规划有上海大都市圈空间协同规划、杭州都市圈规划、南京都市圈规划等。

（5）城乡规划。城乡规划是指以促进城乡经济社会全面协调可持续发展为根本任务，以促进土地科学利用为基础，以促进人居环境根本改善为目的，涵盖城乡居民点的空间布局规划。依据《中华人民共和国城乡规划法》，城乡规划包括城镇体系规划、城市规划、镇规划、乡规划和村庄规划。城市规划、镇规划又可分为总体规划和详细规划。详细规划分为控制性详细规划和修建性详细规划。

三、区域政策

1. 区域政策的概念和特性

区域政策是中央政府以协调区域经济发展为对象的、为弥补市场失灵而采取的公共政策的总称。狭义的区域政策主要是指为推动区域经济发展、调控区域经济运行而采取的区域经济政策。广义的区域政策包括区域经济政策、区域社会政策、区域环境政策、区域文化政策等。通常我们所说的区域政策主要是指区域经济政策（张可云，2005）。

公共政策是中央政府为解决公共问题、达成公共目标、实现公共利益而制定的法规条例和政策措施。公共政策的目标导向是公共利益的实现，公共利益是公共政策的价值取向和逻辑起点，是公共政策的本质与归属、出发点和最终目的，因此，公共政策必须反映大多数人的利益。区域政策属于区域经济领域的公共政策，与其他公共政策一样，也是以实现公共利益为目标导向，实现国家在区域经济、空间发展领域的公共利益。因此，和其他公共政策一样，区域政策也具有公益性、合法性、权威性等特性。

有人把区域经济政策分为两种类型：一是跨国的区域经济政策，二是国家内部的区域经济政策。跨国的区域经济政策是指区域性国际组织制定的关于组织内部成员国经济发展的政策，涉及关税、货币发行、外汇管制、移民限制等方面。典型的超国家层次的区域经济政策有欧共体/欧盟的经济政策。国家内部的区域经济政策是指一国的政府为协调国家内部各区域之间经济发展而制定的经济政策，主要是关于国家内部的区域发展、产业布局和利益协调等的政策，内容涉及产业、投资、科技、劳动、环保等方面。本书讨论的区域政策主要是指国家内部的区域经济政策。

2. 区域政策的作用

区域政策的作用主要是解决区域发展的公共问题，这些问题一定是涉及公共利益、具有公共目标的。那么哪些问题是涉及公共利益，需要区域政策来解决的呢？

（1）调控区域经济差异。本书第六章已经提到，区域经济差异是区域经济学的一个永恒的主题。区域经济差异过大，不利于社会和谐和稳定，调控区域差异是区域政策的核心内容。过去，区域差异调控的重点曾经放在如何缓解人均 GDP 区域差异的扩大，甚至如何缩小人均 GDP 的区域差异上，但收效不是很明显。近年来，我国区域差异调控的重点开始转向缩小基本公共服务的区域差异上，采用财政转移支付等手段，加大欠发达地区基本公共服务的财政支持力度，推进基本公共服务均等化。

（2）推动区域经济增长。促进区域经济增长是区域政策的一大重要目的。区域经济增长会受到资源错配、要素流动障碍和贸易壁垒、产业结构趋同、人才资金外流等诸多因素的制约，此时就需要区域政策发挥作用，减轻或消除贸易壁垒，促进要素自由流动，提升资源配置效率，优化企业营商环境，引导产业结构调整，从而实现推动区域经济增长的效果。

（3）弥补市场机制缺陷。市场是配置资源的最佳机制，然而，市场经济成立必须具备产权明晰、公平交易、信息公开透明等条件，现实中这些条件往往难以同时满足，因此就会出现市场失灵的问题。完全依靠市场机制难以实现区域协调发展，需要区域政策来弥补市场机制缺陷。市场机制缺陷给区域发展带来的问题，主要表现在以下几个方面：一是单纯依靠市场机制不一定能形成合理的产业地域分工，欠发达区域往往处于产业链和价值链的低端，不得不承担初级产品生产和低端产业的分工，发达区域则处于产业链和价值链的顶端，在这样的产业地域分工格局中欠发达区域总是处于不利的地位，市场机制难以解决这样的问题，因此需要区域政策发挥干预作用。二是在市场机制下，区际要素流动往往有利于发达区域，对欠发达区域是不利的，区域发展会出现马太效应，发达区域越来越繁荣，欠发达区域越来越滞后，因此对于问题区域、条件不利区域而言，需要区域政策发挥调节作用。三是由于空间外部性和集聚经济的存在，使得人口和资本流动及商品贸易具有循环累积效应，拥有先发优势的区域会不断强化自身的优势，导致区域差异不断扩大，因此需要区域政策发挥干预作用，遏制区域差异分化。四是由于环境资源的公共产品特性和外部性的存在，市场失灵会带来生态退化、环境污染等问题，解决这些问题也需要区域政策发挥作用。

（4）促进公共服务均等。一个区域提供公共服务的能力往往与其经济发展水平密切相关，欠发达区域提供的公共服务数量和质量远落后于发达区域，公共服务数量和质量的区域差异往往远大于区域经济的差异程度。因此，不能完全依靠地方财政来负担公共服务的投入，而是需要财政转移支付等公共政策来发挥调节作用。促进公共服务的均等化，成为区域政策的一个重要组成部分。近年来，我国把调控区域差异的重点从缩小人均 GDP 的区域差异转向缩小基本公共服务的区域差异，也体现了区域政策的这一特性。

（5）促进问题区域发展。促进问题区域发展是区域政策起源的重要背景，问题区域发展政策也是区域政策的重要组成部分。

3. 区域政策的手段

区域政策的具体政策工具可以分为两大类型：一是宏观尺度上涉及区际协调的区域政策，二是针对特定区域制定的区域导向的区域政策。

（1）区际协调的区域政策。

这类区域政策一般是中央政府以协调区域经济关系为目的而制定的宏观经济政策。主要的政策工具有财政税收、开发性金融、政府出资产业投资基金、生态补偿等。

财政税收政策。财政税收政策主要有财政转移支付、税收优惠、优惠贷款或贷款政府担保等手段，其中财政转移支付是最常用的政策工具。财政转移支付是基于各级政府的财政能力差异，以实现公共服务均等化为主要目标而实行的一种财政资金转移或财政平衡制度。财政转移支付的模式主要有三种，一是自上而下的纵向转移，二是横向转移，三是纵向与横向的混合转移。中央对地方的转移支付一般由财力性转移支付和专项转移支付构成。财力性转移支付是指为弥补地方财政实力薄弱地区的财力缺口，均衡区域间财力差距，实现区域间基本公共服务均等化，由中央财政安排给地方财政的补助支出。财力性转移支付包括一般性转移支付、民族地区转移支付等。专项转移支付是指中央财政为实现特定的宏观政策及事业发展战略目标，以及对委托地方政府代理的一些事务或中央地方共同承担事务进行补偿而设立的补助资金，需按规定用途使用。专项转移支付重点用于教育、医疗卫生、社会保障、支农等公共服务领域。2009 年起，中央对地方的转移支付简化为一般性转移支付、专项转移支付两类。一般性转移支付主要是中央对地方的财力补助，不指定用途，地方可自主安排支出；专项转移支付主要服务于中央的特定政策目标，地方政府应按照中央政府指定的用途使用资金。

开发性金融。开发性金融的实质是财政资金信贷化，把财政性的资金转化为信贷资金发放运行。开发性金融往往承担长期融资的任务，主要面向基础设施、基础产业和支柱产业等领域，运用市场化的运营模式，向这些领域提供大额长期资金，在经济建设中发挥长期资金的支持作用。

政府出资产业投资基金。政府出资产业投资基金是指由政府出资，主要投资于非公开交易企业股权的股权投资基金和创业投资基金。政府出资产业投资基金的资金来源包括财政预算内投资、中央和地方各类专项建设基金及其他财政性资金，政府向产业投资基金出资的形式分为全部由政府出资、与社会资本共同出资或向符合条件的已有产业投资基金投资等。政府出资产业投资基金的投资领域主要有非基本公共服务领域、基础设施领域、住房保障领域、生态环境领域、区域发展领域、战略性新兴产业和先进制造业领域、创业创新领域。政府出资产业投资基金的作用和意义在于创新政府投融资管理体制，提高政府出资资金使用效率，以财政性资金撬动社会资本进入国民经济发展重点领域。

生态补偿。生态补偿（ecological compensation）是生态环境保护和建设的利益相关方之间利益关系调整的一种制度安排。狭义的生态补偿是指对生态系统和自然资源保护所获得效益的奖励或破坏生态系统和自然资源所造成损失的赔偿。广义的生态补偿除了狭义的概念以外，还包括对造成环境污染的活动的收费，以及对因生态环境保护丧失发展机会的区域进行资金、技术、实物的补偿和政策支持等。生态补偿的实质是对生态系统服务的付费（payments for ecosystem services，简称 PES）。生态系统服务（ecosystem services）是指人类直接或者间接从生态系统中获得的各种惠益。生态系统为人类提供的服务包括：供给服务（如提供食物和水）、调节服务（如控制洪水和疾病）、文化服务（如精神、娱乐和文化收益）以及生命支持服务（如维持地球生命生存环境的养分循环）。由于不同区域所承担的生态系统服务功能有所不同，不同区域之间存在生态系统服务的交换，所以需要对这种生态系统服务交换进行利益补偿。因此，生态补偿的核心是生态受益地区向生态价值提供地区给予补偿。生态补偿的基本原则可以归纳为“谁开发谁保护，谁破坏谁恢复，谁受益谁补偿，谁污染谁付费”。

我国已建立的生态补偿机制主要有中央政府的财政转移支付和专项基金、地方政府的横向生态补偿两种类型。中央政府的财政转移支付和专项基金的典型案例有退耕还林政策、生态公益林补偿金政策、草原禁牧补贴政策等。以退耕还林政策为例，黄河流域以及北方地区，每亩退耕地每年补助原粮 100 公斤、现金 20 元，生态林至少补助 8 年，经济林补助 5 年，还草补助 2 年，每亩退耕地和宜林荒山荒地补助种苗造林费 50 元。此外，国有国家级生态公益林补助标准为每年每亩 10 元，集体和个人所有的国家级公益林补助标准为每年每亩 15 元，草原、草畜平衡的奖励标准为每年每亩 2.5 元，草原禁牧补助标准为每年每亩 7.5 元。地方政府横向生态补偿机制的典型案例有新安江流域上下游横向生态补偿。2011 年起，全国首个跨省流域生态补偿机制试点在新安江启动，设置补偿基金每年 5 亿元，其中，中央财政出资 3 亿元，皖浙两省各出资 1 亿元。如果上游的安徽出境水质达到考核标准，下游的浙江每年补偿安徽 1 亿元，否则相反。在生态补偿机制的推动下，地处新安江上游的黄山市推进新安江综合治理，实施了农村面源污染、城镇污水和垃圾处理、工业点源污染整治、生态修复工程、能力建设等项目，关停污染企业 170 多家，为保护水质做出了重要贡献。

(2) 区域导向的区域政策。

区域导向的区域政策（place-based regional policy）是指对一个特定区域实施空间差别化的激励政策，包括税收减免、基础设施建设投资、公共服务投资、设立经济特区等优惠政策，使生产要素在空间上向特定区域流动，促进产业活动和就业在特定区域聚集。区域导向的区域政策也被称为区位导向性区域政策。

区位导向性区域政策的理论依据是不同地区的空间异质性，需要实施区域导向的空间干预。正如本书第六章所提到的，国家内部的区域经济政策是否应当进行空间干预，学术界有不同的观点。一派认为应该基于空间异质性实施区域导向的空间干预，帮助欠发达地区加快经济增长，改善区域发展不平衡状况。另一种观点认为发展干预应该是“空间中性”或“以人为本”，应当鼓励生产要素向效率更高的区域流动，使人均财富的地理分布更加平衡，“在集聚中走向平衡”。尽管学术界的分歧依然存在，但现实中空间干预的区域政策随处可见，在中国，区域导向的空间干预政策尤为流行。

区域导向的区域政策主要是针对问题区域制定的，但不限于问题区域。设立开发区是典型的区位导向性区域政策。开发区是指中央政府和省市区政府批准设立的国家级经济技术开发区、高新技术产业开发区、保税区、边境经济合作区、重点省级开发区等实行特定优惠政策的各类开发区。截至 2018 年，全国共有开发区总数 2 675 个，其中包括：国家级经济技术开发区 219 个，国家级高新技术产业开发区 168 个，海关特殊监管区 143 个，边/跨境经济合作区 19 个，国家级自由贸易区 12 个，国家级新区 19 个，国家自主创新示范区 19 个，其他国家级开发区 23 个，省级开发区 2 053 个。2003 年前，我国主要是在经济基础较好的东部沿海地区设立经济特区、经济技术开发区等，这些区域成为推动工业化和城镇化的重要平台。2003 年后，开发区政策转向区域均衡发展为导向，鼓励在经济基础较差的中西部地区设立开发区，希望通过开发区建设带动欠发达地区经济发展（陆铭和向宽虎，2014；Zheng et al.，2016；陆铭，2017），这使得开发区政策显现出明显的区域导向。

四、问题区域管理

问题区域管理是区域发展管理的重要组成部分。问题区域有不同的类型，不同类型的问题区域面临的问题不同，区域发展管理的对策也相应不同。譬如，对于西部欠发达地区、东北老工业基地，中央政府采取了特殊的发展政策，在产业发展、基础设施建设、社会事业等领域采取特殊措施，给予政策扶持。问题区域管理政策也属于区域导向的发展政策。

1. 贫困地区与条件不利地区

贫困地区是问题区域的一大类型，需要采用特殊的发展政策。我国扶贫开发政策始于 20 世纪 80 年代中期。1994 年，国务院制定了全国扶贫开发工作的纲领，力争用 7 年左右的时间（1994—2000 年）基本解决当时全国农村 8 000 万贫困人口的温饱问题。这一计划也被称为“八七”扶贫攻坚计划。尽管我国的扶贫开发取得了举世公认的辉煌成就，但贫困地区发展滞后问题仍然没有得到根本解决。按照新的扶贫标准统计，2014 年底，中国仍有 7 000 多万农村贫困人口。为了实现 2020 年全面建成小康社会的目标，2020 年前要确保 7 000 多万贫困人口全部脱贫，每年要减贫 1 200 万人。2014 年，中国扶贫攻坚工作全面实施精准扶贫方略，加快贫困人口精准脱贫。所谓精准扶贫，是指针对不同贫困区域环境、不同贫困农户状况，运用科学有效程序对扶贫对象实施精确识别、精确帮扶、精确管理的治贫方式。

当前，扶贫开发工作已进入“啃硬骨头、攻坚拔寨”的冲刺期。十九大报告中指出，要坚决打赢脱贫攻坚战。当前，脱贫攻坚战的政策措施主要包括：发展特色产业脱贫，引导劳务输出脱贫，实施易地搬迁脱贫，结合生态保护脱贫，着力加强教育脱贫，开展医疗保险和医疗救助脱贫，实行农村最低生活保障制度兜底脱贫，探索资产收益扶贫，加大财政扶贫投入力度，加强贫困地区基础设施建设等。

我国的条件不利地区，主要分布在中西部地区。譬如，西南地区的石漠化区域土地贫瘠，作物难以生长，农业生产条件不利；滇西边境山区地处偏远，交通不便。目前，我国面向条件不利地区尚未形成统一的政策体系，由于西南石漠化区域、滇西边境山区等条件不利区域往往是集中连片的贫困地区，对这一类条件不利地区的对策是和扶贫开发政策紧密结合的。

2. 萧条地区与收缩城市

（1）萧条地区和收缩城市的概念。

萧条地区是指区域经济陷入萧条的地区。经济萧条（depression）是指经济不景气的状况，具体表现为企业产出剧烈降低，企业破产增加，失业率升高，企业信心降低，产业投资减少。按照经济学的界定，经济萧条的判断标准是实际 GDP 负增长超过 10%。经济衰退（recession）与经济萧条有类似的表现，但程度较弱，持续时间较短。经济衰退的判断标准是连续两个季度出现实际 GDP 负增长。当经济衰退（实际 GDP 负增长）连续超过 3 年时，也被认为是经济萧条。我国没有按照经济学标准对萧条地区进行统计，我们通常所说的萧条地区是指经济下行压力大、生产经营困难的企业数量多、产业和经济活力不足、就业民生和社会保障压力大的区域。部分学者认为老工业基地或老工业中心是萧条区域，萧条区域产生的原因是区域发展老化，而东北老工业基地有未老先衰的特征（张可云，2016）。

收缩城市（shrinking cities）主要是指城市人口自然增长为负的现象。按照收缩城市国际研究网络的定义，收缩城市是指人口规模在 1 万以上人口密集的城市区域，人口流失超过两年，并经历结构性经济危机的现象。根据张学良、龙瀛、吴康等人的研究，我国 26.71%的地级及以上行政单元、37.16%的县市发生了人口收缩；全国 660 个建制市中，总计 80 个城市（占 12.1%）出现了不同程度的人口收缩。可以看到，收缩城市的表现为城市人口流失，深层次原因则是经济失去活力，陷入结构性危机。收缩城市与萧条地区均面临经济不景气、产业发展活力不足的困扰。

（2）东北老工业基地振兴战略。

2003 年 10 月，中共中央、国务院发布《关于实施东北地区等老工业基地振兴战略的若干意见》，开始实施东北老工业基地振兴战略，使得东北三省经济增速开始加快，逐步缩小了与全国的发展差距。但东北地区一直处在历史性爬坡过程中，市场化程度不高，国有企业活力不足，民营经济发展不充分，新产业、新经济、新动能发展偏慢，资源枯竭、产业衰退、城市转型升级面临较大困难，结构性矛盾突出，经济转型升级和高质量发展依然面临严峻的挑战。2014 年以来，受外部周期性因素以及内部产业结构等诸多因素影响，东北三省经济下行压力增大。2016 年，中共中央、国务院发布《关于全面振兴东北地区等老工业基地的若干意见》，要求提升东北老工业基地的发展活力、内生动力和整体竞争力，将东北老工业基地建成具有国际竞争力的先进装备制造业基地和重大技术装备战略基地，国家新型原材料基地、现代农业生产基地和重要技术创新与研发基地。

围绕这一发展目标和总体思路，国家还提出了多项具体的政策措施：一是着力完善体制机制，加快形成同市场完全对接、充满内在活力的新体制和新机制；二是全面推进经济结构优化升级，构建战略性新兴产业和传统制造业并驾齐驱、现代服务业和传统服务业相互促进、信息化和工业化深度融合的产业发展新格局；三是大力实施创新驱动发展战略，把创新作为培育东北老工业基地内生发展动力的主要生成点；四是着力保障和改善民生，解决好社保、就业等重点民生问题，推进城市更新改造和城乡公共服务均等化，促进资源型城市可持续发展。

3. 膨胀地区

膨胀地区是指经济活动和人口过度集聚的城市地区。膨胀是一个形象的描述，主要是指城市功能过度集中，人口规模不断膨胀，导致交通拥堵、环境污染等大城市病日益凸显。膨胀地区的根本对策是城市功能疏解，走向减量发展。

我国代表性的膨胀地区对策是京津冀协同发展。2015年4月中共中央政治局审议通过的《京津冀协同发展规划纲要》指出，推动京津冀协同发展是重大国家战略，核心是有序疏解北京非首都功能。按照要求，要严控增量、疏解存量、疏堵结合调控北京市人口规模，以京津冀城市群建设为载体，以优化区域分工和产业布局为重点，推进京津冀协同发展，并在交通一体化、生态环境保护、产业升级转移等作为京津冀协同发展的三个重点领域率先取得突破。

第三节　基础设施、公共服务与区域发展管理

一、基础设施与区域发展管理

1. 基础设施的概念和特性

基础设施（infrastructure）是指为社会生产和居民生活提供公共服务的物质工程设施。基础设施包括交通、邮电、供水供电、商业服务、科研与技术服务、园林绿化、环境保护、文化教育、卫生事业等市政公用工程设施和公共生活服务设施等。

基础设施具有以下几个特性：

一是先行性和基础性。基础设施所提供的公共服务是所有商品生产与服务等生产经营活动所必不可少的，如果缺少这些公共服务，其他商品与服务便难以为继。因此，基础设施建设必须适当超前，为经济社会发展奠定基础。

二是不可贸易性。绝大部分基础设施所提供的公共服务是不能通过贸易进口的。一个国家可以从国外融资、引进技术设备，但不可能从国外直接整体引进机场、公路、水厂等基础设施。

三是整体不可分性。基础设施具有规模门槛效应，只有达到一定规模才能提供服务或者有效地提供服务。像公路、机场、港口、电信、水厂等基础设施，小规模投资是难以发挥作用的。譬如，电站大坝不能只建到河中间，机场跑道不能只修半截，连接两个城市的高速公路或轻轨不能只建一半，等等。由于基础设施具有整体不可分割的特点，基础设施行业往往会形成自然垄断。

四是准公共产品。与公共产品类似，部分基础设施提供的公共服务具有相对的非竞争性和非排他性。所谓非竞争性是指物品的生产成本不会随着物品消费的增加而增加，即边际成本为零。譬如，国防就是公共产品，每年的国防支出都是固定的，不会因为新出生一个婴儿而增加国防支出。所谓非排他性是指当某人使用基础设施所提供的公共服务时，不可能禁止他人使用，或者要花费很高的成本才能禁止他人使用。基础设施所提供的公共服

务，任何人都不可能将他人排除在外，也就是说难以排除搭便车的问题。因此，基础设施建设往往由政府投资。

2. 基础设施对区域发展管理的作用

基础设施对于区域发展管理的作用主要有几个方面：

第一，为经济社会长期持续发展提供基础设施的保障。一个国家或地区的基础设施是经济持续稳定发展的重要基础，完善的基础设施有利于加快社会经济发展。一般来说，经济越发达，对基础设施的要求越高，基础设施完善程度也越高。譬如，便捷的交通运输网络有利于降低运输成本，方便人员往来，促进商务交流，增强对创新人才的吸引力。

第二，基础设施建设投资具有“乘数效应”。建立完善的基础设施往往需较长时间和巨额投资。基础设施建设投资往往会带来几倍于投资额的社会总需求和国民收入，可以扩大就业，增加民众收入。著名的“罗斯福新政”的政策之一就是政府主导的大规模基础设施建设。

二、公共服务与区域发展管理

1. 公共服务的概念和特性

公共服务（public service）是指使用公共权力和公共资源向公民（及其被监护的未成年子女等）提供的各项服务。需要指出的是，并不是所有的服务都是公共服务。现代社会的服务是由三个方面提供的，一是由营利性的私人企业使用私人资源提供的私人服务；二是由非营利的社会组织使用社会资源提供的社会服务；三是由公共组织机构使用公共权力与公共资源提供的公共服务。只有使用公共权力或公共资源向公民提供的服务才是公共服务。因此，公共服务体现了公民权利与国家责任之间的公共关系。

公共服务的目的是满足公民生活、生存与发展的某种直接需求，使公民受益或享受，这些服务涉及教育、科技、文化、卫生、体育等诸多方面。依据社会公众的需求程度，可以将公共服务分为基本公共服务和非基本公共服务两大类。在区域政策中，公共服务主要是强调基本公共服务的均等化。关于基本公共服务均等化，我们将在下文中详细讨论。

2. 公共服务对区域发展管理的作用

公共服务在区域发展管理中的作用主要有以下几个方面：

第一，基本公共服务是区域发展的重要内容。教育、公共卫生和基本医疗、社会保障等基本公共服务，本身是区域发展的目标和重要内容，同时也是直接影响区域发展的重要因素。

第二，公共服务是区域发展的重要条件。教育、医疗卫生、文化、体育、社会保障等公共服务供给的数量和质量，直接影响到一个区域或城市的生活质量，一个区域或城市的生活质量提升，需要充分而且高品质的公共服务。提高生活质量，不仅可以满足人民群众对美好生活的向往，也有利于促进区域经济发展特别是高端产业的发展。依据城市经济学的生活质量理论（quality of life theory），生活品质是吸引创新人才的重要因素，越是高端产业和高端人才，对生活品质的要求越高，一个城市的生活品质越好，对创新人才的吸引力越强，就越有利于高端产业的发展。

三、基本公共服务均等化

基本公共服务均等化是我国区域政策的重要内容之一，也是区域政策的基本点之一。2017 年 1 月国务院发布的《“十三五”推进基本公共服务均等化规划》明确提出，到 2020 年，基本公共服务体系更加完善，在学有所教、劳有所得、病有所医、老有所养、住有所居等方面持续取得新进展。党的十九大报告提出，到 2035 年，基本实现基本公共服务均等化。

基本公共服务是满足全体公民最低需求的公共服务，或者说，基本公共服务是由政府主导、保障全体公民生存和发展基本需要、与经济社会发展水平相适应的公共服务。基本公共服务包括三个基本点：一是保障社会成员的基本生存权（或生存的基本需要）的需要，这就要求政府及社会为每个社会成员都提供基本就业保障、基本养老保障、基本生活保障等；二是满足基本尊严（或体面）和基本能力的需要，这就要求政府及社会为每个公民提供基本的教育和文化服务；三是满足基本健康的需要，这就要求政府及社会为每个公民提供基本的健康保障。因此，基本公共服务是指根据一国经济社会发展水平，为维持基本的社会正义，保障全体公民最基本的生存权和发展权，为实现人的全面发展所需要的公共服务。具体来说，义务教育、公共卫生和基本医疗、基本社会保障、公共就业服务，是保障全体公民基本生存权和发展权所必须提供的公共服务，也是现阶段我国基本公共服务的主要内容。

依据《“十三五”推进基本公共服务均等化规划》，基本公共服务均等化是指全体公民能够公平获得大致均等的基本公共服务，核心是促进机会均等，重点是保障人民群众得到基本公共服务的机会，而不是简单的平均化。基本公共服务均等化的内容主要包括：一是基本民生性服务，如就业服务、社会救助、养老保障等；二是公共事业性服务，如公共教育、公共卫生、公共文化、科学技术、人口控制等；三是公益基础性服务，如公共设施、生态维护、环境保护等；四是公共安全性服务，如社会治安、生产安全、消费安全、国防安全等。

四、地方品质驱动发展

现代城市发展理论越来越强调地方品质的重要性。在工业化的初期阶段，经济发展一般是要素驱动的，主要依赖劳动力、资本等遍在要素的投入，但随着城市或区域发展进入工业化后期阶段，技术密集型、知识密集型产业的比重越来越高，城市与区域发展对技术、创新、人才的依赖越来越强，技术、创新、人才的重要性越来越突出。由于技术创新主要依靠高端人才，而高端人才对地方品质的需求更高，他们往往集聚在具有高水平地方品质的城市和区域，因而只有提高地方品质，才能增强对人才、技术的吸引力，才能推动城市和区域发展转型，走向创新驱动发展。因此，越来越多的城市重视地方品质，强调通过提升地方品质，促进城市发展。地方品质驱动的发展，成为城市与区域发展的新逻辑、新模式（杨开忠，2019）。

本书第七章曾经提到，城市生活质量可以用宜居性来概括和衡量。对于城市宜居性的内涵和评价体系目前仍然存在分歧，大部分学者认为城市宜居性的内涵应当包括经济繁荣富裕、社会和谐安全、环境优美健康、生活舒适便捷、公共服务良好等方面。参考对城市宜居性的讨论，地方品质的概念内涵可以界定为以下四个方面：一是丰富多样的物质消费环境；二是优美的人居环境，包括令人愉悦的自然生态环境、文化氛围和社会交往环境；三是高品质的公共服务，包括教育、医疗卫生、社会保障等；四是舒适便捷的交通通信、数字网络、制度环境等基础设施。提升地方品质，需要从这几个方面着手，努力打造丰富多样的物质消费环境、优美的人居环境、高品质的公共服务、舒适便捷的基础设施。其中，高品质的公共服务尤为重要，一方面是因为高端人才对高品质公共服务的需求尤为突出，高品质公共服务对于提升生活品质的意义非凡；另一方面，一个城市或区域的公共服务供给的数量和质量往往与经济发展水平密切相关，改善公共服务的数量和质量往往难以一蹴而就，需要长期的努力，有时还需要超前布局，通过改善公共服务，提升地方品质，来增强对人才、技术、资本的吸引力，促进城市与区域发展。

从地方品质的内涵来看，其实质是空间上不可贸易的地方公共品。地方公共品是指由地方政府提供的，只能满足特定区域范围内居民公共消费需求的产品和服务。从经济学的视角看，地方公共品具有以下三个基本特征：一是非排他性，指一个人在消费公共品时无法排除他人同时消费同类公共品。如果你想排斥其他人消费同类公共品，需要付出巨大的成本，这是不经济的，或者是与公共利益相违背的，是不被允许的。譬如，你驾车行驶在公路上，但无法排除其他人也走这条公路。如果你想独占公路，可以私人出资建设，但需付出巨大的成本；如果你不愿意他人通行这条公路，可以设置路障来限制他人通行，但这样做会影响公众的利益。二是非竞争性，即一个人从公共产品的消费中获得收益时，并不会降低其他人的收益。三是空间限制性，也就是说，地方公共品的收益被限定在特定的区域范围内。这是地方公共品独有的特征，也是地方公共品与全国性公共品的不同之处。可以说，地方公共品的数量、多样性和质量决定了地方品质的水平，一个城市和区域要提升地方品质，就要努力增加地方公共品的供给。由于地方公共品具有非竞争性、非排他性和空间限制性三个特性，提升地方品质，主要依靠地方政府的规划、协调和投入。

第四节　优化国土开发空间

一、为什么要优化国土开发空间

党的十八大报告强调，要优化国土空间开发格局，加快实施主体功能区战略，推动各地区严格按照主体功能定位发展。随着现代化建设的推进，国土空间发生了深刻变化，出现了一些必须高度重视和需要着力解决的突出问题。譬如，耕地减少过多过快，资源开发强度过大，突出环境污染仍未从根本上得到治理，空间结构不合理，生态空间减少过多等。优化国土开发空间，是通过国土空间用途管制，形成合理的空间开发结构，实现空间治理和空间结构优化。

当前，在国土空间治理和空间结构优化方面仍然存在着一些不合理的问题，归纳起来主要有两个方面：一是由于集聚经济的惯性，部分地区开发强度过大，经济密度过高，资源环境负荷过大，局部地区甚至超越资源环境承载力。二是片面追求经济增长，生态环境为经济发展让路的情况仍未根绝，部分地区生态系统功能退化仍在持续，譬如，长江流域生态功能退化依然严重，祁连山等地局部生态破坏问题突出。一方面，由于资源环境承载力的极限性，尤其是空间流动性受到限制的生态环境容量和可利用水资源量存在着客观上的极限性，如果城市与区域发展超越资源环境承载力，会招致自然界的报复，包括生态退化、环境污染、水资源危机等；另一方面，由于资源环境要素的不可替代性，如水是生命之源，环境健康对于人类健康具有不可替代的作用，生态系统不可以人为复制。因此，城市与区域发展不得超越资源环境承载力，必须调整优化产业结构和空间布局，适应资源环境承载力。

十九大报告指出，要构建国土空间开发保护制度，完善主体功能区配套政策，建立以国家公园为主体的自然保护地体系。优化国土空间开发格局，就是要按照人口、资源、环境相均衡，经济效益、社会效益、生态效益三个效益有机统一的原则，控制开发强度，调整空间结构，科学布局生产空间、生活空间、生态空间，促进生产空间集约高效、生活空间宜居适度、生态空间山清水秀。具体来说，主要包括以下几个方面：第一，加快实施主体功能区战略，构建科学合理的城市化格局、农业发展格局、生态安全格局。第二，实施分类管理的区域政策。第三，实行各有侧重的绩效评价。按照不同区域的主体功能定位，实行差别化的评价考核。第四，促进陆地国土空间与海洋国土空间协调开发。

二、主体功能区规划

2010 年 12 月，国务院正式印发了《全国主体功能区规划》。全国主体功能区规划是根据不同区域的资源环境承载能力、现有开发密度和发展潜力，将国土空间划分为优化开发、重点开发、限制开发和禁止开发四类，确定主体功能定位，明确开发方向，控制开发强度，规范开发秩序，完善开发政策，引导产业转移和布局以及人口有序流动，逐步形成人口、经济、资源环境相协调的空间开发格局。全国主体功能区规划是战略性、基础性、约束性的规划，也是国民经济和社会发展总体规划、区域规划、城市规划等的基本依据。主体功能区规划的关键词是资源环境承载能力，基本思路是优化国土开发空间布局，实现产业发展与资源环境承载力的协调。主体功能区规划的主要目标是以 2020 年为目标期，但规划任务是更长远的，根据形势变化和评估结果将对主体功能区规划适时调整修订。

按照全国主体功能区规划，国土空间划分为优化开发、重点开发、限制开发和禁止开发四类功能主体区。其中，优化开发区域是指国土开发密度已经较高、资源环境承载能力开始减弱的区域，主要分布在沿海地区，尤其是发达的城市化区域。优化开发区域要推动产业结构向高端高效发展，优化空间开发结构。重点开发区域是指资源环境承载能力较强、经济和人口集聚条件较好的区域，主要分布在沿海地区内部的次发达区域和中西部地区。重点开发区域将推动产业集聚和人口集聚，培育带动区域协同发展的增长极。限制开发区域是指资源承载能力较弱、大规模集聚经济和人口条件不够好并关系到全国或较大区域范围生态安全的区域，主要是具备较好的农业生产条件、以提供农产品为主体功能的农产品主产区，以及影响全局生态安全的重点生态功能区。限制开发区域应当限制大规模、高强度的工业化城镇化开发。禁止开发区域是指依法设立的各类自然保护区域，主要是自然文化资源保护区和其他需要特殊保护的区域。

依据全国主体功能区规划，确定主体功能区定位后，财政政策、投资政策、产业政策、人口政策、土地政策、环境政策和绩效考核政策等都将相应有所调整，实行分类管理的区域政策和各有侧重的绩效评价。具体内容包括，实行差别化的土地利用政策，引导各个区域的产业转移和布局；调控人口总量，引导人口有序流动，逐步形成人口与资金等生产要素同向流动的机制等。在实施分类管理的区域政策方面，中央财政要逐年加大对农产品主产区、重点生态功能区特别是中西部重点生态功能区的转移支付力度，增强基本公共服务和生态环境保护能力。实行按主体功能区安排与按领域安排相结合的政府投资政策。明确不同主体功能区的鼓励、限制和禁止类产业，科学确定各类用地规模，对不同主体功能区实行不同的污染物排放总量控制和环境标准。在实行各有侧重的绩效评价方面，按照不同区域的主体功能定位，实行差别化的评价考核。对优化开发的城市地区，强化经济结构、科技创新、资源利用、环境保护等的评价。对重点开发的城市化地区，综合评价经济增长、产业结构、质量效益、节能减排、环境保护和吸纳人口。对限制开发的农产品主产区和重点生态功能区，分别实行农业发展优先和生态保护优先的绩效评价，不考核地区生产总值、工业等指标。对禁止开发的重点生态功能区，全面评价自然文化资源原真性和完整性保护情况。

三、国土空间规划体系

国土空间规划是对国土空间开发保护在空间和时间上作出的战略性、系统性安排，包括总体规划、详细规划和相关专项规划。国土空间规划是国家空间发展的指南，是可持续发展的空间蓝图，是各类开发建设和保护活动的基本依据。我国的国土空间规划体系包括全国、省、市县三个层级。

党的十八大以后，建立空间规划体系、推进规划体制改革的思路逐步形成。2013年，党的十八届三中全会提出了“建立空间规划体系，划定生产、生活、生态开发管制边界，落实用途管制”要求，明确了空间规划体系的主要目标。2015年《生态文明体制改革总体方案》要求“构建以空间治理和空间结构优化为主要内容，全国统一、相互衔接、分级管理的空间规划体系”，将空间治理和空间结构优化作为空间规划体系的主要内容。2018年11月，党中央、国务院《关于统一规划体系更好发挥国家发展规划战略导向作用的意见》明确了国土空间规划与国家发展规划的关系，要求强化国家发展规划的统领作用，强化国土空间规划的基础作用。国家发展规划突出战略指导性，国土空间规划体现发展规划的意图并在空间上做出安排。2019年5月，《中共中央、国务院关于建立国土空间规划体系并监督实施的若干意见》指出，建立国土空间规划体系，将主体功能区规划、土地利用规划、城乡规划等空间规划融合为统一的国土空间规划，实现“多规合一”，强化国土空间规划对各专项规划的指导约束作用。

按照《中共中央、国务院关于建立国土空间规划体系并监督实施的若干意见》的要求，国土空间规划要体现国家意志和国家发展规划的战略性，自上而下编制各级国土空间规划，对空间发展作出战略性、系统性安排。落实国家安全战略、区域协调发展战略和主体功能区战略，明确空间发展目标，优化城镇化格局、农业生产格局、生态保护格局，确定空间发展策略，转变国土空间开发保护方式，提升国土空间开发保护质量和效率。国土空间规划体系的总体框架包括：分级分类建立国土空间规划，明确各级国土空间总体规划编制重点，强化对专项规划的指导约束作用，市县及以下编制详细规划等方面。由此可见，国土空间规划体系具有鲜明的问题导向、目标导向和应用导向。

四、生态环境空间管控

生态环境空间管控在生态文明建设、空间规划体系中具有前置引导的基础性规划作用，但当前生态环境空间管控滞后于生态文明建设和国土空间规划改革的形势（王金南，2018），导致现实中存在着生态环境空间无序和功能分区缺失严重等问题。

生态环境空间管控的基本框架可以归纳为“三线一单”。所谓“三线一单”，是指生态保护红线、环境质量底线、资源利用上线，和环境准入负面清单。其中，生态保护红线是指在生态空间范围内具有特殊重要生态功能、必须强制性严格保护的区域，是保障和维护国家生态安全的底线和生命线，通常包括具有重要水源涵养、生物多样性维护、水土保持、防风固沙、海岸生态稳定等功能的生态功能重要区域，以及水土流失、土地沙化、石漠化、盐渍化等生态环境敏感脆弱区域。按照“生态功能不降低、面积不减少、性质不改变”的基本要求，实施严格管控。环境质量底线是指按照水、大气、土壤环境质量不断优化的原则，结合环境质量现状和相关规划、功能区划要求，考虑环境质量改善潜力，确定的分区域分阶段环境质量目标及相应的环境管控、污染物排放控制等要求。资源利用上线是指按照自然资源资产“只能增值、不能贬值”的原则，以保障生态安全和改善环境质量为目的，利用自然资源资产负债表，结合自然资源开发管控，提出的分区域分阶段的资源开发利用总量、强度、效率等上线管控要求。环境准入负面清单是指基于环境管控单元，统筹考虑生态保护红线、环境质量底线、资源利用上线的管控要求，提出的空间布局、污染物排放、环境风险、资源开发利用等方面禁止和限制的环境准入要求。

2016 年《“十三五”环境影响评价改革实施方案》要求，以生态保护红线、环境质量底线、资源利用上线和环境准入负面清单为手段，强化空间、总量、准入环境管理。“三线一单”与资源环境生态红线管控的思想是一脉相承的。2016 年《关于加强资源环境生态红线管控的指导意见》提出，要合理设置红线管控指标，构建红线管控体系，健全红线管控制度，倒逼发展质量和效益提升；树立底线思维和红线意识，设定并严守资源环境生态红线，与空间开发保护管理相衔接，实行最严格的管控和保护措施。资源环境生态红线管控的内涵是指划定并严守资源消耗上限、环境质量底线、生态保护红线，强化资源环境生态红线指标约束，将各类经济社会活动限定在红线管控范围以内。严守资源消耗上限是指设定全国及各地区资源消耗“天花板”，包括能源消费总量控制，煤炭消费量和占比，用水总量控制，建设用地总量控制，耕地占补平衡；严守环境质量底线是指确定大气环境、水环境、土壤环境的治理管控目标；划定生态保护红线是指依法在重点生态功能区、生态环境敏感区和脆弱区等区域划定生态保护红线，确保生态功能不降低、面积不减少、性质不改变。

本章小结

区域发展管理是区域经济学研究的重头戏。这样说并不为过。我们学习区域经济学，需要认识并理解空间经济过程的市场机制，尊重并充分发挥市场在区域经济发展中的作用，但这并不是说只要市场就够了。发挥市场在资源配置中的决定性作用，需要更好地发挥政府的作用。政府在区域经济发展中仍然具有不可或缺的重要作用，科学的区域发展管理，有助于推动区域经济高质量发展。

区域发展管理的政策手段包括区域发展战略、区域规划、区域政策等，各种政策手段均具有各自的重要作用。加快基础设施建设，增加地方性公共产品供给，改善公共服务，实施地方品质驱动发展，是地方政府推动区域经济高质量发展的重要抓手。从宏观层面看，优化国土开发空间，强化国土空间规划和生态环境空间管控，已经成为新时期区域发展管理中空间管治的主要逻辑。问题区域管理是区域发展管理的重要组成部分，无论是贫困地区，还是萧条地区或膨胀地区，都需要有针对性地实施区域发展管理。

关键词

地方政府竞争　营商环境　区域发展战略　区域规划　区域政策　问题区域　地方品质驱动发展　主体功能区　国土空间规划

复习与习题

1. 如何理解地方政府竞争对于区域经济发展的作用?
2. 如何理解地方品质驱动发展对于当代区域发展的重要意义?
3. 为什么空间管治需要加强国土空间规划和生态环境空间管控?
4. 如何理解区域发展战略、区域规划、区域政策在区域发展管理中的作用?

参考文献

1. Aiginger K., Pfaffermayr M. The single market and geographic concentration in Europe. *Review of International Economics*, 2004, 12 (1): 1 - 11.

2. Alonso W. *Location and Land Use*. Cambridge, MA: Harvard University Press, 1964.

3. Anas A., Arnott R., Small K. A. Urban spatial structure. *Journal of Economic Literature*, 1998, 36 (3): 1426 - 1464.

4. Au C. C., Henderson J. V. Are Chinese cities too small?. *Review of Economic Studies*, 2006, 73 (3): 549 - 576.

5. Auty R., Warhurst A. Sustainable development in mineral exporting economies. *Resources Policy*, 1993, 19 (1): 14 - 29.

6. Baldwin R., Martin P., Ottaviano G. Global income divergence, trade, and industrialization: The geography of growth take-offs. *Journal of Economic Growth*, 2001, 6 (1): 5 - 37.

7. Barca F., McCann P., Rodríguez-Pose A. The case for regional development intervention: Place-based versus place-neutral approaches. *Journal of Regional Science*, 2012, 52 (1): 134 - 152.

8. Barro R. J. Determinants of economic growth: A cross-country empirical study. National Bureau of Economic Research, 1996.

9. Barro R. J. Inflation and economic growth. National Bureau of Economic Research, 1995.

10. Baumol W. J. Productivity growth, convergence and welfare: What the long-run data shows. *American Economic Review*, 1986, 76: 1072 - 1085.

11. Behrens K. , Gaigné C. , Ottaviano G. I. P, et al. Countries, regions and trade: On the welfare impacts of economic integration. *European Economic Review*, 2007, 51 (5): 1277 - 1301.

12. Behrens K. , Picard P. M. Transportation, freight rates, and economic geography. *Journal of International Economics*, 2011, 85 (2): 280 - 291.

13. Ben-David M. , Hanley T. A. , Schell D. M. Fertilization of terrestrial vegetation by spawning Pacific salmon: The role of flooding and predator activity. *Dikos*, 1998: 47 - 55.

14. Bento A. M. , Franco S. F. , Kaffine D. The efficiency and distributional impacts of alternative anti-sprawl policies. *Journal of Urban Economics*, 2006, 59 (1): 121 - 141.

15. Boehlje M. Industrialization of agriculture: What are the implications? . *Choices*, 1996, 11 (1): 30 - 33.

16. Boskin M. J. Economic measurement: Progress and challenges. *American Economic Review*, 2000, 90 (2): 247 - 252.

17. Brownstone D. , Golob T. F. The impact of residential density on vehicle usage and energy consumption. *Journal of Urban Economics*, 2009, 65 (1): 91 - 98.

18. Brueckner J. K. Urban sprawl: Diagnosis and remedies. *International Regional Science Review*, 2000, 23 (2): 160 - 171.

19. Brueckner J. K. The structure of urban equilibria: A unified treatment of the muth-mills model. *Handbook of Regional and Urban Economics*, 1987, 2: 821 - 845.

20. Brundtland G. H. , Khalid M. , Agnelli S. *Our Common Future*. New York: Oxford University Press, 1987.

21. Brunnschweiler C. N. , Bulte E. H. The resource curse revisited and revised: A tale of paradoxes and red herrings. *Journal of Environmental Economics and Management*, 2008, 55 (3): 248 - 264.

22. Brunnschweiler C. N. Cursing the blessings? Natural resource abundance, institutions, and economic growth. *World Development*, 2008, 36 (3): 399 - 419.

23. Burchell R. W. , Shad N. A. , Listokin D. , Phillips H. , Downs A. , Seskin S. , Davis J. , Moore T. , Helton D. , Gall M. The costs of sprawl-revisited, transit cooperative research program (TCRP) . Washington, D. C: Transportation Research Board, National Research Council, 1998, Report 39, 83 - 125.

24. Burchfield M. , Overman H. G. , Puga D. , Turner M. A. Causes of sprawl: A portrait from space. *Quarterly Journal of Economics*, 2006, 121 (2): 587 - 633.

25. Carlino G. A. Productivity in cities: Does city size matter. *Federal Reserve Bank of Philadelphia-Business Review*, 1987: 3 - 12.

26. Chenery H. B. , Robinson S. , Syrquin M. *Industrialization and Growth*. New York: Oxford University Press, 1986.

27. Clark C. *The Conditions of Economic Progress*. London: MacMillan, 1957.

28. Copeland B. R. , Taylor M. S. North-south trade and the environment. *The Quarterly Journal of Economics*, 1994, 109: 755 - 787.

29. Copeland B. R. , Taylor M. S. Trade, growth, and the environment. *Journal of Economic Literature*, 2004, 42 (1): 7 - 71.

30. Costanza R. , d'Arge R. , De Groot R. The value of the world's ecosystem services and natural capital. *Nature*, 1997, 387 (6630): 253.

31. Cronon W. *Nature's Metropolis: Chicago and the Great West*. New York: WW Norton, 1991.

32. Cutler D. M. , Glaeser E. L. , Vigdor J. L. The rise and decline of the American ghetto. *Journal of Political Economy*, 1999, 107 (3): 455 - 506.

33. Daly H. E. *Beyond Growth: The Economics of Sustainable Development*. Boston: Beacon Press, 1996.

34. Dan B. D. Convergence clubs and subsistence economies. *Journal of Development Economics*, 1998, 55 (1): 155 - 171.

35. Deardorff A. V. Rich and poor countries in neoclassical trade and growth. *The Economic Journal*, 2001, 111: 277 - 294.

36. DeLong J. , Bradford. Productivity growth, convergence and welfare: Comment. *American Economic Review*, 1988, 78 (5): 1138 - 1154.

37. Devereux M. P. , Griffith R. , Simpson H. The geographic distribution of production activity in the UK. *Regional Science and Urban Economics*, 2004, 34 (5): 533 - 564.

38. Dixit A. K. , Stiglitz J. E. Monopolistic competition and optimum product diversity. *The American Economic Review*, 1977, 67 (3): 297 - 308.

39. Dixon R. , Thirlwall A. P. A model of regional growth-rate differences on Kaldorian lines. *Oxford Economic Papers*, 1975, 27 (2): 201 - 214.

40. Dong L. , Dong H. , Fujita T. Cost-effectiveness analysis of China's sulfur dioxide control strategy at the regional level: regional disparity, inequity and future challenges. *Journal of Cleaner Production*, 2015, 90: 345 - 359.

41. Dunning J. H. Trade, location of economic activity and the MNE: A search for an eclectic approach. *The International Allocation of Economic Activity*. London: Palgrave Macmillan, 1977: 395 - 418.

42. Duranton G. , Overman H. G. Testing for localization using micro-geographic data. *The Review of Economic Studies*, 2005, 72 (4): 1077 - 1106.

43. Ederington J., Levinson A., Minier J. Footloose and pollution-free. *Review of Economics and Statistics*, 2005, 87 (1): 92-99.

44. Edmiston K., Turnbull G. K. Local government competition for economic development. Andrew Young School of Policy Studies at Georgia State University, Working paper, 2003: 03-07.

45. Ellison G., Glaeser E. L. Geographic concentration in US manufacturing industries: A dartboard approach. *Journal of Political Economy*, 1997, 105 (5): 889-927.

46. Engel C., Rogers J. How wide is the border? . *American Economic Review*, 1996, 86: 1112-1125.

47. Ewing R. Characteristics, causes, and effects of sprawl: A literature review. *Environmental and Urban Issues*, 1994, 21 (2): 1-15.

48. Ewing R., Pendall R., Chen D. Measuring sprawl and its impact. Washington D. C.: *Technical Report*, 2002, 1.

49. Forslid R., Ottaviano G. I. P. An analytically solvable core-periphery model. *Journal of Economic Geography*, 2003, 3 (3): 229-240.

50. Friedmann J. *Regional Development Policy*. Cambridge: MIT Press, 1966.

51. Fujita M., Hu D. Regional disparity in China 1985—1994: The effects of globalization and economic liberalization. *The Annals of Regional Science*, 2001, 35: 3-37.

52. Fujita M., Thisse J. F. Agglomeration and market interaction. Japan: Institute of Economic Research, Kyoto University, 2002.

53. Galor O. Convergence? Inference from theoretical models. *The Economic Journal*, 1996, 106: 1056-1069.

54. Geertz C. *Agricultural Involution: The Process of Ecological Change in Indonesia*. Berkeley, CA: University of California Press, 1963.

55. Gereffi G., Kaplinsky R. Introduction: Globalisation, value chains and development. *IDS Bulletin*, 2001, 32 (3): 1-8.

56. Glaeser E., Kahn M. Sprawl and urban growth. *Handbook of Regional and Urban Economics*, 2004.

57. Glaeser E., Kallal H. D., Scheinkman J. A. Growth in cities. *Journal of Political Economy*, 1992, 100 (6): 1126-1152.

58. Gordon P., Richardson H. W. Are compact cities a desirable planning goal? *Journal of the American Planning Association*, 1997, 63 (1): 95-106.

59. Gorodnichenko Y., Tesar L. L. Border effect or country effect? Seattle may not be so far from vancouver after all. *Social Science Electronic Publishing*, 2009, 1 (1): 219-241.

60. Gottmann J. Megalopolis or the urbanization of the northeastern seaboard. *Economic Geography*, 1957, 33 (3): 189 - 200.

61. Grossman G. M., Krueger A. B. Economic growth and the environment. *The Quarterly Journal of Economics*, 1995, 110 (2): 353 - 377.

62. Grossman G. M., Krueger A. B. Environmental impacts of a North American free trade agreement. National Bureau of Economic Research, 1991.

63. Grossman G. M., Krueger A. B. Pollution and growth: What do we know. *The Economics of Sustainable Development*, 1995, 19: 41.

64. Hamaguchi N., Fujita M. An analysis on investment conversion effect based on new spatial economic model. *Tokyo: Institute of Developing Economies*, 2000: 161 - 182.

65. Hamilton K. Genuine saving as a sustainability indicator. *OECD Proceedings: Frameworks to Measure Sustainable Development*, 2000: 65 - 78.

66. Harris C. D. The market as a factor in the localization of industry in the United States. *Annals of the Association of American Geographers*, 1954, 44 (4): 315 - 348.

67. Hartwick J. M. Intergenerational equity and the investing of rents from exhaustible resources. *The American Economic Review*, 1977, 67 (5): 972 - 974.

68. He C., Wang J. Regional and sectoral differences in the spatial restructuring of Chinese manufacturing industries during the post-WTO period. *GeoJournal*, 2012, 77 (3): 361 - 381.

69. Henderson J. V. Efficiency of resource usage and city size. *Journal of Urban Economics*, 1986, 19 (1): 47 - 70.

70. Henderson V. Externalities and industrial development. *Journal of Urban Economics*, 1997, 42 (3): 449 - 470.

71. Herrick B., Kindleberger C. P. *Economic Development*. New York: McGraw Hill, 1983.

72. Hewings G. J. D. Spatially blind trade and fiscal impact policies and their impact on regional economies. *The Quarterly Review of Economics and Finance*, 2014, 54 (4): 590 - 602.

73. Hoffmann W. G. *The Growth of Industrial Economies*. Manchester: Manchester University Press, 1958.

74. Hoover E. M. The measurement of industrial localization. *The Review of Economic Statistics*, 1936: 162 - 171.

75. Hotelling H. Stability in competition. *The Collected Economics Articles of Harold Hotelling*. New York, NY: Springer, 1990: 50 - 63.

76. Huallacháin B. Ó., Satterthwaite M. A. Sectoral growth patterns at the metropoli-

tan level: An evaluation of economic development incentives. *Journal of Urban Econometrics*, 1992, 31 (1): 25 - 58.

77. Jeppesen T., List J. A., Folmer H. Environmental regulations and new plant location decisions: Evidence from a meta-analysis. *Journal of Regional Science*, 2002, 42 (1): 19 - 49.

78. Jiang S., Lu M., Sato H. Identity, inequality and happiness: Evidence from urban China. *World Development*, 2012, 40 (6): 1190 - 1200.

79. Kahn R. F. The relation of home investment to unemployment. *The Economic Journal*, 1931, 41 (162): 173 - 198.

80. Kaldor N. Market imperfection and excess capacity. *Economica*, 1935, 2 (5): 33 - 50.

81. Kaldor N. The case for regional policies. *Scottish Journal of Political Economy*, 1970, 17 (3): 337 - 348.

82. Kamp D., Lorentzen P., Mattingly D. Racing to the bottom or to the top? Decentralization, return pressures, and governance reform in China. *World Development*, 2017, 95: 164 - 176.

83. Keller W., Levinson A. Pollution abatement costs and foreign direct investment inflows to US states. *Review of Economics and Statistics*, 2002, 84 (4): 691 - 703.

84. Kim T. J., Knaap G. The spatial dispersion of economic activities and development trends in China: 1952—1985. *The Annals of Regional Science*, 2001, 35 (1): 39 - 57.

85. Krugman P. *Geography and Trade*. Boston: MIT Press, 1991.

86. Krugman P., Elizondo R. L. Trade policy and the third world metropolis. *Journal of Development Economics*, 1996, 49 (1): 137 - 150.

87. Krugman P., Hanson G. Mexico-US free trade and the location of production. *The Mexico-US Free Trade Agreement*, PM Mark (ed.). Cambridge: MIT Press, 1993: 163 - 168.

88. Krugman P., Livas R. E. Trade policy and the third world metropolis. *Journal of Development Economics*, 1996, 49 (1): 137 - 150.

89. Krugman P., Venables A. J. Globalization and the Inequality of Nations. *The Quarterly Journal of Economics*, 1995, 110 (4): 857 - 880.

90. Krugman P. Differences in income elasticities and trends in real exchange rates. *European Economic Review*, 1989, 33 (5): 1031 - 1046.

91. Krugman P. First nature, second nature, and metropolitan location. *Journal of Regional Science*, 1993, 33 (2): 129 - 144.

92. Krugman P. Increasing returns and economic geography. *Journal of Political Economy*, 1991, 99 (3): 483 - 499.

93. Kuznets S., Epstein L., Jenks E. National income and its composition, 1919—1938. New York: National Bureau of Economic Research, 1941.

94. Kuznets S. Economic growth and income inequality. *American Economic Review*, 1955, 5: 1-28.

95. Laitner J. Structural change and economic growth. *The Review of Economic Studies*, 2000, 67 (3): 545-561.

96. Lee C. J. Pollute first, Control later no more: Combating environmental degradation in China through an approach based in public interest litigation and public participation. *Pacific. Rim Law and Policy Journal.*, 2008, 17: 795.

97. Lei P., Tian X., Huang Q. Firm size, government capacity, and regional environmental regulation: Theoretical analysis and empirical evidence from China. *Journal of Cleaner Production*, 2017, 164: 524-533.

98. Leontief W. Domestic production and foreign trade: The American capital position re-examined. *Proceedings of the American Philosophical Society*, 1953, 332-349.

99. Levinson A. Environmental regulations and manufacturers' location choices: Evidence from the census of manufactures. *Journal of Public Economics*, 1996, 62 (1-2): 5-29.

100. Li H., Zhou L. A. Political turnover and economic performance: The incentive role of personnel control in China. *Journal of Public Economics*, 2005, 89 (9-10): 1743-1762.

101. Lian T., Ma T., Cao J. The effects of environmental regulation on the industrial location of China's manufacturing. *Natural Hazards*, 2016, 80 (2): 1381-1403.

102. Linden G., Dedrick J., Kraemer K. L. Innovation and job creation in a global economy: The case of Apple's iPod. *Journal of International Commerce and Economics*, 2011, 3: 223.

103. List J. A., Co C. Y. The effects of environmental regulations on foreign direct investment. *Journal of Environmental Economics and Management*, 2000, 40 (1): 1-20.

104. Liu J., Diamond J. Revolutionizing China's environmental protection. *Science*, 2008, 319 (5859): 37-38.

105. Liu Y. L., Lu. M., Xiang K. H. Balance through agglomeration: A race between geography and policy in China's regional development. *China and World Economy*, 2018, 26 (6): 72-96.

106. Lucas Jr. R. E. On the mechanics of economic development. *Journal of Monetary Economics*, 1988, 22 (1): 3-42.

107. Macdonald K., Rudel T. K. Sprawl and forest cover: what is the relationship?. *Applied Geography*, 2005, 25 (1): 67-79.

108. MacDougall G. D. A. British and American exports: A study suggested by the theory of comparative costs. Part I. *The Economic Journal*, 1951, 61 (244): 697 - 724.

109. MacDougall G. D. A. British and American exports: A study suggested by the theory of comparative costs. Part II. *The Economic Journal*, 1952, 62 (247): 487 - 521.

110. Marshall A. *Principles of Economics: An Introductory Volume*. London: Macmillan, 1890.

111. Martin P., Ottaviano G. Growing locations: Industry location in a model of endogenous growth. *European Economic Review*, 1999, 43 (2): 281 - 302.

112. Martin P., Rogers C. A. Industrial location and public infrastructure. *Journal of International Economics*, 1995, 39 (3 - 4): 335 - 351.

113. Martin R., Sunley P. The new economic geography and policy relevance. *Journal of Economic Geography*, 2011, 11 (2): 357 - 369.

114. Martinez S. W. Price and quality of pork and broiler products: What's the role of vertical coordination? Current issues. Economic Research Service, United States Department of Agriculture, Agriculture Information Bulletin, 2000, No. 747 - 02. USDA-ERS.

115. Maurel F., Sédillot B. A measure of the geographic concentration in French manufacturing industries. *Regional Science and Urban Economics*, 1999, 29 (5): 575 - 604.

116. McCallum J. National borders matter: Canada-U. S. regional trade patterns. *American Economic Review*, 1995, 85 (3): 615 - 623.

117. Morgan O. A., Condliffe S. Spatial heterogeneity in environmental regulation enforcement and the firm location decision among US counties. *Review of Regional Studies*, 2009, 39 (3): 239 - 252.

118. Mun S., Hutchinson B. G. Empirical analysis of office rent and agglomeration economies: A case study of Toronto. *Journal of Regional Science*, 1995, 35 (3): 437 - 456.

119. Myrdal G. *Economic Theory and Underdeveloped Regions*. London: Duckworth, 1957.

120. Naughton B. Provincial economic growth in China: Causes and consequences of regional differentiation. *China and Its Regions: Economic Growth and Reform in Chinese Provinces*. Cheltenham: Edward Elgar, 2002: 57 - 86.

121. Neumark D., Simpson H. Place-based policies. NBER Working Paper No. 20049, 2014.

122. OECD. Regions matter: Economic recovery, innovation and sustainable growth. Paris: Organizations for Economic Growth and Development, 2009.

123. Ostrom E. *Governing the Commons: The Evolution of Institutions for Collective action*. Cambridge: Cambridge University Press, 1990.

124. Ottaviano G., Tabuchi T., Thisse J. F. Agglomeration and trade revisited. *International Economic Review*, 2002, 43 (2): 409 - 435.

125. Pagano P. On productivity convergence in the European community countries: 1950—1988. *Giornale Degli Economisti E Annali Di Economia*, 1993, 52 (7/9): 389 - 401.

126. Panayotou T. Empirical tests and policy analysis of environmental degradation at different stages of economic development. International Labour Organization, 1993.

127. Pang R., Zheng D., Shi M., Zhang X. Pollute first, control later? Exploring the economic threshold of effective environmental regulation in China's context. *Journal of Environmental Management*, 2019, 248.

128. Pearce D. W., Atkinson G. D. Capital theory and the measurement of sustainable development: An indicator of "weak" sustainability. *Ecological Economics*, 1993, 8 (2): 103 - 108.

129. Poncet S. Measuring Chinese domestic and international integration. *China Economic Review*, 2003, 14 (1): 1 - 21.

130. Popkin S. *The Rational Peasant: The Political Economy of Rural Society in Vietnam*. Berkeley: University of California Press, 1979.

131. Porter M. E., van der Linde C. Toward a new conception of the environment-competitiveness relationship. *Journal of Economic Perspectives*, 1995, 9 (4): 97 - 118.

132. Porter M. E. *The Competitive Advantage of Nations*. New York: The Free Press, 1990.

133. Porter M. E. Towards a dynamic theory of strategy. *Strategic Management Journal*, 1991, 12 (S2): 95 - 117.

134. Ramsey P. F. A mathematical theory of saving. *Economic Journal*, 1928, 38 (152): 543 - 559.

135. Randall G. Holcombe. In defense of urban sprawl. *PERC reports*, 1999, (1): 3 - 5.

136. Reardon T., Barrett C. B. Agroindustrialization, globalization, and international development: An overview of issues, patterns, and determinants. *Agricultural Economics*, 2000, 23: 195 - 205.

137. Rogers E. J. H. How wide is the border? . *The American Economic Review*, 1996, 86 (5): 1112 - 1125.

138. Romer P. M. Endogenous technological change. *Journal of Political Economy*, 1990, 98 (5, Part 2): S71 - S102.

139. Romer P. M. Increasing returns and long-run growth. *Journal of Political Economy*, 1986, 94 (5): 1002 - 1037.

140. Royer J. S., Rogers R. T. *The Industrialization of Agriculture: Vertical Coordination in the U. S. Food System*. London: Ashgate Publishing, 1998.

141. Ruan J., Zhang X. "Flying geese" in China: The textile and apparel industry's pattern of migration. *Journal of Asian Economics*, 2014, 34: 79-91.

142. Sachs J. D., Warner A. M. Sources of slow growth in African economies. *Journal of African economies*, 1997, 6 (3): 335-376.

143. Sachs J. D., Warner A. M. The curse of natural resources. *European economic review*, 2001, 45 (4-6): 827-838.

144. Saxowsky D. M. and Duncan M. R. Understanding agriculture's transition into the 21st century challenges, opportunities, consequences and alternatives. North Dakota State University, *Agricultural Economics Miscellaneous Report*, 1998, No. 181.

145. Schultz T. W. *Transforming Traditional Agriculture*. Chicago: The University of Chicago Press, 1964.

146. Scott J. C. *The Moral Economy of the Peasant: Rebellion and Subsistence in Southeast Asia*. New Haven and London: Yale University Press, 1976.

147. Selden T. M., Song D. Environmental quality and development: Is there a Kuznets curve for air pollution emissions? . *Journal of Environmental Economics and management*, 1994, 27 (2): 147-162.

148. Shafik N. Economic development and environmental quality: An econometric analysis. *Oxford economic papers*, 1994, 46 (4): 757-774.

149. Shi M., Wang X., Yang H. Pricing or quota? A solution to water scarcity in oasis regions in China: A case study in the Heihe River Basin. *Sustainability*, 2014, 6 (11): 7601-7620.

150. Starrett D. Market allocations of location choice in a model with free mobility. *Journal of Economic Theory*, 1978, 17 (1): 21-37.

151. Tang J. Testing the pollution haven effect: Does the type of FDI matter?. *Environmental and Resource Economics*, 2015, 60 (4): 549-578.

152. Thirlwall A. P. Regional problems are "balance-of-payments" problems. *Regional Studies*, 2007, 41 (S1): S89-S95.

153. Thirlwall A. P. Regional problems are balance of payments problems. *Regional Studies*, 1980, 14: 419-426.

154. Tomiura E. Changing economic geography and vertical linkages in Japan. *Journal of the Japanese and International Economies*, 2003, 17 (4): 561-581.

155. Tsui K. Y. China's regional inequality, 1952—1985. *Journal of Comparative Economics*, 1991, 15: 1-21.

156. Turner M. A. Landscape preferences and patterns of residential development. *Journal of Urban Economics*, 2005, 57 (1): 0-54.

157. Tweeten L. Agricultural industrialization: For better or worse. Anderson Chair Occasional Paper No. 2404, 1998.

158. Urban T. Agricultural industrialization: It's inevitable. *Choices*, 1991, 6 (4): 4-6.

159. van der Kamp D., Lorentzen P., Mattingly D. Racing to the bottom or to the top? Decentralization, revenue pressures, and governance reform in China. *World Development*, 2017, 95: 164-176.

160. van Rooij B., Lo C. W. H. Fragile convergence: Understanding variation in the enforcement of China's industrial pollution law. *Law & Policy*, 2010, 32 (1): 14-37.

161. Venables A. J. Equilibrium locations of vertically linked industries. *International Economic Review*, 1996: 341-359.

162. Vernon R. International investment and international trade in the product cycle. *International Economic Policies and Their Theoretical Foundations*. Pittsburgh: Academic Press, 1992: 415-435.

163. Wang C., Lin Z. Environmental policies in China over the past 10 years: Progress, problems and prospects. *Procedia Environmental Sciences*, 2010, 2: 1701-1712.

164. Wei YH. D. Beyond new regionalism, beyond global production networks: Remaking the Sunan model, China. *Environment and Planning C: Government and Policy*, 2010, 28 (1): 72-96.

165. Wei YH. D. Regional inequality in China. *Progress in Human Geography*, 1999, 23: 49-59.

166. Wheeler D. Racing to the bottom? Foreign investment and air pollution in developing countries. *The Journal of Environment & Development*, 2001, 10 (3): 225-245.

167. Williamson J. G. Regional inequality and the process of national development: A description of the patterns. *Economic Development and Cultural Change*, 1965, 13 (4): 1-84.

168. World Bank. *World Development Report* 2009: *Reshaping Economic Geography*. Washington DC: World Bank, 2008.

169. Wu H., Guo H., Zhang B. Westward movement of new polluting firms in China: Pollution reduction mandates and location choice. *Journal of Comparative Economics*, 2017, 45 (1): 119-138.

170. Xu T. Investigating environmental Kuznets curve in China-aggregation bias and policy implications. *Energy policy*, 2018, 114: 315-322.

171. Xu X., Voon J. P. Regional integration in China: A statistical model. *Economics Letters*, 2003, 79 (1): 35-42.

172. Ying. China's changing regional disparities during the reform period. *Economic*

Geography, 1999, 75 (1): 59 - 70.

173. Young A. Growth without scale effects. *Journal of Political Economy*, 1998, 106 (1): 41 - 63.

174. Young A. The razor's edge: Distortions and incremental reform in the People's Republic of China. *The Quarterly Journal of Economics*, 2000, 115 (4): 1091 - 1135.

175. Zeng D. Z., Zhao L. Pollution havens and industrial agglomeration. *Journal of Environmental Economics and Management*, 2009, 58 (2): 141 - 153.

176. Zhang X., Shi M., Li Y. Correlating PM2.5 concentrations with air pollutant emissions: A longitudinal study of the Beijing-Tianjin-Hebei region. *Journal of Cleaner Production*, 2018, 179: 103 - 113.

177. Zhang X. Implementation of pollution control targets in China: Has a centralized enforcement approach worked? . *The China Quarterly*, 2017, 231: 749 - 774.

178. Zhang Z., Shi M., Yang H. Understanding Beijing's water challenge: A decomposition analysis of changes in Beijing's water footprint between 1997 and 2007. *Environmental Science & Technology*, 2012, 46 (22): 12373 - 12380.

179. Zhang Z., Yang H., Shi M. Spatial and sectoral characteristics of China's international and interregional virtual water flows-based on multi-regional input-output model. *Economic Systems Research*, 2016, 28 (3): 362 - 382.

180. Zhang Z., Zhang X., Shi M. Urban transformation optimization model: How to evaluate industrial structure under water resource constraints? . *Journal of Cleaner Production*, 2018, 195: 1497 - 1504.

181. Zheng D., Shi M. Multiple environmental policies and pollution haven hypothesis: Evidence from China's polluting industries. *Journal of Cleaner Production*, 2017, 141: 295 - 304.

182. Zheng S., Kahn M. E., Sun W., et al. Incentives for China's urban mayors to mitigate pollution externalities: The role of the central government and public environmentalism. *Regional Science and Urban Economics*, 2014, 47: 61 - 71.

183. Zheng S., Sun W., Wu J., et al. Urban agglomeration and local economic growth in China: The role of new industrial parks. *USC-INET Research Paper*, 2016 (16 - 06).

184. Zhou Y., Zhu S., He C. How do environmental regulations affect industrial dynamics? Evidence from China's pollution-intensive industries. *Habitat International*, 2017, 60: 10 - 18.

185. Zhu J., Ruth M. Relocation or reallocation: Impacts of differentiated energy saving regulation on manufacturing industries in China. *Ecological Economics*, 2015, 110: 119 - 133.

186. 艾萨德．区位与空间经济．北京：北京大学出版社，2011.

187. 艾萨德．区域科学导论．北京：高等教育出版社，1992.

188. 安虎森，孙久文，吴殿廷，等．区域经济学．北京：高等教育出版社，2018.

189. 安虎森．空间经济学原理．北京：经济科学出版社，2005.

190. 伯特尔·俄林．区际贸易与国际贸易．北京：华夏出版社，2008.

191. 陈吉元．农业产业化：市场经济下农业兴旺发达之路．//韩俊，等．产业化：中国农业新趋势．北京：中国农业出版社，1997：1-12.

192. 陈杰，周倩．中国城市规模和产业结构对城市劳动生产率的协同效应研究．财经研究，2016，9：75-86.

193. 陈锡康，杨翠红，等．投入产出技术．北京：科学出版社，2011.

194. 陈秀山，徐瑛．中国区域差异影响因素的实证分析．中国社会科学，2004，5：117-129.

195. 陈耀．产业结构趋同的度量及合意与非合意性．中国工业经济，1998，4：37-43.

196. 陈钊，陆铭．在集聚中走向平衡：中国城乡与区域经济协调发展的实证研究．北京：北京大学出版社，2009.

197. 大卫·李嘉图．政治经济学及赋税原理．北京：华夏出版社，2005.

198. 丁嵩，孙斌栋．区域政策重塑了经济地理吗？——空间中性与空间干预的视角．经济社会体制比较，2015，6：56-67.

199. 杜能．孤立国同农业和国民经济的关系．北京：商务印书馆，1986.

200. 范剑勇，张雁．经济地理与地区间工资差异．经济研究，2009，8：73-84.

201. 方颖，纪衎，赵扬．中国是否存在"资源诅咒"．世界经济，2011，4：144-160.

202. 谷树忠．国家资源安全及其基本态势．西部大开发科教先行与可持续发展——中国科协2000年学术年会文集，2000.

203. 桂琦寒，陈敏，陆铭，陈钊．中国国内商品市场趋于分割还是整合：基于相对价格法的分析．世界经济，2006，2：20-30.

204. 郭红东．以兔业合作社为龙头，促进农业产业化经营．中国农村经济，2001，4：24-28.

205. 郭红东．充分发挥农民合作组织的作用，促进农业和农村经济的发展．中国农村经济，1999，11：67-70.

206. 郭志勇，顾乃华．制度变迁、土地财政与外延式城市扩张——一个解释我国城市化和产业结构虚高现象的新视角．社会科学研究，2013，1：8-14.

207. 行伟波，李善同．本地偏好、边界效应与市场一体化——基于中国地区间增值税流动数据的实证研究．经济学季刊，2009，8（4）：1455-1474.

208. 行伟波，李善同．引力模型、边界效应与中国区域间贸易：基于投入产出数据的实证分析．国际贸易问题，2010，10：32-41.

209. 郝寿义．区域经济学原理．上海：上海人民出版社，2007.

210. 贺灿飞，刘作丽，王亮．经济转型与中国省份产业结构趋同研究．地理学报，2008，63（8）：807－819.

211. 贺灿飞，潘峰华．产业地理集中、产业集聚与产业集群：测量与辨识．地理科学进展，2007，26（2）：1－13.

212. 赫希曼．经济发展战略．北京：经济科学出版社，1991.

213. 侯伟丽，方浪．环境管制对中国污染密集型行业企业竞争力影响的实证研究．中国人口资源与环境，2012，22（7）：67－72.

214. 胡章．城市蔓延宏观判别方法研究．中国城市规划学会．多元与包容——2012中国城市规划年会论文集．昆明：云南科技出版社，2012.

215. 黄新飞，舒元，郑华懋．中国城市边界效应下降了吗？——基于一价定律的研究.经济学季刊，2013，12（4）：1369－1386.

216. 黄赜琳，王敬云．地方保护与市场分割：来自中国的经验数据．中国工业经济，2006，2：60－67.

217. 黄志基，贺灿飞，杨帆，等．中国环境规制，地理区位与企业生产率增长．地理学报，2015，70（10）：1581－1605.

218. 黄宗智．中国小农经济的过去和现在——舒尔茨理论的对错．中国乡村研究，2008（00）：267－287.

219. 蒋金荷．我国高技术产业同构性与集聚的实证分析．数量经济技术经济研究，2005，22（12）：91－97.

220. 靖学青．长三角地区制造业结构趋同分析．改革，2004（2）：48－52.

221. 柯善咨，赵曜．产业结构、城市规模与中国城市生产率．经济研究，2014，4：76－88.

222. 克里斯泰勒．德国南部中心地原理．北京：商务印书馆，2010.

223. 兰肖雄，刘盛和，胡章．我国城市蔓延概念的界定与思考．地域研究与开发，2012，31（3）：53－57.

224. 李强，聂锐．环境规制与中国大中型企业工业生产率．中国地质大学学报（社会科学版），2010，10（4）：55－59.

225. 李效顺，曲福田，张绍良，汪应宏．基于国际比较与策略选择的中国城市蔓延治理．农业工程学报，2011，27（10）：1－10.

226. 李永乐，吴群．中国式分权与城市扩张：基于公地悲剧的解释．南京农业大学学报（社会科学版），2013，13（01）：73－79.

227. 勒施．经济空间秩序．北京：商务印书馆，1995.

228. 刘世锦．重构适应高质量发展的地方竞争机制．经济日报，2019－01－23.

229. 刘修岩，李松林，秦蒙．开发时滞、市场不确定性与城市蔓延．经济研究，

2016，51（08）：159－171＋186.

230. 刘修岩．空间效率与区域平衡：对中国省级层面集聚效应的检验．世界经济，2014，1：55－80.

231. 卢文．向二十一世纪前进的中国农村．北京：中国农业出版社，1997.

232. 鲁达非，江曼琦．城市“三生空间”特征、逻辑关系与优化策略．河北学刊，2019，39（02）：149－159.

233. 陆大道．论区域的最佳结构与最佳发展——提出“点—轴系统”和“M”型结构以来的回顾与再分析．地理学报，2001，56（2）：127－135.

234. 陆大道．区域发展及其空间结构．北京：科学出版社，1995.

235. 陆铭，向宽虎．破解效率与平衡的冲突．经济社会体制比较，2014，4：1－16.

236. 陆铭．城市、区域和国家发展——空间政治经济学的现在与未来．经济学季刊，2017，4：1499－1532.

237. 陆铭．大国大城——当代中国的统一、发展与平衡．上海：上海人民出版社，2016.

238. 陆铭．空间的力量：地理、政治与城市发展．上海：格致出版社，2013.

239. 聂辉华，方明月．中国省份经济版图存在俱乐部收敛吗？．新京报，2016－06－08.

240. 覃成林，贾善铭，杨霞，种照辉．多极网络发展空间格局：引领中国区域经济2020. 北京：中国社会科学出版社，2016.

241. 覃成林，刘迎霞，李超．空间外溢与区域经济增长趋同——基于长江三角洲的案例分析．中国社会科学，2012，5：76－94.

242. 邱国玉，张晓楠．21世纪中国的城市化特点及其生态环境挑战．地球科学进展，2019，34（6）：640－649.

243. 邵帅，范美婷，杨莉莉．资源产业依赖如何影响经济发展效率？——有条件资源诅咒假说的检验及解释．管理世界，2013（2）：32－63.

244. 邵帅，齐中英．西部地区的能源开发与经济增长——基于“资源诅咒”假说的实证分析．经济研究，2008（4）：147－160.

245. 邵帅，齐中英．资源输出型地区的技术创新与经济增长——对“资源诅咒”现象的解释．管理科学学报，2009，12（6）：23－33.

246. 邵帅，杨莉莉．自然资源丰裕，资源产业依赖与中国区域经济增长．管理世界，2010（9）：26－44.

247. 沈坤荣，马俊．中国经济增长的“俱乐部收敛”特征及其成因研究．经济研究，2002，1：33－39.

248. 沈能，刘凤朝．高强度的环境规制真能促进技术创新吗？——基于“波特假说”的再检验．中国软科学，2012（4）：49－59.

249. 沈能．环境效率，行业异质性与最优规制强度——中国工业行业面板数据的非线性检验．中国工业经济，2012（3）：56－68.

250. 石敏俊．现代区域经济学．北京：科学出版社，2013.

251. 石敏俊，黄文，李娜．资源优势能否转化为产业优势？——煤炭开发重心西移对能源密集型产业空间格局变化的影响．自然资源学报，2015，30（6）：891－902.

252. 石敏俊，李元杰，张晓玲，等．基于环境承载力的京津冀雾霾治理政策效果评估. 中国人口资源与环境，2017，27（9）：66－75.

253. 石敏俊，马国霞，等．中国经济增长的资源环境代价：关于绿色国民储蓄的实证分析．北京：科学出版社，2009.

254. 石敏俊，逄瑞，郑丹，等．中国制造业产业结构演进的区域分异与环境效应．经济地理，2017，37（10）：108－115.

255. 石敏俊，张卓颖，周丁扬．京津水资源承载力研究——基于水足迹视角．//文魁，祝尔娟．京津冀发展报告（2013）——承载力测度与对策．北京：社会科学文献出版社，2013.

256. 石敏俊，范宪伟，郑丹．土地开发对城市经济增长的作用机制和传导路径——基于结构方程模型的实证检验．中国人口资源与环境，2017，1：1－9.

257. 石敏俊，徐瑛．中国经济绿色发展的现状与实现路径．环境保护，2018，10：14－18.

258. 石敏俊，张卓颖，等．中国省份间投入产出模型与区际经济联系．北京：科学出版社，2012.

259. 石敏俊．中国经济绿色发展理论研究的若干问题．环境经济研究，2017，2（4）：1－6.

260. 石敏俊．中国农业经营垂直组织化：理念与实践——山东省农业产业化经营的事例．筑波大学农林社会经济研究第 17 号，2000，23－46.

261. 石敏俊，等．中国经济绿色转型的轨迹——2005—2010 年经济增长的资源环境成本．北京：科学出版社，2015.

262. 世界银行．世界发展报告 2009——重塑世界经济地理．世界银行，2009.

263. 速水佑次郎．农业经济论．东京：岩波书店，1986.

264. 孙久文，叶裕民．区域经济学教程（第二版）．北京：中国人民大学出版社，2010.

265. 孙久文．区域经济学．北京：首都经济贸易大学出版社，2006.

266. 孙三百，黄薇，洪俊杰，王春华．城市规模、幸福感与移民空间优化．经济研究，2014，1：97－111.

267. 唐立国．长江三角洲地区城市产业结构的比较分析．上海经济研究，2002，9：50－56.

268. 童伟伟，张建民．环境规制能促进技术创新吗——基于中国制造业企业数据的再检验．财经科学，2012，11：66－74.

269. 王兵，刘光天．节能减排与中国绿色经济增长——基于全要素生产率的视角．中国工业经济，2015，5：57－69.

270. 王国印，王动．波特假说，环境规制与企业技术创新——对中东部地区的比较分析．中国软科学，2011，1：100－112.

271. 王金南，万军，王倩，等．改革开放 40 年与中国生态环境规划发展．中国环境管理，2018，10（6）：5－18.

272. 王雷，李丛丛，应清，等．中国 1990—2010 年城市扩张卫星遥感制图．科学通报，2012，57（16），1388－1403.

273. 王小鲁，夏小林．优化城市规模，推动经济增长．经济研究，1999，9：22－29.

274. 王小强，白南风．富饶的贫困：中国落后地区的经济考察．成都：四川人民出版社，1986.

275. 王垚，年猛，王春华．产业结构、最优规模与中国城市化路径选择．经济学季刊，2017，12（2）：441－462.

276. 王志刚．中国蔬菜水果批发市场的结构重组．九州：九州大学出版社，2001.

277. 韦伯．工业区位论．北京：商务印书馆，1997.

278. 魏后凯．外商直接投资对中国区域经济增长的影响．经济研究，2002，4：19－26＋92.

279. 魏后凯．中国国家区域政策的调整与展望．西南民族大学学报（人文社科版），2008，10：56－64.

280. 夏禹龙，冯之浚．梯度理论和区域经济．研究与建议，1982，8：15－17.

281. 徐康宁，邵军．自然禀赋与经济增长：对“资源诅咒”命题的再检验．世界经济，2006，29（11）：38－47.

282. 徐康宁，王剑．自然资源丰裕程度与经济发展水平关系的研究，2006.

283. 徐现祥，王贤彬．晋升激励与经济增长：来自中国省级官员的证据．世界经济，2010，2：15－36.

284. 徐现祥，王贤彬，高元骅．中国区域发展的政治经济学．世界经济文汇，2011，3：26－58.

285. 许士春．环境管制与企业竞争力——基于“波特假说”的质疑．国际贸易问题，2007，5：78－83.

286. 杨开忠．京津冀协同发展的新逻辑：地方品质驱动型发展．经济与管理，2019，33（01）：7－9.

287. 杨莉莉，邵帅．人力资本流动与资源诅咒效应：如何实现资源型区域的可持续增长．财经研究，2014，11：44－60.

288. 原毅军，谢荣辉．环境规制与工业绿色生产率增长——对“强波特假说”的再检验．中国软科学，2016，7：144－154.

289. 张可云．区域经济政策．北京：商务印书馆，2005.

290. 张可云．东北老工业基地振兴的难点与重构新思路．中国发展观察，2016，2.

291. 张平，张鹏鹏，蔡国庆．不同类型环境规制对企业技术创新影响比较研究．中国人口资源与环境，2016，26（4）：8－13.

292. 张文忠．经济区位论．北京：科学出版社，2000.

293. 张馨，牛叔文，丁永霞，等．中国省域能源资源与经济增长关系的实证分析——基于“资源诅咒”假说．自然资源学报，2010，25（12）：2040－2051.

294. 张卓颖，石敏俊．中国省份间产业内贸易与产业结构同构分析．地理学报，2011，66（6）：732－740.

295. 赵永亮，刘德学．市场（潜力）获得与边界效应——区际一体化程度的实证．世界经济文汇，2009，2：12－24.

296. 赵勇，魏后凯．政府干预、城市群空间功能分工与地区差距——兼论中国区域政策的有效性．管理世界，2015，8：14－29.

297. 郑思齐．城市经济的空间结构．北京：清华大学出版社，2012.

298. 周业安．地方政府竞争与经济增长．中国人民大学学报，2003，1：97－103.

299. 周应恒．中国农产品的流通政策与流通结构．东京：劲草书房，2000.

300. 朱希伟，陶永亮．经济集聚与区域协调．世界经济文汇，2011，3.

教学支持说明

1. 教辅资源获取方式

为秉承中国人民大学出版社对教材类产品一贯的教学支持，我们将向采纳本书作为教材的教师免费提供丰富的教辅资源。您可直接到中国人民大学出版社官网的教师服务中心注册下载——http：//www. crup. com. cn/Teacher。

如遇到注册、搜索等技术问题，可咨询网页右下角在线 QQ 客服，周一到周五工作时间有专人负责处理。

注册成为我社教师会员后，您可长期根据您所属的课程类别申请纸质样书、电子样书和教辅资源，自行完成免费下载。您也可登录我社官网的“教师服务中心”，我们经常举办赠送纸质样书、赠送电子样书、线上直播、资源下载、全国各专业培训及会议信息共享等网上教材进校园活动，期待您的积极参与！

2. 赠送“经管之家”论坛币

经管之家（http：//www. jg. com. cn）于 2003 年成立，致力于推动经济学科的进步，传播优秀教育资源，做最好的经管教育。目前已经发展成国内最大的经济、管理、金融、统计类在线教育平台，也是国内最活跃和最具影响力的经济类网站。

为了更好地服务于教学一线的任课教师，凡使用中国人民大学出版社经济分社教材的教师，注册成为我社教师会员后，可填写以下信息调查表，发送电子邮件或者邮寄或者传真给我们，我们将会向您赠送经管之家论坛币 200 个。

教师信息表
姓名：
学校：
论坛 ID：
教授课程：
使用教材：
论坛识别码：pinggu _ com _ 1501511 _ 8899768

3. 高校教师可加入下述学科教师 QQ 交流群，获取更多教学服务

经济类教师交流群：140105952
财政金融教师交流群：182073309
国际贸易教师交流群：162921240
税收教师交流群：119667851

4. 购书联系方式

网上书店咨询电话：010－82501766
邮购咨询电话：010－62515351
团购咨询电话：010－62513136

中国人民大学出版社经济分社
地址：北京市海淀区中关村大街甲 59 号文化大厦 1506 室　100872
电话：010－62513572　010－62515803
传真：010－62514775
E-mail：jjfs@crup. com. cn